HEZI JI DIFANG TIELU YUNSHU QIYE
ANQUAN SHENGCHAN GUANLI TIXI YANJIU

合资及地方铁路运输企业安全生产管理体系研究

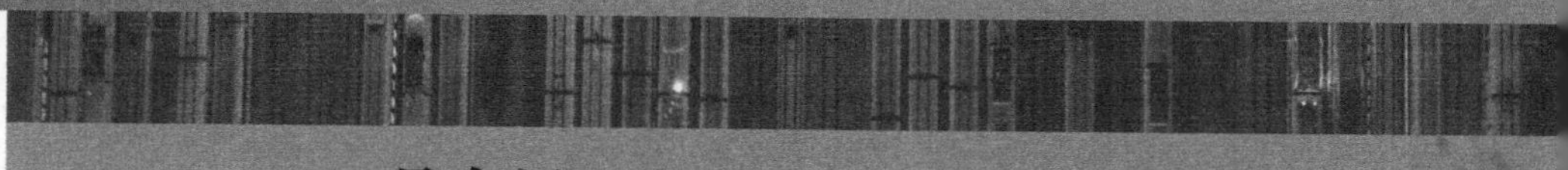

吴会江◎主　编
潘　磊　王建勋◎副主编

天津大学出版社
TIANJIN UNIVERSITY PRESS

图书在版编目(CIP)数据

合资及地方铁路运输企业安全生产管理体系研究 / 吴会江主编 ; 潘磊, 王建勋副主编. -- 天津 : 天津大学出版社, 2024.1

ISBN 978-7-5618-7658-9

Ⅰ. ①合… Ⅱ. ①吴… ②潘… ③王… Ⅲ. ①铁路企业－交通运输企业管理－安全管理－生产管理－研究－中国 Ⅳ. ①F532.6

中国国家版本馆CIP数据核字(2024)第045991号

出版发行	天津大学出版社
地　　址	天津市卫津路92号天津大学内（邮编:300072）
电　　话	发行部:022-27403647
网　　址	www.tjupress.com.cn
印　　刷	北京盛通数码印刷有限公司
经　　销	全国各地新华书店
开　　本	787mm×1092mm　1/16
印　　张	20.5
字　　数	524千
版　　次	2024年1月第1版
印　　次	2024年1月第1次
定　　价	82.00元

前　言

建设交通强国，打造现代化综合交通运输体系，是实施国家战略、推动经济发展、促进社会进步的强力保障。铁路作为国家战略性、先导性、关键性的重大基础设施，是综合交通运输体系骨干、国民经济大动脉，是重大民生工程，在经济社会发展中的地位和作用至关重要。铁路运输生产的性质和基本特点，决定了安全是铁路运输的生命线，必须把安全放在铁路运输的首要地位，任何时候都不能动摇。铁路运输安全是伴随着生产过程而存在的，只要存在运输生产活动，其过程中的安全问题就必须给予充分重视。同时，安全又是生产的前提和保证，正常有序的生产与系统的安全运行和管理是不可分割的。在铁路运输生产过程中，应树牢安全发展理念，落实总体国家安全观，强化责任落实、制度落实、标准落实、机制落实，加强风险管控、过程控制、应急处置、责任追究，确保铁路运输安全生产，这是实现铁路高质量发展的前提和基础。

本书以铁路运输企业安全生产管理为主线，依据国家铁路相关规定，针对合资及地方铁路运输企业安全管理工作展开论述。随着我国经济与科技的快速发展，以及国家铁路改革发展的不断深化，铁路运输逐渐向信息化、数智化转变，铁路安全管理范畴进一步扩大。铁路运输的变化和发展必然要求与更加先进的管理手段和系统化、规范化的管理技术相适应，特别是在实施铁路政企分开改革之后，铁路行业安全管理模式和监管主体发生了重大变化，国家对铁路安全体系建设也提出了新时代的更高要求，合资及地方铁路运输企业的安全生产管理也迎来了新的机遇与挑战。

基于以上背景，为进一步提升铁路运输安全管理水平、更好地服务区域经济发展，本书对合资及地方铁路运输企业的安全管理体系构建和标准化建设进行了深入研究。本书梳理了相关法律法规的规定、部分铁路运输企业安全管理做法、国外可借鉴的经验等内容，分析了我国铁路运输安全生产管理发展历程，整理了国家、行业和地区相关法规制度对铁路运输安全管理的要求，研究了合资及地方铁路运输企业的安全生产管理体系构建，并制定了安全生产标准化建设的具体实施方案。本书可作为高等院校交通运输、铁道工程及相关专业学生的参考资料，也可作为铁路运输企业安全生产管理相关人员的参考资料。

本书分为体系构建和标准化建设两篇，共 11 章，由河北建投交通投资有限责任公司、河北省交通运输协会和石家庄铁道大学等单位共同编辑而成。具体编写分工如下：吴会江为主编，负责编写第一篇体系构建中的第一章和第二章；潘磊、王建勋为副主编，潘磊负责编写第一篇体系构建中的第三章和第四章，王建勋负责编写第一篇体系构建中的第五章、第六章和第二篇标准化建设中的第十章、第十一章；李时昌、付建烁和闫鹏负责编写第一篇体系构建中的第七章；王星光、付建烁和李晓剑负责编写第一篇体系构建中的第八章；陈希和祝日星负责编写第一篇体系构建中的第九章。

本书的编写参考了大量的专业书籍和网络资源，同时也得到了相关专家学者的指导和帮助，在此一并表示感谢。

由于编者学识有限，书中难免存在疏漏和不准确之处，恳请各位专家、读者批评指正。

编　者

2023 年 7 月

目　录

第一篇　体系构建

1. 绪论
2. 铁路运输企业安全生产相关法律法规制度
3. 企业安全管理
4. 人员安全管理
5. 设备设施安全管理
6. 作业现场安全管理
7. 风险与隐患管理
8. 应急救援与管理
9. 事故报告和调查处理

1. 绪论

1.1 铁路运输企业安全生产管理概述

1.1.1 体系构建的背景与意义

自 1876 年我国第一条铁路通车之日起，铁路运输在我国发展已一百多年，一代代铁路人对铁路安全的研究一刻都未停歇，在安全机构、安全法规、安全管理手段、安全环境营造等方面进行了长期、艰苦、细致的研究与探索，在安全管理方面积累了丰富的经验。但随着经济与科技的快速发展，铁路运输逐渐向信息化、数智化转变，安全管理也迎来了新的机遇与挑战。交通运输市场需求旺盛、铁路建设迅猛发展、铁路技术装备更新换代、铁路管理体制改革创新等对铁路运输企业安全生产提出了新的要求，直接影响和谐铁路的建设和国民经济正常稳定地发展，保障其安全问题迫在眉睫。因此，认清铁路运输企业安全生产形势，保障铁路运输企业安全生产，深入推进安全基础建设，建立起适应新形势、新环境的铁路运输企业安全生产管理体系，是确保持续铁路安全稳定的重要举措和根本保证。

安全是铁路运输企业的生命线。做好安全生产工作，是企业生存与发展的基本要求，是实施可持续发展战略的重要组成部分。安全管理体系建设是安全生产可持续发展的重要工具，是夯实安全工作基础、提升安全管理水平、实现"零伤害""零事故"的根本途径。铁路安全管理工作不仅会影响铁路的稳定运行，也会直接影响国民经济的发展，这就要求铁路运输部门要认识到铁路运输安全管理工作的重要性，在铁路运输的各个环节中都要采取战略性的防护措施，以减少铁路运输过程中安全事故的发生。

安全生产是铁路运输的永恒主题，是铁路运输管理的重要内容，是保障运输畅通的重要前提。铁路运输安全管理涉及大宗物资管理，关乎成千上万乘客人身以及财产安全。由于成本低，铁路运输成为众多企业物资流动的首选方式，这让铁路运输管理压力日益增加，只有不断提升安全管理水平，才能保证这些重要物资安全抵达目的地。若是安全管理松散，大宗物资丢失、破损甚至因为火灾等全部损毁,会影响到客户对铁路运输的信任。再加上如今物流业不断崛起造成了客户分流,给铁路公司带来巨大的压力。另外,在特殊时期保证铁路运输安全会让战备物资、医疗物资、兵源、设备等及时到位,保证国家战略的顺利实施。铁路运输安全管理也是促进地区经济发展、不同地区经济合作与交流不可或缺的工作。

综观国内外铁路运输安全生产保障的经验,铁路行业应利用现代科技手段,围绕行车安全监测、安全信息网络、安全监控管理、救援与维修等方面建设铁路行车安全综合保障系统,掌握安全动态信息,防患于未然。在部署安装安全检测、监测、监控技术装备时,同步建设覆盖全路的安全监控网络,实现计算机技术、网络技术、通信技术、传感器技术、控制技术数据处理技术以及专家系统、地理信息系统、数据挖掘和智能决策等高科技的集成十分必要。充分发挥信息、网络的作用,实现对行车设备的动态检测、数据集中、联网运行、远程监控、信息共享功能,集监测控制、安全管理、维修支持、决策分析为一体,着力构筑防范措施直接有效、设备布局点线成网、数据共享上下交错、监控跟踪全程覆盖的全路行车安全综合监控和预警系统,形成系统化、网络化、信息化程度高的铁路行车安全检查监测保障体系。以信息化带动铁路运输安全生产管理,促进安全防范手段由传统向现代跨进,由人控向机控跨越,由粗放型管理向集约化科学管理跨越,是铁路"科技保安全"发展战略的重要体现,是一项已列入我国铁路运输安全技术创新规划、科技发展规划和铁路信息化规划的重要任务,是保障铁路安全的重要措施。因此,铁路运输安全生产体系的建立势在必行。

1.1.2 铁路运输安全生产发展历程

1.1.2.1 新中国成立后恢复与曲折发展期(1949—1977 年)

在这一阶段,铁路安全部门颁布实施了大量关于列车行车安全、事故等相关的规则、条例与办法,很多地方建立了铁路监察部门并颁布了安全监察规则。这一阶段铁路安全的主要工作重点在于列车行车安全,要不断探索完善铁路行车安全制度,为以后的铁路安全工作奠定了基础。

1949 年 6 月 9 日,中国人民革命军事委员会铁道部制定并公布实施了《铁路运转事故报告及处理暂行规则》。1950 年 4 月 3 日,铁道部在执行《铁路运转事故报告及处理暂行规则》的基础上制定公布了新中国成立后的第一部《铁路行车事故处理规则》附《救援列车章程(草案)》,于 1950 年 5 月 1 日起施行。随后,铁道部陆续颁布了《关于防止事故保障行车安全的命令》《实施安全负责制暂行办法》《行车事故处理规则及救援规则》等文件。

1951 年 5 月 31 日,铁道部公布《铁路行车事故处理及救援规则》,自 1951 年 7 月 1 日起施行。同年政务院颁布《铁路旅客意外伤害强制保险条例》,铁道部颁布《铁路职工因工伤亡报告试行办法》等多个铁路安全相关条例及办法。

1958 年,铁道部商务局并入货运局,行车安全监察室改为安全监察室,国家监察局改为人民监察局;颁布了《安全监察工作二十条》;铁道部、公安部颁布《铁路行车路外人员伤亡及铁路与公路车辆冲突事故调查处理办法》;同年 3 月,中共中央决定改革铁路管理体制,实行地方分权,把包括铁路局在内的大部分中央企业的管理权下放地方。

1958—1960 年，铁路的领导体制发生改变，部分有效的规章制度遭到废止，导致发生了很多安全生产事故，这是新中国成立以后铁路安全发展出现的第一个低谷。

1961 年 1 月，中共中央颁布《关于调整管理体制的若干规定》，全国铁路恢复由铁道部集中统一领导。1962 年以后，铁道部陆续公布《铁路劳动保护工作的几项规定》等文件。

1967—1970 年，交通运输发展一度受到严重干扰，安全法规被废除，铁路行车重大、大事故频发，运输秩序混乱，这是新中国成立以后铁路安全发展出现的第二个低谷。

1970 年，中共中央发出《中共中央关于加强安全生产的通知》；1970 年 6 月，全路撤销军事管制。7 月 1 日，组建新的交通部，与铁道部、邮电部（邮政部分）合并成立交通部革命委员会。

1975 年 1 月，铁道部恢复。第四届全国人民代表大会第一次会议决定，交通部划分为铁道部和交通部。铁道部于 1975 年 3 月 7 日召开全路电话会议，传达《中共中央关于加强铁路工作的决定》，并提出了贯彻落实文件要求的措施。经过整顿，全国铁路运输形势大为改观，运输生产出现了多年不见的喜人景象。

这一时期的中国铁路坚持"严字当头，铁的纪律""安全正点，优质服务"，研究制定并逐步完善了《铁路技术管理规程》《铁路行车事故处理规则》等规程、规则和规章制度。铁路管理体制经历了分权与集权，安全理念、制度机制经历了"宽"与"严"，它们在曲折中不断发展进步，形成了"安全与效率并重""安全生产事故预防为主""抓生活、促生产、保安全""安全思想，家喻户晓"等安全理念。同时，建立了以技术业务为中心的教育培训制度体系，以技术纪律与劳动纪律为核心的领导干部逐级负责制度与机制，以及"处处有人负责安全，事事有人负责安全"的安全管理制度机制。

1.1.2.2 艰难探索与快速完善发展期（1978—2012 年）

面对严峻形势，全路各级组织各个系统进行了全面整治，特别是在改革开放之后，中国铁路安全工作进入了一个良性的发展阶段。

1978 年，改革开放开启了中国经济社会发展的新篇章，铁路步入了快速发展阶段。1978 年 12 月 16 日，陇海线杨庄站发生特大事故，为深刻铭记这个教训，铁道部将每年 12 月 16 日定为全路安全教育日，各局每年把安全生产措施作为第一号文件颁布，对"安全第一"观念的强调达到空前的高度。

1979 年 2 月，铁道部发布《关于确保行车安全的命令》，要求全路牢固树立"安全第一"的思想，保证铁路运输特别是旅客列车的绝对安全。杨庄事故引起了铁路安全理念、管理手段、法律法规和安全投资诸方面的改变和完善。

自 1980 年起，铁道部每年 5 月份都部署开展安全生产月活动，要求竭力消灭重大、大事故，尽量减少一般事故，加强管理，常抓不懈，警钟长鸣，保证安全。1980 年至 1985 年，全路重新修订、制定了许多安全法规、制度，特别是新的《行车安全监察工作规则》和《铁路行车事故处理规则》的实施，大大加快了铁路安全法制化建设的进程。到 1985 年全路的安全形势大为改观，各种指标均达到历史新高。

1988 年一季度，全路连续发生 4 起旅客列车重大事故。1990 年 9 月 7 日，经第七届全国人民代表大会常务委员会第十五次会议通过，我国公布实施了第一部《铁路法》。在"科学技术是第一生产力”理论的指导下，中国铁路行业形成了“科学技术保安全”理念并付诸实践。在改革开放大潮中，也要不断总结安全生产经验教训。

1991年1月16日，铁道部在临汾铁路分局召开全路运输安全工作会议，提出了进一步巩固和发展全路安全形势的总要求。坚持“三个三”（三个不变：安全第一位置不变、主要领导抓安全不变、党政工团齐抓共管不变。三个环节：领导、群众、设备。三个重点：防列车冲突、防断轴、防断轨）和“两手抓”（一手抓管理、一手抓安全技术设备）。会后，铁路部门广大职工在继续坚持“三个不变”指导思想和狠抓落实“三个重点”措施的同时，积极推行车机联控的安全管理办法，取得了显著成效。

1992年12月召开的全国铁路运输安全工作会议，第一次确立了“安全生产是铁路改革和发展的重要前提与基础”的基础地位，形成了“从严治路，基础取胜”的重要思路。

为了确保运输安全持续稳定，从1993年开始，铁路运输企业进行安全基础整顿，开展安全标准线建设，铁路安全基础因此得到加强。

从1993年底到1996年底，经过全路广大干部职工连续三年的艰苦奋战，安全基础建设取得了令人鼓舞的成果，四大干线初步建成了安全标准示范线，六大干线建成了安全标准线，45条支线也基本达标。

1994年是铁路深化改革，加快发展的一年，运输生产超额完成任务。整顿安全基础工作取得比较明显的效果。1994年发生行车重大、大事故较少，全年没有发生后果严重的旅客列车重大事故，险性事故（现称未遂事故）和一般事故均比上年有所下降。

1995年，是“八五”计划的最后一年，也是铁路决战“八五”取得重大胜利的一年。铁路建设大会战取得了决定性的胜利，运输安全也取得了历史最好成绩。全路以围歼客车事故为重点，以安全标准线建设为载体，全面加强安全基础建设，取得了明显成效。全路发生行车重大、大事故总件数比上年下降4.1%，比历史上安全情况最好的1993年减少13.6%，没有发生后果严重的旅客列车事故。全路实现了4个安全月，并且创造了连续87天无行车重大、大事故的历史最好记录。

1996年，全路按照深化建线、强攻内实的部署，深入开展全员大练功、设备大整修管理规范活动，在深化建线上取得显著成效。全路首次实现了安全百日，全年实现7个安全月，是历史上安全月最多的一年。全路行车重大、大事故比上年下降47%，险性事故下降28.2%。其中客车重大事故下降75%，消灭了客车险性事故。

1997年，铁路运输生产在新的形势下，安全一度滑坡，特别是4月29日在京广线荣家湾车站发生的客车重大事故，死亡126人。这也说明安全基础建设不能“毕其功于一役”。当时，铁路的安全基础仍比较薄弱，安全基础建设的任务远未完成，距离“有序可控、基本稳定”的目标仍有很大差距。铁道部在1996年和1997年底的两次运输安全工作会议上都指出，要把安全基础建设作为一项跨世纪的基础工程坚持不懈地抓下去。特别是要在安全管理和控制上取得大突破，把安全作为中国铁路现代化发展的一个重要目标，努力实现安全技术装备的现代化和安全管理的现代化。

2000年，经过第三次大面积提速，我国铁路“四纵两横”的提速网络已初步形成，提高了铁路客运的质量，扩大了铁路在社会上的影响力。同时，以贯彻新《铁路技术管理规程》（简称《技规》）为契机，形成了以新《技规》为核心的铁路安全技术管理体系。通过落实安全负责制，进一步强化各级安全管理措施，使铁路运输安全形势基本保持稳定。

2004 年，党中央、国务院批准了《中长期铁路网规划》，正式拉开我国高速铁路建设的序幕。

2005 年，铁路行业继续坚持“从严治本，基础取胜”的基本思路，通过全面落实“逐级负责、领导负责、岗位负责”制度，狠抓“基层、基础、基本功”建设，保证了中国铁路向高铁新阶段安全迈进。

2007 年 6 月 27 日，国务院审议并原则通过《铁路交通事故应急救援和调查处理条例》，于 7 月 11 日正式发布，9 月 1 日施行。

2008 年 8 月 1 日，中国第一条拥有自主知识产权、国际一流水平的高速铁路——京津城际铁路正式开通运营，中国迈进高铁时代。随后，京沪、京广、沪昆、哈大等一大批高铁长大干线相继建成通车。

2011 年 7 月 23 日，甬温线发生动车组列车追尾事故，造成 40 人死亡、172 人受伤，中断行车 32 小时 35 分，直接经济损失 19 371.65 万元。经调查认定，“7 · 23”甬温线特别重大铁路交通事故是一起责任事故，铁道部 54 名事故责任人员受到严肃处理。

1.1.2.3 科技创新与稳定发展期（2012 年至今）

党的十八大以来，我国铁路科技创新取得重大突破，总体技术水平迈入世界先进行列，部分达到世界领先水平；铁路改革持续深化，企业发展动力和经营活力大幅提升；铁路对外开放的广度和深度不断拓展，铁路国际影响力和竞争力显著提升，铁路建设快速推进，营业里程大幅增长。

2013 年铁道部撤建，并入交通运输部国家铁路局，同时组建了中国铁路总公司。铁路运输服务保障能力大幅提升。随着科技发展进步，大量新装备新技术投入运用，一大批铁路新线开通运营。铁路成为“一带一路”建设的重要领域。铁路建设、装备、运输等企业发挥优势、积极开拓国际市场，成效显著，势头良好。铁路机车车辆等装备规模化整装出口海外。中国在国际铁路领域的大国形象逐渐确立。

铁路监管部门积极推进《铁路安全管理条例》配套规章制度建设，加快铁路标准体系建设，发布了《铁路旅客车票实名制管理办法》《铁路旅客运输安全检查办法》《铁路专用设备行政许可监督检查计划管理办法》等 14 个规范性文件，以及《高速铁路设计规范》《城际铁路设计规范》等 55 项铁路行业标准。

2015 年，相关部门发布实施铁路规章 3 个、规范性文件 6 个、铁路行业标准 116 项，铁路法规制度和标准体系进一步完善。

2016 年，相关部门加强安全监管法规制度和标准体系建设，出台发布实施规范性文件 14 个，铁路工程建设方面标准 10 批 11 项，产品标准 8 批 116 项。

2017 年“四纵四横”高铁主骨架提前建成。铁路信息化、管理科学、基础研究等领域都取得了新的突破。铁路监管部门联合住房和城乡建设部、国家安全监管总局等部门单位，以京沪高铁为示范线，对全国时速 300 km 以上的高铁开展了安全环境专项督查。同时编制了《铁路标准化“十三五”发展规划》，发布了 89 项铁道行业标准、13 项铁路工程建设标准、铁道行业技术标准公告 7 批、铁道行业标准修改单 2 项。

2018年,国家铁路局发布《高速铁路基础设施运用状态检测管理办法》等部门规章,建立规范性文件管理长效机制,全面清理原铁道部规范性文件,编制发布115项铁道行业标准、17项铁路工程建设标准,铁路法规和标准体系建设持续推进。8个省份颁布了保障铁路安全的地方性法规或政府规章, 15个省份与铁路监管机构和铁路运输企业建立了铁路沿线环境综合整治长效机制。

2019年6月18日,经国务院批准,中国铁路总公司改制成立中国国家铁路集团有限公司。《铁路法》等法律法规修订工作取得阶段性进展,修订发布《铁路机车车辆设计制造维修进口许可办法》等规章,编制发布《磁浮铁路技术标准(试行)》等72项铁道行业标准。有关部门、各级地方人民政府积极维护铁路安全。12个省份颁布了保障铁路安全的地方性法规或政府规章, 26个省份与铁路监管机构、铁路运输企业建立了铁路沿线环境综合整治长效机制,协同监管、综合治理的工作格局正在形成。

2021年6月2日,国务院办公厅转发交通运输部等单位《关于加强铁路沿线安全环境治理工作的意见》的通知,构建政府主导、部门指导、企业负责、路地协同、多方共治的工作格局,依法解决突出问题,及时消除事故隐患,去存量、控增量,有效防范化解风险,持续改善铁路沿线安全环境。11月,国家铁路局组织了集中开展对地方铁路、专用铁路、铁路专用线运输安全的检查抽查,对存在严重安全隐患的单位,督促采取有力措施,限期整改。

2022年,国家铁路局安委会印发《关于认真贯彻落实习近平总书记重要指示精神坚决遏制重特大事故确保铁路安全持续稳定的通知》,着力防范化解重大安全风险,坚决维护铁路安全稳定。

2023年2月21日,北京市人民政府第四次常务会议审议通过铁路安全地方规章,将于4月15日起实施,为加强北京市铁路沿线安全管理、保障铁路安全和畅通、保护人民生命财产安全提供了坚实的法制保障,同时标志着铁路安全地方性法规规章实现了31个省份全覆盖。

铁路安全地方性法规规章的相继出台,是各地区认真贯彻习近平法治思想和习近平总书记关于铁路安全重要指示精神,全面落实党中央、国务院决策部署,推进全面依法治国的重要举措;为构建政府主导、部门指导、企业负责、路地协同、多方共治的工作格局,实现铁路安全发展目标,提供了坚实的法制保障和基础。铁路安全地方性法规规章的实施,有利于推进依法行政、落实地方政府属地治理责任和企业安全生产主体责任、加强铁路安全综合治理、常态化开展高铁和普铁外部环境整治,对保障铁路运输安全、维护铁路沿线社会稳定、促进高质量发展具有十分重要的意义。

1.1.3 铁路运输安全生产管理政策现状

1.1.3.1 国家层面

在《中共中央国务院关于推进安全生产领域改革发展的意见》中,国务院要求从健全落实安全生产责任制、改革安全监管监察体制、大力推进依法治理、建立安全预防控制体系、加强安全基础保障能力建设等几个方面加强安全生产工作,要点有:明确地方党委和政府领导责任、明确部门监管责任、严格落实企业主体责任、健全责任考核机制、严格责任追究制度、完善监督管理体制、改革重点行业领域安全监管监察体制、进一步完善地方监管执法体制、健全应急救援管理体制、健全法律法规体系、完善标准体系、严格安全准入制度、规范监管执法行为、完善执法监督机制、健全监管执法保障体系、完善事故调查处理机制、加强安全风险管控、强化企业预防措施、建立隐患治理监督机制、强化城市运行安全保障、加强重点领域工程治理、建立完善职业病防治体系、完善安全投入长效机制、建立安全科技支撑体系、健全社会化服务体系、发挥市场机制推动作用、健全安全宣传教育体系等。

在中共中央国务院印发的《交通强国建设纲要》中，要求完善交通安全生产体系。完善依法治理体系，健全交通安全生产法规制度和标准规范。完善预防控制体系，有效防控系统性风险，建立交通装备、工程第三方认证制度。强化安全生产事故调查评估。完善网络安全保障体系，增强科技兴安能力，加强交通信息基础设施安全保护。完善支撑保障体系，加强安全设施建设。建立自然灾害交通防治体系，提高交通防灾抗灾能力。加强交通安全综合治理，切实提高交通安全水平。

在国务院发布的《交通运输领域中央与地方财政事权和支出责任划分改革方案》中，铁路中央财政事权职责如下。①宏观管理。中央承担全国铁路的专项规划、政策决定、监督评价、路网统一调度和管理等职责。②由中央决策的铁路公益性运输。中央承担相应的管理职责，具体执行事项由中央（含中央企业）实施。③其他事项。中央承担国家及行业标准制定，铁路运输调度指挥，国家铁路、国家铁路运输企业实际管理合资铁路的安全保卫，铁路生产安全事故调查处理，铁路突发事件应急预案编制，交通卫生检疫等公共卫生管理，铁路行业科技创新等职责。上述铁路领域事项由中央（含中央企业）承担支出责任。铁路中央与地方共同财政事权由中央（含中央企业）与地方共同承担干线铁路的组织实施职责，包括建设、养护、管理、运营等具体执行事项，其中干线铁路的运营管理由中央企业负责实施。中央（含中央企业）与地方共同承担支出责任。铁路地方财政事权职责如下。①城际铁路、市域（郊）铁路、支线铁路、铁路专用线。建设、养护、管理、运营等具体执行事项由地方实施或由地方委托中央企业实施。②由地方决策的铁路公益性运输。地方承担相应的管理职责，具体执行事项由地方实施或由地方委托中央企业实施。③其他事项。地方承担铁路沿线（红线外）环境污染治理和铁路沿线安全环境整治，除国家铁路、国家铁路运输企业实际管理合资铁路外的其他铁路的安全保卫职责。上述铁路领域事项由地方承担支出责任。

在国务院发布的《关于加强铁路沿线安全环境治理工作的意见》中，总体要求以习近平新时代中国特色社会主义思想为指导，全面贯彻党的十九大和十九届二中、三中、四中、五中全会精神，坚持人民至上、生命至上，更好统筹发展和安全，树牢底线思维，增强忧患意识，注重标本兼治，构建政府主导、部门指导、企业负责、路地协同、多方共治的工作格局，依法解决突出问题，及时消除事故隐患，去存量、控增量，有效防范化解风险，持续改善铁路沿线安全环境。具体包含以下几个方面。

一、完善工作机制，压实各方责任，提升多方共治合力

（1）发挥部际联席会议制度统筹协调作用。铁路沿线安全环境治理部际联席会议（简称部际联席会议）按照党中央、国务院决策部署要求，加强对铁路沿线安全环境治理工作的分析研判和统筹协调，推动解决重点难点问题，建立健全治理长效机制，指导督促有关方面共同做好各项工作。各成员单位要认真落实部际联席会议确定的工作任务，畅通信息沟通渠道，联合检查重点问题隐患，主动整改职责内有关问题，积极配合其他单位消除隐患。部际联席会议办公室要建立问题隐患排查清单和工作进展通报制度，及时跟踪了解情况，积极协调解决问题，适时组织开展督导检查，确保部际联席会议议定事项落实到位。

（2）压实各方治理责任。地方人民政府承担属地治理责任，完善工作机制，明确层级责任，保障经费投入，统一协调做好本地区铁路沿线安全环境治理工作。铁路运输企业承担产权范围内治理责任，加强内部安全管理，及时主动向地方人民政府和有关部门报告影响铁路安全的问题隐患，积极联系配合有关方面做好治理工作，按要求完成职责内治理任务。铁路监管部门承担专业监管责任，完善铁路沿线安全环境治理工作各项制度，加强协调督促，依法依规严格监管执法。国务院有关部门承担涉及本领域有关问题隐患治理的指导督促责任，按照法定职责，落实部际联席会议议定事项，指导督促系统内各单位完成治理任务。

（3）完善护路联防和“双段长”工作机制。发挥平安中国建设护路联防作用，组织专兼职护路队伍加强巡查，及时化解涉及铁路的矛盾纠纷，坚决打击破坏铁路设施和危害乘客安全的违法犯罪活动。地方人民政府分管负责同志和铁路运输企业主管领导牵头负责的“双段长”工作机制要落实巡查制度，妥善处置影响铁路安全的问题隐患，难以处置的按要求主动报告，确保早发现、早治理、早消除。将铁路沿线安全环境治理工作纳入城市运行管理服务平台等协同监管，促进监管政策、措施、力量、资源有效融合。积极组织行业专家、专业机构开展安全咨询服务，做好安全环境评估、治理方案论证等工作，提高专业治理能力。

二、坚持问题导向，实施专项行动，全力消除安全隐患

（1）实施存量隐患集中治理销号行动。以铁路两侧 500 m 范围内的彩钢瓦、石棉瓦、树脂瓦、简易房、塑料薄膜、防尘网、广告牌等轻质物体为重点，建立存量问题隐患库，制定针对性整治方案，实行闭环销号管理。依法划定铁路线路安全保护区，确定铁路沿线地下水禁采区、限采区，合力推动拆除铁路线路安全保护区内违章建筑物，加强对山体边坡、跨越航道桥梁、公铁并行交叉线路等隐患点的治理，完善铁路桥梁标志标识和防撞设施，尽快改善铁路沿线安全环境。

（2）实施重点问题合力攻坚行动。加强铁路线路封闭防护管理，加快对时速 120 km 以上线路实施全封闭改造，未全封闭前采取有效措施，确保安全；噪声影响超出有关标准的，统筹考虑建设隔声屏障。按照有关责任划分和规定程序，加快推进上跨（下穿）铁路的道路、桥梁以及其他铁路代建设施产权移交工作，铁路运输企业要认真做好问题整改工作，地方有关单位要及时组织验收，确保按期完成。加快完成铁路道口“平改立”，优先实施时速 120 km 以上线路、旅客列车径路、机动车通行繁忙道口的改造工程，有效提高安全防护能力。

（3）实施常态化持续整治行动。将铁路线路安全保护区及桥下用地纳入有关规划统筹安排。依法严厉查处在铁路线路安全保护区内未经批准擅自生产储存危险化学品、采石采矿、开采地下水、挖砂挖沟采空作业、穿越油气电管线、堆放垃圾渣土、私设道口或平过道，以及盗割铁路器材、破坏防护设施等违法行为。建立举报投诉制度，及时调查核实处理社会各界反映的问题，依法从严处置和问责，防止问题隐患反弹。

三、健全法治体系，增强监管能力，建立长效治理机制

(1)完善法规制度。加快制修订铁路法、地方铁路安全法规，夯实法治基础。完善有关规划建设、监管执法、应急处置等制度，确保各环节协调一致。编制日常巡查、联合检查、整改评估、跟踪监督等工作指南和操作手册，实现排查治理工作制度化、规范化。

(2)加强督办考核。各省级人民政府要将铁路沿线安全环境治理工作纳入平安中国建设、沿线市县安全生产、安全发展示范城市、文明城市等考核评价，作为重点工作进行督查，并定期向部际联席会议通报工作进展，部际联席会议办公室将组织检查。国务院安全生产委员会办公室要将铁路沿线安全环境治理工作作为对省级人民政府安全生产工作考核的内容。

(3)强化科技支撑。充分运用视频监测、自动控制、人工智能、大数据分析等手段，提升铁路沿线安全环境问题隐患排查治理、违法行为信息采集、关键环节远程监测、工作任务闭环管理等能力。建设铁路沿线安全环境治理信息平台，多渠道采集信息，全过程动态掌握工作进展，实行问题隐患验收销号管理，提高信息化、精细化治理水平。

(4)提升应急能力。开展涉及铁路沿线安全环境应急预案的评估修订工作，优化预防预警、应急准备、信息共享、协同处置、事故调查、灾后恢复等工作程序。建立铁路值班电话与110报警服务台情况互通机制，完善铁路运输企业与公安、自然资源、交通、水利、应急、气象等部门的突发事件报警联动机制，定期组织联合演练，增强协调联动和应急处置能力。

(5)加强舆论宣传。铁路监管部门、铁路运输企业要结合安全宣传进企业、进农村、进社区、进学校、进家庭工作，会同有关方面充分利用站车、政府网站、电视广播、报刊、新媒体等媒介，主动宣传保护铁路沿线安全环境相关法规、政策等知识，加强爱路护路教育，不断提升全社会共同改善铁路沿线安全环境的意识，营造良好舆论氛围。

1.1.3.2 行业层面

在《交通运输部关于推进交通运输安全体系建设的意见》中，要求从法规制度体系建设、安全责任体系建设、预防控制体系建设、宣传教育体系建设、支撑保障体系建设、国际化战略体系建设几个方面推进交通运输安全体系建设，提高交通运输安全发展水平。

在国家铁路局发布的《铁路安全"十三五"规划》中，要求到2020年，铁路安全生产责任体系更加严密，安全监管体制机制基本成熟，"企业主体、政府监管、社会监督"的铁路安全生产综合保障体系基本形成，安全生产法律法规标准体系更加健全，高速铁路安全管理不断强化，应急救援体系建设更加完善，人才、科技、职业健康等安全基础保障能力进一步提升，铁路沿线安全环境取得显著改善，重特大事故得到有效防范，铁路交通事故起数和死亡人数明显减少，铁路安全生产持续稳定可控，与实现铁路快速健康发展、全面建成小康社会的目标相适应。

在国家铁路局发布的《"十四五"铁路安全发展规划》中，提出了"十四五"时期铁路安全发展目标，明确到2025年，铁路安全发展理念深入人心，安全治理体系基本建立，安全双重预防控制体系不断完善，人防、物防、技防"三位一体"安全保障体系健全有力，预防预控、基础保障、应急处置和救援能力大幅提升，外部环境综合治理机制有效运行，重大安全风险全面可控，高铁和旅客列车安全得到有效保障，管理基础、人员素质、设备质量和环境治理全面达标，铁路本质安全水平、运输安全可靠性和安全治理水平全面提升。部署了四个方面重点任务，包括坚持强基达标，夯实安全管理基础；强化安全生产关键管控；加强应急保障；强化铁路安全综合保障，并根据铁路安全发展实际对每项任务进行细化分解。

（1）在安全管理基础方面，强调要严格落实安全生产主体责任，健全安全管理制度体系，完善安全依法治理体系，强化专业安全管理，提升工程建设质量安全，严把设备造修本质安全，加强标准化规范化建设，深化落实安全双重预防机制，提升安全教育培训质量，提高安全监督管理水平。

（2）在安全生产关键管控方面，要强化高铁和旅客列车安全管控，加强施工安全管控，加强作业安全管控，提升灾害防范能力，加强消防安全管控，强化外部环境治理，加强危险货物运输安全、公共卫生、劳动安全、职业健康管理，加强反恐防恐安全防范工作。

（3）在应急保障方面，要增强应急基础保障能力，提升铁路应急处置能力，强化铁路应急救援能力。

（4）在铁路安全综合保障方面，要增强组织保障作用，强化安全生产资源配置，提高科技兴安保障能力，推进安全文化建设。

此外，国家铁路局还发布了《“十四五”铁路科技创新规划》《“十四五”铁路标准化发展规划》和《铁路计量发展规划（2021—2035 年）》等与铁路安全生产、标准化密切相关的规划文件，在不断完善铁路安全生产责任体系的同时，不断进行“回头看”等铁路安全生产大检查，对铁路安全生产情况开展督导检查，督促企业严格落实安全主体责任，确保铁路运输安全稳定。

每年召开联络员会议部署年度安全生产重点工作。具体而言，铁路行业要坚持安全第一、预防为主、综合治理，有时时放心不下的责任感和积极担当作为的精气神，夯实安全基础，强化安全管理，确保铁路安全持续稳定。

一是贯彻落实党的二十大精神。全面贯彻党的二十大报告关于安全生产重要部署，树牢安全发展理念，更好统筹发展和安全，压紧压实安全生产主体责任，确保实现年度目标。

二是坚持底线思维，防范化解铁路重大安全风险。始终绷紧高铁和旅客列车安全万无一失这根弦，强化铁路运输、设备质量、工程质量和铁路沿线环境安全管理，切实加强营业线施工、铁路防洪、危险货物运输等安全风险管控，强化安全隐患排查整治，维护铁路安全持续稳定。

三是坚持强基固本，推进治理体系和治理能力现代化。落实《中华人民共和国安全生产法》要求，按照“三管三必须”原则，细化完善全员安全生产责任制和安全生产规章制度，压实逐级负责、专业负责、分工负责、岗位负责的责任链条。坚持超前预防，大力推动铁路安全生产标准化、铁路领域双重预防机制、铁路安全防护工程、铁路科技保安能力等四项安全提升工程建设。

四是保持应急状态，提升应急处置能力。加快构建防灾和预警体系，完善并落实铁路沿线自然灾害风险防范协调机制。强化铁路应急管理体系建设，完善铁路突发事件应急预案，提高铁路突发事件响应和处置能力。完善应急信息传递机制，进一步提升 120、119、12306 等路地联动报警机制实效。

在监管方面，国家铁路局加强地方铁路、专用铁路、铁路专用线安全监管。一是各地方铁路、专用铁路、铁路专用线产权及运营单位要落实企业安全生产主体责任，建立健全安全管理制度，制定完善各项安全生产职责和安全生产规章制度，健全铁路作业标准，加大对作业标准执行情况的检查考核力度，全面排查整治设备设施存在的安全隐患。二是各地方铁路、专用铁路、铁路专用线产权及运营单位要加强道口管理，对所有铁路道口进行全面排查，落实各项道口管理制度，对道口各种警示标志和安全防护设施不全不清的要限期整改，整改完成之前要派人看守，全力维护道口安全。三是与地方铁路、专用铁路、铁路专用线接轨的国铁车站要严格过轨安全管理，全面排查联锁关系，确保设备定位正确，严防溜逸车辆进入对方生产作业区；要严格落实运输安全协议，加强对地方铁路、专用铁路、铁路专用线的日常检查，确保各项交接检查制度得到有效落实，严禁将不符合规定的车辆编入列车。集中开展对地方铁路、专用铁路、铁路专用线运输安全的检查抽查，对存在严重安全隐患的单位，督促其采取有力措施，限期整改。

在政策落实方面，认真贯彻落实习近平总书记重要指示精神，坚决遏制重特大事故发生，确保铁路安全持续稳定。全面排查整治各类安全风险隐患，深刻吸取事故教训，突出习近平总书记重要指示批示精神贯彻落实情况、企业安全生产主体责任落实情况、地方党委政府属地铁路安全管理责任落实情况、重大隐患整治情况等四项重点，扎实开展安全生产重大隐患专项整治“回头看”督导检查，督促企业全面排查整治各类安全隐患，抓好营业线施工安全、危险货物运输安全、设备设施质量安全、工程建设质量安全等十项安全生产重点内容，狠抓重大隐患整治销号，确保查大问题、除大隐患、防大事故。持续加大监管力度，切实提升铁路安全监管效能。统筹安排，组织专业力量深入一线严督细查，强化问题闭环管理，确保责任到位、措施到位、整改到位，加大行政执法力度，对影响铁路安全的违法行为、重大风险隐患、触碰红线底线和专项整治不到位的问题盯住不放，加大事故调查追查力度，坚持“四不放过”原则，查找深层次问题和安全管理漏洞，强化安全风险防控，狠抓工作落实，做到守土有责、守土尽责。

1.2 铁路运输企业安全生产管理体系相关理论

1.2.1 安全生产管理相关理论

1.2.1.1 安全基本知识

一、安全的概述

（一）安全基本概念

1.“安全”的定义

根据《现代汉语词典》（第7版）的解释，“安全”指没有危险；平安。

“安全”是相对的，不存在绝对的安全。

绝对安全观是人们较早时期对安全的认识，目前仍然有一部分现场生产管理人员和科技工作者有此认识。绝对安全观认为：安全指没有危险、不受威胁、不出事故，即消除能导致人员受伤害，生病、死亡或造成设备财产破坏、损失，以及危害环境的条件。由于绝对安全观过分强调安全的绝对性，其应用范围受到了很大的限制，特别是在分析社会技术系统的安全问题时更是如此。

相对安全观认为，安全是相对的，绝对安全是不存在的。例如，美国哈佛大学的劳伦斯教授将安全定义为“安全就是被判断为不超过允许极限的危险性”，也就是指没有受到损害的危险或损害概率低。《英汉安全专业术语词典》中将安全定义为“安全意味着可以容许的风险程度，比较地无受损害之忧和损害概率低的通用术语”。

因此安全是指在生产活动过程中，能将人或物的损失控制在可接受水平的状态。换言之，安全意味着人或物遭受损失的可能性是可以接受的，若这种可能性超过了可接受的水平，即为不安全。该定义具有下述含义。

（1）这里所讨论的安全是指生产领域中的安全问题，既不涉及军事的安全与保安，也不涉及与疾病有关的安全（职业病、职业健康除外）。

（2）安全不是瞬间的结果，而是对于某种过程状态的描述。

（3）安全是相对的，绝对安全是不存在的。

（4）构成安全问题的矛盾双方是安全与危险，而非安全与事故。因此，衡量一个生产系统是否安全，不应仅仅依靠事故指标。

（5）不同的时代，不同的生产领域，可接受的损失水平是不同的，因而衡量是否安全的标准也是不同的。

2. 狭义与广义安全

狭义安全指人类的个体与周围的环境的相容性；相容性很好的话，表明生存环境非常宽容，人们幸福、安康、娱乐、休闲、富足。

广义安全指人类的生存环境即地球的生态安全，包括对来自宇宙的多种复杂的天文危险隐患的识别。

（二）安全相关概念

1. 危险

不安全（危险）是指在生产活动过程中，人或物遭受损失的可能性超出了可接受指标的状态。

设危险为 W，则：$W=f(\Delta X, \Delta L)$。危险 W 是危险因素 ΔX 变化导致可能的损失后果 ΔL 变化的过程或函数。该状态是客观存在的，具有潜在性、隐蔽性。危险程度是可转化的。

2. 风险（危险性）

风险是某一有害事故发生的可能性与事故后果的组合。一般把安全生产的风险定义为安全生产不期望事件的发生或存在概率与可能发生事故后果的组合。

一般意义上的风险具有概率和后果的二重性，即可用损失程度 C 和发生概率 P 的函数 $R=f(P, C)$ 来表示风险。为简单起见，大多数文献中将风险表达为概率与后果的乘积 $R=P\times C$。

上述风险定义中，无论损失还是后果，均是针对事故定义的，包括已发生的事故和将会发生的事故。风险既然是对系统危险性的度量，仅仅以事故来衡量系统的风险是很不充分的，除非能够辨识所有可能的事故形式。从整个系统的角度出发，风险是系统危险影响因素的函数,即风险可表达为如下的形式。

$$R=f(R_1,R_2,R_3,R_4,R_s) \tag{1-1}$$

式中:R_1 为人的因素;R_2 为设备因素;R_3 为环境因素;R_4 为管理因素;R_s 为其他因素。

3. 安全性

从系统的安全性能讲,安全性为衡量系统安全程度的客观量。与安全性对立的概念是描述系统危险程度的指标——风险(危险性)。假定系统的安全性为 S,危险性为 R,则有 $S=1-R$。显然,R 越小,S 越大;反之亦然。若在一定程度上消减了危险因素,就等于创造了安全条件。

设安全状态为 D,其是可接受的危险状态[w]的范围,即 $\Delta D\leqslant[w]$。我们认为 D 决定于安全条件,安全条件决定于条件因素,即 $D=f(X_i)$。设安全条件为 X,安全条件许用值为[X],ΔX 为安全条件的偏差,则有:$\Delta X=X-[X]=0$,安全;$\Delta X>0$,比较安全;$\Delta X>>0$,非常安全。

4. 事故

事故是指在生产活动过程中,由于人们受到科学知识和技术力量的限制,或者由于认识上的局限,当前还不能防止或能防止却未有效控制所发生的违背人们意愿的事件序列。它的发生,可能迫使系统暂时或较长期地中断运行,也可能造成人员伤亡、财产损失或者环境破坏,或者其中二者或三者同时出现。

事故的综合理解,可概括如下。

(1)事故是违背人们意愿的一种现象。

(2)事故是不确定事件,其发生形式既受必然性的支配,也不可避免地受到偶然性的影响。

(3)事故发生的原因,可归结为三类:①目前尚未认识到的原因;②已经认识,但目前尚不可控制的原因;③已经认识,目前可以控制而未能有效控制的原因。

(4)事故一旦发生,可以造成以下四种后果:①人受到伤害,物受到损失;②人受到伤害,物未受损失;③人未受伤害,物受到损失;④人、物均未受到伤害或损失。

(5)事故的内涵相当复杂。从宏观的生产过程看,事故是安全与危险矛盾斗争过程中某些瞬间突变结果的外在表现形式,是时间轴上一系列离散的点;从微观上看,每一个事故均可看作在极短时间内相继出现的事件序列,是一个动态过程,可以表达为如下形式。

危险触发→以一定的逻辑顺序出现的一系列事件→产生不良后果。

5. 隐患

隐患是指在生产过程中,由于人们受到科学技术的限制,或者认识上的局限,未能有效控制的有可能引起事故的行为和状态。

从系统安全的角度来看,通常人们所说的隐患包括一切可能对“人—机—料—法—环”系统带来损害的不安全因素。隐患可定义成:在生产活动过程中,由于人们受到科学知识和技术力量的限制,或者由于认识上的局限,而未能有效控制的有可能引起事故的一种行为(一些行为)或一种状态(一些状态)或二者的结合。隐患是事故发生的必要条件,隐患一旦被排查出来,就要予以消除;对于受客观条件所限不能立即消除的隐患,要采取措施降低其危险性或延缓危险性增长的速度,降低其被触发的“概率”。

6. 基本概念之间的相互关系

（1）安全与危险是一对此消彼长、动态发展变化的矛盾双方，它们都是与生产过程共存的连续过程。

（2）描述安全与危险的指标分别是安全性与风险（危险性），二者存在如下关系：安全性=1-危险性。

（3）事故与安全是对立的，但事故并不是不安全的全部内容，而只是在安全与不安全（危险）一对矛盾斗争过程中某些瞬间突变结果的外在表现。

（4）系统处于安全状态并不一定不发生事故；系统处于不安全状态，也未必完全由事故引起。

（5）事故发生，系统不一定处于危险状态；事故不发生，系统也可能处于危险状态。事故不能作为判别系统危险与安全状态的唯一标准。

（6）责任事故总是发生在操作的现场，总是伴随隐患的发展而发生在生产过程之中；事故是隐患发展的结果，而隐患是事故发生的必要条件。

（三）安全的性质

1. 安全的普遍性

作为伴随生产而存在的安全问题，对于所有的技术系统都具有普遍的意义，铁路运营系统也不例外。

2. 安全的系统性

安全涉及技术系统的各个方面，包括人员、设备、物料、工法、环境等因素，而这些因素又涉及经济、政治、科技、教育和管理等许多方面。特别对于像铁路运营系统这样的开放系统，安全既受系统内部因素的制约，也受到系统外部环境的干扰。安全的恶化状态，即事故，不但可能造成系统内部的损害，而且可能造成系统外部的损害。因此，研究和解决安全问题应从系统观点出发，运用系统工程的方法，进行综合治理。

3. 安全的相对性

凡是人类从事的生产活动，都涉及安全问题，所不同的只是发生事故的可能性有大有小，危害程度有轻有重而已。安全是相对的，不安全是绝对的，系统发生事故的可能性始终存在。但是，事故是可以预防的，可以利用安全系统工程的原理和技术，预先发现、鉴别、判明各隐患，并采取安全对策从而防患于未然。

4. 安全的依附性

安全是依附于生产而存在的，它不可能脱离具体的生产过程而独立存在，只要存在生产活动，就有出现安全问题的可能性；另外，安全是生产的前提和保障，安全工作搞得不好，生产便无法顺利进行。因此，需要经常持久地抓好安全工作。

5. 安全的间接效益性

要保证生产安全必须在人员、设备、物料、工法、环境和管理方面有相应适时的安全投入，但安全投入所产生的经济和社会效益却是间接的、无形的，难以定量计算。因此，安全投入往往被忽视，只有发生了事故造成了损失之后人们才会意识到安全投入的必要性和重要性。事实上，安全的效益除了体现在减少事故的直接和间接经济损失上，更重要的是在提高人员素质、改进设备性能、改善环境质量和加强生产管理等方面创造积极的经济和社会效益。

6. 安全的长期性

人们对安全的认识在时间上往往是滞后的，不可能预先完全认识到系统存在和面临的各种危险。即使认识到了，有时也会受到当时技术条件的限制而无法予以控制。随着技术进步和社会发展，旧的安全问题解决了，新的安全问题又会产生。所以，安全工作是一个长期的过程，必须坚持不懈，始终如一地努力推进。

7. 安全的艰巨性

随着现代科学技术的发展，各种技术系统的复杂化程度增加了，以轨道交通运营系统为例，无论在规模、速度、设备还是在管理上都发生了极大的飞跃，一旦发生事故，其影响之大、伤亡之多、损失之重、补救之难，都是传统运输方式不可比拟的。此外，事故是一种小概率的随机偶发事件，仅仅利用已有的事故资料不足以及时、深入地对系统的危险性进行分析。因此，认识事故机理，不断揭示系统安全的各种隐患，确实是一项艰巨的任务。

（四）安全科学的研究目标

安全科学的研究目标是将技术应用过程中所发生损害的可能性或者损害的后果控制在相对最低限度内，或者至少使其保持在可容许的限度内。这里所指的损害可以是技术引起的事故，也可以是其他破坏或损失，例如，技术装备导致的环境污染所带来的破坏或损失。

二、安全生产的基本内涵和本质

（一）基本内涵

安全生产是指生产经营单位在劳动生产过程中的人身安全、设备和产品安全，以及交通运营安全等。

概括地说，安全生产是指采取一系列措施使生产过程在符合规定的物质条件和工作秩序下进行，有效消除或控制危险和有害因素，防止人身伤亡和财产损失等生产事故发生，从而保障人员安全与健康、设备和设施免受损坏、环境免遭破坏，使生产经营活动得以顺利进行的一种状态。

安全生产是安全与生产的统一，其宗旨是安全促进生产，生产必须安全。搞好安全工作，改善劳动条件，可以调动职工的生产积极性；减少职工伤亡，可以减少劳动力的损失；减少财产损失，可以增加企业效益，无疑会促进生产的发展；而生产必须安全，则是因为安全是生产的前提条件，没有安全就无法生产。

（二）本质

（1）保护劳动者的生命安全、职业健康和乘客、货运物资的安全是铁路运输企业安全生产最根本、最深刻的内涵，是安全生产本质的核心。它充分揭示了安全生产以人为本的导向性和目的性，它是我们党和政府以人为本的执政本质、以人为本科学发展观的本质、以人为本构建和谐社会的本质在安全生产领域的鲜明体现。

（2）突出强调了最大限度的保护。所谓最大限度的保护，是指在现实经济社会所能提供的客观条件的基础上，尽最大的努力，采取加强安全生产的一切措施保护劳动者的生命安全和职业健康。

根据目前我国安全生产的现状，需要从三个层面上对劳动者的生命安全和职业健康实施最大限度的保护：①在安全生产监管主体，即政府层面，把加强安全生产，实现安全发展，保护劳动者的生命安全、职业健康和乘客、货运物资的安全,纳入经济社会管理的重要内容,纳入社会主义现代化建设的总体战略,最大限度地给予法律保障、体制保障和政策支持;②在安全生产责任主体,即企业层面,把安全生产、保护劳动者的生命安全、职业健康和乘客、货运物资的安全作为企业生存和发展的根本,最大限度地做到责任到位、培训到位、管理到位、技术到位、投入到位;③在劳动者自身层面,把安全生产和保护自身的生命安全和职业健康,作为自我发展、价值实现的根本基础,最大限度地实现“三不伤害”(不伤害自己、不伤害他人、不被别人伤害)。

(3)突出了在生产过程中的保护。生产过程是劳动者进行劳动生产的主要时空,也是保护其生命安全和职业健康的主要时空。安全生产的以人为本,具体体现在生产过程中的以人为本,同时,它还从深层次揭示了安全与生产的关系。在劳动者的生命和职业健康面前,生产过程应该是安全地进行生产的过程,安全是生产的前提,安全又贯穿于生产过程的始终。二者发生矛盾时,生产必须服从于安全,安全第一。这种服从,是一种铁律,是对劳动者生命和健康的尊重,是对生产力最主要最活跃因素的尊重。

(4)突出了一定历史条件下的保护。强调一定历史条件的现实意义在于:①有助于认识到安全生产工作的现实紧迫性;②有助于明确安全生产的重点行业取向;③有助于处理好一定历史条件下的保护与最大限度保护的关系。因此,立足现实条件,充分利用和发挥现实条件,加强安全生产工作是我们的当务之急。

(三)安全生产的管理体制与基本原则

《中华人民共和国安全生产法》确定了“安全第一、预防为主、综合治理”的安全生产管理基本方针,在此方针的规约下形成了一定的管理体制和基本原则。所有生产经营单位在组织生产过程中,必须把保护人的生命安全放在第一位。

1. 管理体制

目前我国安全生产监督管理的体制是:综合监管与行业监管相结合、国家监察与地方监管相结合、政府监督与其他监督相结合的格局。

监督管理具有权威性、强制性、普遍约束性等基本特征。

监督管理的基本原则:坚持“有法必依、执法必严、违法必究”的原则,坚持以事实为依据、以法律为准绳的原则,坚持预防为主的原则,坚持行为监察与技术监察相结合的原则,坚持监察与服务相结合的原则,坚持教育与惩罚相结合的原则。

2. 基本原则

(1)“以人为本”原则。在生产与安全的关系中,一切以安全为重,安全必须排在第一位。必须预先分析危险源,预测和评价危险、有害因素,掌握危险出现的规律和变化,采取相应的预防措施,将危险和安全隐患消灭在萌芽状态。

(2)“谁主管、谁负责”原则。安全生产的重要性要求是主管者也必须是责任人,要全面履行安全生产责任。

(3)“管生产必须管安全”原则。指各级领导和全体员工在生产过程中必须坚持在抓生产的同时抓好安全工作。这实现了安全与生产的统一,生产和安全是一个有机的整体,二者不能分割更不能对立起来,应将安全寓于生产之中。

(4)“安全具有否决权”原则。指安全工作是衡量企业生产管理的一项基本内容,要求对各项指标进行考核、评优创先时必须首先考虑安全指标的完成情况。安全指标没有实现，即使其他指标顺利完成，仍无法实现生产的最优化，安全具有一票否决的作用。

（5）“三同时”原则。单位新建、改建、扩建工程项目的安全设施，必须与主体工程同时设计、同时施工、同时投入生产和使用。

（6）“五同时”原则。企业的生产组织及领导者在计划、布置、检查、总结、评比生产工作的同时要计划、布置、检查、总结、评比安全工作。

（7）“四不放过”原则。事故原因未查清不放过，当事人和群众没有受到教育不放过，事故责任人未受到处理不放过，没有制定切实可行的预防措施不放过。

（四）造成生产安全事故的原因

原因主要有以下五个方面。

（1）人的不安全行为。人员缺乏安全知识，疏忽大意或采取不安全的操作动作等引起事故，包括违章指挥、违章操作和违反劳动纪律等。

（2）设备的不安全状态。如设备缺陷、设备未维修、设备参数设置错误、设备数量不足、设备老化等原因，是安全事故发生的常见原因。

（3）物料的不合格和不当处置。在生产过程中所需物料质量的好坏，品类是否适合，以及物料在生产、采购、运输、存储和现场使用等过程中的管理，对安全生产有着相当重要的影响。

（4）工法制定不健全或贯彻不到位。生产过程中所需遵循的规章制度包括工艺指导书、标准工序指引、生产图纸、生产计划表、产品作业标准、检验标准和各种操作规程等。严格按照规程作业，是保证安全生产的一个条件。

（5）环境的状况不良。不安全的环境是引起事故的物质基础。它是事故的直接原因，通常指的是自然环境的异常，如地质、水文、气象等的恶劣变异；生产环境不良，即照明、温度、湿度、通风、采光、噪声、振动、空气质量、颜色等方面存在缺陷。

（五）安全生产方针和安全系统论原理

1. 安全生产方针

《中华人民共和国安全生产法》第一章第三条规定了“安全第一、预防为主、综合治理”的方针，是我国安全生产工作的一个总的要求和指导原则。

（1）“安全第一”体现了人们对安全生产的一种理性认识。它包含两个层面：①生命观，“安全第一”就是要人们懂得一定要珍惜生命、爱护生命、尊重生命和保护生命，而事故就意味着对生命的摧残与毁灭，因此应把保护生命安全放在第一位；②协调观，即生产与安全的协调，从生产系统来说保证系统正常就是保证系统安全，这是保证生产系统有效运转的基础和前提条件，因此应把安全放在第一位。

（2）“预防为主、综合治理”体现了人们在安全生产活动中的方法论。

2. 安全系统论原理

安全系统论原理主要研究两个系统对象：一是事故系统，二是安全系统。

（1）事故系统论。它包括五个要素：人、机、料、法和环。其中，人即人的不安全行为；机即设备的不安全状态；料即物料的不合格和不当处置；法即工法制定不健全或贯彻不到位；环即环境状况不良。

(2)安全系统论。人指人的安全素质,即心理与生理、安全能力、文化素质;物指设备与环境的安全可靠性,即设计安全性、制造安全性、使用安全性;能量指生产过程能的安全作用,即能的有效控制;信息指充分可靠的安全信息流(管理效能的充分发挥)是安全的基础保障。

三、事故致因理论

(一)事故类型

常见的几类事故:一次事故、二次事故、未遂事故、伤亡事故、一般事故。海因里希法则认为:严重事故、轻微事故和未遂事故的发生之比为 1 : 29 : 300。

(二)事故的基本特征

事故的基本特征:因果性;潜伏性、再现性和可预测性;偶然性、必然性和规律性。

(三)事故致因理论

事故致因九种理论:事故频发倾向理论、事故因果连锁理论、能量意外释放理论、奶酪模型理论、系统安全理论、基于人体信息处理的失误——瑟利事故模型理论、动态变化理论、轨迹交叉理论、海因里希法则理论。

四、事故预防与控制

(一)概念

事故预防是指通过采用技术、教育和管理手段,使事故发生的风险降低到可以接受的程度。

事故控制是指通过采用技术和管理手段,使事故发生后不造成严重后果或使后果尽可能减小。

(二)事故预防与控制对策

(1)安全技术对策。

(2)安全教育对策。

(3)安全管理对策。

1.2.1.2 安全管理概述

一、安全管理的意义与作用

(一)安全管理的概念

安全管理是管理科学的一个重要分支,是企业生产管理的重要组成部分,是一门综合性的系统科学,是为实现安全目标而进行的有关决策、计划、组织和控制等方面的活动。安全管理原理示意图如图 1-1 所示。

安全管理的内容大体可归纳为安全组织管理、过程设施管理、行为控制管理和安全技术管理四个方面,分别对生产中的人员、设备、物料、工法、环境的行为与状态进行具体的管理与控制。为有效地将生产因素的状态控制好,安全管理过程中必须正确处理安全与危险并存、安全与生产统一、安全与质量包涵、安全与速度互保、安全与效益兼顾五种关系。

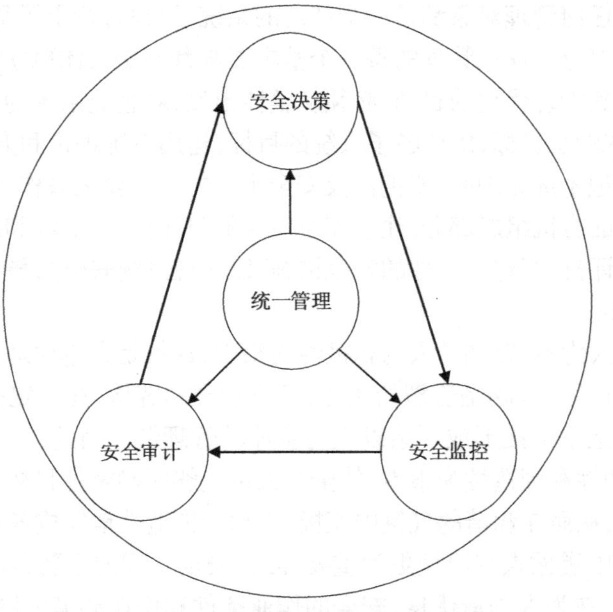

图 1-1　安全管理原理示意图

(二)安全管理的意义与作用

安全工作的根本目的是保护广大劳动者和设备的安全,防止伤亡事故和设备事故发生,保护国家和集体财产不受损失,保证生产和建设的正常进行。为了实现这一目的,需要开展三方面的工作,即安全管理、安全技术和职业健康。而这三者中,安全管理又起着决定性的作用,意义重大。

(1)安全管理是防止伤亡事故和职业危害发生的根本对策。安全管理缺陷是事故发生的根源,是事故发生的本质原因。要从根本上杜绝事故必须从加强安全管理做起,不断改进安全管理技术,提高安全管理水平。

(2)安全管理是贯彻落实"安全第一、预防为主、综合治理"方针的基本保证。"安全第一、预防为主、综合治理"是我国安全生产的根本方针,是多年来实现安全生产的实践经验的科学总结。

(3)安全技术和职业健康措施要靠有效的安全管理才能发挥应有的作用。安全技术和职业健康措施对于从根本上改善劳动条件、实现安全生产具有巨大作用。

(4)安全管理有助于改进企业管理,全面推进企业各方面工作的进步,促进经济效益的提高。安全管理是企业管理的重要组成部分,与企业的其他管理密切联系,互相影响,互相促进。

二、安全管理的基本原理

管理的基本要素是人、财、物、信息、时间、机构、制度等,管理的基本原理就是研究如何正确而有效地处理这些要素及其相互关系,以实现管理的目标。安全管理作为管理的一个分支,要遵循管理的普遍规律,服从管理的基本原理。

(一)系统原理

所谓系统,指由若干相互联系、相互作用、相互依赖的要素组成的具有特定功能和确定目标的有机整体。任何管理对象都是一个特定的系统,可包含若干子系统,同时又可看成一个更大系统的组成部分。现代管理的每一个基本要素都不是彼此孤立的,而是相互关联、相互作用的。为了达到管理优化的目的,必须从整体出发,对企业系统的各个方面进行分析研究,根据企业大系统的总目标,协调各子系统的目标,运用系统理论和方法进行控制和管理。

在应用安全管理系统原理时,要把涉及安全生产的各个要素看作一个系统,并将其作为整个企业管理系统的有机组成部分,注重安全系统的整体性、目的性和层次性,要系统、全面地进行安全分析和评价,制定综合性的安全措施,以实现系统安全为最终目的。

(二)人本原理

管理要坚持以人为本,以调动人的积极性为根本,这就是人本原理。管理作为一种社会活动,是靠人来展开的。人既是管理的主体,又是管理的客体,在一定的管理层次上既管理他人,又被人管理,上下衔接形成一条以人为主体的管理链。因此,一切管理活动均要以调动人的积极性、主动性和创造性为根本,使全体人员能够明确整体目标、各自的职责、工作的意义和相互的关系,从而在和谐的气氛中积极、主动和创造性地完成各自的任务。

安全管理工作中遵循人本原理更为重要,因为安全管理的主要目的之一是保证人的安全。要以人为中心,在为人创造优良、安全的作业条件和作业环境的同时,充分调动人的安全生产的积极性,防止产生见物不见人、见利不见人的错误认识和做法。另外,有效的安全管理也必须是人人管理、自我管理。

(三)能级原理

在企业管理系统中,各种管理的功能是不同的,根据管理功能的不同把管理系统分成不同的级别,把相应的管理内容和管理者分配到各级别中去,各居其位、各司其职,这就是能级原理。

安全管理能级的层次可分为:经营层,确定系统的大政方针;管理层,运用各种管理技术来实现经营方针;执行层,贯彻执行管理指令,直接调配人、财、物等管理要素;操作层,从事操作和完成各项具体任务。这四个层次不仅使命不同,而且标志着四大能级的差异,不可混淆。不同的管理层次应有不同的责、权、利,各级管理者应该在其位、谋其政、行其权、尽其责、获其荣、惩其误。各能级必须动态对应,做到人尽其才,各尽所能。

(四)整分合原理

企业是一个高效率的有序系统,具有明显的层次性。现代高效率的管理必须在整体规划下明确分工,在分工基础上进行有效组合,这就是整分合原理。在这个原理中,整体是前提,不了解整体及其运动规律,分工必然是盲目的;分工是关键,没有分工,整体只是一团没有秩序的混沌物,系统不可能有高效率;只有分工而没有协作,必导致各行其是,工作上相互脱节,不能保证各个局部协调配合、综合平衡地发展。因此,在安全管理工作中只有整体把握、科学分解、综合组织,才能保证最佳整体效应的圆满实现。

(五)反馈原理

现代高效率的管理,必须有灵敏、正确、有力的反馈,这就是反馈原理。面对不断变化的客观实际,系统的管理是否有效,关键在于是否有灵敏、准确和有力的反馈。

反馈控制对安全管理有特别的意义。一个运转中的系统,当受到不安全因素的干扰时可能会偏离安全目标,甚至导致事故或损失。为了保证系统的安全,必须及时捕捉、反馈不安全信息，消除或控制不安全因素，以实现安全生产。实际上，安全风险管控、隐患排查治理、考核评价等都是反馈原理在安全管理中的应用。重要的是，要建立有效的反馈系统，使反馈控制更加灵敏、准确、有力。

（六）闭环原理

任何系统的管理手段、管理过程等必须构成一个闭环的回路，才能形成有效的管理运动，这就是闭环原理。封闭就是把管理手段、管理过程等加以分割，使各部分、各环节相对独立，各行其责，充分发挥自己的功能；同时他们又互相衔接，互相制约，并且首尾相连，形成管理闭环。

坚持闭环原理，对于管理机构来说，不仅要有指挥中心与执行机构，还应有监督机构和反馈机构，这些机构应相互独立、相互制约、权责明确，形成一个闭环回路；对于管理法规来说，不仅要建立尽可能全面的执行法则，还应该建立监督法则和反馈法则，这样才能发挥法规的管理威力；对于安全管理来说，执行、监督、反馈、奖惩必须配套实施，缺一不可；对于企业人员来说，必须有职、有责、有权、有奖、有惩，只有这样，才能使得每个人内有动力，外有压力，积极认真地投入到工作当中。

（七）弹性原理

管理是在系统内部条件和外部环境条件千变万化的形势下进行的，管理工作中的方法、手段、措施等必须保持充分的伸缩性，以保证管理有很强的适应性和灵活性，从而有效地实现动态管理，这就是弹性原理。

弹性原理对于安全管理具有重要意义。安全管理面临的是错综复杂的环境和条件，尤其事故致因是很难完全预测和掌握的，因此安全管理必须尽可能保持良好的弹性：①要不断推进安全管理的科学化、信息化，尽可能做到对危险源的预先识别、消除或控制；②要采取全方位、多层次的事故防止对策，从人员、设备、物料、工法、环境等方面层层设防。安全管理还应注意协调好各方面的关系，尽可能取得理解和支持，遇到意外情况时容易得到各方面的配合和帮助。

（八）动力原理

管理必须有强大的推动力，只有正确地运用动力，才能使管理工作持续有效地进行下去，这就是动力原理。安全管理动力有以下三种基本类型。

（1）物质动力。这是根本动力，不仅仅是物质刺激，更重要的是经济效益。经济效益是现代管理的最终目标。

（2）精神动力。精神动力既包括信仰和精神激励，也包括日常的思想工作。精神动力不仅可以补偿物质动力的缺陷，而且本身就有巨大的威力。在特定情况下，它可以成为决定性动力。

（3）信息动力。知识、资料、消息、新闻等都可以成为信息动力，甚至爱好、志趣、好奇心等也是一种信息动力。

管理的三种动力要综合、灵活地运用，在不同的时间、地点、条件下，要掌握好各种动力的比重、刺激量和刺激频度，并正确认识和处理个体动力与集体动力的关系。

（九）预防原理

通过有效的管理和技术手段，减少和防止不安全状态发生，从而使事故发生的概率降到最低，这就是预防原理。预防原理遵循偶然损失原则、因果关系原则、3E 原则、本质安全化原则。

（十）强制原理

采取强制管理的手段控制人的意愿和行为，使个人的活动、行为等受到管理要求的约束，从而有效地实现管理目标，这就是强制原理。强制原理遵循安全第一原则、监督原则。

（十一）责任原理

管理工作必须在合理分工的基础上，明确规定组织各级部门和个人必须完成的工作任务和相应的责任，这就是责任原理。

三、安全管理六项原则

（一）管生产必须管安全原则

安全寓于生产之中，并对生产起促进与保证作用。管生产必须管安全，是要求谁管生产就必须在管理生产的同时，管好管辖范围内的安全生产工作，并负全面责任。这是安全生产管理的基本原则之一。

管生产必须管安全包含以下两方面。

（1）一切从事生产、经营活动的单位和管理部门都必须管安全。政府管理部门、行业主管部门，以及直接从事安全生产活动的企业单位的主要领导人，必须依照国务院“安全生产是一切经济部门和生产企业的头等大事”的指示精神，全面负责安全生产工作。那么，企业就由主要负责人负责，在企业的各项经营管理活动中，把安全生产放在突出的位置来抓。

（2）管生产的必须要管安全。从事生产管理和企业经营的领导者和组织者，必须明确安全和生产是一个有机的整体，生产工作和安全工作的计划、布置、检查、总结、评比要同时进行，绝不能重生产轻安全。认真贯彻执行国家安全生产的法规、政策和标准。制定本企业、本部门的安全生产规章制度包括各种安全生产责任制，安全生产管理规定，安全卫生技术规范、标准，安全生产技术和组织措施的制定、审查和执行，各工种、岗位的安全操作规程等。健全安全生产组织管理机构，配齐相应的安全管理人员。

（二）安全管理的目的性原则

安全管理的内容是对生产中的人员、设备、物料、工法、环境等因素状态的管理，有效地控制不安全因素，消除或避免事故，达到保护劳动者的安全与健康的目的。没有明确目的的安全管理是一种盲目行为。盲目的安全管理，充其量只能算作“花架子”，劳民伤财，危险因素依然存在。在一定意义上，盲目的安全管理，只能纵容威胁人的安全与健康的因素向更为严重的方向发展或转化。

（三）贯彻预防为主原则

安全生产的方针是“安全第一、预防为主、综合治理”。贯彻预防为主，首先要端正对生产中不安全因素的认识，端正消除不安全因素的态度，选准消除不安全因素的时机。在安排与布置生产内容的时候，针对施工生产中可能出现的危险因素，采取措施予以消除是最佳选择。在生产活动中，经常检查，及时发现不安全因素，采取措施，明确责任，尽快地、坚决地予以消除，是安全管理应有的鲜明态度。

（四）坚持四全动态管理原则

安全管理涉及生产活动的方方面面，涉及全部生产过程，涉及全部的生产时间，涉及一切变化着的生产因素。因此，生产活动中必须坚持全员、全过程、全方位、全天候的动态安全管理。

（五）安全管理重在控制原则

进行安全管理的目的是预防、消灭事故，防止或消除事故伤害，保护劳动者的安全与健康。在安全管理过程中，对生产因素状态的控制，与安全管理目的的关系更直接，显得更为突出。因此，对生产中人的不安全行为、设备的不安全状态、物料的不合格和不当处置、工法制定不健全或贯彻不到位和环境状况不良的控制，必须看作动态安全管理的重点。

（六）在管理中发展、提高原则

既然安全管理是在变化着的生产活动中的管理，是一种动态管理。其管理就意味着是不断发展的、不断变化的，以适应变化的生产活动，消除新的危险因素。然而更为重要的是不间断地摸索新的规律，总结管理、控制的办法与经验，指导新的变化后的管理，从而使安全管理不断上升到新高度。

四、安全生产管理的内涵

安全生产管理，主要是针对生产过程中的一些安全问题，发挥其有效的资源配置，通过人们在实践过程中的经验总结，制定相关的规章制度，开展决策计划和控制生产活动，在生产中实现人和机器、物料、环境几项条件的和谐统一，进而达到安全生产的目标。企业生存发展的关键是要做好安全生产工作。

（1）管理目标。安全生产的目标是有效地控制危害，控制事故的发生，有效地避免在生产过程中因为意外伤害而形成的人身伤害、财产损失等其他方面的损失，保障人身和财产安全。

（2）管理内容。安全生产内容主要包含管理机构、人员、责任制度、管理规章制度、安全培训教育等相关内容，在行动中要有目标性，在实际落实中内容要丰富，达到立体化全方位的监管。

（3）管理对象。管理对象主要是企业中的员工、生产过程中参与的所有人员、设备设施等。

1.2.1.3 安全管理目标及特点

一、安全管理目标的含义

安全管理目标指人们进行安全管理活动所要达到的预期结果。安全管理目标这一概念，包括双重任务：一是安全预期结果；二是达到这一安全预期结果所应采用的安全管理措施。

二、安全管理目标的分类

安全管理目标可按各种标准进行分类，以下仅列举几种主要类型。

（一）按安全管理的领域划分

分为安全技术管理目标、安全教育管理目标、安全检查管理目标、安全活动管理目标和安全文化管理目标等。在实际安全管理中，以上类型还要再加细分，如安全技术管理目标又可分为公共安全技术、设备安全技术、电气安全技术等安全管理目标。安全教育管理目标又可分为新职工入厂安全教育、特种作业人员安全技术教育等安全管理目标。安全检查管理目标又可分为日常安全检查、专业安全检查、季节安全检查等安全管理目标。安全活动管理目标有安全隐患消除等安全管理目标。安全文化管理目标又可分为安全文体活动、安全文艺活动等安全管理目标。

(二)按安全管理的职能划分

分为安全决策目标、安全计划目标、安全组织目标、安全协调目标、安全监督目标、安全控制目标等。上述各种安全管理职能目标,就一项安全管理的全过程来说,它们是一致的,但就各项安全职能的具体行使阶段和行使部门来说,又在内容的侧重点上有所区别。

(三)按安全管理的层次划分

分为高层安全管理目标、中层安全管理目标和基层安全管理目标。上述三类目标是相对而言的。如从全国范围来说,各企业安全管理目标是基层管理目标,而就一个企业来说,T(公司)级安全管理目标则是高层管理目标,车间和班组安全管理目标是中层和基层管理目标。

(四)按安全管理目标的实现期限划分

分为长期安全管理目标,中期安全管理目标和短期安全管理目标。一般来说,期限在10年以上的为长期目标,期限在5年左右的为中期目标,期限在1年以内的为短期目标。

三、安全管理目标的特点

安全管理目标特点包括:统一性与矛盾性、综合性与可分性、时间性和阶段性、明确性和伸缩性。

四、安全管理目标的作用

企业安全管理目标是安全管理活动的出发点和落脚点,因此它在安全管理中占有重要地位,能够发挥重要作用。其主要作用如下。

(一)凝聚作用

企业安全管理劳动是一种共同的劳动。共同劳动就必然要有共同的目标,共同目标作为企业文化的首要内容,正是因为其具有凝聚作用。共同目标是人们共同价值观的反映,有了共同的价值观,人们才会思想统一,齐心合力,从而在严峻复杂的事故预防、控制工作中无往而不胜。

(二)导向作用

安全管理目标不但规定预期结果,而且规定如何达到这一预期结果的措施。安全管理目标既对人们总的努力方向起导向作用,又对人们的具体安全管理活动起导向作用。在实际安全活动中,要使安全管理组织的各部门、各层次直至每个管理者和执行者既充分发挥自己的主观能动性,又不偏离大方向,要使各项管理职能、管理方法的运用既能充分发挥各自的功能,又能形成合力,发挥同向作用,就必须充分发挥安全管理目标的导向作用,否则会引起管理的混乱。

(三)激励作用

安全目标的激励作用主要表现在三个方面:①在目标确定后,由于它能使人明确方向,看到前景,因而能起到鼓舞人心、振奋精神、激发斗志的作用;②在目标执行过程中,由于目标的制定具有一定的先进性和挑战性,在实际工作中必须通过努力才能达到,因而有利于激发人们的生产安全积极性和创造性;③在目标实现以后,由于人们的愿望和追求得到了实现,在心理上会产生满足感和自豪感,这样就会激励人们以更大的热情和信心去承担新的安全任务。

(四)评价作用

对于安全管理工作成效大小的评价,要用安全管理目标的完成程度、安全管理目标的复杂难易程度和完成安全管理目标的努力程度这三方面的指标来衡量,指标值越大,安全管理工作的成绩就大。安全管理目标的这一评价作用,不但适用于单位、部门工作成绩的衡量,也适用于个人成绩的衡量。

1.2.1.4　现代安全管理方法

一、综合性安全管理方法

综合性安全管理方法是从企业整体出发,能应用于企业安全组织运作之中,对企业在某一时间段的安全管理全过程具有指导作用的管理方法。

(一)全面安全管理

全面安全管理是一种将系统安全管理与传统安全管理相结合的综合管理方法,它由全面质量管理演变而来。基本思路是以系统整体性原理为依据,以目标优化原则为核心,以安全决策为主要手段,将安全生产过程乃至企业的全部工作看作一个整体,进行统筹安排和协调整合的全面管理。全面安全管理主要包括全员、全过程、全方位、全天候四层含义。全员安全管理是指上至企业领导,下至每一名员工,人人参与安全管理,人人关心安全,注意安全,在各自的职责范围内做好安全工作。全过程安全管理是指对每项工作、每种工艺、每个工程项目的每一个步骤都自始至终地抓好安全管理,它贯穿于各项工作始终,形成纵向一条线的安全管理方式。全方位安全管理是指系统的各个要素,从时间到地点,乃至操作方式等方面的安全问题,进行全面分析、全面辨识、全面评价、全面防护,做到疏而不漏,保证安全生产,遍及企业各个角落横向铺开的一种管理方式。全天候安全管理强调在任何时候、任何环境下都不能放松对安全的管理和警惕。这种管理模式要求企业或组织在一天24小时、一年365天的时间里,无论天气、环境、时间等因素如何变化,都要始终保持对安全的高度关注和有效管理。

(二)PDCA安全管理

PDCA循环工作方式(戴明循环)是一种按照计划(Plan)、执行(Do)、检查(Check)、处理(Action)四个阶段不断循环进行管理的方法。PDCA循环运转的特点为:大环套小环,小环保大环,推动大循环,螺旋上升。

(三)安全目标管理

安全目标管理是目标管理方法在安全工作上的应用。安全目标管理是目标管理的重要组成部分,是围绕实施安全目标开展安全管理的一种综合性较强的管理方法。安全目标管理的基本内容包括:安全目标体系的设定、安全目标的分解、安全目标的实施、安全目标的考核与评价。

(1)安全目标体系的设定。安全目标体系的设定是安全目标管理的核心,目标设立是否恰当直接关系到安全管理的成效。目标设立过高,经努力也不可能达到,会伤害操作者的积极性;目标设立过低,不用努力就能达到,则调动不了操作者的积极性和创造性。目标体系设定之后，各级人员依据目标体系层层展开工作，从而保证安全工作总目标的实现。安全目标体系保证措施包括技术措施、组织措施，还包括措施进度和责任者。保证措施大致有以下五方面：①安全教育措施，包括教育的内容、时间安排、参加人员规模、宣传教育场地；②安全检查措施，包括检查内容、时间安排、责任人、检查结果的处理等；③安全生产风险分级管控与隐患排查治理，对危险因素和隐患要采取有效的技术和管理措施进行控制和治理，并制定整改期限和完成率；④安全评比，定期组织安全评比，评出安全先进；⑤安全控制点的管理，制度无漏洞、检查无差错、设备无故障、人员无违章。

（2）安全目标的分解。企业的总目标设定以后，按层次逐级进行目标的分解落实，将总目标从上到下层层展开，从纵向、横向或时序上分解到各级、各部门直到每个人，形成自下而上层层保证的目标体系。目标分解的目的是得到完整的纵横方向的目标体系，如图 1-2 所示。

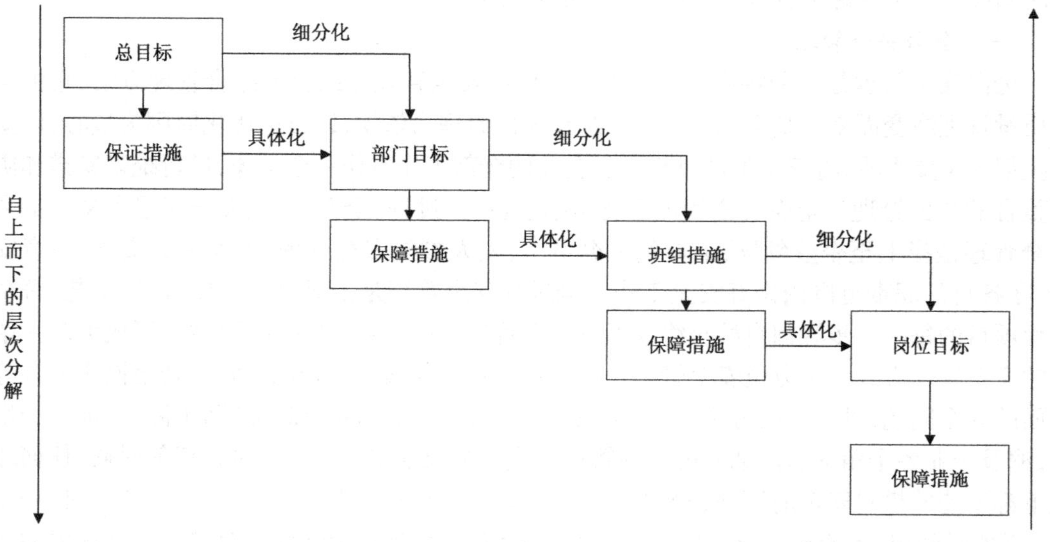

图 1-2 安全目标的分解示意图

（3）安全目标的实施。安全目标的实施是指在落实保障措施、促使安全目标实现的过程中所进行的管理活动。目标实施的效果对目标管理的成效起决定性作用。该阶段主要是各级目标责任者充分发挥主观能动性和创造性，实行自我控制和自我管理，辅之以上级的控制与协调。目标实施中的控制分为自我控制、逐级控制、关键点控制三种。

（4）安全目标的考核与评价。为提高安全目标管理效能，目标在实施过程中和完成后都要进行考核、评价，并对有关人员进行奖励或惩罚。考核是评价的前提，是有效实现目标的重要手段。目标考评是领导和群众依据考评标准对目标的实施成果进行客观的测量过程。对目标的考评内容包括目标的完成情况、协作情况等，还应适当考虑目标的复杂程度和目标责任人的努力程度。由于考评的标准、内容、对象不同，因此对目标的考评方法也不同，但考评方法应简单易行，具有系统性、综合性、多样性，可采取分项计分法、目标成果考评法、岗位责任考评法等。

二、思考性安全管理方法

思考性安全管理方法来源于运筹学、价值工程及系统工程等管理技术和科学方法，主要包括关联图法、A 型图解法、系统图法等。

（一）关联图法

关联图法是一种对于原因—结果、目的—手段等复杂关系互相纠缠的问题，理清头绪，抓住问题的核心，找出适当解决措施的方法。

（1）关联图的基本结构。关联图是一种用圆圈把显露的问题和要因的文字圈起来，并用箭头线表示出因果关系的图。在图中，将要实现的目标或想解决的问题用双圈圈起来，其他要因用单圈圈起来。文字的表达应简短、内容准确又便于理解。关联图示例如图 1-3 所示。

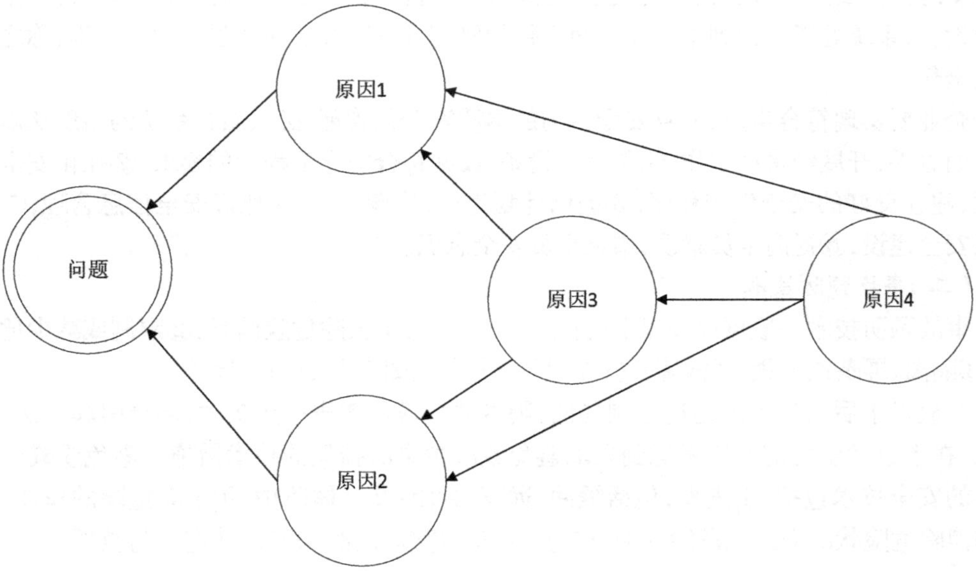

图 1-3　关联图示例

（2）关联图的形式。关联图有三种基本形式：①中央集中型，尽量把重要项目或应解决的问题安排在中央位置，然后把相关因素按相关的程度依次排列在重要项目的周围；②单向集约型，把重要项目或应解决的问题安排在一侧，将各要因按主要的因果关系顺序排列；③关系表示型，用图形简明地表示各活动项目之间或要因之间的因果关系。

（二）A 型图解法

A 型图解法又称 KJ 法、亲和图法，指将未知的问题，未曾接触的领域的问题的相关事实、意见或设想之类的语言文字资料收集起来，并利用其内在的相互关系做成归类合并图，以便从复杂的现象中整理出思路，抓住实质，找出解决问题途径的一种方法，例如，分类法、归纳法。该法适用于情况问题复杂、初始情况混淆不清、牵涉部门众多的情况。

（三）系统图法

系统图法又叫树图法，是将目的和手段相互联系起来逐级展开的图形表示法。利用它可系统分析问题的原因并确定解决问题的方法。它的具体做法是将把要达到的目的、所需要的手段逐级深入。系统图法可以系统地掌握问题,寻找实现目的的最佳手段,广泛应用于质量管理中。系统图法是把要实现的目的、需要采取的措施或手段,系统地展开分析,并绘制成图,以明确问题的重点,并寻找最佳手段或措施的一种方法。因为系统图由方块和箭头组成,形似树枝,所以又名树形图、树枝系统图、家谱图、组织图等。

系统图应用在企业实施安全目标管理的过程中,为了达到预定的目标,需要采用相应的手段和措施。因此,可以利用系统图对安全目标进行分析,使其自上而下层层展开,逐级落实保证措施,形成自下而上的层层保证,使安全目标管理的重点、难点一目了然。

三、实务性安全管理方法

(一)本质安全化

本质安全是指操作者在误操作或判断错误的情况下,即使有不安全行为,设备、系统仍能自动地保证安全;当设备、系统发生故障时,它能自动将其排除,确保人身和设备安全。为了使设备、系统处于或达到本质安全而进行的研究、设计、改造和加强管理的过程,称之为本质安全化。

企业要实现符合生产、人身安全目的的本质安全化管理,必须站在系统的角度从以下六个方面着手,开展经常性工作:①使生产设备、设施符合安全工程学的要求;②强化安全规章制度,建立良好的安全生产秩序;③提倡计划生产,均衡生产;④抓好安全信息管理;⑤抓好班组安全建设;⑥提高全员素质,增强全员安全意识。

(二)事故预防技术

事故预防技术一般可以按以下的优先次序选择:①根除危险因素;②限制或减少危险因素;③隔离、屏蔽或连锁;④故障—安全设计;⑤减少故障及失误;⑥警告。

事故发生后如果不能迅速控制局面,则事故规模可能进一步扩大,甚至引起二次事故。因此,在事故发生之前就应考虑到采取避免或减少事故损失的技术措施。避免或减少事故损失的安全技术包括:①隔离,包括缓冲、远离、封闭;②个体防护,用于有危险的作业、为调查和消除危险状况而进入危险区域、应急情况时;③接受微小损失;④避难与救援。

1.2.2　铁路运输安全管理相关理论

一、铁路运输安全概念

铁路运输安全是指在铁路运输生产过程中,能将人或物的损失控制在可接受水平的状态。若超出了可接受的范围,即为不安全。

铁路运输的安全状况反映了铁路的管理水平、设备质量、人员素质和社会秩序的状况,是铁路运输质量的重要表现。

铁路运输生产过程中,保证旅客的生命财产不受损伤、保持货物完整无缺是铁路运输服务的一项重要质量指标。中国铁路部门贯彻安全第一方针,制定了完善的规章制度,开展标准化考核,严格作业纪律,加强设备检修,不断采用新装备、新技术,以保证运输安全。铁路部门同时还制定了控制及考核运输安全的有关事故规则:其中行车事故主要有冲突、脱轨等52项,按损失程度分为重大、大、险性、一般等4类行车事故;旅客伤亡事故分为死亡、重伤、轻伤3类;行李包裹事故主要有丢失、破损等7项,按损失大小分为重大、大、一般3类;货物运输事故主要有火灾、被盗、丢失等9项，按损失程度分为重大、大、一般3类。中国铁路总公司、各铁路局公司、各段站还分别设置安全监察机构，对铁路运输安全工作进行监督检查。

二、铁路运输安全的特点

铁路运输安全有其特殊性。

(一)动态性

机车、车辆在固定轨道上的定向运动是铁路运输最显著的特点。一系列铁路运输安全问题，例如，轮轨作用、弓网作用、列车速度控制和进路控制等都是围绕机车、车辆或列车在轨道上的定向运动而展开的。

(二)严重性

处于高速运动状态的列车，一旦发生设备异常或工作人员操作失误，可供纠正和避免事故的时间很短，可供选择的应急方式也很有限。加之铁路线路、机车车辆等设备的成本很高，列车对旅客和货物的承载量很大，事故不仅会造成巨大的财产损失、人员伤亡和环境破坏，其造成的运输中断将波及路网，打乱运输秩序，影响社会生产和运输的全局。更重要的是，铁路对其运输对象——旅客和货物没有所有权和支配权，只提供必要的运输服务，因此事故损失涉及广泛的社会因素，极大地损害铁路的形象甚至政府的威信，其社会影响的严重性难以估量。

(三)反复性

铁路运输生产具有连续性、周期性和季节性的特点，伴随着生产的各种事故和不安全状况常常都是重复发生的，我国铁路年复一年的春运、暑运、防洪、防寒、防暑等安全问题反复存在。由于受铁路总体技术和管理水平的制约，各种事故和不安全状况的产生也具有一定的“惯性”和反复性，如“两冒错排”(冒进进站和出站信号，错排列车进路)、断轨、断轴等惯性事故，已成为困扰运输安全的主要问题。

(四)依赖性

铁路是复杂的人—机动态系统，其运输生产过程是由车、机、工、电、辆等多工种联合的多环节(如货物的承运、保管、装卸、运送、途中作业、交付等)作业过程，涉及设备数量庞大、种类繁多，设备布局的网络状态和作业岗位独立分散的特点，使各工种和各环节的协同配合都离不开严格有效的管理。因此，铁路运输安全在很大程度上取决于管理的效能。

(五)复杂性

铁路运输安全受外部环境的影响很大，难以预测和控制。铁路运输生产是在一个开放的环境中进行的，其过程有较大的空间位移和较长的时间延续。自然环境，如雨、雾、风、雪及各种自然灾害等，对运输安全均有不利影响。社会环境，如社会治安、社会风气及社会政治经济状况等，均与运输安全状况密切相关，而且难以预测和控制。因此，铁路运输环境安全的综合治理涉及面广、难度大。铁路安全技术的发展，包括设备安全性能改进、人员安全素质提高、环境安全质量改善和安全管理水平提高，都是以上述对安全的普遍性和铁路运输安全的特殊性的认识为基础的。

三、铁路运输安全的重要意义

(一)铁路运输安全工作具有广泛和深远的影响力

铁路运输的根本任务就是把旅客和货物及时安全地运送到目的地。物流和人流选择的运输工具中最为主要的就是铁路，其中在人流方面更为明显，比例高达70%，不难看出，铁路运输的地位多么重要。就目前的形势来说，世界铁路运输行业正处于高速发展的时期，在规模和数量上有明显的增长趋势，为此确保铁路运输的安全就显得极为迫切。

实践已经证明，铁路运输安全工作的影响力极为广泛和深远，它不仅会影响到铁路运输企业本身的经济效益和生产效率，还会对我国整个社会经济的发展有着直接的影响。

（二）铁路运输安全是整个运输设备完好无损、运输生产系统正常运行的综合表现

铁路运输生产独特的性质、作用和特点，决定了铁路运输必须把安全生产摆在各项工作的首要位置。其中，实现铁路运输安全的有力工具就是安全管理，它是保障安全和直接控制安全的重要手段。

如果安全形势不稳，安全事故频发，势必会扰乱正常的铁路运输秩序和效益，铁路运输管理也会失衡，最终导致铁路工作处于被动状态，长此下去，铁路发展就会大大受挫。因此，确保铁路运输安全，营造良好的安全运输环境，是保证铁路发展顺利进行和铁路改革的重要举措。

（三）铁路运输的安全状况反映铁路运输企业的管理水平、设备质量、人员素质和社会秩序的状况，是铁路运输质量的重要表现

铁路运输安全不但是运输生产过程的基本要求，而且是铁路运输产品质量的第一个重要特性。旅客和货物在整个运输过程中，除了由于不可抗拒的天灾和由于旅客本身的机能或货物本身的性质而无法防止的，铁路必须保证不给旅客造成心理和生理机能的损伤，保证不改变货物的物理性质（如重量、件数不能缺少，包装不能破损、变形，货物不能掺入其他杂质等）。在运输过程中发生的人员伤亡、货物破损、设备破坏等任何事故，都必然在造成生命财产损失的同时，降低铁路运输在公众中的信誉和在运输市场上的竞争能力。

（四）铁路安全是运输生产的前提和保证

安全是生产的前提和保证，正常有序的生产同系统的安全运行和管理是不可分割的。因此，在铁路运输生产过程中，必须正确处理好安全与效率、效益的关系。

2. 铁路运输企业安全生产相关法律法规制度

2.1 安全生产综合法律法规

2.1.1 安全生产综合法律法规体系架构

法是特殊的社会规范，一般是指国家制定或认可的所有规范性文件的总和，包括国家最高权力机关制定的基本法，也包括国家最高权力机关、最高行政机关及其所属部门、各级地方权力机关和行政机关制定的从属于法律的规范性文件。

在我国，安全生产管理的法律法规其整体主要由法律、法规和国家行政机关颁布的规章制度所构成，一般称为群法。

安全生产综合法律法规是指在生产过程中产生的同劳动者或生产人员的安全与健康，以及生产资料和社会财富安全保障有关的各种社会关系的法律规范的总和。

安全生产综合法律法规是党和国家的安全方针政策的集中表现，是上升为国家和政府意志的一种行为准则。它以法律的形式规定人们在生产过程中的行为准则，用国家强制性的权力来维护企业安全生产的正常秩序。因此，有了各种安全生产法规，就可以使安全生产工作做到有法可依、有章可循。

安全生产综合法律法规具有以下特点。

(1)保护的对象为劳动者、生产经营人员、生产资料和国家财产。

(2)具有强制性。

(3)涉及自然科学和社会科学领域，具有政策性和科学技术性。

安全生产法律法规的作用包括：引导作用、评价作用、预测作用、教育作用和强制作用。

我国的企业安全生产标准化法律法规体系大致分为五个方面。

(1)全国人民代表大会及其常务委员会颁布的法律。

(2)国务院颁布的行政法规及国务院文件。

(3)地方人民代表大会及其常务委员会颁布的法规。

(4)国家有关部委颁布的规章。

(5)各安全生产标准化技术委员会公布的标准规范。

2.1.2 铁路运输企业安全生产综合法律法规的基本内容

我国有关铁路运输企业安全生产标准化的重要法律法规见表 2-1。

表 2-1 国家有关铁路运输企业安全生产的重要法律法规

法律法规名称	颁布机关	通过(修订)时间
《中华人民共和国安全生产法》	全国人民代表大会常务委员会	2002 年通过,2021 年修订
《中华人民共和国铁路法》	全国人民代表大会常务委员会	1990 年通过,2015 年修订
《中华人民共和国消防法》	全国人民代表大会常务委员会	1998 年通过,2021 年修订
《中华人民共和国职业病防治法》	全国人民代表大会常务委员会	2001 年通过,2018 年修订
《中华人民共和国劳动法》	全国人民代表大会常务委员会	1994 年通过,2018 年修订
《中华人民共和国标准化法》	全国人民代表大会常务委员会	1988 年通过,2017 年修订
《中华人民共和国劳动合同法》	全国人民代表大会常务委员会	2007 年通过,2012 年修订
《铁路安全管理条例》	国务院	2013 年通过
《中华人民共和国特种设备安全监察条例》	国务院	2003 年通过,2009 年修订
《特种设备安全法》	国务院	2013 年通过
《危险化学品安全管理条例》	国务院	2002 年通过,2013 年修订
《工伤保险条例》	国务院	2003 年通过,2010 年修订
《生产安全事故报告和调查处理条例》	国务院	2007 年通过
《铁路交通事故应急救援和调查处理条例》	国务院	2007 年通过,2012 年修订
《生产安全事故应急预案管理办法》	国家安全生产监督管理总局	2009 年通过,2019 年修订
《违反〈铁路安全管理条例〉行政处罚实施办法》	交通运输部	2013 年通过,2021 年修订
《企业安全生产费用提取和使用管理办法》	财政部、应急部	2012 年通过,2022 年修订
《特种设备作业人员监督管理办法》	国家质量监督检验检疫总局	2005 年通过,2011 年修订
《〈生产安全事故报告和调查处理条例〉罚款处罚暂行规定》	国家安全生产监督管理总局	2007 年通过,2015 年修订
《国务院关于进一步加强安全生产工作的决定》国发〔2004〕2 号	国务院	2004 年通过
《国务院关于进一步加强企业安全生产工作的通知》国发〔2010〕23 号	国务院	2010 年通过
《中共中央 国务院关于推进安全生产领域改革发展的意见》国发〔2017〕1 号	中共中央国务院	2017 年通过
《国务院办公厅转发交通运输部等单位关于加强铁路沿线安全环境治理工作意见的通知》国办函〔2021〕49 号	国务院办公厅	2021 年通过

2.1.2.1 《中华人民共和国安全生产法》的主要内容

《中华人民共和国安全生产法》由全国人民代表大会常务委员会 2002 年表决通过，2021 年进行了修订。主要内容如下。

（1）立法目的：为了加强安全生产工作，防止和减少生产安全事故，保障人民群众生命和财产安全，促进经济社会持续健康发展。

（2）生产经营单位的总体要求：生产经营单位必须遵守本法和其他有关安全生产的法律、法规，加强安全生产管理，建立健全全员安全生产责任制和安全生产规章制度，加大对安全生产资金、物资、技术、人员的投入保障力度，改善安全生产条件，加强安全生产标准化、信息化建设，构建安全风险分级管控和隐患排查治理双重预防机制，健全风险防范化解机制，提高安全生产水平，确保安全生产。

（3）从业人员的总体权利和义务：生产经营单位的从业人员有依法获得安全生产保障的权利，并应当依法履行安全生产方面的义务。

（4）安全生产的监督管理：国务院应急管理部门依照本法，对全国安全生产工作实施综合监督管理；县级以上地方各级人民政府应急管理部门依照本法，对本行政区域内安全生产工作实施综合监督管理。

国务院交通运输、住房和城乡建设、水利、民航等有关部门依照本法和其他有关法律、行政法规的规定，在各自的职责范围内对有关行业、领域的安全生产工作实施监督管理；县级以上地方各级人民政府有关部门依照本法和其他有关法律、法规的规定，在各自的职责范围内对有关行业、领域的安全生产工作实施监督管理。对新兴行业、领域的安全生产监督管理职责不明确的，由县级以上地方各级人民政府按照业务相近的原则确定监督管理部门。

应急管理部门和对有关行业、领域的安全生产工作实施监督管理的部门，统称负有安全生产监督管理职责的部门。负有安全生产监督管理职责的部门应当相互配合、齐抓共管、信息共享、资源共用，依法加强安全生产监督管理工作。

国务院有关部门应当按照保障安全生产的要求，依法及时制定有关的国家标准或者行业标准，并根据科技进步和经济发展适时修订。

生产经营单位必须执行依法制定的保障安全生产的国家标准或者行业标准。

各级人民政府及其有关部门应当采取多种形式，加强对有关安全生产的法律、法规和安全生产知识的宣传，增强全社会的安全生产意识。

依法设立的为安全生产提供技术、管理服务的机构，依照法律、行政法规和执业准则，接受生产经营单位的委托为其安全生产工作提供技术、管理服务。

（5）法律责任：国家实行生产安全事故责任追究制度，依照本法和有关法律、法规的规定，追究生产安全事故责任单位和责任人员的法律责任。

县级以上各级人民政府应当组织负有安全生产监督管理职责的部门依法编制安全生产权力和责任清单，公开并接受社会监督。

国家鼓励和支持安全生产科学技术研究和安全生产先进技术的推广应用，提高安全生产水平。

国家对在改善安全生产条件、防止生产安全事故、参加抢险救护等方面取得显著成绩的单位和个人，给予奖励。

2.1.2.2 《中华人民共和国铁路法》中有关安全生产的内容

《中华人民共和国铁路法》中有关安全生产的主要条款如下。

本法所称铁路，包括国家铁路、地方铁路、专用铁路和铁路专用线。国家铁路是指由国务院铁路主管部门管理的铁路。地方铁路是指由地方人民政府管理的铁路。专用铁路是指由企业或者其他单位管理，专为本企业或者本单位内部提供运输服务的铁路。铁路专用线是指由企业或者其他单位管理的与国家铁路或者其他铁路线路接轨的岔线。（第二条）

铁路运输企业应当保证旅客和货物运输的安全，做到列车正点到达。（第十条）

铁路运输企业必须加强对铁路的管理和保护，定期检查、维修铁路运输设施，保证铁路运输设施完好，保障旅客和货物运输安全。（第四十二条）

在铁路线路和铁路桥梁、涵洞两侧一定距离内，修建山塘、水库、堤坝，开挖河道、干渠，采石挖砂，打井取水，影响铁路路基稳定或者危害铁路桥梁、涵洞安全的，由县级以上地方人民政府责令停止建设或者采挖、打井等活动，限期恢复原状或者责令采取必要的安全防护措施。在铁路线路上架设电力、通讯线路，埋置电缆、管道设施，穿凿通过铁路路基的地下坑道，必须经铁路运输企业同意，并采取安全防护措施。（第四十六条第一款、第二款）

运输危险品必须按照国务院铁路主管部门的规定办理，禁止以非危险品品名托运危险品。禁止旅客携带危险品进站上车。铁路公安人员和国务院铁路主管部门规定的铁路职工，有权对旅客携带的物品进行运输安全检查。实施运输安全检查的铁路职工应当佩戴执勤标志。危险品的品名由国务院铁路主管部门规定并公布。（第四十八条）

发生铁路交通事故，铁路运输企业应当依照国务院和国务院有关主管部门关于事故调查处理的规定办理，并及时恢复正常行车，任何单位和个人不得阻碍铁路线路开通和列车运行。（第五十七条）

2.1.2.3 《生产安全事故报告和调查处理条例》的基本内容

《生产安全事故报告和调查处理条例》对生产经营活动中发生的造成人身伤亡或者直接经济损失的生产安全事故的报告和调查处理，规定如下。

一、生产安全事故等级划分

根据生产安全事故（以下简称事故）造成的人员伤亡或者直接经济损失，事故一般分为特别重大事故、重大事故、较大事故和一般事故。

国务院安全生产监督管理部门可以会同国务院有关部门，制定事故等级划分的补充性规定。

二、事故报告

事故发生后，事故现场有关人员应当立即向本单位负责人报告；单位负责人接到报告后，应当于1小时内向事故发生地县级以上人民政府安全生产监督管理部门和负有安全生产监督管理职责的有关部门报告。

情况紧急时，事故现场有关人员可以直接向事故发生地县级以上人民政府安全生产监督管理部门和负有安全生产监督管理职责的有关部门报告。

安全生产监督管理部门和负有安全生产监督管理职责的有关部门接到事故报告后,应当依照下列规定上报事故情况,并通知公安机关、劳动保障行政部门、工会和人民检察院。

(1)特别重大事故、重大事故逐级上报至国务院安全生产监督管理部门和负有安全生产监督管理职责的有关部门。

(2)较大事故逐级上报至省、自治区、直辖市人民政府安全生产监督管理部门和负有安全生产监督管理职责的有关部门。

(3)一般事故上报至设区的市级人民政府安全生产监督管理部门和负有安全生产监督管理职责的有关部门。

安全生产监督管理部门和负有安全生产监督管理职责的有关部门依照前款规定上报事故情况,应当同时报告本级人民政府。国务院安全生产监督管理部门和负有安全生产监督管理职责的有关部门以及省级人民政府接到发生特别重大事故、重大事故的报告后,应当立即报告国务院。

必要时,安全生产监督管理部门和负有安全生产监督管理职责的有关部门可以越级上报事故情况。

三、事故报告时效

单位负责人接到报告后,应当于1小时内向事故发生地县级以上人民政府安全生产监督管理部门和负有安全生产监督管理职责的有关部门报告。

安全生产监督管理部门和负有安全生产监督管理职责的有关部门逐级上报事故情况,每级上报的时间不得超过2小时。

事故报告后出现新情况时,应当及时补报。自事故发生之日30日内,事故造成的伤亡人数发生变化的,应当及时补报。

四、事故调查

(1)特别重大事故由国务院或者国务院授权有关部门组织事故调查组进行调查。

(2)重大事故、较大事故、一般事故分别由事故发生地省级人民政府、设区的市级人民政府、县级人民政府负责调查。省级人民政府、设区的市级人民政府、县级人民政府可以直接组织事故调查组进行调查,也可以授权或者委托有关部门组织事故调查组进行调查。

(3)未造成人员伤亡的一般事故,县级人民政府也可以委托事故发生单位组织事故调查组进行调查。

(4)上级人民政府认为必要时,可以调查由下级人民政府负责调查的事故。根据事故的具体情况,事故调查组由有关人民政府、安全生产监督管理部门、负有安全生产监督管理职责的有关部门、监察机关、公安机关以及工会派人组成,并应当邀请人民检察院派人参加。

五、事故处理

重大事故、较大事故、一般事故,负责事故调查的人民政府应当自收到事故调查报告之日起15日内作出批复;特别重大事故,30日内作出批复,特殊情况下,批复时间可以适当延长,但延长的时间最长不超过30日。

有关机关应当按照人民政府的批复,依照法律、行政法规规定的权限和程序,对事故发生单位和有关人员进行行政处罚,对负有事故责任的国家工作人员进行处分。

事故发生单位应当按照负责事故调查的人民政府的批复,对本单位负有事故责任的人员进行处理。负有事故责任的人员涉嫌犯罪的,依法追究刑事责任。

2.1.2.4 《特种设备安全监察条例》的基本内容

《特种设备安全监察条例》中与安全生产有关的主要条款如下。

本条例所称特种设备是指涉及生命安全、危险性较大的锅炉、压力容器(含气瓶,下同)、压力管道、电梯、起重机械、客运索道、大型游乐设施和场(厂)内专用机动车辆。前款特种设备的目录由国务院负责特种设备安全监督管理的部门(以下简称国务院特种设备安全监督管理部门)制订,报国务院批准后执行。(第二条)

特种设备的生产(含设计、制造、安装、改造、维修,下同)、使用、检验、检测及其监督检查,应当遵守本条例,但本条例另有规定的除外。(第三条第一款)

特种设备生产、使用单位应当建立健全特种设备安全、节能管理制度和岗位安全、节能责任制度。特种设备生产、使用单位的主要负责人应当对本单位特种设备的安全和节能全面负责。特种设备生产、使用单位和特种设备检验检测机构,应当接受特种设备安全监督管理部门依法进行的特种设备安全监察。

特种设备检验检测机构,应当依照本条例规定,进行检验检测工作,对其检验检测结果、鉴定结论承担法律责任。(第六条)

特种设备出厂时,应当附有安全技术规范要求的设计文件、产品质量合格证明、安装及使用维修说明、监督检验证明等文件。(第十五条)

锅炉、压力容器、电梯、起重机械、客运索道、大型游乐设施、场(厂)内专用机动车辆的维修单位,应当有与特种设备维修相适应的专业技术人员和技术工人以及必要的检测于段,并经省、自治区、直辖市特种设备安全监督管理部门许可,方可从事相应的维修活动。(第十六条)

锅炉、压力容器、起重机械、客运索道、大型游乐设施的安装、改造、维修以及场(厂)内专用机动车辆的改造、维修,必须由依照本条例取得许可的单位进行。(第十七条第一款)

锅炉、压力容器、压力管道元件、起重机械、大型游乐设施的制造过程和锅炉、压力容器、电梯、起重机械、客运索道、大型游乐设施的安装、改造、重大维修过程,必须经国务院特种设备安全监督管理部门核准的检验检测机构按照安全技术规范的要求进行监督检验;未经监督检验合格的不得出厂或者交付使用。(第二十一条)

特种设备使用单位,应当严格执行本条例和有关安全生产的法律、行政法规的规定,保证特种设备的安全使用。(第二十三条)

特种设备使用单位应当使用符合安全技术规范要求的特种设备。特种设备投入使用前,使用单位应当核对其是否附有本条例第十五条规定的相关文件。(第二十四条)

特种设备存在严重事故隐患,无改造、维修价值,或者超过安全技术规范规定使用年限,特种设备使用单位应当及时予以报废,并应当向原登记的特种设备安全监督管理部门办理注销。(第三十条)

锅炉、压力容器、电梯、起重机械、客运索道、大厅游乐设施、场(厂)内专用机动车辆的作业人员及其相关管理人员(以下统称特种设备作业人员),应当按照国家有关规定经特种设备安全监督管理部门考核合格,取得国家统一格式的特种作业人员证书,方可从事相应的

作业或者管理工作。（第三十八条）

特种设备作业人员在作业中应当严格执行特种设备的操作规程和有关的安全规章制度。（第三十九条第二款）

特种设备作业人员在作业过程中发现事故隐患或者其他不安全因素，应当立即向现场安全管理人员和单位有关负责人报告。（第四十条）

从事本条例规定的监督检验、定期检验、型式试验以及专门为特种设备生产、使用、检验检测提供无损检测服务的特种设备检验检测机构，应当经国务院特种设备安全监督管理部门核准。（第四十一条第一款）

2.1.2.5 《铁路安全管理条例》的基本内容

《铁路安全管理条例》包括总则、铁路建设质量安全、铁路专用设备质量安全、铁路线路安全、铁路运营安全、监督检查、法律责任、附则等内容，共计 8 章 108 条。

一、《铁路安全管理条例》的主要变化

（一）转变政府职能，减少行政审批

首先，《铁路安全管理条例》取消了《铁路运输安全保护条例》中设定的部分行政许可项目，如：设置或者拓宽铁路道口、人行过道审批，铁路运输管理信息系统认定，铁路危险货物承运人资质许可，铁路危险货物托运人资质许可，超限、超长、超重、集重货物承运审批等。

在取消上述行政审批项目的同时，条例对加强企业安全管理提出了明确要求，进一步强化了铁路运输企业的安全生产主体责任。在铁路运营安全方面，条例进一步补充完善了要求铁路运输企业保障旅客和货物运输安全的相关规定。

（二）铁路安全管理新增规定

《铁路安全管理条例》总结实践经验，适应铁路运输对立法的迫切需求，并针对存在的问题，进一步补充完善了对有关保障铁路运输安全的规定：一是增加对存在安全性缺陷的铁路机车车辆及其他专用设备实行召回制度，由设备制造者负责召回缺陷产品并消除缺陷的规定；二是为适应电气化铁路发展对用电安全保障的需要，增加了对铁路运输用电保障以及防止超标准排放大气污染物危及电力接触网安全的规定；三是增加了禁止干扰铁路运营指挥调度无线电频率正常使用、保障铁路无线电指挥调度系统安全畅通的相关规定；四是增加了实施火车票实名购买、查验制度的有关规定；五是增加了危及铁路安全的禁止性规定，如禁止违规操纵列车紧急制动设备、禁止擅自进入铁路线路封闭区域、禁止强行登乘或者以拒绝下车方式强占列车等；六是增加了对铁路监管部门的职责规定，要求铁路监管部门对从事铁路建设、运输、设备制造维修的企业执行本条例的情况实施监督检查，建立企业违法行为记录和公告制度等。

二、《铁路安全管理条例》中有关安全生产的相关内容及条款

（一）铁路专用设备质量安全

设计、制造、维修或者进口新型铁路机车车辆，应当符合国家标准、行业标准，并分别向国务院铁路行业监督管理部门申请领取型号合格证、制造许可证、维修许可证或者进口许可证，具体办法由国务院铁路行业监督管理部门制定。铁路机车车辆的制造、维修、使用单位应当遵守有关产品质量的法律、行政法规以及国家其他有关规定，确保投入使用的机车车辆

符合安全运营要求。(第二十一条)

用于危险化学品和放射性物品运输的铁路罐车、专用车辆以及其他容器的生产和检测、检验,依照有关法律、行政法规的规定执行。(第二十四条)

用于铁路运输的安全检测、监控、防护设施设备,集装箱和集装化用具等运输器具,专用装卸机械、索具、篷布、装载加固材料或者装置,以及运输包装、货物装载加固等,应当符合国家标准、行业标准和技术规范。(第二十五条)

(二)铁路线路安全

铁路线路安全保护区内的道路和铁路线路路堑上的道路、跨越铁路线路的道路桥梁,应当按照国家有关规定设置防止车辆以及其他物体进入、坠入铁路线路的安全防护设施和警示标志,并由道路管理部门或者道路经营企业维护、管理。(第四十四条)

铁路与道路交叉的无人看守道口应当按照国家标准设置警示标志;有人看守道口应当设置移动栏杆、列车接近报警装置、警示灯、警示标志、铁路道口路段标线等安全防护设施。道口移动栏杆、列车接近报警装置、警示灯等安全防护设施由铁路运输企业设置、维护;警示标志、铁路道口路段标线由铁路道口所在地的道路管理部门设置、维护。(第四十七条)

铁路运输企业应当对铁路线路、铁路防护设施和警示标志进行经常性巡查和维护;对巡查中发现的安全问题应当立即处理,不能立即处理的应当及时报告铁路监督管理机构。巡查和处理情况应当记录留存。(第五十五条)

(三)铁路运营安全

铁路运输企业应当依照法律、行政法规和国务院铁路行业监督管理部门的规定,制定铁路运输安全管理制度,完善相关作业程序,保障铁路旅客和货物运输安全。(第五十六条)

铁路机车车辆的驾驶人员应当参加国务院铁路行业监督管理部门组织的考试,考试合格方可上岗。具体办法由国务院铁路行业监督管理部门制定。(第五十七条)

铁路运输企业应当加强铁路专业技术岗位和主要行车工种岗位从业人员的业务培训和安全培训,提高从业人员的业务技能和安全意识。(第五十八条)

铁路运输企业应当加强运输过程中的安全防护,使用的运输工具、装载加固设备以及其他专用设施设备应当符合国家标准、行业标准和安全要求。(第五十九条)

铁路运输企业应当建立健全铁路设施设备的检查防护制度,加强对铁路设施设备的日常维护检修,确保铁路设施设备性能完好和安全运行。(第六十条第一款)

铁路运输企业和托运人应当按照操作规程包装、装卸、运输危险货物,防止危险货物泄漏、爆炸。

铁路运输托运人运输危险货物未配备必要的应急处理器材、设备、防护用品,或者未按照操作规程包装、装卸、运输危险货物的,由铁路监督管理机构责令改正,处 1 万元以上 5 万元以下的罚款。

铁路运输托运人运输危险货物不按照规定配备必要的押运人员,或者发生危险货物被盗、丢失、泄漏等情况不按照规定及时报告的,由公安机关责令改正,处 1 万元以上 5 万元以下的罚款。

专用铁路、铁路专用线的安全管理参照本条例的规定执行。

2.1.2.6 《违反〈铁路安全管理条例〉行政处罚实施办法》的基本内容

《违反〈铁路安全管理条例〉行政处罚实施办法》的基本内容如下。

为规范铁路安全行政处罚行为，维护当事人的合法权益，根据《中华人民共和国行政处罚法》、《铁路安全管理条例》（以下简称《条例》）、《建设工程质量管理条例》等法律、行政法规，制定本办法。（第一条）

国家铁路局和地区铁路监督管理局（以下统称铁路监管部门）对违反《条例》的行为实施行政处罚适用本办法。（第二条）

铁路监管部门实施行政处罚，遵循合法、公正、公开的原则，坚持处罚与教育相结合。实施行政处罚应当按照法定职责和法定程序，以事实为依据，与违法行为的性质、情节以及对铁路安全的危害程度相当。（第三条）

铁路行政执法人员实施行政处罚时，应当出示执法证件。（第四条）

公民、法人或者其他组织对铁路监管部门给予的行政处罚，享有陈述权、申辩权。（第五条）

铁路行政处罚由地区铁路监督管理局实施的，一般由违法行为发生地的地区铁路监督管理局管辖。地区铁路监督管理局之间对管辖权有争议的，应当协商解决，协商不成的，报请国家铁路局指定管辖；也可以直接由国家铁路局指定管辖。（第七条第二款）

违反《条例》第二十五条规定，用于铁路运输的安全检测、监控、防护设施设备，集装箱和集装化用具等运输器具、专用装卸机械、索具、篷布、装载加固材料或者装置、运输包装、货物装载加固等，不符合国家标准、行业标准和技术规范的，由地区铁路监督管理局依照《条例》第八十七条规定责令改正，视情节处以相应罚款。（第二十条（节录））

违反《条例》第二十六条规定，铁路机车车辆以及其他专用设备制造者未按规定召回缺陷产品，采取措施消除缺陷的，由国家铁路局依照《条例》第八十六条规定，责令改正；拒不改正的，处缺陷产品货值金额1%以上5%以下的罚款；拒不改正且造成铁路交通事故的，处缺陷产品货值金额5%以上10%以下的罚款；情节严重的，吊销相应的许可证件。（第二十一条）

违反《条例》第二十七条规定，新建、改建铁路的铁路建设单位或者铁路运输企业未依法根据铁路线路安全保护区平面图设立标桩的，由地区铁路监督管理局依照《条例》第八十七条规定责令改正，视情节处以相应罚款。（第二十二条（节录））

违反《条例》第二十九条规定，在铁路线路安全保护区内烧荒、放养牲畜、种植影响铁路线路安全和行车瞭望的树木等植物，或者向铁路线路安全保护区排污、倾倒垃圾以及其他危害铁路安全的物质的，由地区铁路监督管理局依照《条例》第八十八条规定责令改正，视情节可以处以相应罚款。（第二十四条（节录））

违反《条例》第三十二条规定，在铁路线路安全保护区及其邻近区域建造或者设置的建筑物、构筑物、设备等进入国家规定的铁路建筑限界的，由地区铁路监督管理局依照《条例》第九十条规定责令改正，视情节处以相应罚款。（第二十六条（节录））

违反《条例》第三十三条规定，在铁路线路两侧建造、设立生产、加工、储存或者销售易燃、易爆或者放射性物品等危险物品的场所、仓库不符合国家标准、行业标准规定的安全防

护距离的,由地区铁路监督管理局依照《条例》第九十条规定责令改正,视情节处以相应罚款。(第二十七条(节录))

违反《条例》第四十三条规定,未按规定设置、维护下穿铁路桥梁、涵洞的道路限高防护架的,由地区铁路监督管理局依照《条例》第八十七条规定责令改正,视情形处以相应罚款。(第二十八条(节录))

违反《条例》第四十四条规定,铁路线路安全保护区内的道路和铁路线路路堑上的道路、跨越铁路线路的道路桥梁,未按照国家有关规定和标准设置、维护、管理防止车辆以及其他物体进入、坠入铁路线路的安全防护设施和警示标志的,由地区铁路监督管理局依照《条例》第八十七条规定责令改正,视情节处以相应罚款。(第二十九条(节录))

违反《条例》第四十五条规定,架设、铺设铁路信号和通信线路、杆塔不符合国家标准、行业标准和铁路安全防护要求,或者未对铁路信号和通信线路、杆塔进行维护和管理的,由地区铁路监督管理局依照《条例》第八十七条规定责令改正,视情节处以相应罚款。(第三十条(节录))

违反《条例》第四十七条规定,铁路与道路交叉的无人看守道口未按照国家标准设置、维护警示标志;有人看守道口未设置、维护移动栏杆、列车接近报警装置、警示灯、警示标志、铁路道口路段标线等安全防护设施的,由地区铁路监督管理局依照《条例》第八十七条规定责令改正,视情节处以相应罚款。(第三十一条(节录))

违反《条例》第四十八条规定,机动车或者非机动车在铁路道口内发生故障或者装载物掉落,未立即将故障车辆或者掉落的装载物移至安全地点,或者未立即报告铁路道口看守人员的;在无人看守道口,未立即在道口两端采取措施拦停列车,并就近通知铁路车站或者公安机关的,由地区铁路监督管理局依照《条例》第九十四条规定责令改正,处 1 000 元以上 5 000 元以下的罚款。(第三十二条)

违反《条例》第四十九条规定,履带车辆等可能损坏铁路设施设备的车辆、物体通过铁路道口,未提前通知铁路道口管理单位,并采取相应的安全防护措施的,由地区铁路监督管理局依照《条例》第九十四条规定责令改正,处 1 000 元以上 5 000 元以下的罚款。(第三十三条)

违反《条例》第五十条规定,铁路运输企业未在铁路桥梁、隧道的两端,铁路信号、通信光(电)缆的埋设、铺设地点,电气化铁路接触网、自动闭塞供电线路和电力贯通线路等电力设施附近易发生危险的地点按照国家标准、行业标准设置易于识别的警示、保护标志的,由地区铁路监督管理局依照《条例》第八十七条规定责令改正,视情节处以相应罚款。(第三十四条(节录))

违反《条例》第五十五条规定,铁路运输企业未对铁路线路、铁路防护设施和警示标志进行经常性巡查和维护的,由地区铁路监督管理局依照《条例》第八十七条规定责令改正,视情节处以相应罚款。(第三十五条(节录))

违反《条例》第五十七条规定,铁路机车车辆的驾驶人员持过期或者失效驾驶证件执业的,由地区铁路监督管理局责令改正,可以处 1 000 元以下的罚款。(第三十六条)

违反《条例》第五十九条规定,铁路运输企业使用的运输工具、装载加固设备以及其他专用设施设备不符合国家标准、行业标准和安全要求的,由地区铁路监督管理局依照《条

例》第八十七条规定责令改正，视情节处以相应罚款。（第三十七条（节录））

违反《条例》第六十七条规定，铁路运输托运人托运货物、行李、包裹时匿报、谎报货物品名、性质、重量，或者装车、装箱超过规定重量以及在普通货中夹带危险货物，或者在危险货物中夹带禁止配装货物的，由地区铁路监督管理局依照《条例》第九十六条规定责令改正，视情形处以相应罚款。（第三十八条（节录））

违反《条例》第六十八条规定，铁路运输企业在非危险货物办理站办理危险货物承运手续，承运未接受安全检查的货物，承运不符合安全规定、可能危害铁路运输安全的货物的，由地区铁路监督管理局依照《条例》第一百条规定责令改正，视情节处以相应罚款。（第三十九条（节录））

违反《条例》第六十九条规定，铁路运输企业和托运人未依照法律法规和国家其他有关规定使用专用的设施设备运输危险货物的，由地区铁路监督管理局依照《条例》第八十七条规定责令改正，视情节处以相应罚款。（第四十条（节录））

违反《条例》第六十九条规定，铁路运输托运人运输危险货物未配备必要的应急处理器材、设备以及防护用品的，由地区铁路监督管理局依照《条例》第九十七条规定责令改正，视情节处以相应罚款。（第四十一条（节录））

违反《条例》第七十一条规定，铁路运输企业未按照操作规程包装、装卸、运输危险货物，防止危险货物泄漏、爆炸的，由地区铁路监督管理局依照《条例》第一百条规定责令改正，视情节处以相应罚款。（第四十二条（节录））

违反《条例》第七十一条规定，铁路运输托运人未按照操作规程包装、装卸、运输危险货物，防止危险货物泄漏、爆炸的，由地区铁路监督管理局依照《条例》第九十七条规定责令改正，视情节处以相应罚款。（第四十三条（节录））

2.1.2.7 《铁路交通事故应急救援和调查处理条例》的基本内容

《铁路交通事故应急救援和调查处理条例》与安全生产有关的内容及条款如下。

一、总则

铁路机车车辆在运行过程中与行人、机动车、非机动车、牲畜及其他障碍物相撞，或者铁路机车车辆发生冲突、脱轨、火灾、爆炸等影响铁路正常行车的铁路交通事故（以下简称事故）的应急救援和调查处理，适用本条例。（第二条）

二、事故等级

根据事故造成的人员伤亡、直接经济损失、列车脱轨辆数、中断铁路行车时间等情形，事故等级分为特别重大事故、重大事故、较大事故和一般事故。（第八条）

三、事故报告

事故发生后，事故现场的铁路运输企业工作人员或者其他人员应当立即报告邻近铁路车站、列车调度员或者公安机关。有关单位和人员接到报告后，应当立即将事故情况报告事故发生地铁路管理机构。（第十四条）

铁路管理机构接到事故报告，应当尽快核实有关情况，并立即报告国务院铁路主管部门；对特别重大事故、重大事故，国务院铁路主管部门应当立即报告国务院并通报国家安全生产监督管理等有关部门。发生特别重大事故、重大事故、较大事故或者有人员伤亡的一般事

故，铁路管理机构还应当通报事故发生地县级以上地方人民政府及其安全生产监督管理部门。（第十五条）

国务院铁路主管部门、铁路管理机构和铁路运输企业应当向社会公布事故报告值班电话，受理事故报告和举报。（第十七条）

四、事故应急救援

事故发生后，列车司机应当立即停车，采取紧急处置措施；对无法处置的，应当立即报告邻近铁路车站、列车调度员进行处置。为保障铁路旅客安全或者因特殊运输需要不宜停车的，可以不停车；但是，列车司机应当立即将事故情况报告邻近铁路车站、列车调度员，接到报告的邻近铁路车站、列车调度员应当立即进行处置。（第十八条）

事故造成中断铁路行车的，铁路运输企业应当立即组织抢修，尽快恢复铁路正常行车；必要时，铁路运输调度指挥部门应当调整运输径路，减少事故影响。（第十九条）

事故发生后，国务院铁路主管部门、铁路管理机构、事故发生地县级以上地方人民政府或者铁路运输企业应当根据事故等级启动相应的应急预案；必要时，成立现场应急救援机构。（第二十条）

有关单位和个人应当妥善保护事故现场以及相关证据，并在事故调查组成立后将相关证据移交事故调查组。因事故救援、尽快恢复铁路正常行车需要改变事故现场的，应当做出标记、绘制现场示意图、制作现场视听资料，并做出书面记录。任何单位和个人不得破坏事故现场，不得伪造、隐匿或者毁灭相关证据。（第二十四条）

五、事故调查处理

特别重大事故由国务院或者国务院授权的部门组织事故调查组进行调查。

重大事故由国务院铁路主管部门组织事故调查组进行调查。

较大事故和一般事故由事故发生地铁路管理机构组织事故调查组进行调查；国务院铁路主管部门认为必要时，可以组织事故调查组对较大事故和一般事故进行调查。（第二十六章第一款、第二款、第三款）

事故调查组应当按照国家有关规定开展事故调查，并在下列调查期限内向组织事故调查组的机关或者铁路管理机构提交事故调查报告：

（1）特别重大事故的调查期限为 60 日；

（2）重大事故的调查期限为 30 日；

（3）较大事故的调查期限为 20 日；

（3）一般事故的调查期限为 10 日；

事故调查期限自事故发生之日起计算。（第二十七条）

六、事故赔偿

事故造成人身伤亡的，铁路运输企业应当承担赔偿责任；但是人身伤亡是不可抗力或者受害人自身原因造成的，铁路运输企业不承担赔偿责任。违章通过平交道口或者人行过道，或者在铁路线路上行走、坐卧造成的人身伤亡，属于受害人自身的原因造成的人身伤亡。（第三十二条）

七、法律责任

铁路运输企业及其职工违反法律、行政法规的规定，造成事故的，由国务院铁路主管部

门或者铁路管理机构依法追究行政责任。（第三十六条）

违反本条例的规定，铁路运输企业及其职工不立即组织救援，或者迟报、漏报、瞒报、谎报事故的，对单位，由国务院铁路主管部门或者铁路管理机构处10万元以上50万元以下的罚款；对个人，由国务院铁路主管部门或者铁路管理机构处4 000元以上2万元以下的罚款；属于国家工作人员的，依法给予处分；构成犯罪的，依法追究刑事责任。（第三十七条）

违反本条例的规定，国务院铁路主管部门、铁路管理机构以及其他行政机关未立即启动应急预案，或者迟报、漏报、瞒报、谎报事故的，对直接负责的主管人员和其他直接责任人员依法给予处分；构成犯罪的，依法追究刑事责任。（第三十八条）

2.1.2.8 《企业安全生产费用提取和使用管理办法》的基本内容

《企业安全生产费用提取和使用管理办法》与安全生产相关的内容及条款如下。

一、总则

本办法适用于在中华人民共和国境内直接从事煤炭生产、非煤矿山开采、石油天然气开采、建设工程施工、危险品生产与储存、交通运输、烟花爆竹生产、民用爆炸物品生产、冶金、机械制造、武器装备研制生产与试验（含民用航空及核燃料）、电力生产与供应的企业及其他经济组织（以下统称企业）。（第二条）

本办法所称企业安全生产费用是指企业按照规定标准提取，在成本（费用）中列支，专门用于完善和改进企业或者项目安全生产条件的资金。（第三条）

企业安全生产费用管理遵循以下原则。

（1）筹措有章。统筹发展和安全，依法落实企业安全生产投入主体责任，足额提取。

（2）支出有据。企业根据生产经营实际需要，据实开支符合规定的安全生产费用。

（3）管理有序。企业专项核算和归集安全生产费用，真实反映安全生产条件改善投入，不得挤占、挪用。

（4）监督有效。建立健全企业安全生产费用提取和使用的内外部监督机制，按规定开展信息披露和社会责任报告。第四条

二、安全费用的使用

企业安全生产费用可由企业用于以下范围的支出。

（1）购置购建、更新改造、检测检验、检定校准、运行维护安全防护和紧急避险设施、设备支出（不含按照“建设项目安全设施必须与主体工程同时设计、同时施工、同时投入生产和使用”（以下简称“三同时”）规定投入的安全设施、设备）。

（2）购置、开发、推广应用、更新升级、运行维护安全生产信息系统、软件、网络安全、技术支出。

（3）配备、更新、维护、保养安全防护用品和应急救援器材、设备支出。

（4）企业应急救援队伍建设（含建设应急救援队伍所需应急救援物资储备、人员培训等方面）、安全生产宣传教育培训、从业人员发现报告事故隐患的奖励支出。

（5）安全生产责任保险、承运人责任险等与安全生产直接相关的法定保险支出。

（6）安全生产检查检测、评估评价（不含新建、改建、扩建项目安全评价）、评审、咨询、标准化建设、应急预案制修订、应急演练支出。

（7）与安全生产直接相关的其他支出。（第五条）

三、交通运输企业

交通运输包括道路运输、铁路运输、城市轨道交通、水路运输、管道运输。其中，铁路运输是指《中华人民共和国铁路法》规定的铁路旅客运输和货物运输。（第二十三条第一款、第二款（摘录））

交通运输企业以上一年度营业收入为依据，确定本年度应计提金额，并逐月平均提取。具体如下。

（1）普通货运业务1%。

（2）客运业务、管道运输、危险品等特殊货运业务1.5%。（第二十四条）

2.1.2.9 有关地方铁路的企业安全生产法律法规

目前有地方铁路的省份均建立了各自的地方铁路条例或者办法，如《河北省地方铁路条例》。

2.2 铁路运输企业安全生产相关法规及标准规范

2.2.1 铁路运输企业安全生产相关法律法规及标准规范概览

铁路运输企业安全生产相关法律法规及标准见表2-2和表2-3。

表2-2 与铁路运输企业安全生产相关的重要法律法规

法律法规名称	颁布单位	文号
《铁路机车车辆驾驶人员资格许可办法》	交通运输部	交通运输部〔2019〕43号
《铁路机车车辆设计制造维修进口许可办法》	交通运输部	交通运输部〔2019〕3号
《铁路运输基础设备生产企业审批办法》	交通运输部	交通运输部〔2021〕32号
《中国地方铁路运营管理办法》	原铁道部	铁运〔1988〕776号
《合资铁路与地方铁路行车安全管理办法》	原铁道部	铁运〔2000〕5号
《铁路交通事故调查处理规则》	原铁道部	铁运〔2007〕30号
《铁路运输生产管理考核暂行办法》	原铁道部	铁运〔1998〕55号
《铁路专用线专用铁路管理办法（试行）》	原铁道部	铁运〔1995〕107号
《铁路货物运输管理规则》	原铁道部	铁运〔2000〕90号
《铁路危险货物运输管理规则》	国铁集团	铁总运〔2017〕164号
《铁路运输调度规则》	国铁集团	铁总运〔2017〕128号
《铁路机车运用管理规则》	国铁集团	铁总运〔2015〕314号
《铁路技术管理规程》	国铁集团	铁总科技〔2017〕221号
《机务行车安全管理规则》	国铁集团	铁总运〔2014〕338号
《铁路电力安全工作规程》	国铁集团	铁总运〔2015〕51号

续表

法律法规名称	颁布单位	文号
《轨道作业车管理规则》	国铁集团	铁工电〔2021〕24 号
《车站行车工作细则编制规则》	国铁集团	铁总运〔2017〕174 号
《机车操作规程》	原铁道部	铁运〔2000〕16 号
《铁路机车技术管理规则》	原铁道部	铁运〔2000〕34 号
《电气化铁路有关人员电气安全规则》	原铁道部	铁运〔2013〕60 号
《铁路线路修理规则》	原铁道部	铁运〔2006〕146 号
《铁路道口安全防护装置管理办法(暂行)》	原铁道部	运基线路〔2002〕231 号
《铁路运输应急通信管理办法》	原铁道部	铁运〔2005〕232 号
《铁路交通事故应急救援规则》	原铁道部	铁运〔2007〕32 号
《铁路通信维护规则》	原铁道部	铁总运〔2014〕295 号
《铁路外部环境安全管理办法》	国铁集团	铁安监〔2020〕173 号
《铁路机车车辆驾驶人员资格许可实施细则》	国家铁路局	国铁设备监规〔2020〕15 号
《铁路安全风险分级管控和隐患排查治理管理办法》	国家铁路局	国铁安监规〔2023〕9 号
《铁路交通重大事故隐患判定标准(试行)》	国家铁路局	国铁安监规〔2023〕12 号
《普速铁路工务安全规则》	国铁集团	铁工电〔2023〕54 号

表 2-3 铁路运输企业安全生产相关标准

中文名称	颁布单位	标准号
《危险货物品名表》	国家质量监督检验检疫总局	GB 12268—2012
《铁路车辆运行安全监控系统设计规范》	原铁道部	TB 10057—2021
《铁路调车作业标准》	国家铁路局	TB/T 30002—2020
《铁路接发列车作业标准》	国家铁路局	TB/T 30001—2020
《铁路车站货运作业标准》	原铁道部	TB/T 2116.1-2116.5—2005
《铁道货车检查与试验规则》	国家市场监督管理总局	GB/T 5601—2018
《机车车辆车轴磁粉探伤》	原铁道部	TB/T 1619—2010
《工务作业标准》	原铁道部	TB/T 2658.1~2658.22
《铁路车站行车作业人身安全标准》	原铁道部	TB/T 1699—1985

2.2.2 铁路运输企业安全生产法律法规及标准规范的基本内容

2.2.2.1 《中国地方铁路运营管理办法》的基本内容

《中国地方铁路运营管理办法》主要内容及条款如下。

一、总则

地方铁路系指地方为主筹资建设,由地方独自或联合经营管理,承担社会运输的铁路。

（第一条）

二、管理体制和机构设置

省地方铁路局系省政府经济管理部门，对省内地方铁路企业行使政府职能。（第六条）

省地方铁路局在技术、业务、行业规划、计划统计归口诸方面，受国铁指导。

地方铁路按管理范围或运量大小，分别设置的局、处、公司、段或分公司等经营管理基层单位，是独立核算自负盈亏的经济实体，受省地方铁路局的领导。（第七条）

地方铁路运营管理工作要坚决贯彻“安全第一、预防为主”的方针，坚持把安全工作放在首位，实行计划管理、定额管理、目标管理、经济核算制、岗位经济责任制以及全面质量管理等科学管理制度，并应根据需要，不断采用先进的管理技术和设备。（第十一条）

三、联合经营

联营公司是全民所有制的运输企业，是自主经营、独立核算、自负盈亏的经济实体。（第二十六条）

2.2.2.2 《合资铁路与地方铁路行车安全管理办法》的基本内容

《合资铁路与地方铁路行车安全管理办法》中与安全生产相关的内容及条款如下。

一、安全管理责任

合资、地方铁路企业应建立行车安全管理制度，设置专门的行车安全管理机构。合资、地方铁路企业应定期分析、研究行车安全工作，及时处理行车安全工作中的问题。（第九条）

合资、地方铁路企业应建立完整的行车组织办法、设备管理制度和作业标准，加强职工业务培训。合资、地方铁路企业的工作人员应符合《铁路技术管理规程》（中华人民共和国铁道部令第 2 号）对铁路职工的素质要求。合资、地方铁路企业工作人员必须坚守岗位，各尽其责，按照岗位职责实行标准作业，确保行车安全。（第十条）

二、运营条件

合资、地方铁路经初验合格后方可进行临管运营，开行货物列车；经其主管部门组织安全评估合格后，方可开行管内旅客列车。合资、地方铁路经正式验收，并由铁道部或铁道部授权的机构对其固定设备、移动设备、规章制度、安全管理及人员素质进行安全评估合格后，允许国家铁路运输企业的旅客列车进入合资、地方铁路运行；合资、地方铁路企业的旅客列车经铁道部或铁道部授权的机构评估合格、符合国家机车车辆技术标准的，允许进入国家铁路运行。合资、地方铁路企业具备条件并经铁道部审核批准后，方可开办军事运输和超限、超长、鲜活易腐、危险品等特种货物运输。货物装载和运输条件必须符合国家铁路局有关规定。（第十二条）

（一）设备和运用安全管理

合资铁路企业内的固定设备、移动设备及客、货运主要设施和配套设施的设置，应符合《铁路技术管理规程》的标准；设备、设施的运用、检修、管理应符合铁道部规定的运用、检修、管理标准和要求。地方铁路企业行车主要设备的设置及运用、检修、管理，应基本符合上述要求。（第十四条）

合资、地方铁路企业要加强对铁路设备、设施的管理，按设备维修规则定期检查、维修，保证其处于良好的技术状态。（第十五条）

合资、地方铁路企业应根据当地气候特点和国家有关规定，制定防洪、防汛等安全措施及恶劣气候条件下的行车办法，确保行车安全。（第十八条）

（二）道口安全管理

合资铁路企业应加强对铁路道口的安全管理，按照原国家经委等七部门公布的《铁路道口管理暂行规定》（经交〔1986〕161号）、国务院办公厅转发的《关于对无人看守铁路道口加强管理的意见》（国办发〔1994〕65号）、国家经贸委等七部门公布的《铁路无人看守道口监护管理规定》（国经贸运〔1995〕466号）等要求，抓好道口的拆、并、改、建及对无人看守铁路道口的监护工作。要按照铁道部关于铁路道口管理的规定设置防护设施。（第二十条第一款）

（三）行车事故处理和安全情况通报

合资、地方铁路企业发生行车事故时，应按《铁路行车事故处理规则》的要求，立即向铁道部授权的铁路局或所属铁路分局行车调度和安全监察室报告，同时向其主管部门报告。被授权的铁路局接到事故报告后，要立即将事故情况分别报告铁道部运输局调度部和铁道部安全监察司。（第二十三条）

2.2.2.3 《铁路机车车辆驾驶人员资格许可办法》的基本内容

《铁路机车车辆驾驶人员资格许可办法》主要条款如下。

为规范铁路机车车辆驾驶人员资格许可工作，保障铁路运输安全和畅通，依据《中华人民共和国行政许可法》《铁路安全管理条例》等法律、行政法规和国家有关规定，制定本办法。（第一条）

在中华人民共和国境内的铁路营业线上，承担公共运输或施工、维修、检测、试验等任务的铁路机车、动车组、大型养路机械、轨道车、接触网作业车驾驶人员（以下简称驾驶人员），应当依照本办法向国家铁路局申请驾驶资格，经考试合格后取得资格许可，并取得相应类别的铁路机车车辆驾驶证（以下简称驾驶证）。（第二条第一款）

国家铁路局建立铁路机车车辆驾驶人员资格信用信息记录库，对聘用铁路机车车辆驾驶人员的企业（以下简称企业）、驾驶资格考试涉及的单位以及人员违反驾驶资格申请、考试、证件管理、执业等相关规定的行为，纳入信用信息记录库并上报至国家统一信用信息共享平台。（第七条）

企业应当落实安全生产主体责任，建立健全驾驶人员管理制度。

企业应当为驾驶资格申请人提供必要的学习、培训条件。

企业应当对驾驶人员进行岗前教育和培训，教育和培训合格后方可上岗；未经教育和培训，或者经教育和培训后考核不合格的人员，不得上岗作业。

企业应当定期对驾驶人员组织培训和考核，制定培训大纲和培训计划，建立培训档案，保存培训考核记录。考核不合格的驾驶人员应当及时调整工作岗位。

企业应当对驾驶人员定期进行健康检查，符合国家对驾驶人员健康标准要求的，方可允许上岗作业。

企业应当对驾驶资格申请人和驾驶人员进行安全背景审查，科学合理制定执乘制度，保证驾驶人员身心健康，并根据动车组驾驶人员的年龄、健康状况、技能水平等确定合理的执

乘方式，确保铁路运输安全。（第八条）

2.2.2.4 有关合资及地方铁路运输企业安全生产标准

标准是保障安全生产的重要规范，是安全生产法律体系的重要组成部分。标准以科学、技术和实践经验的综合成果为基础，经有关方面协商一致，由主管机构批准，以特定形式发布，作为行业共同遵守的准则和依据。标准按适用范围分为国际标准、区域标准、国家标准、专业标准、地方标准、企业标准等。标准和规章制度二者相辅相成，缺一不可，尤其对大量重复进行、安全要求高的铁路运输企业更是如此。

下面简要介绍有关铁路运输安全生产的一些重要标准。

一、《铁路调车作业标准》（TB/T 30002—2020）

《铁路调车作业标准》是国家铁路局于 2020 年发布的国家标准，内容包括：准备作业、自动化驼峰作业、半自动化驼峰作业、简易驼峰作业、平面牵出线作业、编组列车作业、列车摘挂作业、取送车辆作业和停留车作业。以上 9 项标准都规定了相应的调车作业程序、项目、内容、作业人员和技术要求，适用于国家铁路、合资及地方铁路和专用铁路的调车作业。但由于运输企业所属车站的劳动组织、作业性质、技术设备、技术要求不同，可用相应的标准对铁路调车作业标准进行补充规定。专用铁路的某些作业未纳入标准或因特殊要求执行标准有困难的，按本企业标准进行。但国家铁路机车进入专用铁路或专用铁路机车进入国家铁路作业，必须执行上述 9 项标准。

二、《工务作业标准》（TB/T 2658.1~2658.22）

《工务作业标准》与铁路运输企业安全生产相关的内容有 16 个部分。

（1）TB/T 2658.1—1995 工务作业标准：防护员作业。

（2）TB/T 2658.2—1995 工务作业标准：无缝线路大中修作业。

（3）TB/T 2658.3—1995 工务作业标准：线路大修作业。

（4）TB/T 2658.4—1995 工务作业标准：线路中修作业。

（5）TB/T 2658.5—1995 工务作业标准：线路维修作业。

（6）TB/T 2658.6—1995 工务作业标准：路基作业。

（7）TB/T 2658.8—1995 工务作业标准：采石作业。

（8）TB/T 2658.9—1995 工务作业标准：钢轨超声波探伤作业。

（9）TB/T 2658.15—1998 工务作业标准：小型线路机械作业。

（10）TB/T 2658.16—1998 工务作业标准：大型清筛机作业。

（11）TB/T 2658.17—1995 工务作业标准：大型捣固车作业。

（12）TB/T 2658.18—1999 工务作业标准：动力稳定车作业。

（13）TB/T 2658.19—1999 工务作业标准：配碴整形车作业。

（14）TB/T 2658.20—2004 工务作业标准：大型养路机械道床换碴作业。

（15）TB/T 2658.21—2007 工务作业第 21 部分：钢轨焊缝超声波探伤作业。

（16）TB/T 2658.22—2010 工务作业第 22 部分：钢轨、道岔打磨车作业。

2.2.2.5　有关合资及地方铁路运输企业安全生产管理制度和规范

目前有合资及地方铁路的省份，其合资及地方铁路管理机构均建立了自己的铁路运输企业管理办法，如河北省铁路管理局针对运输企业制定的行业管理制度与规范，详见表2-4。

表2-4　河北省合资及地方铁路行业管理规范

规范名称	制定部门	文号
《河北省铁路沿线安全环境管理“双段长”制工作细则》	河北省铁路沿线环境安全监管联席会议办公室	冀铁环安办〔2021〕20号
《河北省铁路安全管理规定》	河北省人民政府	冀政发〔2020〕3号
《地方铁路运输企业安全生产标准化建设基本规范》	河北省市场监督管理局	DB 13/T 5497—2022

3. 企业安全管理

企业安全管理是企业经营者、生产管理者和全体员工为实现安全生产目标，按照一定的安全管理原则，科学地组织、指挥和协调全体员工安全生产的活动。合资及地方铁路运输企业应牢固树立“安全责任重于泰山”的思想，认真坚持“安全第一、预防为主、综合治理”的方针，贯彻执行安全生产法律、法规，建立健全安全生产责任制度，完善安全生产条件，确保生产安全。

3.1 企业安全生产管理责任

《中华人民共和国安全生产法》《中华人民共和国铁路法》《铁路技术管理规程》《铁路行车事故处理规则》等法律法规对铁路生产企业的安全生产管理职责进行了明确的规定。

2014 年 1 月 1 日起施行《铁路安全管理条例》，进一步强化了铁路运输企业的安全生产主体责任。

3.1.1 企业的安全生产主体责任

企业的安全生产主体责任是指企业遵守有关安全生产的法律、法规、规章的规定，加强安全生产管理，建立安全生产责任制，完善安全生产条件，执行国家、行业标准，以及承担事故报告、救援和善后赔偿的责任。铁路运输企业是安全生产的责任主体，对于保护铁路运输安全负有义不容辞的责任。

《铁路安全管理条例》第五条规定，从事铁路建设、运输、设备制造维修的单位应当加强安全管理，建立健全安全生产管理制度，落实企业安全生产主体责任，设置安全管理机构或者配备安全管理人员，执行保障生产安全和产品质量安全的国家标准、行业标准，加强对从业人员的安全教育培训，保证安全生产所必需的资金投入。铁路建设、运输、设备制造维修单位的工作人员应当严格执行规章制度，实行标准化作业，保证铁路安全。

第六条规定，铁路监管部门、铁路运输企业等单位应当按照国家有关规定制定突发事件应急预案,并组织应急演练。

3.1.2 企业的法律责任与法律制裁

国家实行生产安全事故责任追究制度。生产经营活动中发生安全事故,大多是因为违反了安全生产的法律、法规、标准和有关技术规程、规范等,如生产经营活动的作业场所不符合安全生产的规定;设施、设备、工具、器材不符合安全标准,存在缺陷;未按规定配备安全防护用品;未对职工进行安全教育培训,职工缺乏安全生产知识;劳动组织不合理;管理人员违章指挥;职工违章冒险作业等。为此,《中华人民共和国安全生产法》第十六条明确规定,“国家实行生产安全事故责任追究制度,依照本法和有关法律、法规的规定,追究生产安全事故责任单位和责任人员的法律责任”。

作为一个具有法人资格的生产企业,应负有行政责任、技术责任、管理责任等安全生产责任,即企业的管理应该落实和遵守安全生产的法规和管理要求。一个企业、企业经营管理者或生产人员,如果其行为违反了安全生产的法规,应承担相应的法律责任。企业责任包括以下三个方面。

一、刑事法律责任

刑事法律责任,简称刑事责任,是最为严厉的法律责任。刑事责任是指具有刑事责任能力的人实施了刑事法律规范所禁止的行为(即犯罪行为)所必须承担的刑事法律后果。通俗地讲,是指有依照刑法规定构成犯罪的严重违法行为所应承担的法律后果。追究刑事责任的方式是依照刑法的规定给予人身制裁,即限制或者剥夺犯罪者的人身自由甚至剥夺生命等刑事制裁。在刑事制裁中,人身制裁是主刑,财产处罚、政治权利处罚只是附加刑。在《中华人民共和国刑法》“危害公共安全罪”一章中,对包括重大责任事故罪、重大劳动安全事故罪、危险物品肇事罪、建设工程重大安全事故罪等在内的九种重大责任事故犯罪的犯罪构成及刑事责任做了规定。在《中华人民共和国安全生产法》“法律责任”一章的有关条款中,以及在《国务院关于特大安全事故行政责任追究的规定》中,对造成严重事故后果的违法行为,也规定了要依法追究刑事责任,也就是指要依照刑法的有关规定追究刑事责任。

二、民事法律责任

民事法律责任,简称民事责任,是指民事主体违反民事义务而依法应承担的民事法律后果。民事法律关系是以民事权利义务为内容的,民事权利受法律保护,民事义务受法律约束。就实质而言,民事责任是民事主体违反民事义务所应承担的法律责任,是民法上规定的保护权利的救济措施。《中华人民共和国职业病防治法》规定,用人单位应当建立、健全职业病防治责任制,加强对职业病防治的管理,提高职业病防治水平,对本单位产生的职业病危害承担责任。

三、行政法律责任

行政法律责任,简称行政责任,是指由国家行政机关认定的行为人因违反行政法律规范所应承担的法律后果。根据行政违法的程度、实施行政制裁的主体和制裁对象的不同,行政责任主要有行政处分和行政处罚两类:行政处分的主要内容是警告、记过、记大过;行政处罚的内容主要是警告、罚款、责令停产停业、没收非法所得、没收违法财物、吊销营业执照、行政拘留等。

违反安全生产法律、法规的单位或个人，根据其所犯错误的性质和情节，给予必要的经济制裁。追究经济责任是行政处罚的重要手段。对违反相关法律、法规的单位和个人可以单纯给予经济制裁，也可以在追究行政责任的同时，追究经济责任。经济制裁的形式有罚款、停发工资和降级降薪等。依照《中华人民共和国安全生产法》，在对生产安全事故的调查处理中，必须实事求是地查明事故的性质和责任。对确定为责任事故的，要查清事故单位责任者的责任。对尚未构成犯罪的事故责任者，按照《中华人民共和国安全生产法》“法律责任”一章中的有关规定，根据不同情节，给予相应的行政处分或给予罚款等行政处罚。

企业的管理责任、技术责任、行政责任是上述法律责任的具体体现。另外，企业还肩负着社会责任，其生产活动关系到社会稳定、家庭幸福、人类情感、社会伦理、个人道德等。

3.1.3 合资及地方铁路运输企业的安全责任

3.1.3.1 主要负责人的安全生产工作职责

主要负责人的安全生产工作职责如下。

（1）建立健全并落实本单位全员安全生产责任制，加强安全生产标准化建设。

（2）组织制定并实施本单位安全生产规章制度和操作规程。

（3）组织制定并实施本单位安全生产教育和培训计划。

（4）保证本单位安全生产投入的有效实施。

（5）组织建立并落实安全风险分级管控和隐患排查治理双重预防工作机制，督促、检查本单位的安全生产工作，及时消除生产安全事故隐患。

（6）组织制定并实施本单位的生产安全事故应急救援预案。

（7）及时、如实报告生产安全事故。

3.1.3.2 安全生产管理人员工作职责

安全生产管理人员工作职责如下。

（1）组织或者参与拟订本单位安全生产规章制度、操作规程和生产安全事故应急救援预案。

（2）组织或者参与本单位安全生产教育和培训，如实记录安全生产教育和培训情况。

（3）组织开展危险源辨识和评估，督促落实本单位重大危险源的安全管理措施。

（4）组织或者参与本单位应急救援演练。

（5）检查本单位的安全生产状况，及时排查生产安全事故隐患，提出改进安全生产管理的建议。

（6）制止和纠正违章指挥、强令冒险作业、违反操作规程的行为。

（7）督促落实本单位安全生产整改措施。生产经营单位可以设置专职安全生产分管负责人，协助本单位主要负责人履行安全生产管理职责。

3.1.3.3 站段负责人的安全生产工作职责

站段负责人的安全生产工作职责如下。

(1)负责本站段的安全生产工作,是安全生产法律、法规和规章制度的直接执行者。

(2)贯彻执行本单位对安全生产的规定和要求,督促本站段的工作人员遵守有关安全生产规章制度和安全操作规程。

(3)切实做到不违章指挥、不违章作业,遵守劳动纪律。

(4)定期检查铁路及其附属设施的完好情况,发现问题及时报告。

3.1.3.4 班组负责人的安全生产工作职责

班组负责人的安全生产工作职责如下。

(1)负责本班组的安全生产工作,是安全生产法律、法规和规章制度的直接执行者。

(2)贯彻执行本单位对安全生产的规定和要求,督促本班组的工作人员遵守有关安全生产规章制度和安全操作规程。

(3)切实做到不违章指挥、不违章作业,遵守劳动纪律。

(4)定期检查铁路及其附属设施的完好情况,发现问题及时报告。

(5)组织检查铁路路线的安全情况,严禁闲散人员在铁路线上逗留,严禁放置异物。

3.1.3.5 其他人员安全生产工作职责

其他人员安全生产工作职责如下。

(1)各级技术人员、职能科室和生产一线人员,在各自的职责范围内对安全工作负相应的责任。

(2)贯彻国家的安全法律法规,执行企业、部门和本室的各项规章制度。

(3)协助上级开展各项安全活动和安全宣传工作,对安全工作提出合理化建议。

(4)正确佩戴、使用劳动防护用品和消防器材。

(5)切实做到不违章作业,遵守劳动纪律。

3.2 企业安全生产管理基本制度

健全的安全生产操作规程和安全管理制度,应符合法律、法规、规章和国家标准、行业标准以及规范性文件的要求,健全的安全管理制度能够预防和避免事故发生。

3.2.1 安全生产规章制度建设

3.2.1.1 建立健全安全生产规章制度必要性

一、建立健全安全生产规章制度是生产经营单位的法定责任

生产经营单位是安全生产的责任主体,《中华人民共和国安全生产法》第四条规定,生产经营单位必须遵守本法和其他有关安全生产的法律、法规，加强安全生产管理，建立健全全员安全生产责任制和安全生产规章制度，加大对安全生产资金、物资、技术、人员的投入保障力度，改善安全生产条件，加强安全生产标准化、信息化建设，构建安全风险分级管控和隐患排查治理双重预防机制，健全风险防范化解机制，提高安全生产水平，确保安全生产。

二、建立健全安全生产规章制度是生产经营单位安全生产的重要保障

安全风险来自于生产、经营过程之中，只要生产、经营活动在进行，安全风险就客观存在。客观上需要企业对生产过程、机械设备、人员操作进行系统分析、评价，制定出一系列的操作规程和安全控制措施，以保障生产经营单位生产、经营工作合法、有序、安全地运行，将安全风险降到最低。在长期的生产经营活动过程中积累的大量风险辨识评价、控制技术，以及生产安全事故教训，是探索和驾驭安全生产客观规律的重要基础，只有形成生产经营单位的规章制度，其安全生产客观规律才能够得到不断积累，有效继承和发扬。

三、建立健全安全生产规章制度是生产经营单位保护从业人员安全与健康的重要手段

国家有关保护从业人员安全与健康的法律法规、国家和行业标准在一个生产经营单位的具体实施情况只有通过企业的安全生产规章制度体现出来，才能使从业人员明确自己的权利和义务。同时，它也为从业人员遵章守纪提供标准和依据。建立健全安全生产规章制度可以防止生产经营单位随意进行管理，有效地保障从业人员的合法权益。

3.2.1.2　安全生产规章制度建设的依据

（1）以安全生产法律法规、国家和行业标准、地方政府的法规和标准为依据。生产经营单位安全生产规章制度必须符合国家法律法规、国家和行业标准的要求，以及生产经营单位所在地地方政府的相关法规、标准的要求。生产经营单位安全生产规章制度是一系列法律法规在生产经营单位生产、经营过程中具体贯彻落实的体现。

（2）安全生产规章制度的建设核心是危险有害因素的辨识和控制。只有通过对危险有害因素进行辨识，才能提高规章制度建设的目的性和针对性，保障安全生产。同时，生产经营单位要积极借鉴相关事故经验教训，及时修订和完善规章制度，防范类似事故的重复发生。

（3）以国际、国内先进的安全管理方法为依据。随着科学技术的迅猛发展，安全生产风险防范的方法和手段也不断完善。尤其是随着安全系统工程理论研究的不断深化，安全管理的方法和手段也日益丰富，如职业安全健康管理体系、风险评估和安全评价体系的建立，为生产经营单位安全生产规章制度的建设提供了重要依据。

3.2.1.3　安全生产规章制度建设的原则

一、坚持“安全第一、预防为主、综合治理”的原则

“安全第一，预防为主，综合治理”是我国的安全生产方针，是我国经济社会发展现阶段安全生产客观规律的具体要求。安全第一，就是要求从事生产经营活动必须把安全放在首位，不能以牺牲人的生命、健康为代价换取发展和效益；预防为主，就是要求把安全生产工作的重心放在预防上，从源头上控制、预防和减少生产安全事故；综合治理，就是要求运用行政、经济、法治、科技等多种手段，充分发挥社会、职工、舆论监督各个方面的作用，抓好安全生产工作。

二、主要负责人负责的原则

我国安全生产法律法规对生产经营单位安全生产规章制度建设有明确的规定,《中华人民共和国安全生产法》规定,生产经营单位的主要负责人是本单位安全生产第一责任人,对本单位的安全生产工作全面负责,建立健全并落实本单位全员安全生产责任制,加强安全生产标准化建设,组织制定并实施本单位安全生产规章制度和操作规程。

三、系统性原则

安全风险来自生产、经营活动的过程。因此,生产经营单位安全生产规章制度的建设,应按照安全系统工程的原理,涵盖生产经营的全过程、全员、全方位、全天候,主要包括规划设计、建设安装、生产调试、生产运行、技术改造的全过程;生产经营活动的每个环节、每个岗位、每个人、每个时刻;事故预防、应急处置、调查处理全过程。

四、规范化和标准化原则

生产经营单位安全生产规章制度的建设应实现规范化和标准化管理,以确保安全生产规章制度建设的严密、完整、有序,即按照系统性原则的要求,建立完整的安全生产规章制度体系;建立安全生产规章制度起草、审核、发布、教育培训、执行、反馈、持续改进的组织管理程序;每一个安全生产规章制度的编制,都要做到目的明确、流程清晰、标准准确、具有可操作性。

3.2.2 安全生产管理制度

合资及地方铁路运输企业安全生产管理制度包括以下内容:安全生产责任制度、安全生产组织建设制度、安全生产例会制度、安全生产管理人员考核制度、安全生产教育与培训制度、安全生产费用制度、安全技术交底制度、安全检查制度、事故统计报告制度、安全考核和奖惩制度、安全生产档案管理制度和设施、设备、物资安全管理制度。

3.2.2.1 安全生产责任制度

企业安全生产责任制度对企业主要负责人、安全管理部门和其他职能部门在管理过程中应当承担的责任作出明确规定,即将企业安全生产主体责任分解到主要负责人、项目负责人、组长以及每个岗位的作业人员身上。因此,企业安全生产责任制度的编制必须根据企业自身特点和组织机构的设置、职能人员的编制来考虑。既要有谁负责,又要有负什么责,并要做到横向到边、纵向到底、不留死角。具体包括以下七个方面的内容。

一、物质保障责任

(1)具备法律、法规和国家标准、行业标准规定的安全生产条件。

(2)保证履行建设项目安全设施“三同时”的规定。

(3)依法为从业人员提供劳动防护用品,并监督、教育其正确佩戴和使用。

二、资金保障责任

(1)按规定提取和使用安全生产费用,确保资金投入满足安全生产条件需要。

(2)按规定存储安全生产风险抵押金。

(3)依法为从业人员缴纳工伤保险费,保证有用于安全生产教育培训的资金。

三、机构设置与人员配备责任

依法设置安全生产管理机构,足额配备安全生产管理人员。

四、安全生产规章制度制定责任

建立健全安全生产责任制和各项规章制度、安全生产操作规程。

五、教育培训责任

依法组织从业人员参加安全生产教育培训,组织有关人员取得相关上岗资格证书。

六、安全管理责任

(1)依法加强安全生产管理。

(2)定期组织开展安全检查。

(3)依法取得安全许可。

(4)依法对重大危险源实施监控。

(5)及时消除事故隐患。

(6)开展安全生产宣传教育。

(7)统一协调管理承包、承租单位的安全生产工作。

七、事故报告和应急救援责任

(1)按规定报告生产安全事故。

(2)及时开展事故抢险救援。

(3)妥善处理事故善后工作。

3.2.2.2 安全生产组织建设制度

合资及地方铁路运输企业应成立安全生产组织机构(安全生产委员会或安全生产领导小组),明确机构内对应人员的管理职责。组长由主要负责人担任,副组长由生产总管担任,组员由部门、班组负责人担任。

3.2.2.3 安全生产例会制度

一、安全生产例会制度的内容

安全生产例会制度必须包括该制度的适用范围、职责和主要工作程序。

二、安全生产例会制度的分类

(一)企业安全生产委员会会议

(1)企业的安全生产委员会会议一般每季度召开一次,由安委会办公室负责召集,企业主要负责人主持,全体委员参加,时间、地点由会议组织者决定。

(2)会议主要内容包括:传达国家、行业、地方及上级有关部门的重要文件和重要指示精神;总结一个阶段以来的安全生产工作经验,取得的效果,安全生产现状、难点和急需解决的突出问题,确定切实可行的对策;根据存在问题和下一阶段生产经营的实际,确定安全管理的具体工作任务、安全监控的重点和阶段性目标;研究确定对为安全工作作出突出贡献的单位、部门人员的表彰决定,通报安全生产事故及对有关单位和责任人的处罚决定等。

(3)会议所议事项以及作出的决定应形成会议纪要,企业安委会办公室应负责督促、检查、考核会议的执行情况。

（二）企业安全生产会议

（1）企业的安全生产会议至少每月召开一次，由企业安全生产部门负责组织召开，由企业主管安全生产的负责人主持。参加会议的人员一般有安全生产负责人、技术负责人、专职安全员等。

（2）会议主要内容：传达贯彻上级有关安全生产方面的方针政策，并研究提出本企业的贯彻落实措施；检查上阶段的安全生产工作，部署下阶段的安全生产工作。对生产中存在的问题和事故隐患进行研究并落实解决问题的措施和方法；对发生的安全生产事故按照“四不放过”的原则作出处理和决定；表彰和奖励安全生产典型任务和事迹等。

（三）不定期安全生产会议

由企业安全生产各职能部门根据生产的季节性和突发性等情况随时召开安全生产会议。

3.2.2.4 安全生产管理人员考核制度

企业的主要负责人和安全生产管理人员，应当由有关主管部门对其安全生产知识和管理能力进行考核，考核合格后方可任职。

3.2.2.5 安全生产教育与培训制度

企业安全生产教育培训应贯穿于生产经营的全过程，教育培训应包括计划编制、组织实施和人员持证审核的工作内容。

安全生产教育培训计划应依据类型、对象、内容、时间安排、形式等需求进行编制。安全教育和培训的类型应包括各类上岗证书的初审、复审培训，三级教育，岗前教育，日常教育，年度继续教育。安全生产教育的培训对象应包括企业各管理层的负责人、管理人员、特殊工种以及新上岗、待岗复工、转岗、换岗的作业人员。

企业安全生产教育培训应当遵守下列规定：安排特种作业人员按照国家有关规定进行培训，取得相应资格，并持证上岗；对新进人员、实习人员进行厂、车间、班组三级教育培训；对采用新工艺、新技术、新材料或者使用新设备的人员进行专门教育培训；对调岗或离岗六个月以上人员进行车间、班组两级教育培训；对临时转岗、换岗人员进行新岗位教育培训；协同外来施工单位对外来施工人员进行专门教育培训；与劳务派遣单位分别对劳务派遣人员进行岗位安全操作规程和技能教育培训；每年至少进行一次全员教育培训。

生产经营单位应当按照一人一档的要求建立安全生产教育培训档案，如实记录教育培训时间、内容、考核结果等。培训考核结果应当由生产经营单位负责考核的人员和从业人员本人签名。安全生产教育培训考核不合格的，不得上岗作业。

3.2.2.6 安全生产费用制度

安全生产费用是指企业按照规定标准提取，在成本中列支，专门用于完善和改进企业或者项目安全生产条件的资金。

安全生产费用制度要明确使用计划、统计上报的时间、相关工作程序、职责权限、奖励与处罚等。

3.2.2.7 安全技术交底制度

为确保安全生产,避免发生生产安全事故,开展企业生产活动前技术负责人应向一线作业人员逐级分别进行交底。

3.2.2.8 安全检查制度

企业建立的安全检查制度应包括检查的目的、要求、依据、标准、形式、内容、分工职责、频次、整改以及对检查效果的评价等。

一、安全检查的类型

安全检查可以分为定期性、经常性、季节性、专业性、综合性五类。

(1)定期性检查,是企业或主管部门组织的定期全面的安全检查。合资及地方铁路运输企业内部必须建立定期检查的制度。定期检查的覆盖面广、有深度,能及时发现并解决问题。

(2)经常性检查,是由各级生产单位负责人或安全管理人员根据生产情况和各项安全生产规章制度的执行情况进行的安全检查,能及时发现隐患,消除隐患,保证生产正常进行。检查中要狠抓易发生和可能发生事故的主要因素,变事后处理为事前预防。这类检查通常有:作业队(班组)进行班前、班后岗位安全检查,各级安全管理人员巡回安全检查,各级管理人员在检查生产同时检查安全。

(3)季节性检查,是由各级生产单位根据季节变化,按事故发生的规律对易发生的潜在危险重点进行安全检查,如冬季防冻保温、防火、防煤气中毒,夏季防暑降温、防汛、防雷电等检查。这种检查可提前发现问题,及时整改,消除隐患,做到防患于未然。

(4)专业性检查,是由各级生产部门组织,以各类专业技术人员为主,根据各专业特点进行的专业安全检查。此类检查具有较强的针对性和专业要求,用于检查难度较大的项目。通过检查发现潜在问题,研究整改对策,进行技术改造,及时消除隐患。

(5)综合性检查。一般由主管部门或行业主管组织,对所属各企业或生产单位进行的全面综合性检查。综合性检查能引起各职能部门的重视,整改措施能及时落实,必要时也可组织进行系统的安全性评价。

二、安全检查的方法

常用的安全检查方法有一般检查法和安全检查评分表法。

(1)一般检查法。安全生产检查的方法归结起来主要有"听、问、查、验、练"。综合使用这些方法,就可以找出一个企业安全生产中存在的问题。在安全检查中很少采用某种单一的方法,而是综合运用这些方法,一般视具体情况选取合适的方法。

(2)安全检查评分表法。安全检查评分表法是一种原始的、初步的定量分析方法,它通过事先拟定安全检查明细或清单对生产安全进行初步的诊断和控制。

三、安全检查的内容

从面向被检查的对象来说,安全检查的内容主要是查意识、查制度、查隐患、查整改落实、查岗位责任。

(1)查意识。安全意识是人脑对生活、生产等活动中安全观念的反映,是对客观现实的反映，意识的存在会对事物发展进程起到巨大的促进或阻碍作用，应关注全员安全意识。

（2）查制度。安全检查也是对企业安全管理制度上的大检查，包括安全生产管理制度的落实情况和安全教育制度的执行情况等。

（3）查隐患。安全检查的内容主要以查现场为主，通过深入生产现场工地来检查企业的劳动条件、生产设备、外部环境以及相应的安全防护设施是否符合安全要求。

（4）查整改落实。检查发现的隐患是否严格按照整改要求及时落实整改；检查是否把安全隐患消灭在萌芽状态中，确保安全生产。检查企业对事故是否及时上报，是否按照“四不放过”的原则严肃处理，是否已采用有效措施防止类似事故重复发生。

（5）查岗位责任。企业岗位的责任落实至关重要，在检查中，必须对企业各级岗位人员的责任落实情况进行检查，尤其是涉及企业负责人（包括董事长、总经理、安全总监等）、部门负责人、专职安全员的责任落实情况。

四、安全生产评价标准

合资及地方铁路运输企业进行安全生产评价应采取听取汇报、查阅安全规章制度和安全档案资料、全面检查所有生产运营的环节及一线现场等方法。在检查过程中，依据安全生产相关规范对企业安全生产条件、安全生产业绩、安全生产管理制度、资质、机构与人员管理、安全技术管理、设备与设施管理逐项打分，然后结合目标责任状综合评价安全生产能力，分为合格、基本合格、不合格三个等级，评价为基本合格的单位或项目将对其限期整改，对不合格单位或整改后仍达不到合格标准的要进行相应处罚。

3.2.2.9 事故统计报告制度

事故报告应当及时、准确、完整，任何单位和个人对事故不得迟报、漏报、谎报或者瞒报。报告方式可采取电话、传真、电子邮件的形式先行报告事故概况，有新情况及时续报，同时应在 12 小时内补齐书面材料。

一、事故报告内容

（1）事故发生时间、地点、工程项目和事故单位名称。

（2）事故的简单经过、紧急抢险救援情况、人员伤亡情况、预估的直接经济损失。

（3）事故原因的初步分析判定。

（4）事故发生后所采取的应对措施和控制情况。

（5）事故报告单位、签发人和报告时间等。

二、快报的内容

（1）事故发生单位的名称、地址、性质。

（2）事故发生的时间、地点。

（3）事故已经造成或者可能造成的伤亡人数（包括下落不明、涉险的人数）。

事故报告后出现新情况的，应当及时补报。自事故发生之日起 30 日内，事故造成的伤亡人数发生变化的，应当及时补报。道路交通、火灾事故自发生之日起 7 日内及时补报。

三、事故报告程序

事故发生后，现场有关人员应当立即报告现场安全生产负责人。现场安全生产负责人接到报告后应立即报告单位安全管理部门和企业主要负责人，并立即启动事故相应应急预案，或者采取有效措施，组织抢救，防止事故扩大，减少人员伤亡和财产损失。单位负责人接到报告后，应当于 1 小时内向事故发生地县级以上人民政府安全生产监督管理部门和负有安全生产监督管理职责的有关部门报告。

3.2.2.10　安全考核和奖惩制度

合资及地方铁路运输企业安全考核和奖惩制度应包括奖惩对象、指定内容及标准、实施奖惩等内容，明确考核周期，及时兑现奖惩。

安全考核的对象应包括各管理层的主要负责人、相关职能部门和岗位作业人员。

安全考核应包括安全目标实现程度、安全职责履行情况、安全行为和安全业绩。

3.2.2.11　安全生产档案管理制度

合资及地方铁路运输企业应对归档文件进行科学系统的分类、排列、编目和保管，采用先进技术和管理方法实现档案管理现代化。安全生产档案应按规定的程序编制，按形成时间顺序进行整理。

一、档案管理人员职责

（1）积极学习档案法规，熟悉档案管理业务。

（2）及时收集档案，做好档案的分类管理、借阅管理。

（3）严格遵守保密制度，防止档案外传。

二、安全生产档案内容

安全生产档案是指安全生产监督管理部门在依法履行安全生产监督管理职责工作中直接形成的，具有保存价值的文字、图表、声像、电子等不同形式和载体的历史记录。档案内容主要有：安全生产法律法规、标准规范和文件；安全责任书与考核记录；安全规章制度；安全检查记录；安全教育培训记录；安全会议纪要；各类安全证书、证件；安全奖罚；安全技术材料；事故上报处理材料；工伤认定材料等。

3.2.2.12　设施、设备、物资安全管理制度

一、设施安全管理内容

在用或备用的设备设施、应急救援设施以及临时设施的采购、租赁、搭设与拆除、验收、检查、使用规定。

二、设备安全管理内容

（1）制定设备采购、租赁、安装（拆除）、验收、检测、使用、检查、保养、维修、改造和报废规定。

（2）建立并完善设备证书证件、技术档案。

（3）配备相应的设备管理人员。

三、物资安全管理内容

物资安全管理包括物资的采购、储存、使用、账目设置、回收利用、物资人员管理等内容。储存可燃物资的仓库，必须执行消防技术标准和管理规定。

3.2.2.13 例证

下面以某运输企业在标准化车站建设中发挥企业安全管理的主体责任，全方位构建安全生产管理制度的实践为例，介绍铁路运输企业安全生产管理制度建设的具体活动。该企业成立了相应的安全生产标准化建设领导小组和工作小组，并制定了标准化车站实施方案，以完善、创新管理机制为手段，以“车站环境治理、基础工作整理、安全生产提升”三个方面的工作为核心，开展了标准化车站创建工作，进一步提高了车站的安全管理水平和车站工作人员的专业素质。

一、明确思路，细化标准，强力推进标准化车站建设

以实施站场管理为重点，开展站场管理工作，并以此带动各项管理水平的提升，坚决治理长期存在的管理水平波动反复、不能恒定保持的问题。为此，运输部确定了站场管理进班组、进岗位、进固定场所的工作思路，组织制定了单位、车间两级标准化车站建设考核办法，强力推进标准化车站建设。

（1）明确职责，强化落实。成立了标准化车站建设领导小组，车间由主管领导牵头组成工作小组，完善体系，明确责任，强化执行。

（2）细化标准，有序开展。为保证工作开展效果，组织各单位对治理标准进一步细化，先后制定完成了班组、现场、更衣室、调度室的治理标准，推动了车站治理工作的有序开展。

二、开展专项整治活动，使现场管理水平得到本质提升

（1）结合季节特点针对现场存在的问题开展有针对性的专项环境治理活动，重点对车辆整备的过程中车门夹缝处封堵车门的编织袋、草绳等遗留物进行治理，并且将站场的卫生区域进行划分，进一步明确职责，使站场的治理工作不间断。

（2）夏季不定期对站场两侧的绿树、草坪进行修剪。

（3）推进工具间、辅材间规范化管理，为标准化操作奠定基础。在班组工具间、材料间治理中，组织职工自制、改制工具架，工机具定点定位，标识明确。减少了职工作业中翻找材料、工具的时间，提高了工作效率，也为职工标准化操作提供了保障。

（4）对车站的规章制度、行规站细以及各类登记、记录簿重新进行了梳理，使其更加规范健全，并且利用班前会对以往的各类事故进行传达学习，提高每一名职工的安全意识，确保安全生产、预防安全事故和货运事故发生。

三、落实职责，强化监督与检查，保持车站建设持续提升

在标准化车站建设中，坚持从管理职责入手，从基本规章制度抓起。贯彻“检查—分析—讲评—考核—整改”的工作流程，促进各项制度、标准的落实。

（1）在车间建立日检查、周讲评制度。每周由车间主管领导带队，各综合、安全、技术等专业参加，对班组开展管理工作情况、标准落实情况进行检查，积极整改存在问题，针对倾向性问题制定整改措施。

（2）专业科室坚持定期联合检查、坚持周讲评分析、坚持月度评比，充分发挥奖惩机制的作用；采取正反照片对比形式，找差反思。

（3）建立月例会制度，每月由专业科室牵头组织各车间专业人员对上月现场存在的问题和管理中存在的问题召开例会，并对近期工作重点进行安排、布置。

四、开展各项培训、竞赛提高职工安全素质

（1）深入推进全员“大培训、大练兵、大比武、大提素”活动以及技能人才队伍建设，开展各项职业技能竞赛活动，达到以赛促学的目的，带动职工整体素质的提高。

（2）制定了信号员、调度员、调车员、机车乘务员等岗位安全操作标准化执行手册，并通过录制视频的形式对全员进行培训、教育，使各项作业过程规范、标准。

（3）制定了生产作业时间标准，对生产中取送车、列检、站内调车、区间运行等各项作业时间重新进行了规范。

3.3 安全生产管理机构

安全生产管理机构是指生产经营单位中专门负责安全生产监督管理的内设机构，是安全生产、企业生产正常顺利进行的组织保障。铁路运输企业应按照“全员、全过程、全方位、全天候管理”的原则，建立健全与企业安全生产工作相适应的安全管理机构，配备专（兼）职安全管理人员。

安全生产管理人员是指在生产经营单位从事安全生产管理工作的专职或兼职人员。在生产经营单位专门从事安全生产管理工作的人员是专职安全生产管理人员；在生产经营单位既承担其他工作职责，同时又承担安全生产管理职责的人员则为兼职安全生产管理人员。

3.3.1 安全生产管理机构的作用

安全生产管理机构的作用是落实国家有关安全生产的法律法规，组织生产经营单位内部进行各种安全检查活动，负责日常安全检查，及时整改各种事故隐患，监督安全生产责任制的落实等。它是生产经营单位安全生产的重要组织保证。

3.3.2 安全生产管理机构与人员的配备

安全生产管理机构的设置和专、兼职安全生产管理人员的配备，是根据生产经营单位的危险性程度、规模大小等因素来确定的。合资及地方铁路运输企业应设置安全生产管理机构并配备专职安全生产管理人员。

3.3.2.1 安全生产管理机构的组织建设

合资及地方铁路运输企业应成立安全生产组织机构，明确管理职责。企业应设安全部门，并配备专职安全管理人员，具体指导、管理、监督、协调企业安全方面的工作。安全部门同时履行安委会办公室职责，是企业安全生产管理的职能部门。企业下属的各单位，成立安全领导小组并设立安全科，配备专职安全管理人员；各基层单位成立安全小组，并配备专职或兼职安全管理人员。

3.3.2.2 安全生产管理人员的具体要求

（1）安全生产管理人员应具备的资历。安全生产管理人员应具有在铁路运输企业基层工作五年以上的经历，熟悉相关专业知识。原则上应有大专及以上学历，经过培训、考核合格后方可上岗。

（2）安全生产管理人员应具备的能力。安全生产管理人员应具备运用科学知识和实际经验，因时因地、联系实际、果断有效地解决具体问题和作出相应决策的能力。具体体现在以下几个方面。

①正确分析、判断和处理安全管理中多种问题的能力。

②对意外和突发事故及时果断采取相应对策的应变协调能力。

③较强的口头和文字表达能力。

④较强的内外事务沟通和社会公关能力。

⑤较强的组织领导能力。

（3）安全管理人员的配备标准。铁路运输企业应结合企业特点和规模配备专职安全生产管理人员。

3.3.3 安全生产管理机构的职责

3.3.3.1 安全生产委员会工作职责

安全生产委员会工作职责如下。

（1）在企业主要负责人领导下，全权负责本企业安全生产管理工作。

（2）贯彻落实国家、地方政府安全生产方面的法律法规和企业安全生产管理规章制度，分析企业安全形势，指导安全生产工作，研究制定事关安全生产的重大制度，协调解决安全生产中的重大问题。

（3）组织制定企业安全生产年度计划和阶段性工作安排，研究制定安全管理办法，督查安全生产工作落实情况。

（4）组织综合性、专题性的安全生产工作调研与考核评估。

（5）组织开展安全生产检查活动，针对发现的问题，监督、协调有关单位和部门进行整改。

（6）组织开展铁路交通事故的调查、分析，做出事故处理决定。

（7）总结推广安全生产先进经验，研究决定涉及安全生产的奖惩事宜。

（8）筹备安委会会议，定期分析企业安全生产情况，研究解决影响安全生产的突出问题，部署下一阶段的安全重点工作。

3.3.3.2 安全生产部门工作职责

安全生产部门工作职责如下。

（1）认真贯彻执行“安全第一、预防为主、综合治理”的方针，组织、计划、布置、总结、评比企业安全工作，并对其履行指导、监督和服务的职责。

（2）贯彻落实国家和上级管理部门有关安全生产的方针、政策、法规、规章和指示精神。

（3）贯彻落实企业行政、党委及安全生产委员会有关安全生产的决议、决定和指示。

（4）具体制定（修订）企业内部安全管理和安全生产规章制度、安全操作规程，起草企业安全生产计划和总结。

（5）定期和不定期组织安全检查，掌握公司安全生产动态，每季度向安委会汇报一次。

（6）负责事故的分析、统计和上报工作，总结推广先进经验，定期组织评优活动。

（7）定期召开全公司安全行车例会，通报分析各下属单位安全生产情况。

（8）在接到事故报告后，立即派人前往事故现场。发生死亡事故时，必须及时向相关部门上报。

（9）审核事故费用，详细办理旅客意外伤害保险理赔，监督内部车辆赔偿及安全互助基金的使用，督促落实事故的"四不放过"原则，定期通报重大违章及一般以上行车事故。

（10）指导和服务各下属单位安全职能部门的业务工作，督促各下属单位履行安全职责，落实安全管理规章。

（11）负责重特大事故的调查和处理，对有关人员提出处理意见并上报交通行业主管部门。

（12）行使安全否决权。

3.4 安全资金的投入与使用

3.4.1 安全资金投入的基本要求

企业将安全生产费用按照确保满足安全生产需要、规范使用程序、严格使用范围的原则投入到企业安全生产方面，为企业安全生产提供资金保障。

安全管理中，预防性投入的效果大于事后型整改的效果。企业在安全生产管理中，要谋事在先、尊重科学、探索规律，采取有效的事前安置措施，防患于未然，将事故消灭在萌芽状态。

安全投入分为主动投入与被动投入两种。主动投入是指安措费、劳保费、保健费、安全奖等；被动投入是指职业病治疗费、赔偿费、事故处理费、维修费等。安全投资是人力、物力、财力的总和，具体包括：安全职能人员配备，安全与职业卫生技术措施的投入，安全设施的维修、保养及改造的投入，安全教育及培训的花费，个体劳动防护及保健费用，事故救援及预防费用，事故伤亡人员救治花费等。

安全资金投入是安全活动得以进行的必要条件：首先，安全保护了人，人是生产中最重要的生产力因素；其次，安全资金的足额投入，维护和保障了生产资料和生产环境，使技术的生产功能得以充分发挥，而且安全投资可以带来经济效益。

3.4.2 安全资金的使用与管理

3.4.2.1 安全资金的使用范围

安全资金的使用范围如下。

（1）完善、改造和维护安全防护设施设备支出（不含“三同时”要求初期投入的安全设施），包括道路、水路、铁路、城市轨道交通、管道运输设施设备和装卸工具安全状况检测及维护系统、运输设施设备和装卸工具附属安全设备等支出。

（2）购置、安装和使用具有行驶记录功能的车辆卫星定位装置、视频监控装置、船舶通信导航定位和自动识别系统、电子海图等支出。

（3）铁路和城市轨道交通防灾监测预警设备及铁路周界入侵报警系统、铁路危险品运输安全监测设备支出。

（4）配备、维护、保养应急救援器材、设备支出，应急救援队伍建设、应急预案制修订与应急演练支出。

（5）开展重大危险源检测、评估、监控支出，安全风险分级管控和事故隐患排查整改支出，安全生产信息化、智能化建设、运维和网络安全支出。

（6）安全生产检查、评估评价（不含新建、改建、扩建项目安全评价）、咨询和标准化建设支出。

（7）配备和更新现场作业人员安全防护用品支出。

（8）安全生产宣传、教育、培训和从业人员发现并报告事故隐患的奖励支出。

（9）安全生产适用的新技术、新标准、新工艺、新装备的推广应用支出。

（10）安全设施及特种设备检测检验、检定校准、铁路和城市轨道交通基础设备安全检测支出。

（11）安全生产责任保险及承运人责任保险支出。

（12）与安全生产直接相关的其他支出。

3.4.2.2 安全资金的管理和监督

一、安全资金管理和监督原则

（1）企业应当建立健全内部企业安全生产费用管理制度，明确企业安全生产费用提取和使用的程序、职责及权限，落实责任，确保按规定提取和使用企业安全生产费用。

（2）企业应当加强安全生产费用管理，编制年度企业安全生产费用提取和使用计划，将安全生产费用纳入企业财务预算，确保资金投入。

（3）企业提取的安全生产费用从成本（费用）中列支并专项核算。符合《企业安全生产费用提取和使用管理办法》（财资〔2022〕136号）规定的企业安全生产费用支出应当取得发票、收据、转账凭证等真实凭证。

本企业职工薪酬、福利不得从企业安全生产费用中支出。企业从业人员发现报告事故隐患的奖励支出从企业安全生产费用中列支。

企业安全生产费用年度结余资金结转下年度使用。企业安全生产费用出现赤字（即当年计提企业安全生产费用加上年初结余小于年度实际支出）的，应当于年末补提企业安全生产费用。

（4）以上一年度营业收入为依据提取安全生产费用的企业，新建和投产不足一年的，当年企业安全生产费用据实列支，年末以当年营业收入为依据，按照规定标准计算提取企业安全生产费用。

（5）企业按规定标准连续两年补提安全生产费用的，可以按照最近一年补提数提高提取标准。

（6）企业安全生产费用月初结余达到上一年应计提金额三倍及以上的，自当月开始暂停提取企业安全生产费用，直至企业安全生产费用结余低于上一年应计提金额三倍时恢复提取。

（7）企业当年实际使用的安全生产费用不足年度应计提金额 60%的，除按规定进行信息披露外，还应当于下一年度 4 月底前，按照属地监管权限向县级以上人民政府负有安全生产监督管理职责的部门提交经企业董事会、股东会等机构审议的书面说明。

（8）企业同时开展两项及两项以上以营业收入为安全生产费用计提依据的业务，能够按业务类别分别核算的，按各项业务计提标准分别提取企业安全生产费用；不能分别核算的，按营业收入占比最高业务对应的提取标准对各项合计营业收入计提企业安全生产费用。

（9）企业作为承揽人或承运人向客户提供纳入本办法规定范围的服务，且外购材料和服务成本高于客户取得营业收入 85%以上的，可以将营业收入扣除相关外购材料和服务成本的净额作为企业安全生产费用计提依据。

（10）企业内部有两个及两个以上独立核算的非法人主体，且主体之间生产和转移产品和服务按本办法规定需提取企业安全生产费用的，各主体可以以本主体营业收入扣除自其他主体采购产品和服务的成本（即剔除内部互供收入）的净额作为企业安全生产费用计提依据。

（11）承担集团安全生产责任的企业集团母公司（一级，以下简称集团总部），可以对全资及控股子公司提取的企业安全生产费用按照一定比例集中管理，统筹使用。子公司转出资金作为企业安全生产费用支出处理，集团总部收到资金作为专项储备管理，不计入集团总部收入。集团总部统筹的企业安全生产费用应当用于应急救援队伍建设、应急预案制修订与应急演练，安全生产检查、咨询和标准化建设，安全生产宣传、教育、培训，安全生产适用的新技术、新标准、新工艺、新装备的推广应用等安全生产直接相关支出。

（12）企业安全生产费用应当优先用于达到法定安全生产标准所需支出和按各级应急管理部门及其他负有安全生产监督管理职责的部门要求开展的安全生产整改支出。

（13）企业由于产权转让、公司制改建等变更股权结构或者组织形式的，其结余的企业安全生产费用应当继续按照本办法管理使用。

（14）企业调整业务、终止经营或者依法清算的，其结余的企业安全生产费用应当结转本期收益或者清算收益。

（15）企业提取的安全生产费用属于企业自提自用资金，除集团总部按规定统筹使用外，任何单位和个人不得采取收取、代管等形式对其进行集中管理和使用。法律、行政法规另有规定的，从其规定。

（16）各级应急管理部门及其他负有安全生产监督管理职责的部门和财政部门依法对企业安全生产费用提取、使用和管理进行监督检查。

（17）企业未按本办法提取和使用安全生产费用的，由县级以上应急管理部门及其他负有安全生产监督管理职责的部门和财政部门按照职责分工，责令限期改正，并依照《中华人民共和国安全生产法》《中华人民共和国会计法》和相关法律法规进行处理、处罚。情节严重、性质恶劣的,依照有关规定实施联合惩戒。

(18)各级应急管理部门及其他负有安全生产监督管理职责的部门和财政部门及其工作人员,在企业安全生产费用监督管理中存在滥用职权、玩忽职守、徇私舞弊等违法违纪行为的,按照《中华人民共和国安全生产法》《中华人民共和国监察法》等有关法律法规追究相应责任。构成犯罪的,依法追究刑事责任。

二、安全费用使用保证

合资及地方铁路运输企业安全费用的投入,由合资及地方铁路运输企业的决策机构、主要负责人予以保证,并由他们对由于安全生产所需要的资金投入不足导致的后果承担责任。

合资及地方铁路运输企业的决策机构、主要负责人不依照规定保证安全生产所需的资金投入,致使生产经营单位不具备安全生产条件的,责令限期改正并提供必需的资金;逾期未改正的,责令企业停产停业整顿。有违法行为导致发生安全生产事故且构成犯罪的,依法追究刑事责任;尚不够刑事处罚的,对铁路运输企业的主要负责人给予撤职处分。

3.5 安全教育与文化建设

安全教育是一项系统性、长期性和基础性的工作,是为安全生产提供智力和能力支持的重要手段。安全文化作为现代安全管理的延伸和扩展,在企业安全管理中发挥着导向、激励、凝聚、规范等重要功能。

3.5.1 安全教育

安全教育和培训是确保企业员工的安全意识、安全素质得以提升,营造良好安全文化的基础。企业应严格遵守有关部门关于安全的有关规定,建立自上而下的、系统完整的安全教育和培训系统,同时通过自身的管理使其得到保障和落实。该系统具体包括安全教育培训类型、安全教育培训形式和安全教育培训效果评估。企业的安全教育培训流程如图 3-1 所示。

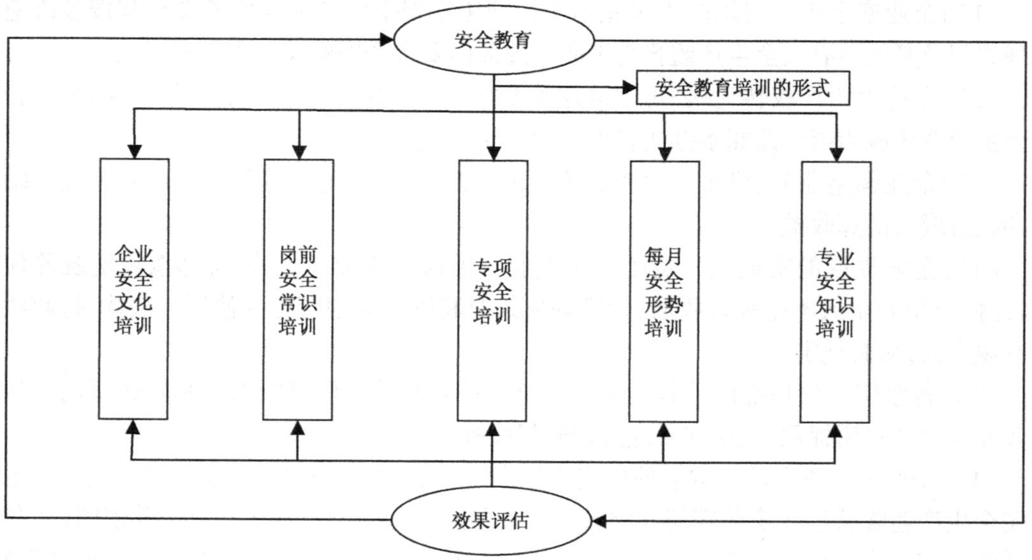

图 3-1 企业安全教育培训流程图

3.5.1.1 安全教育培训类型

不同的生产岗位、不同的文化程度、不同的技能类型和不同的工作经历，对安全教育培训的要求是不一样的。要使安全教育培训能够真正达到员工要安全、会安全、能安全的目的，关键在于有足够的针对性，在制定培训方案时，要从培训工作量、培训内容和培训方法上进行分类组合，提高针对性和实效性，以达到事半功倍的效果。企业的安全教育培训类型可以分为五种，分别为企业安全文化培训、岗前安全常识培训、专项安全培训、每月安全形势培训和专业安全知识培训。

3.5.1.2 安全教育培训内容

（1）安全思想教育。这是安全教育的重点所在，内容包括安全生产方针、政策、重要意义、劳动纪律、作业纪律、各项规章制度和典型事故案例教育等。通过正反两方面的教育使基层作业人员和各级管理人员牢固树立"安全第一、预防为主、综合治理"的思想意识，正确处理好安全与效率、效益的关系。

（2）安全知识教育。这包括安全生产技术知识和安全管理知识教育，目的是解决应知的问题。其中，前者包括营运生产特点、安全特性、设备性能、各部门作业方法及规范要求、事故成因及预防等；后者主要是针对安全管理人员进行的安全教育，内容包括安全管理体制和各部门安全管理体系的构成与运作、事故预测与预防、安全系统评价的基本原理和方法。

（3）安全技能教育。这是通过对作业人员进行长期、反复训练及本人实践，把所学到的安全知识转化为动手能力的过程，内容包括岗位熟练操作，防止错误操作，处理异常情况的技术、知识和能力。

（4）应急处置教育。一般应包括事故应急处理知识教育、自我保护和自救互援教育、事故现场保护方法教育和事故应急处理演习等。通过上述教育能有效防止事故扩大，为清理事故和迅速恢复正常运输秩序创造有利条件。

3.5.1.3 安全教育培训形式

要想获得好的教育效果，培训形式的选择至关重要。培训的形式很多，在合资及地方铁路运输安全教育中，要支持克服照本宣科、我讲你听、坐而论道的呆板单一形式，力求内容和形式的鲜活性，以丰富多彩的形式激发全体职工主动参与的热情，活跃教育学习的气氛，增强教育学习的客观效果。培训的最终目的是使职工的安全意识得到提高。随着时代的发展，企业设备不断更新，技术水平不断提高，这就要求安全培训工作不断更新、完善、提高，改变一成不变的局面。企业的安全教育必须是全方位的，要运用各种有效的方法和手段，把一般的安全教育引向多样化，把多样化的安全教育引向纵深化。企业的安全教育和培训可以采取以下九种形式。

（1）讨论式。利用专题案例讨论进行宣传教育。通过案例重演来查找发生事故的原因，知道如何防范事故以及发生事故后的正确处理方法。以重特大事故、违规违章操作造成事故等为题进行事故原因分析、讨论，可以使职工从单纯工作角色迅速进入学习角色，同时可以使感性认识上升为理性认识，提高职工安全生产的自觉性。

（2）答题式。经常以小测验的形式，把与本职工作息息相关的安全生产法律、法规及专业理论知识，将填空、选择、简答、判断等类型的题发给职工，让其做答。这样既能提高职工的安全理论知识，又能规范操作程序。

（3）竞赛式。通过定期组织安全知识竞赛、演讲赛及企业员工结伴竞赛等，增强教育学习的趣味性，调动职工的学习积极性，同时营造"人人为安全、安全为人人"的社会氛围。

（4）互动式。公司可以组织员工自由组合成甲、乙、丙三组，由甲组人员提出问题，乙组人员进行解答，丙组人员进行评判。让每组人员都承担出题、解题、判题的任务，如此循环，使所有员工都参与到安全管理工作中来，亲身体会，增强针对性和实效性。

（5）换位式。采用职工轮流讲课、安全故事会等方式，让职工自已当教员，在备课中学习，在讲课中提高。书写讲稿备课的过程，本身就是自我教育与学习的过程。听取同类专业人员的演讲并亲身经历演讲，使职工在倍感亲切的同时，又能产生一种共鸣，更能广泛有效地吸取他人成功经验来弥补自身不足。这样有利于企业安全形式上的稳定和安全水平的提高。

（6）观看式。影像教学直观，视听效果好，职工一般比较乐于接受。要经常组织放映、展出安全教育影片、图片让大家观看，通过反面典型警醒职工，通过正面教育使职工从中吸取营养。通过发放图文并茂的安全知识小手册和播放安全教育多媒体教程的方式增强培训效果，大力宣传安全生产的重要性，并做到辐射到岗、教育到人。此外，也可以加大反违章力度，从"严、细、实"着手，提高现场安全教育和管理水平。

（7）见缝插针式。铁路运输业的工作特点决定了职工不可能用大量的整块时间来接受安全教育，必须根据生产实际灵活变换培训方式。在生产任务不重的时间段利用集中学习、现场演练、专题研讨、经验交流等活动进行巩固、提高；在工作现场，则以反违章为主要方式进行作业，确保现场安全生产，从而形成在工作中学习、在学习中工作的安全氛围。

（8）活动式。通过参观先进典型、召开事故现场会等活动，对职工进行直观培训。利用"安全生产月"、创建安全合格班组活动及反事故演习等形式，把职工文化与安全文化有机结合起来，增强员工的安全意识和反事故技能，为生产安全管理营造浓厚的文化氛围。建立网络多功能安全教育活动室，扩大培训范围，利用一切可利用的资源丰富和完善现代化的安全教育培训。

（9）讲授式。听专业老师讲课，接受系统的安全知识培训。

3.5.1.4 安全教育培训效果评估

对安全教育和培训的评估是安全教育培训体系的重要组成部分。安全教育和培训是一个持续改进的过程，培训是否已发挥了作用，职工是否掌握了培训的内容，职工是否已经能够判断自己岗位存在的风险，职工是否愿意接受企业的安全方针、安全文化，培训内容设计是否合理等问题，必须通过对培训效果进行评估来控制。

合资及地方铁路运输企业应定期对安全培训的效果进行评估，可以在培训完成后，通过问卷、总结、组织交流的方式听取职工对培训内容的反馈以及对培训内容、技能的吸收掌握程度，对培训人员获得安全知识的效果进行检验评估，并存入个人培训档案。也可按不同的考核项目，按年、季、月进行逐项考核及检查来评估安全教育的效果。通过评估，对企业的安全教育计划进行修改和完善，找出不足之处，进行有针对性的改进和加强，确定下一阶段主要的培训方向。

3.5.2　安全文化的构成和建设

企业安全文化是企业在长期安全生产和经营活动中逐步形成或有意识塑造的，要求全体职工接受、遵循的，具有企业特色的安全价值观、安全行为准则、安全知识和技术的综合体现。企业安全文化在企业建设中有着举足轻重的意义。合资及地方铁路运输企业安全文化就是借助企业文化的成果，充分运用文化的导向功能，把长期的生产经营和安全管理过程中形成的具有本行业特点的安全管理经验提升到物质与精神结合的境界，成为加强和改进企业安全管理的精神动力。安全文化既是一种文化现象，又是企业安全管理的一种理论。

3.5.2.1　安全文化构成

企业安全文化要素包括安全习惯、安全理念、安全政策、安全目标、安全行为、安全科学六个要素，如图 3-2 所示。通过这六个要素间的逐级递变，安全文化可以实现自身的不断循环、改进和提升。

营造企业自身的安全文化，使企业的每一位员工都能自觉地按照安全的要求来规范自己的行为，自觉地把安全放在第一位，这是全面履行安全责任的内在驱动力，是保证安全目标实现的活的灵魂。通过加强企业安全文化的建设来提高企业的安全管理水平，是对企业传统安全管理工作的一种创新，它超越了传统被动式的安全监督的局限。用安全文化去塑造每一位员工，从更深的文化层面激发员工“关注安全、关爱生命”的本能意识，体现了“预防为主”的安全管理精髓，由此才能确保安全规章的有效实施，提升安全管理的执行力，建立企业安全生产的长效机制。

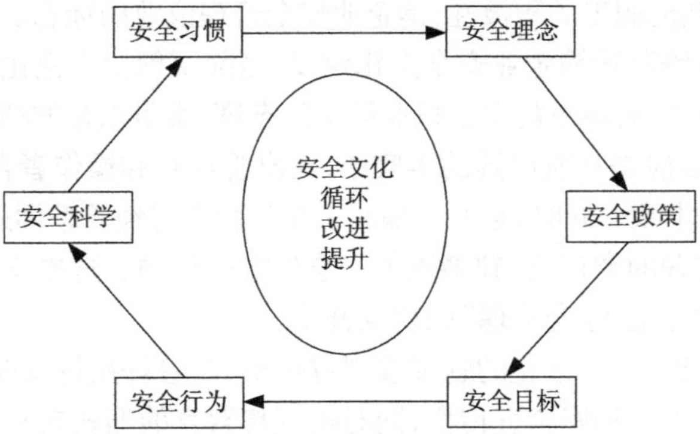

图 3-2　安全文化要素图

铁路运输企业安全文化包括四个方面，分别是安全精神文化、安全制度文化、安全行为文化和安全物质文化，其构成如图 3-3 所示。

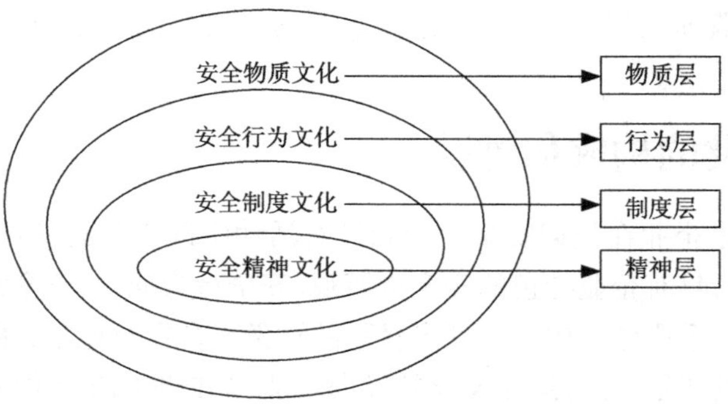

图 3-3 铁路运输企业安全文化构成

（1）安全精神文化是企业的核心安全理念，包括决策层的安全承诺、领导层的安全价值观、员工履行安全工作的态度等。

（2）安全制度文化是包括安全生产责任制度、组织管理制度、机车车辆管理制度、安全教育和培训制度、安全监督检查制度、安全生产奖罚制度等的制度体系。

（3）安全行为文化是包括安全行为规范、安全行为习惯、安全责任落实等的安全行为体系。

（4）安全物质文化是企业为了保证安全而使用的各种保护员工或设备免受伤害的安全工具、器物和物品的文化，即表层安全文化。

3.5.2.2 安全文化建设

（1）安全文化建设的目标。合资及地方铁路运输企业安全文化建设目标是为运输安全营造一个亲和力很强的氛围。铁路运输企业安全管理系统中的要素是人、设施（轨道、设备、机车车辆）和环境，其中最关键的要素是人。人是企业之根本，人是管理工作中最活跃、最能动的因素，能否调动职工的积极性，是企业安全管理成败的标志。

加强合资及地方铁路运输企业安全文化建设，当前要创新人性化的管理。人性化的管理强调人的主观能动性，对事故的发生采取科学的态度、实事求是的精神。认识是行动的向导，对事故的正确态度应是从血淋淋的事实中，找出管理者和操作者自身存在的问题，掌握防止事故再次发生的本领。同时，企业干部职工在头脑中将经验教训逐步消化、吸收、积累，使其成为指导安全实践的意识，达到多数人安全生产的目的。这也就是铁路运输企业长期实行“安全第一、预防为主、综合治理”的理论升华。

在宣传教育的认识上，人性化的管理重视宣传形式，管好用好安全文化宣传阵地，如安全劝导牌、提示牌、标语牌和安全宣传栏，同时把宣传教育的形式向互联网等高科技领域拓展，开展网上教育。在教育形式上，改变“我说你听”的传统教育形式，开展电视广播专题、安全文艺演出、安全文艺创作，安全体育比赛、安全理论研讨、事故案例等形式，鼓励行车人员和全体职工参与。在宣传内容上，力求形象生动，平等对话，富有人情味。

（2）安全文化建设的途径。安全文化不应只是一种形式，而应该紧密结合铁路运输的安全生产实践活动。企业可以从以下三方面入手，切实加强安全文化建设。

①编制企业安全文化手册。按照企业安全文化的构成，手册可以分为安全精神文化篇、

安全制度文化篇、安全行为文化篇和安全物质文化篇。大力宣传企业安全文化手册，创造提高安全素养的氛围与环境，提升全员安全意识，将遵守安全行为规范变成职工自觉自愿的行动。

②对企业安全文化进行评估。从文化和管理的角度对企业安全文化的发展状况进行定期评估和动态评估，分析企业安全文化的不足之处，揭示企业安全管理不善的内在原因，进而提出企业在不同阶段安全文化建设的发展方向，加强安全文化建设。

③将安全文化建设融合于各项工作之中。在企业中开展安全文化建设，不应该把安全文化看作特别的事务，而要在企业的总体理念、形象识别、工作目标与规划、岗位责任制制定、生产过程控制及监督反馈等各个方面融合进安全文化的内容。在企业中也许看不到、听不到“安全文化的词语”，但在各项工作中，处处事事体现着安全文化，这才是安全文化建设的实质。

(3)安全文化建设的措施。随着科学技术的高速发展，现代铁路运输设备的技术性能日臻完善，现代通信、各种监控手段日趋先进，运用这些技术对搞好运行安全固然十分重要，但对安全生产起决定作用的仍然是人。生产技术程度越高，人的管理地位就越显重要。这就需要用先进的企业文化引导职工，加强职工的安全文化修养，培育职工安全自律与他律的意识。

①重视企业职工安全素质的养成教育。铁路运输企业要把全员安全培训放在首位。安全培训的目的，一是增强职工安全意识，变安全生产“要我干”为“我要干”，变“要我管”为“我要管”，变少数人管理为全员管理；二是提高全员安全素质，使管理者和操作者都能了解事故发生的规律，掌握先进的安全管理设备，具备妥善处置突发事故的本领。

②重视凝聚各方面力量。党政工团要齐抓共管，各方面都要根据职工不同工种、不同岗位、不同心理特点，从各自工作角度，设计好活动载体，围绕企业安全生产创一流，开展各具特色、富有成效的活动。比如，各个时期的安全竞赛，安全月、安全周，党政领导安全嘱咐，家属安全劝导，共青团安全监督等活动。

③重视安全管理队伍的网络化建设。建立一个以企业领导为中心，向基层班组辐射的安全管理网络。每一个层面都要有人负责，每一个层面都要做到人员、制度、措施“三落实”，每一个层面都要重视安全文化建设，每一个层面都能运用系统工程的原理、方法。分析、评价系统中的安全状态，及时发现、通报系统中的危险性，采取综合措施使系统内发生事故的概率降到最低，真正做到安全生产，人人有责，使安全管理达到最佳状态。

④要重视持之以恒，做好安全文化建设。文化的熏陶作用不是立竿见影的，企业安全文化建设要做到月有安排，季有打算，年有筹划，每年都有所提高。日积月累，企业安全文化才会显示其独特的功能。

4. 人员安全管理

本章重点介绍合资及地方铁路运输企业人员有关职业健康、队伍管理、一线作业人员管理等内容。

4.1 职业健康

铁路运输劳动分工精细，联动协调性强。各环节、各岗位作业人员的职业健康直接影响铁路运输的安全。加强铁路职业健康安全管理工作具有重要的现实意义和社会意义。

4.1.1 职业健康管理的必要性

1950年，由国际劳工组织和世界卫生组织的联合职业委员会给出了职业健康的定义：职业健康应以促进并维持各行业职工的生理、心理及社交处在最好状态为目的；防止职工的健康受工作环境影响，保护职工不受健康危害因素伤害；将职工安排在适合他们的生理和心理的工作环境中。

国家职业健康管理部门统一采用职业安全健康一词，简称职业健康。

4.1.1.1 基本情况

铁路运输业属于交通运输服务业，劳动分工精细。其行业特点是：高速动态性、过程网络性、昼夜不断性、联动协调性等。其主要行车部门有：车务、机务、工务、电务、车辆段等。

铁路运输业工艺复杂，职业危害因素种类多、分布广泛。铁路运输工艺过程中存在的职业危害因素有自然环境、工作环境产生的，也有生产过程中产生的；既有粉尘、噪声、放射性物质和其他有毒有害物质的危害，也存在高温作业等危害。此外，轮班制、劳动时间过长的危害也较为突出。职业危害因素具有线长点多的特点，渗透到每个部门只是接触职业危害因素的时间及浓度的差异而已。

铁路运输工种繁多,接触职业病危害因素的人数也多。铁路行业所涉及的工种包括电工类、钳工类、司机类以及木工、油漆工、机床工、线路工、巡道工、桥隧工、列车员、客运员等,属国家职业(工种)的,铁路方面多达65个。从接触危害因素的人员比例看,主要危害因素依次是物理因素、生物因素、粉尘、化学毒物和放射性物质。

4.1.1.2 职业健康管理存在的主要问题

目前职业健康管理中容易出现的问题如下。

(1)管理层思想认识不足。安全生产管理人员对《中华人民共和国职业病防治法》不够重视,对职业病危害的严重性认识不足,未将职业卫生工作摆上重要的议事日程。在安全管理上,重运输安全而轻劳动安全,而在劳动安全上,又重"红伤"(工伤)而轻"白伤"(职业病)。

(2)作业层防护意识不充分。职工对职业卫生法律法规和职业卫生防护的知晓率较低,个人职业卫生防护意识和维护劳动者自身权益的意识不强。由于劳动者缺乏职业安全健康知识培训且管理人员监管不力,劳动者在虚假安全条件下更加放松了个人防护。

(3)职业健康监护制度不完善。个别单位未能按有关法律法规的要求根据劳动者接触的职业病危害因素不同,对其进行相应的职业健康监护。有些甚至将职业健康检查视为一般体检,使真正接触职业病危害因素的职工无法按规定进行相应的职业健康检查。

(4)职业卫生监测和职业健康监护档案建立不完善。由于缺乏健全的职业卫生管理体系,职业病诊断缺乏顺畅、便捷的渠道,加之监管工作不到位,个别单位对健全职业卫生监测和职业健康监护档案的重要性和必要性认识不足。职业卫生信息缺乏系统管理,资料收集随意性大,资料未能及时入档。

因此,在铁路运输行业引入并加强职业健康管理,有助于从制度上确立企业对从业人员的职业健康管理责任,促使其主动关注铁路运输一线从业人员,及时改进作业环境,保证合理劳动作业休息,有效解决当前存在的职业健康问题。

4.1.2 铁路运输企业职业健康管理要求

从减少合资及地方铁路运输企业安全生产活动中职业危害、改善作业环境、遏制重特大职业危害事故、保障合资及地方铁路行业的劳动者健康出发,合资及地方铁路行业职业健康管理至少应关注以下四个重点。

一、开展职业健康宣传

针对合资及地方铁路运输经营范围存在的职业危害开展职业卫生防护教育,如从事铁路危险货物运输的企业应开展防火、防爆、防中毒知识以及预防危险货物运输事故、应急防护处理知识的宣传教育。

二、建立劳动防护用品制度

根据职业危害程度提供符合防治职业病要求的职业病防护措施和个人使用的职业病防护用品,建立健全劳动防护用品的购买、验收、保管、发放、使用、更换、报废等管理制度;按照劳动防护用品的使用要求,在使用前对其防护功能进行必要的检查。

企业应做好职业健康管理工作，如建立直接从事危险货物运输人员的职业健康监护档案；对直接从事危险货物运输的人员应按国家规定给予相应的营养保健待遇；定期进行职业健康体检，合理组织和安排健康疗养等活动；根据危险货物的运量、品类等情况，应配备劳动保护用品和安全检测仪器等有关设施、设备等工作。

三、规范职业健康管理

（1）用人单位必须建立健全职业健康管理制度，严格执行国家职业健康规程和标准，对劳动者进行职业健康教育，防止劳动过程中的事故，减少职业危害。

（2）用人单位必须为劳动者提供符合国家规定的职业健康条件和必要的劳动防护用品，对从事有职业危害作业的劳动者应当定期进行健康检查，从事特种作业的劳动者必须经过专门培训并取得特种作业资格。

为了贯彻《中华人民共和国职业病防治法》，铁路运输部门加强了对机车乘务员、调车组人员、列车检车人员的重视与管理。除此之外，关于职业健康还有《职业健康检查管理办法》《铁路职业危害作业人员健康检查规范》（TB/T 2480—2001）和《铁路机车乘务员职业健康检查规范》（TB/T 3091—2004）。

四、开展职业危害现状评价及定期检测

对高毒、粉尘等职业危害严重作业应及时开展职业危害现状评价及定期检测，防止和减少职业危害出现。

4.2　安全管理人员

安全生产管理人员是指生产经营单位中专门从事安全生产管理工作的人员。铁路生产经营企业作为安全生产责任主体，其安全管理机构的设置合理与否和安全管理人员配备是否科学将直接关系到企业安全管理活动能否正常开展。

4.2.1　安全管理人员配备标准

4.2.1.1　《中华人民共和国安全生产法》的相关规定

《中华人民共和国安全生产法》第二十四条规定，矿山、金属冶炼、建筑施工、运输单位和危险物品的生产、经营、储存、装卸单位，应当设置安全生产管理机构或者配备专职安全生产管理人员。前款规定以外的其他生产经营单位，从业人员超过一百人的，应当设置安全生产管理机构或者配备专职安全生产管理人员；从业人员在一百人以下的，应当配备专职或者兼职的安全生产管理人员。

《中华人民共和国安全生产法》第二十七条规定，生产经营单位的主要负责人和安全生产管理人员必须具备与本单位所从事的生产经营活动相应的安全生产知识和管理能力。

危险物品的生产、经营、储存、装卸单位以及矿山、金属冶炼、建筑施工、运输单位的主要负责人和安全生产管理人员，应当由主管的负有安全生产监督管理职责的部门对其安全生产知识和管理能力考核合格。考核不得收费。

危险物品的生产、储存、装卸单位以及矿山、金属冶炼单位应当有注册安全工程师从事安全生产管理工作。鼓励其他生产经营单位聘用注册安全工程师从事安全生产管理工作。注册安全工程师按专业分类管理,具体办法由国务院人力资源和社会保障部门、国务院应急管理部门会同国务院有关部门制定。

4.2.1.2 铁路运输企业安全生产管理人员的配备

根据《铁路安全管理条例》第五条,从事铁路建设、运输、设备制造维修的单位应当加强安全管理,建立健全安全生产管理制度,落实企业安全生产主体责任,设置安全管理机构或者配备安全管理人员,执行保障生产安全和产品质量安全的国家标准、行业标准,加强对从业人员的安全教育培训,保证安全生产所必需的资金投入。

4.2.2 铁路运输企业对安全管理人员的基本要求

铁路运输安全管理人员需要了解和掌握合资及地方铁路运输安全生产法规以及机车、车辆和其他技术装备的相关知识和能力,需要能够开展安全管理制度制定、安全检查评比等各种安全活动,客观上需要合资及地方铁路运输企业安全管理人员有较高的素质和能力,根据目前国家有关法规、政策要求,企业应对安全管理人员实行任职资格管理,其具体要求如下。

(1)专职安全监督管理人员,原则上应具备中专以上学历和相应的专业技术职称,并通过相关专业知识培训,具备相应的工作技能。

(2)取得任职资格。合资及地方铁路系统企业在聘用企业安全管理人员时,应对其铁路运输安全管理业务知识、管理能力进行考察,符合企业安全管理需要的才能允许其上岗。需要取得国家职业资格考试认定的,拟聘用的安全管理人员还需要经相关部门统一培训且考核合格,才能持证上岗。另外,安全管理人员应当定期参加相关管理部门组织的培训,且每年参加脱产培训的时间不少于 24 学时。未参加相关管理部门组织的继续教育培训的企业不得允许其从事安全管理活动。

4.2.3 铁路运输企业安全管理人员的职责

铁路运输企业安全管理人员的职责如下。

(1)贯彻执行国家安全监管法律法规和国家铁路局的有关规定,并督促检查有关安全管理制度的落实。

(2)负责监督检查岗位安全制度的落实。

(3)对运输、客运、货运、机务、车辆、工务、电务等部门的不安全从业行为提出纠正与查处建议。

(4)参与事故调查并负责事故统计、分析和报告。

(5)负责基层安全监管部门规定的其他事务。

4.3 一线作业人员

铁路生产企业一线作业环节多、从业人员多,他们是生产经营的落实者、执行者,也是事故直接的受害者。企业对一线生产作业人员管理的好坏直接决定企业安全管理质量和安全管理效果的好坏。

4.3.1 一线作业人员资格与管理

铁路运输作业现场一线作业人员主要包括列车驾驶员(轨道列车司机)、列车检修人员、线路工、信号工等。

4.3.1.1 《铁路安全管理条例》中的相关规定

铁路机车车辆的驾驶人员应当参加国务院铁路行业监督管理部门组织的考试,考试合格方可上岗。具体办法由国务院铁路行业监督管理部门制定。(第五十七条)

铁路运输企业应当加强铁路专业技术岗位和主要行车工种岗位从业人员的业务培训和安全培训,提高从业人员的业务技能和安全意识。(第五十八条)

铁路运输企业的从业人员应当按照操作规程使用、管理铁路设施设备。(第六十条第二款)

4.3.1.2 列车驾驶员(轨道列车司机)的资格与管理

列车驾驶员(轨道列车司机)的资格管理主要依据《铁路机车车辆驾驶人员资格许可办法》《铁路机车车辆驾驶人员资格许可实施细则》和《人力资源社会保障部办公厅交通运输部办公厅国家铁路局综合司关于颁布轨道列车司机国家职业技能标准的通知》(人社厅发〔2019〕121号)实施。

(1)在中华人民共和国境内的铁路营业线上,承担公共运输或施工、维修、检测、试验等任务的铁路机车、动车组、大型养路机械、轨道车、接触网作业车驾驶人员(以下简称驾驶人员),应当依照《铁路机车车辆驾驶人员资格许可办法》向国家铁路局申请驾驶资格,并取得相应类别的铁路机车车辆驾驶证(以下简称"驾驶证")。

(2)聘用铁路机车车辆驾驶人员的企业(以下简称"企业")应当落实安全生产主体责任,建立健全驾驶人员管理制度,加强对驾驶人员的管理、教育和培训,为驾驶证申请人提供必要的学习、培训条件,对取得驾驶证的人员实行聘用制度,岗前培训合格后方可上岗,制定年度培训计划,提高驾驶人员的业务技能和安全意识。驾驶人员应当严格遵照有关规定执业。

(3)年龄不超过45周岁,身体健康,符合国家对驾驶人员职业健康标准的要求,有良好的汉字读写能力并能够熟练运用普通话交流。

(4)机车系列申请人应当具有国家承认的中专及以上学历,自轮运转车辆系列应当具有国家承认的高中、技校及以上学历。

（5）机车系列申请人应当连续机务乘务学习1年以上或者机务乘务学习行程6万公里以上，自轮运转车辆系列申请人应当连续自轮运转车辆乘务学习6个月以上。

（6）驾驶证有效期为6年。驾驶证有效截止日期不得超过持证人法定退休日期。

（7）国家铁路局及其铁路监督管理机构（以下简称铁路监管部门）应当加强对企业和驾驶人员的监督检查，对违法违规行为及时纠正，依法查处。对高速列车驾驶人员和企业应当加大监督检查力度。

（8）铁路监管部门应当督促企业对本单位驾驶人员加强管理，不得实施下列行为。

①安排未取得驾驶资格的人员驾驶铁路机车车辆。

②安排驾驶人员持过期、失效或者不符合准驾类型的驾驶证驾驶铁路机车车辆。

③安排存在细则第六条规定情形的人员驾驶铁路机车车辆。

（9）驾驶人员和企业应当配合铁路监管部门的监督检查，提供相关材料。监督检查的重点内容包括。

①驾驶人员保持驾驶资格条件情况。

②企业建立健全驾驶人员管理制度情况。

③企业对驾驶人员的培训和管理，以及对聘用的驾驶人员的岗前培训情况。

（10）具体知识与技能的要求应符合《轨道列车司机国家职业技能标准》的内容。

4.3.1.3 列车检修人员的资格与管理

一、职业等级

本职业共设四个等级，分别为：中级（国家职业资格四级）、高级（国家职业资格三级）、技师（国家职业资格二级）、高级技师（国家职业资格一级）。

二、列车检修人员的资格

（1）基本文化程度为高中毕业（或同等学力）。

（2）有获取、领会和理解外界信息的能力；有语言表达以及对事物的分析和判断的能力；手指、手臂灵活，动作协调性好；有空间想象及一般计算能力；心理及身体素质较好，无职业禁忌症；听力及辨色力正常，双眼矫正视力不低于5.0。

（3）中级（具备以下条件之一者）：①取得经劳动保障行政部门审核认定的，以中级技能为培养目标的中等职业学校本职业（专业）毕业证书；②取得转化前职业（工种）初级职业资格证书后，连续从事转化前职业（工种）工作4年及以上，转化前职业（工种）为：车辆钳工、车辆电工、冷冻钳工、内燃钳工、制动钳工；③取得转化前职业（工种）国家职业资格四级（中级）职业资格证书，转化前职业（工种）为：车辆钳工、车辆电工、冷冻钳工、内燃钳工、电机钳工、发电车乘务员、制动钳工。

（4）高级（具备以下条件之一者）：①取得高级技工学校或经劳动保障行政部门审核认定的，以高级（三级）技能为培养目标的高等职业学校本职业（专业）毕业证书；②取得本职业中级（四级）职业资格证书后，连续从事本职业工作5年及以上。

（5）技师（具备以下条件者）：取得本职业技师（三级）职业资格证书并聘任后，连续从事本职业工作3年及以上。

（6）高级技师（具备以下条件者）：取得本职业技师（二级）职业资格证书并聘任后，连续从事本职业工作 3 年及以上。

4.3.1.4 线路工的资格与管理

铁路线路工是指从事铁路线路设施的施工、大修、维修及巡守的人员。

一、职业等级

本职业共设五个等级，分别为：初级（国家职业资格五级）、中级（国家职业资格四级）、高级（国家职业资格三级）、技师（国家职业资格二级）、高级技师（国家职业资格一级）。

二、线路工的资格

（1）基本文化程度为高中毕业（或同等学力）。

（2）有获取、领会和理解外界信息的能力；有语言表达以及对事物的分析和判断的能力；手指、手臂灵活，动作协调性好；有空间想象及一般计算能力；心理及身体素质较好，无职业禁忌症；听力及辨色力正常，双眼矫正视力不低于 5.0。

（3）初级（具备以下条件之一者）：①经过职业正规专业培训，并取得结业证书；②本职业学徒期满。

（4）中级（具备以下条件之一者）：①取得经劳动保障行政部门审核认定的，以中级（四级）技能为培养目标的中等及以上职业学校本职业（专业）毕业证书；②取得本职业初级（五级）职业资格证书后，连续从事本职业工作 4 年及以上。

（5）高级（具备以下条件之一者）：①取得高级技工学校或经劳动保障行政部门审核认定的，以高级（三级）技能为培养目标的高等及以上本职业学校本职业（专业）的毕业证书；②取得本职业中级（四级）职业资格证书后，连续从事本职业工作 5 年及以上。

（6）技师（具备以下条件者）：取得本职业高级（三级）职业资格证书后，连续从事本职业工作 2 年及以上。

（7）高级技师（具备以下条件者）：取得本职业技师（二级）职业资格后，连续从事本职业工作 3 年及以上。

4.3.1.5 信号工的资格与管理

一、职业等级

本职业共设五个等级，分别为：初级（国家职业资格五级）、中级（国家职业资格四级）、高级（国家职业资格三级）、技师（国家职业资格二级）、高级技师（国家职业资格一级）。

二、信号工的资格

（1）基本文化程度为高中毕业（或同等学力）。

（2）初级（具备以下条件之一者）：①经本职业正规专业培训，并取得结业证书；②本职业学徒期满。

（3）中级（具备以下条件之一者）：①取得经劳动保障行政部门审核认定的，以中级（四级）技能为培养目标的中等及以上职业学校本职业（专业）毕业证书；②取得本职业初级（五级）职业资格证书后，连续从事本职业工作 4 年及以上。

（4）高级（具备以下条件之一者）：①取得高级技工学校或经劳动保障行政部门审核认定的，以高级（三级）技能为培养目标的高等及以上职业学校本职业（专业）毕业证书；②取得本职业中级(四级)职业资格证书后,连续从事本职业工作5年及以上。

(5)技师(具备以下条件):取得本职业高级(三级)职业资格证书后,连续从事本职业工作2年及以上。

(6)高级技师(具备以下条件):取得本职业技师(二级)职业资格证书并聘任后,连续从事本职业工作3年及以上。

4.3.2 一线作业人员安全管理

4.3.2.1 合资及地方铁路运输企业一线作业人员组成

工务段:线路工、桥隧工、巡道工、看守工、探伤工等。

电务段:信号工等。

供电段:接触网网工、接触网作业车司机、电力工、变(配)电值班员、变(配)电检修工等。

车辆段:客车检车员、货车检车员、车辆钳工、车辆电工、制动钳工、车辆电工、内燃机装试工等。

机务段:机车乘务员(司机、学习司机、地勤司机)、机车钳工、机车电工、制动钳工、内燃机装试工。

客运段:列车员、列车售货员、列车餐饮服务员、广播员等。

客运站:客运值班员、售票员等。

车务段:调度员、值班员、信号员、货运员、车号员等。

4.3.2.2 岗前培训

《中华人民共和国安全生产法》第二十八条要求,生产经营单位应当对从业人员进行安全生产教育和培训,保证从业人员具备必要的安全生产知识,熟悉有关的安全生产规章制度和安全操作规程,掌握本岗位的安全操作技能,了解事故应急处理措施,知悉自身在安全生产方面的权利和义务。未经安全生产教育和培训合格的从业人员,不得上岗作业。

生产经营单位使用被派遣劳动者的,应当将被派遣劳动者纳入本单位从业人员统一管理,对被派遣劳动者进行岗位安全操作规程和安全操作技能的教育和培训。劳务派遣单位应当对被派遣劳动者进行必要的安全生产教育和培训。

生产经营单位接收中等职业学校、高等学校学生实习的,应当对实习学生进行相应的安全生产教育和培训,提供必要的劳动防护用品。学校应当协助生产经营单位对实习学生进行安全生产教育和培训。

生产经营单位应当建立安全生产教育和培训档案,如实记录安全生产教育和培训的时间、内容、参加人员以及考核结果等情况。

第二十九条要求,生产经营单位采用新工艺、新技术、新材料或者使用新设备,必须了解、掌握其安全技术特性,采取有效的安全防护措施,并对从业人员进行专门的安全生产教育和培训。

第三十条要求,生产经营单位的特种作业人员必须按照国家有关规定经专门的安全作业培训,取得相应资格,方可上岗作业。

特种作业人员的范围由国务院应急管理部门会同国务院有关部门确定。

《国务院关于进一步加强企业安全生产工作的通知》第六条规定,企业职工必须全部经过培训合格后上岗。企业用工要严格依照劳动合同法与职工签订劳动合同。凡存在不经培训上岗、无证上岗情况的企业,依法停产整顿。

合资及地方铁路运输企业所有的新职、转岗、晋升人员都必须以《国家职业标准》《铁路职业技能培训规范》为依据,参照原铁道部劳卫司颁发的《铁路工人职业技能培训教学计划教学大纲》(运输单位),严格执行岗位培训制度。培训时间标准为三至六个月,机车司机不得少于一年。经规范化岗位培训,考试考核合格取得职业技能等级证书及定职后(有特别要求的需经有关部门培训取得资格证)才能上岗。

(1)新职、转岗、晋升人员的培训。

对新职、转岗、晋升人员必须做到"先培训、后上岗"及经考试合格持证上岗的原则,由人力资源、安监、运输、设备等部门组织人身安全、铁路基本知识、规章制度、过冬防寒、职业道德等知识的培训并经考试合格后分配到站段,站(段)、班组对学员分别进行二、三级安全教育,经培训考试合格后签订师徒教学合同,方准跟班从师学习,未经三级安全教育培训合格而安排学员跟班学习的要追究责任。

转岗人员、脱离原岗位一年以上再回原岗位工作的人员,站(段)、班组要对其进行安全教育,培训考试合格后,签订师徒教学合同,方准跟班从师学习。行车主要人员脱离本岗位三个月以上再回原岗位工作的,必须进行本岗位安全作业程序和人身安全标准的考试,合格后方准上岗。

例如对取得机车驾驶证的新入职人员应重点培训、考核以下内容:机车及其辅助设施、专用工具的操作和维护保养;机车一般故障的判断、排除;调车手势、音响指挥信号;机车修理、鉴定和验收的方法;机械传动、液压管路、电路、风路的结构、工作原理和作用;公司专用线路和区域等。

(2)三级安全教育的界定。一级安全教育由企业负责;二级安全教育由站(段)负责;三级安全教育由班组负责。

(3)考核定职。学员学习期满后,由站(段)组织人员对其进行理论、实作鉴定考试,经考试合格能单独顶岗(胜任工作)的,站(段)将鉴定意见填写在"师徒教学合同书"小组鉴定栏内,并加盖站(段)公章,同时写出报告报企业相关部门,申请安排定职考试或让其按规定参加职业技能鉴定。

4.3.2.3　岗中管理

企业应落实安全生产主体责任,建立从业人员管理制度,加强对从业人员的管理、继续教育和培训。为从业人员提供必要的学习、培训条件。对从业人员制定上岗要求和培训计划,提高从业人员的业务技能和安全意识。

铁路生产企业一线作业环节多、从业人员多,他们是生产经营管理的落实者、执行者。企业必须担负起安全生产的主体责任,为一线作业人员建立完整的安全生产岗位责任制度。

下面就岗位职责举例说明。

一、机车驾驶员岗位职责

（1）认真执行设备维护保养制度和交接班制度，定期对机车各部位清理、维护和注油并保持整洁。

（2）负责公司区域及相关物料的专用线运输等事宜。

（3）服从运输值班和相关工作人员的正确指挥，严格遵守《铁路技术管理规程》（简称《技规》）、《行车组织规则》（简称《行规》）及安全操作规程。

（4）负责排除机车简单故障。

（5）组织机车副司机正确及时地完成各项调车任务。

（6）坚守工作岗位，遵守劳动纪律，提高服务质量，保证生产用车，及时完成班组的生产任务。

（7）严格遵守专用线运输的有关规定。

（8）驾驶机车时，启动、停车要平稳、防止物料散落。

（9）对跨装、未封的待发成品连挂要轻，严防由于重钩造成货物移动。

（10）调车作业操作中要服从调车员指挥，做到"稳、准、快、安全、合理"。

（11）坚决执行《铁路技术管理规程》（普速铁路部分）、公司安全操作规程及有关调车运行规章制度，确保安全运行。

（12）了解本岗位作业的危险因素、环境因素，学习并掌握预防控制的措施和触电、电器火灾的应急响应技能。

（13）执行《技规》规定，按章对机车进行检查、维护、保养，确保机车完好，正常运行。

（14）接班须提前 20 分钟上班，按规定交接班，确认机车正常后方可进行工作。

（15）工作后做好机车的维护保养和卫生清扫，认真填写设备运转交接班记录，油棉丝等各种废弃物分类收存，集中带下车装斗，不混装乱倒。

二、调度员岗位职责

（1）严格执行《行车组织规则》《铁路运输调度规则》《铁路技术管理规程》（普速铁路部分）等有关规定，确保调度指挥安全。

（2）认真执行有关文电和指示，传达公司对运输生产的一切指示和命令。

（3）负责公司的货流、车流组织，经济合理地使用机车车辆，充分利用线路和车站的通过能力及运输设备。

（4）检查、督导车站按货物运输计划、列车编组计划、列车运行图和运输方案编发列车，保证列车按运行图正点运行；检查各站、段日（班）计划、技术指标完成情况。

（5）日常运输工作中，积极主动与铁路局调度所及站联系，搞好协调工作；掌握公司管辖内各站和主要厂矿、企业装卸车，搞好与路外单位的协作。

（6）及时收集、上报调度工作报告、总结，推广运输生产先进经验，提高运输组织指挥水平。

（7）严格执行调度员交接班制度。

三、机车修理工安全操作规程

（1）工作前检查手锤、锉刀等工具是否有完整牢固的手柄。

（2）检修机车时，应先切断电源、验电，以防机车转动伤人及发生触电事故。

（3）在检修电气设备或电气线路时，不得有明线头，带电的线头必须包扎好，以防触电。

（4）在安装拆卸工作中，必须按工艺要求有顺序地进行，同时做到零部件堆放整齐干净。

（5）机车修理人员除正常处理故障外，应有预防性的巡视检查，发现问题及时处理，并做好检修记录。

（6）使用导线和保险丝时，其规格大小必须符合标准。

（7）使用仪表时要弄清使用方法和测量范围，不得用小量大，以防损坏仪表，使用仪表须符合规程规定。

（8）使用测量电笔时，要注意测试电压范围，一般使用的电笔只能试测 500 V 以下的电压。

（9）凡是电气设备，必须有可靠的地线，线路不得有明线，线接头处理应符合规定要求。

（10）机车维护检修工作，必须按标准完好进行，确保机车检修质量。防爆电机车必须符合防爆要求，否则不得使用。

（11）机车维修工必须熟练掌握电焊、气焊、台钻、砂轮机、起吊设备的安全操作规程。

（12）使用起吊设备时，必须先检查吊钩、钢绳、起动按钮是否完好，否则不得使用。

（13）修理工作必须是在机车停止运行的状态下进行，检修一般在机车库内进行，临时小故障处理可在运行线路上进行，但要采取措施，防止其他车辆冲撞检修车辆及检修人员。

（14）被检修的机车停稳后，要用止轮器、木楔等将车稳住。架线机车要落下集电弓，拉开总开关，切断机车架线电源。

（15）拆装电机、减速箱、轮对、电源箱等重大部件的，应使用起重设备，并由专人指挥，起吊所用工、机具必须符合要求，严禁在起重物下行走站立。利用千斤顶顶起重物时必须注意使物体的重心作用在支点的中心范围之内，避免工件歪倒伤人。

（16）拆装轴承时应用铜棒平衡敲打，安装轴承时，应先将轴承在 75~100 ℃的油中加热 10~15 分钟再行装配。

4.3.3　特种设备作业人员的安全管理

《国家质量监督检验检疫总局关于修改〈特种设备作业人员监督管理办法〉的决定》规定锅炉、压力容器（含气瓶）、压力管道、电梯、起重机械、客运索道、大型游乐设施、场（厂）内专用机动车辆等特种设备的作业人员及其相关管理人员统称特种设备作业人员。从事特种设备作业的人员应当按照本办法的规定，经考核合格取得特种设备作业人员证，方可从事相应的作业或者管理工作。

铁路运输企业特种设备作业人员包括：起重机械司机、司索、指挥、维修人员；锅炉压力容器压力管道焊工；安全阀校验人员等。

4.3.3.1　特种设备作业人员资格要求

《特种设备作业人员监督管理办法》第十条规定，申请特种设备作业人员证的人员应当符合以下条件。

（1）年龄在18周岁以上。

（2）身体健康并满足申请从事的作业种类对身体的特殊要求。

（3）有与申请作业种类相适应的文化程度。

（4）具有相应的安全技术知识与技能。

（5）符合安全技术规范规定的其他要求。

4.3.3.2 企业对特种设备作业人员的管理要求

企业应认真落实特种设备作业人员岗位职责。按照《中华人民共和国特种设备安全法》《特种设备作业人员监督管理办法》《特种设备安全监督检查办法》《特种设备作业人员考核规则》（TSG Z6001—2019）等有关规定，对特种设备作业人员进行考核，检查作业人员履职情况，并依据其履职情况进行奖惩。

《特种设备作业人员监督管理办法》第五条规定，特种设备生产、使用单位（以下统称用人单位）应当聘（雇）用取得特种设备作业人员证的人员从事相关管理和作业工作，并对作业人员进行严格管理。特种设备作业人员应当持证上岗，按章操作，发现隐患及时处置或者报告。

第十一条规定，用人单位应当对作业人员进行安全教育和培训，保证特种设备作业人员具备必要的特种设备安全作业知识、作业技能和及时进行知识更新。作业人员未能参加用人单位培训的，可以选择专业培训机构进行培训。作业人员培训的内容按照国家质检总局制定的相关作业人员培训考核大纲等安全技术规范执行。

第十九条规定，持有特种设备作业人员证的人员，必须经用人单位的法定代表人（负责人）或者其授权人雇（聘）用后，方可在许可的项目范围内作业。

第二十条规定，用人单位应当加强对特种设备作业现场和作业人员的管理，履行下列义务。

（1）制定特种设备操作规程和有关安全管理制度。

（2）聘用持证作业人员，并建立特种设备作业人员管理档案。

（3）对作业人员进行安全教育和培训。

（4）确保持证上岗和按章操作。

（5）提供必要的安全作业条件。

（6）其他规定的义务。

用人单位可以指定一名本单位管理人员作为特种设备安全管理负责人，具体负责前款规定的相关工作。

4.3.3.3 特种设备作业人员的岗位职责

特种设备作业人员须认真履行岗位职责，落实安全生产责任。

根据《中华人民共和国特种设备安全法》第四十一条规定，特种设备安全管理人员应当对特种设备使用状况进行经常性检查，发现问题应当立即处理；情况紧急时，可以决定停止使用特种设备并及时报告本单位有关负责人。

特种设备作业人员在作业过程中发现事故隐患或者其他不安全因素，应当立即向特种设备安全管理人员和单位有关负责人报告；特种设备运行不正常时，特种设备作业人员应当按照操作规程采取有效措施保证安全。

《特种设备作业人员监督管理办法》第二十一条规定，特种设备作业人员应当遵守以下规定。

（1）作业时随身携带证件，并自觉接受用人单位的安全管理和质量技术监督部门的监督检查。

（2）积极参加特种设备安全教育和安全技术培训。

（3）严格执行特种设备操作规程和有关安全规章制度。

（4）拒绝违章指挥。

（5）发现事故隐患或者不安全因素应当立即向现场管理人员和单位有关负责人报告。

（6）其他有关规定。

4.3.3.4 特种设备作业人员的资格复审

特种设备作业人员证每 4 年复审一次。持证人员应当在复审期届满 3 个月前，向发证部门提出复审申请。对持证人员在 4 年内符合有关安全技术规范规定的不间断作业要求和安全、节能教育培训要求，且无违章操作或者管理等不良记录、未造成事故的，发证部门应当按照有关安全技术规范的规定准予复审合格，并在证书正本上加盖发证部门复审合格章。

复审不合格、逾期未复审的，其特种设备作业人员证予以注销。

4.3.3.5 特种设备作业人员考核规则

为了规范特种设备作业人员考核工作，根据《中华人民共和国特种设备安全法》《特种设备安全监察条例》《特种设备作业人员监督管理办法》，制定《特种设备作业人员考核规则》。此规则适用于国家市场监督管理总局制定发布的《特种设备作业人员资格认定分类与项目》范围内特种设备作业人员（含安全管理人员）资格的考核工作。具体如下。

（1）特种设备作业人员应当按照规则的要求，取得特种设备安全管理和作业人员证后，方可从事相应的作业活动。

（2）特种设备作业人员考核发证工作由县级以上地方市场监督管理部门分级负责。具体发证机关及发证项目由省级市场监督管理部门确定并公布。发证机关委托考试机构组织考试，或者自行组织考试。

（3）省级市场监督管理部门负责制定考试机构的具体条件和委托要求。设区的市级市场监督管理部门或发证机关按照考试机构的具体条件在全国范围内选择并推荐考试机构，省级市场监督管理部门统筹形成本省考试机构备选库并公布，考试机构备选库应当覆盖本省所有的发证项目。

发证机关通过购买服务或其他方式，从考试机构备选库内选择考试机构并委托考试，向社会公布其委托的考试机构名称、地址、联系方式和考试项目。

（4）国家市场监督管理总局负责全国特种设备作业人员考核工作的监督管理，县级以上地方市场监督管理部门负责本行政区域内特种设备作业人员考核工作的监督管理和对考试机构进行监督检查。

4.3.4 特种作业人员的安全管理

根据《特种作业人员安全技术培训考核管理规定》的规定，特种作业是指容易发生人员伤亡事故，对操作者本人、他人及周围设施的安全有重大危险的作业。

特种作业范围包括电工作业、锅炉司炉、压力容器操作、起重机械作业、金属焊接（气割）作业、机动车辆驾驶、登高架设作业以及符合特种作业基本定义的其他作业等。

4.3.4.1 特种作业人员具备的条件

（1）年满 18 周岁，且不超过国家法定退休年龄。

（2）经社区或者县级以上医疗机构体检健康合格，并无妨碍从事相应特种作业的器质性心脏病、癫痫病、美尼尔氏症、眩晕症、癔症、震颤麻痹症、精神病、痴呆症以及其他疾病和生理缺陷。

（3）具有初中及以上文化程度。

（4）具备必要的安全技术知识与技能。

（5）相应特种作业规定的其他条件。

4.3.4.2 特种作业人员操作规程

特种作业人员应具备以下条件。

下面就特种作业人员岗位职责进行举例说明。

（1）高空作业安全操作规程。

①从事高空作业要定期体检。经医生诊断，凡患高血压、心脏病、贫血病、癫痫病以及其他不适宜高空作业的，不得从事高空作业。

②高空作业衣着要灵便，禁止穿硬底和带钉易滑的鞋。

③高空作业所用材料要堆放平稳，工具应随手放入工具袋（套）内；上下传递物件禁止抛掷。

④遇有恶劣天气（如风力在六级以上、大雾、暴雨等）影响施工安全时，禁止进行露天高空、起重和打桩作业。

⑤用于高空作业的梯子不得垫高使用，梯子横档间距以 30 cm 为宜，使用时上端要扎牢、下端应采取防滑措施；单面梯与地面夹角以 60°~70° 为宜，禁止二人同时在梯上作业；如需接长使用，应绑扎牢固；人字梯底要拉牢；在通道处使用梯子，应有人监护或设置围栏。

⑥没有安全防护设施，禁止在屋架的上弦、支撑、挑架的无固定的构件上行走或作业；高空作业与地面联系应设通信装置，并有专人负责。

（2）桥梁装吊工安全技术操作规程。

①上岗前必须经过培训，并经考核合格取得上岗证。

②必须事先学习、熟悉统一的号子和信号，并在操作中严格执行。

③装吊作业前，应对所使用的千斤顶、千斤绳、钢丝绳、吊钩、滑车等各种工器具和设备

进行检查，发现有缺陷时应及时更换或维修，否则不准使用。

④必须根据各种工器具的规格和荷重使用，不允许超荷使用。

⑤所有钢丝绳和千斤绳在使用前都应当做静载和动载试验，试验不合格的严禁使用。

⑥各种装吊设备的支垫必须稳固、坚实，操作过程中必须严格按照设备的技术性能进行。

⑦如同时用两个以上的千斤顶进行作业时，应使各千斤顶受力平均。

⑧检查起吊钢丝绳时，如发现某一拧结距内，断丝数达到钢丝绳总根数的 5%，平衡（拖拉）用的钢丝绳断丝数达到 10%时，必须更换新绳，否则禁止使用。

⑨使用两根以上的钢丝绳时应尽量避免并列使用，可以使几根钢丝绳保持适当的角度，让钢丝绳平均受力。

⑩在大规模拼装中，每一类型的构件，都必须有其专用千斤绳，不许通用。

⑪重要的捆拴工作应由高级装吊工负责进行，不明重量的构件在查明重量前不得起吊。

⑫吊装作业时，被吊装物必须绑扎牢固。吊钩的悬挂点应与被吊装物的重心在同一垂直线上，吊钩的钢丝绳应保持垂直。被吊装物未固定或未稳固前不得将起重机械松钩。

⑬当工作地点的风力达到 5 级时，不宜进行吊装作业；风力达到 6 级以上或遇有大雪、雷雨等恶劣天气及夜间照明不足时，不得进行吊装作业。

4.4 现场管理人员

合资及地方铁路运输企业现场管理人员主要包括站长、车站值班员、调车员、连结（制动）员、行车安全员、货运主任等。各管理人员职责如下。

一、站长岗位职责

站长的岗位职责如下。

（1）严格执行国家方针、政策和路线，认真执行公司的生产计划及运输安排，安全、合理、高效地组织运输生产。

（2）执行运输方案，下达各项生产指标，科学地组织货流和车流，制定有效措施完成生产任务。搞好均衡运输，挖潜扩能，提高运输效率。

（3）业务熟练，精通规章，熟悉行、货、装等岗位的作业程序。严格执行《技规》《行规》《车站行车工作细则》（简称《站细》，下同）等有关规章制度和作业标准，抓好目标管理工作。

（4）做好日常管理工作，组织制定《站细》，建立健全各项管理制度，推行全面质量管理和标准化作业，推广先进经验和先进技术，开展劳动竞赛，搞好职工业务培训，提高人员素质。

（5）严格执行职工日常考核制度，向上级领导提出职工培训、奖励的建议，对严重违章违纪人员提出处理意见。

（6）融洽地方各级关系，搞好路内外联劳协作、消防、治安、环境卫生工作，努力创建和谐车站。

（7）遵纪守法，廉洁奉公，勤政务实，服从安排，具有一定领导和组织管理能力和对突发事件的应变处理能力,能够独立处理和协调好职责范围内的工作。

二、车站值班员岗位职责

车站值班员的岗位职责如下。

(1)严格执行《技规》《行规》《接发列车作业标准》《铁路调车作业标准》《铁路行车作业人身安全标准》和《站细》等有关规定,在站长的领导下,接受调度统一指挥和命令,负责组织本班组安全、正确地完成运输生产任务。严肃认真地执行规章制度,按规定着装和佩戴证章,接发列车用语标准。

(2)熟悉车站站场、线路有效长度及容车数、坡度、信联闭等技术设备以及线路固定使用方案、技术作业时间标准,合理运用到发线,及时疏解集中到达列车,确保不憋不堵,不间断接发列车且不出现由责任事故导致的晚点,正确及时地编制调车作业计划以及安排接发列车进路和调车进路。

(3)正确及时填写行车日志、凭证、调度命令、行车设备检查登记簿等表簿,并妥善交接与保管。

(4)积极组织完成日班计划的装车、卸车、中时、停时等主要生产指标。正确及时地处理运输生产中出现的问题,并按规定程序向领导汇报,督促有关人员按时完成任务。

(5)采取有效措施,确保非正常情况下接发列车安全。无任何责任事故,无严重违章违纪,无路风事件。

(6)严肃认真地主持班前点名、班后点名,按规定填写有关报告,认真执行交接班制度。

(7)负责运转室清洁卫生,各种用具备品齐全、性能良好,定点存放并摆放整齐。

三、调车员岗位职责

调车员的岗位职责如下。

(1)在车站值班员的领导下,充分利用调车作业技术设备,采用最先进的调车作业方法完成调车任务。

(2)严格执行规章制度,及时编组、解体列车,保证按列车运行图规定的时刻发车,不影响接车。

(3)不违章和简化作业程序,认真做到联系、确认、监督、检查,确保行车安全和人身安全。

(4)熟悉车站站场、线路有效长度及容车数、坡度、信联闭等技术设备以及线路固定使用方案、技术作业时间标准。准确掌握站内停留车的车号、空重、到站、关门车情况及相关限制条件。

(5)调车作业中坚持单一指挥,亲自与值班员交接计划和向调车机车司机传达计划,组织本班人员安全快捷地完成调车作业计划。准确掌握站内线路坡度取送车规定,站在规定地点,正确及时地显示信号,做到旗闸一致,平稳连挂。按规定使用无线调车设备并做好停留车的制动防溜措施。

(6)认真执行交接班制度,对停留车辆、防溜措施、货物堆放距离、调车工具及防溜备品使用等进行现场交接。负责休息室用具、备品的保管。

四、连结(制动)员岗位职责

连结(制动)员的岗位职责如下。

（1）在调车员的领导下，正确及时地完成调车作业任务，配合调车员安全、准确、高效地完成调车作业。

（2）熟悉车站站场、线路有效长度及容车数、坡度、信联闭等技术设备以及线路固定使用方案、技术作业时间标准。

（3）调车作业前，认真检查调车线路有无障碍物、道岔开通位置、车辆停留和货物堆码情况。

（4）摘挂车辆时，必须严格执行作业程序。推进运行时站在规定地点，负责进路安全，确认行人、车辆动态。制动时严格执行选、检、试、磨、拧的作业程序进行制动。

（5）停留车辆应按规定连挂，穿好铁鞋，拧紧手制动机，回站后应及时向值班员汇报。

（6）负责列车编组后复检车列是否符合编组规定，检查停留车的防溜措施，清点用具备品。

（7）严格执行交接班制度，对防溜工具及备品的使用情况要认真进行交接。

五、行车安全员岗位职责

行车安全员的岗位职责如下。

（1）协助所在班组做好安全管理工作，搞好安全监督工作，确保安全生产。

（2）积极宣传、贯彻执行各项安全生产方针、政策，制止违章违纪行为。

（3）发现安全问题立即处理，并按规定程序上报车站、公司有关部门。

（4）参加班组事故调查、分析和“两违”现象的查处工作。

六、货运主任岗位职责

货运主任的岗位职责如下。

（1）在站长领导下，认真贯彻国家方针政策，严格执行运输政策负责货运全面管理，制定和落实货运管理制度。

（2）熟悉管内地区的货源、货流和货物性质情况，组织督促管内各站合理利用货运、消防设备设施，安全、迅速、经济、便利地组织货物运输。

（3）经常深入现场督促检查，负责掌握和监控重点货物的去向，保证运输安全。

（4）检查、监督、组织各站货运业务学习，及时修改规章和传达文电，贯彻落实规章制度和标准。

（5）掌握各项货运指标的完成情况，建立有关台账，做好总结、分析和研究，不断改进提高货运质量。

5. 设备设施安全管理

铁路行车设备是完成铁路运输任务的物质基础。加强铁路行车设备的安全管理，使用先进的技术手段或检测设备建立技防、物防、人防相结合的综合防护体系，是铁路运输安全的重要保障。

铁路行车设备分为固定设备和移动设备。其中，固定设备主要包括工务线、桥、隧设备，电务信号、通信设备，供电牵引、电力设备等；移动设备主要包括机车、车辆等。铁路机车车辆的制造、维修、使用单位应当遵守有关产品质量的法律、行政法规及国家其他有关规定，确保投入使用的机车车辆符合安全运营要求。影响铁路运输安全的铁路专用设备，依法应当进行产品认证的，经认证合格方可出厂、销售、进口、使用。

铁路运输安全监测设备一般是指保障铁路行车安全的系统及其设备，具有保障铁路行车设备正常运行的重要作用，如高速综合检测车、车辆 5T 设备、货车超偏载监控系统、钢轨探伤车、轨检车及自然灾害和异物侵限监测系统等。铁路运输有关的安全检测、监控、防护设施设备，应当符合国家标准、行业标准和技术规范。安全设备的设计、制造、安装、使用、检测、维修、改造和报废，应当符合国家标准或行业标准。

铁路运输企业应当建立健全铁路设施设备的检查防护制度，加强对铁路设施设备的日常维护检修，确保铁路设施设备性能完好和安全运行。各专业部门、各设备养护单位、各工种在从事铁路运输生产时，必须遵循法规规章规定的基本原则、责任范围、工作方法、作业程序和相互关系。

5.1 铁路运输企业设备与设施

铁路运输企业的基本设备包括铁路机车车辆、线路设备、桥隧建（构）筑物、车站设备、信号与通信设备、供电及特种设备等。

5.1.1　铁路运输设备与设施特点

铁路运输设备与设施具有以下特点。

（1）种类多、数量大、整体性强。铁路运输是由许多工种、多个劳动生产环节联动协作，共同完成运输生产的过程。各类设备的功用和性能既有很大区别又关联紧密，组成了一个庞大的有机整体。某一类设备或某一环节的性能不良或能力不足，常常影响其他设备效能的发挥。

（2）延伸面广、配置分散、连续运转。铁路运输生产活动要在延伸的线网上完成，铁路各项设备也要沿线分散，一经分布，地面固定设备几乎不能变动。铁路运输生产又有不间断的特点，各项技术设备连续运转时间长、使用频率高、间歇时间少，日常维修工作只能在铁路运营过程间隙进行。以线路、车辆和信号设备为例，维修作业通常只能利用列车运行的间隙或在车站上停留时进行，不能干扰列车运行的计划和运输工作的正常秩序。

（3）冲击剧烈、自然力影响大、设备有形损耗严重。铁路运输生产活动中，机车车辆载运重量大，运行速度较快，机车车辆与钢轨、道岔等基础设施间作用力大，冲击剧烈，机械磨损严重。另外，运输设备设施中的机车、车辆、线路、桥隧常年暴露在大自然中，由于风、霜、雨、雪的侵袭而发生损耗。机械磨损和自然力作用下的损耗称为设备的有形损耗，铁路设备的有形损耗比一般其他工业设备有形损耗大。

（4）设备监控难度大、故障处理时间短。铁路运输设备的检修基地在路网上按点分布，而机车、车辆在运行中远离检修基地，线路、桥隧等固定设备也多数远离检修点，设备运用时不能始终置于人员监护之下，因此，设备有无异常情况、质量是否良好的监控难度很大。运输设备在运用中一旦发生故障，处理比较困难，而且铁路运输不间断行车的基本要求使得处理故障必须刻不容缓。

5.1.2　机车车辆基本情况

机车是牵引旅客列车、货物列车和调车作业的动力，而铁路车辆是用来运送旅客、装运货物或作其他特殊用途的工具，因此机车车辆的安全与否直接关系到运输生产能否安全进行，对铁路运输企业完成生产服务具有重要意义。

5.1.2.1　机车基本情况

一、机车特点

在车站上，车辆的转线以及货场取送车辆等各项调车作业，都需要由机车完成。因此，为了完成客、货列车的牵引和车辆的调车工作，铁路必须保证提供数量足够、牵引性能良好的机车；同时，还必须加强对机车的保养与检修工作，正确组织机车的合理运用等。

二、铁路机车分类

按用途分为客运机车、货运机车、调车机车。客运机车要求速度高，货运机车要求牵引力大，而调车机车要求具有机动灵活的特点。

按牵引动力分为内燃机车、电力机车等。

5.1.2.2　车辆基本情况

铁路车辆是运送旅客和货物的工具，一般没有动力装置，必须把车辆连挂成列，由机车牵引才能沿线路运行。

一、车辆的分类

按用途分：客车、货车、特种用途车。

按轴数分：四轴车、六轴车、多轴车。

按载重量分：货车有 60 t、70 t、80 t、90 t 等。

二、铁路车辆的基本构造

铁路车辆种类繁多，但其结构大致相似。其一般由车体底架、走行部、车钩缓冲装置、制动装置和车辆内部设备五个基本部分组成。

5.1.3　线路设备基本情况

铁路线路设备是机车车辆和列车运行的基础，它直接承受机车车辆轮对传来的压力。为了保证列车能按规定的速度，安全、平稳和不间断地运行，使铁路运输企业能够良好地完成客货运输任务，铁路线路设备的安全管理是至关重要的。

5.1.3.1　铁路线路设备组成

铁路线路主要由路基、轨道及桥隧建筑物组成。

路基是轨道的基础，它直接承受轨道上部重量和轨道传来的机车车辆及其载荷的压力，并将其传递到大地。路基由路基本体和防护加固、排水建筑物组成。

轨道是用来引导机车、车辆运行方向并直接承受车轮的巨大压力，使之传递、扩散到路基及桥隧建筑物上的整体工程结构。它由钢轨、轨枕、联接零件、道床、防爬设备和道岔等组成。

5.1.3.2　铁路线路的分类

铁路线路按用途可分为正线、站线、段管线、岔线及特别用途线。

（1）正线是指连接车站并贯穿或直股伸入车站的线路。

（2）站线是指站内除正线以外的到发线、调车线、牵出线、货物线及站内指定用途的其他线路。

（3）段管线是指机车、车辆、工务、电务、供电段等段专用并由其管理的线路。

（4）岔线是指在区间或站内接轨，通向轨道内外单位的专用线路。

（5）特别用途线是指安全线和避难线。

5.1.4　桥隧涵基本情况

铁路桥隧建（构）筑物主要包括桥梁、涵洞、隧道等。

5.1.4.1　桥梁基本情况

一、桥梁的组成

桥梁主要由桥面、桥跨结构、墩台和基础三部分组成。桥面是桥梁上铺设的轨道部分。桥跨结构是桥梁承受载荷、跨越障碍的部分。墩台是支撑桥跨结构的部分,包括桥墩和桥台,设于桥梁中部的支座称为桥墩,设于桥梁两端的支座叫做桥台;桥墩与桥台的底部为墩台的基础。

铁路桥梁载荷大,受冲击力大,行车密度大,要求能抵抗自然灾害的标准高,特别是结构要求有一定的竖向横向刚度和动力性能。

二、桥梁的分类

特大桥:桥长 500 m 以上。

大桥:桥长 100 m 以上至 500 m。

中桥:桥长 20 m 以上至 100 m。

小桥:桥长 20 m 及以下。

5.1.4.2　隧道基本情况

一、铁路隧道定义

铁路隧道是修建在地下或水下并铺设铁路供机车车辆通行的建筑物。根据其所在位置可分为三大类:为缩短距离和避免大坡道而从山岭或丘陵下穿越的称为山岭隧道;为穿越河流海岸而从河下或海底通过的称为水下隧道;为适应铁路通过大城市的需要而在地下穿越的称为城市隧道。

二、隧道的分类

特长隧道:隧长 10 000 m 以上。

长隧道:隧长 3000 m 以上至 10 000 m。

中长隧道:隧长 500 m 以上至 3 000 m。

短隧道:隧长 500 m 及以下。

5.1.4.3　涵洞基本情况

涵洞设在路堤下部,是用以通过水流的一种建筑物。涵洞主要由洞身(由若干管节组成)、基础、端墙和翼墙所组成。管节埋在路基之中,它具有一定的纵向坡度(从进口向出口),以便排水。端墙和翼墙的作用,是便于水流进出涵洞,同时还可以保护路堤边坡,使它不受水流的冲刷。

5.1.5　车站设备基本情况

铁路车站是办理旅客运输和货物运输的基地,也是铁路和旅客、货主联系的纽带。车站还是铁路运输的基层生产单位。在车站上除了办理旅客与货物运输的各项作业外,还要办理与列车运行有关的各项作业。

目前,我国铁路上有大小车站几千个。根据他们所担负的任务量以及在国家政治、经济中的地位,共分为六个等级,即特等站和一、二、三、四、五等站。车站按技术作业的不同可分为编组站、区段站和中间站,编组站和区段站统称为技术站;按业务性质不同又可分为货运站、客运站和客货运站。

5.1.5.1　中间站

中间站是铁路上数量最多的车站,可以提高铁路区段通过能力,保证行车的安全。

(1)中间站的作业。

①旅客的乘、降和行李包裹的承运、保管、装卸和交付。

②货物的承运、保管、装卸与交付。

③接发列车作业(包括接车、发车和发行通过列车),这是中间站的主要行车工作。

(2)中间站的设备。

中间站的设备应根据作业的性质和工作量大小而定。

①客运设备。为了保证安全、迅速地运送旅客,中间站应设有旅客站舍(售票房、候车室、行包房)、旅客站台、雨棚和跨越设备(天桥、地道、平过道)等。

②货运设备,包括货物仓库、货物站台、货运室、装卸机具等。

③中间站的货场位置应结合主要货源、货流方向、环境保护、城市规划及地形、地质条件等选定。

④货场内的货物线布置形式有通过式、尽头式和混合式三种。货物线有效长度应按货运量、取送车间隔时间确定,但最短不应小于 5 辆火车长度,即不短于 70 m。

⑤中间站小型货场仓库宽度一般采用 9~12 m,长度根据需要堆积货物的占地面积计算确定。为方便装卸作业,仓库应设在货物站台上。

⑥站内线路。中间站的线路设备除正线外,还有站线(包括到发线、货物装卸线、牵出线和存车线)用于接发列车、进行调车和货物的装卸作业,以及特别用途线(安全线、避难线、与车站接轨的工业企业专用线)等。

此外,某些中间站还设有机车整备设备和列车检查设备。

5.1.5.2　区段站

区段站多设在中等城市和铁路网上牵引区段(机车交路)的起点和终点。区段站的主要任务是为邻接的铁路区段供应及整备机车,为无改编中转货物列车办理规定的技术作业,也可办理一定数量的列车解编作业和客货运业务。

区段站的作业和设备尽管在数量和规模上都不是最大的,但是作业和设备的种类却比较齐全。

(1)区段站的作业。根据区段站所担负的任务不同,要办理的作业有客运业务、货运业务、运转作业、机车业务、车辆业务。

(2)区段站的设备。为保证完成区段站上述作业,区段站应设有以下各项设备。

①旅客业务设备:主要有旅客站房、站台、雨棚和跨越线路设备等。

②货运业务设备:主要有货场及其有关设备,如装卸线、存车线、货物站台、仓库、雨棚、

堆放场和装卸机械等。

③运转设备:包括旅客列车到发线、货物列车到发线、调车线、牵出线(有时设简易驼峰)、机车走行线等。

④机务设备:包括机车段或机务折返段。

⑤车辆设备:包括车辆段、列车检修所和站修所等。在大的区段上还设有车辆段。

⑥其他设备:除以上各类设备外,还有信号、通信、给水、排水、电力、照明、技术办公室以及与城镇道路交叉处的平(立)交等设备。

5.1.5.3 编组站

编组站是铁路网上办理大量货物列车解体,将中转车流改编为技术直达、直通和其他列车,并设有比较完善的调车设备的车站。编组站按列车编组计划的要求,编解各种类型的列车,为合理组织车流服务,是一个编组列车的“工厂”。编组站通常设在几条主要干线的汇合处,也可以设在有大量的装卸作业地点的大城市、港口或大工矿企业附近。

调车工作是铁路运输过程的重要组成部分,对于编组站来说,更是日常运输生产的主要活动。调车工作按使用设备不同分为牵出线调车和驼峰调车两种。

牵出线调车时,车辆的动力是靠调车机车的推动力,适合车列的编组作业。

驼峰调车时,是利用其高差的位能,车辆溜放的动力以其本身的重力为主、调车机车的推力为辅,适合车列的解体作业。

5.1.5.4 客运站

客运站是指专门和主要办理旅客运输作业的车站,是铁路客运的基本生产单位。其主要任务是安全、迅速、有序地组织旅客上下车,方便旅客办理旅行手续,为旅客提供舒适的候车条件,保证铁路与市内交通联系便捷,使旅客迅速疏散。

客运站的设备主要包括站房、站场和站前广场等。

5.1.5.5 货运站

凡专门办理货物装卸作业的车站,以及专门办理货物联运或换装的车站,均称为货运站。以办理货物装卸为主并办理少量的客运或火车中转作业的车站也属于货运站。

货运站的作业主要有运转作业,货运作业等。

货运站的设备主要有运转设备,货运设备和其他设备等。

5.1.6 铁路信号与通信设备基本情况

5.1.6.1 铁路信号设备基本情况

一、铁路信号的概念

铁路信号是保证行车安全、提高通过能力和改编能力的自动控制和远程控制技术设备的总称。铁路信号技术的发展应逐步实现微机化、综合化、集成化和智能化。

二、铁路信号设备

铁路信号设备主要包括铁路信号、联锁设备、闭塞设备。其作用是保证列车运行与调车工作的安全并提高铁路通过能力，同时对增加铁路运输经济效益、改善铁路职工劳动条件也起着重要作用。

铁路信号：向有关行车和调车人员发出的指示和命令。

车站联锁设备：用于保证站内行车与调车工作的安全并提高车站的通过能力。

区间闭塞设备：用于保证列车在区间内运行的安全并提高区间的通过能力。

三、铁路信号类型

信号是指示列车运行和调查工作的命令。有关行车人员必须按信号的指示办事，以保证铁路运输安全并提高运输效率。

铁路信号可分为固定信号、移动信号等。

铁路信号通常用不同颜色来显示其意义。我国规定有红、黄、绿三种基本颜色。其代表意义如下：红色指停车；黄色指注意或减速行驶；绿色指按规定速度行驶。

四、联锁设备

联锁设备的任务是保证车站范围内行车和调车的安全，提高车站通过能力，改善有关行车人员的劳动条件。

列车进站、出站和车站内的调车工作主要是根据车站上信号机和其显示进行的，而列车和机车车辆的运行进路则又靠操纵线路上的道岔来排列。因此，在道岔和信号机之间以及信号机和信号机之间，必须建立一种相互制约的关系，才能保证安全并提高运输效率，这种相互制约的关系叫做联锁。为完成这种连锁关系而安装的技术设备叫联锁设备。

联锁设备分为集中联锁（继电联锁和计算机联锁）和非集中联锁（臂板电锁器联锁和色灯电锁器联锁）。

（1）集中联锁是把道岔、进路、信号机通过继电器由值班员集中控制，分为继电联锁和计算机联锁两种方式。

①继电联锁。继电联锁是在信号楼或车站值班员室集中控制信号机和道岔的联锁设备。主要设备包括继电器、电动转辙机、轨道电路、控制台等。继电联锁提高了办理进路的效率，能够随时掌握股道和道岔是否占用等信息，能够更好保证行车安全，改善了行车有关人员的劳动条件。但也有设备费用高，对电源要求较高等缺点。

②计算机联锁。计算机联锁是一种运用微型计算机对车站值班员的操作命令及现场表示信息进行逻辑运算，从而实现对信号机及道岔等进行集中控制的车站联锁设备。

计算机联锁的主要设备包括硬件和软件两部分。硬件设备包括控制盘、智能显示器、打印机、主机、现场信号设备、传输通道及电源等。软件设备一般包括操作输入、状态输入、联锁处理、控制（命令）输入、表示输出、诊断和其他系统联系等模块。联锁处理模块是实现联锁的部分，它是整个软件的核心。控制输入同状态输入、联锁处理三个模块构成了联锁程序。它们不仅应具有高度的可靠性，而且应具有高度的安全性，特别是要有通用性，以适应各种结构和不同规模的车站。表示（信息）输出模块将各种表示信息转送给控制台或显示器。诊断模块是检测计算机内部故障的。与其他系统联系模块是用来与调度集中系统、微机检测和车站管理系统取得联系的。

计算机联锁具有速度快、信息量大的特点，可实现自动控制和远程控制，提高了办理进路自动化水平，易实现车站管理和联锁系统的自动化，易实现故障导向安全的要求等，是车站信号设备的发展方向。

(2)非集中联锁是由扳道员就地扳动道岔，信号由值班员控制。

五、闭塞设备

闭塞设备是用来保证列车区间运行安全并提高区间通过能力的区间信号设备。

为了防止同向列车在区间内尾追，或对向列车在单线区间内对撞，区间两端车站值班员在向区间发车前，必须办理行车联络手续，称为行车闭塞。用来办理行车闭塞的设备叫闭塞设备。闭塞设备必须保证在一个区间内同时只能由一个列车占用这一基本原则。

基本闭塞方法采用半自动闭塞、自动站间闭塞和自动闭塞三种。

(1)半自动闭塞。半自动闭塞是我国铁路广泛采用的一种闭塞方式。这种闭塞方法在单线铁路和复线铁路上都可以采用。

采用半自动闭塞时，以出站信号机或通过信号机的显示作为列车占用区间的凭证。出站信号机不仅要和发车近路上的有关道岔互相联锁，而且要受闭塞机的控制。

半自动闭塞的主要设备包括操纵箱、继电器箱、轨道电路还有相应的电源设备。

(2)自动站间闭塞。自动站间闭塞就是在有区间占用检查的条件下，自动办理闭塞手续，列车凭信号显示发车后，出站信号机自动关闭的闭塞方法。自动站间闭塞是在半自动闭塞基础上发展起来的闭塞方法。

自动站间闭塞采用轨道检查装置自动检查区间空闲，列车以站间区间为间隔运行，通过办理发车进路和检查列车出清区间的方式，自动实现区间闭塞和区间开通，两站间不划分闭塞分区，也不设通过信号机，两站之间作为一个闭塞分区。

使用自动站间闭塞法行车时，列车凭出站信号机或线路所通过信号机显示的允许运行的信号进入区间。自动站间闭塞须与集中联锁设备结合使用，自动检查区间空闲，发车站办理发车进路后即自动构成站间闭塞。列车到达接车站或返回发车站并出清区间后，自动解除闭塞。发车站在办理发车进路前，须确认区间空闲、接车站未办理同一区间的发车进路，并向接车站预告。发车站已向接车站预告，但列车不能出发时，在取消发车进路后，须通知接车站。

(3)自动闭塞。自动闭塞是由运行中的列车自动完成闭塞任务的一种设备。将两个相邻车站之间的区间正线划分成若干个小段闭塞分区(其长度一般为1200~1300 m)，每个闭塞分区的起点设置一个通过信号机进行防护。闭塞分区装有轨道电路，因而能够正确反映列车的运行情况和钢轨是否完整，并及时传给信号机显示出来，向接近它的列车指示运行条件，行车安全有了进一步的保证。由于通过色灯信号机的显示是随着列车的运行自动控制的，不需要人工操纵，所以叫自动闭塞。

目前，我国铁路上采用的自动闭塞主要有单线双向自动闭塞(在线路两侧均设通过信号机)和双线单向自动闭塞(每条线仅一侧设信号机)两种。

采用自动闭塞时，列车占用区间的凭证是出站信号机或通过色灯信号机的进行显示(绿灯或黄灯)，通过色灯信号机完全由列车自动控制。而出站、进站信号机一般由车站人工控制，只有在中间站上有连续的通过列车时，可以由车站值班员通过“自动通过”按钮，改由列车自动控制。

5.1.6.2　铁路通信设备基本情况

铁路运输向高速、高密、重载发展需要现代化的信号设备的支持，随着计算机技术、网络技术、现代通信技术等现代化技术的发展，出现了自动化程度更高、控制范围更广、更集中化的新型信号系统。它们具有网络化、综合化、智能化的技术特点。

一、铁路通信设备

通信设备是指挥列车运行、组织运输生产及进行公务联络等的重要工具。应能做到迅速、准确、安全、可靠，使全国铁路的通信系统成为一个完善与先进的铁路通信网。通信技术要由模拟向数字化方向转变，实现程控数字交换，发展宽频带信息传输和智能网络管理。

二、通信设备的分类

铁路通信按传输方式可分为有线通信和无线通信两大类。铁路专用通信一般是指专门用于组织、指挥铁路运输及生产的专用通信设备。这些设备专用于某一目的，接通一些指定用户，一般不与公务通信的电报、电话网连接。目前我国铁路通信系统已成为一个独立的信息传递系统。可靠、易维修及大容量是对普通通信及铁路专用通信的共同要求。

三、铁路专用通信设备

（1）列车调度电话。铁路列车调度电话是调度所、调度员指挥沿线各车站及列车段、机务段等有关列车运行人员关于列车运行业务的通信设备。其总机部分安装在调度所，分机安装在沿线各车站。货运调度，电力调度、局线调度等电话，其设备与列车调度电话相同。

（2）列车无线调度电话。列车有线调度电话仅供列车调度员和车站值班员之间进行通信联系，而列车无线调度电话则可供列车调度员、机车调度员、车站值班员等调度指挥人员和列车司机互相通话。这对于提高运输效率、缩短运行时间、及时掌握和调整列车都有重大作用。

（3）铁路站场通信系统。铁路站场通信也是铁路专用通信的一部分，它主要是站场工作人员用来相互联系通信的设备。它包括站场电话系统、站场扩音对讲系统、站场无线电话系统和客运广播系统。

站场电话系统供站内运输人员指挥站内行车和调车作业，以及联系车站日常运输组织工作之用。

站场扩音对讲系统，包括行车作业使用的对讲设备和供调车作业使用的对讲设备，并且可向室外扩音。

站场无线电话系统，是站场流动作业人员之间及流动人员与固定作业人员之间互相联系使用的设备，以保证作业安全并提高作业效率。

客运广播系统供客运作业人员使用。为了便于客运服务，客运扩音设备常采用分路输出方式，分别向候车室、各站台、站前广场等处进行广播，是客运站不可缺少的设备之一。

5.1.7 供电及特种设备基本情况

5.1.7.1 铁路供电设备基本情况

铁路供电设备主要有主变电站、牵引变电站设备、降压变电站设备、接触网、电缆等。随着铁路线路的不断增多,供电系统复杂程度越来越高,出现事故的可能性和故障波及的范围、造成的损失也不断增大。这些设备是否能安全可靠地运行将直接关系到铁路能否安全、稳定地运营。

供电安全管理主要包括主变电站、牵引变电站、降压变电站等的安全管理。

5.1.7.2 特种设备基本情况

特种设备是指由国家认定的,因设备本身和外在因素的影响容易发生事故,并且一旦发生事故会造成人身伤亡和重大经济损失的危险性较大的设备。

特种设备是锅炉、压力容器、气瓶、压力管道、电梯、起重机械、厂内机动车辆、防爆电气设备等具有特殊潜在危险性设备的总称,是铁路生产和生活中广泛使用的重要技术设备和设施。随着合资及地方铁路运输企业的发展,特种设备数量逐年增加,使用范围日益扩大,其能否正常安全使用已与铁路是否安全息息相关。

5.2 铁路运输企业设备与设施安全管理

铁路运输企业设备与设施安全管理主要包括机车车辆、车站、线路设备、通信信号以及消防与应急设备设施等方面的安全管理。

5.2.1 铁路运输设备与设施安全管理基本内容

铁路运输设备与设施安全管理基本内容为以下几个方面。

(1)坚持近期和长远规划相结合,搞好设备管理的规划决策。铁路技术设备的维修保养、更新改造,是一个长期进行、技术复杂、资金消耗巨大的系统工程,非一朝一夕之事。必须在科学分析、调查研究的基础上,坚持近期与长远相结合,全面规划、分期、分阶段重点解决的原则。

①主管领导要深入一线,定期抽调人力物力,全面检查现有设备,找出是否存在安全隐患,掌握第一手资料。摸清设备底数后,进行科学分析,把握设备技术性能变化的原因和对安全的危害程度,为规划决策提供准确依据。

②区分轻重缓急,优化投资方向。根据财力、物力区分轻重缓急,把设备更新与改造的重点放在以下几个方面:迅速消除影响列车安全的重大设备隐患;填补安全设施的空白点;增强安全运输的控制、检测、事故预防及处理的装置和设备;加大机车、车辆厂修能力。

(2)合理使用设备。正确合理地使用设备,可以减轻设备磨损,保持设备良好的工作性能和技术状态,延长设备的使用寿命,为生产的安全、顺利进行创造有利条件。

①按设备性能、技术规程使用设备。合理使用就是不违反设备的使用规定,尽量避免超负荷、超范围地使用设备,例如货车装载重量必须符合货车标记载重及有关规定,严禁超载,防止切轴威胁安全行车。

②按操作规程正确操作设备。设备操作规程是正确、合理使用设备的重要依据。操作者必须严格遵守设备操作规程。各种技术设备应配置固定人员操作,实行"包机制",凭操作证上岗。建立岗位责任制,精心保养,细心检修,使设备经常处于良好状态。

③加强岗位培训,提高操作技术和维护水平。要对设备使用人员加强思想教育,提高爱护设备的责任感,自觉地管好、用好、修好设备;要加强技术训练,使操作人员熟悉设备的结构、性能,掌握维护保养的技术知识以及各种检查方法,真正做到会使用、会保养、会检查、会排除一般故障。

④定期进行设备检查。设备检查是掌握磨损规律的重要手段,是维修工作的基础。设备检查是对设备的运转情况、工作精度、磨损程度进行检查和核验。通过检查,可以全面地了解设备的技术状况和磨损情况,及时查明和消除设备的隐患。设备检查一般分为日常检查和定期检查两种。由于各类设备的特点不同,提出的检查要求也不同。认真进行设备检查就是按检查要求认真检查、认真测试,发现问题认真处理,真正做到不漏项不简化程序,严格按规章办事,做好检查工作。

(3)按规定进行设备维修。

①设备维修工作的重要性。设备维修工作包括日常维护保养和定期修理。日常维护保养就是按照操作规程,经常对设备润滑、擦拭,适时对设备进行检查、调整,及时消除设备的缺陷、隐患和故障,防止和减少过度磨损和意外损坏,保证设备在定期修理间隔期间的正常运用。设备维修是使设备经常处于良好状态,保证安全生产的主要措施。正确合理做好设备维修工作,对于扭转设备不良状态具有十分重要的意义。

②设备维修工作应坚持的原则。对技术设备的养护维修,应坚持预防为主,检修与保养并重,二者关系紧密、相互保证。保养是检修的基础,维护保养工作做得好,可以减少维修的工作量。同时,检修工作做得好,进行日常维护保养也就容易。预防和整治相结合,就是通过定期检查和季节性整治工作,做到"无病防病、有病根治"。

5.2.2　机车车辆安全管理要点

5.2.2.1　机车安全管理要点

(1)机车车辆须按有关标准要求进行检验,并经专门验收机构验收合格后,方准交付使用。

(2)铁路机车车辆以及线路、桥隧、通信、信号、供电、信息、安全、给水等技术设备,均须有完整和正确反映其技术状态的文件及技术履历簿等有关资料。上述技术资料由相关部门或单位妥善保管,并根据变化情况及时记载修订。

(3)机车、客车等主要设备的报废、调拨及重大的结构改变须经相关主管部门批准。

(4)做好机车履历簿和检修台账的填写及其他技术资料的积累,并妥善保管。对有关数据要定期进行数理统计分析，及时制定质量改进措施。

（5）机车使用年限应按《铁路运输企业资产管理办法》的规定执行（目前为 16 年），原则上能逾期使用，且确需逾龄使用的最长不得超过 4 年。

（6）机车应有识别标记：车型、车号、最高运行速度、制造厂名及日期。在机车主要机械上应有履历牌，在监督器上应有检验标记。

（7）为保证机车良好的技术状态，应有进行检修和整备作业的机车修理工厂、机务段。机务段宜设置在客、货列车始发终到较多、车流大量集散的枢纽地区，有利于机车的集中配置使用。段内停放机车和整备作业的线路应平直，线路纵断面的坡度不得超过 1‰。

（8）机务段应有机车运转整备及机车检查、检测、修理设备和污水处理设备。机车运转整备场根据需要应有股道管理自动化系统和整备库（棚）、整备线和检查坑等设施，设置机车补充砂、水、润滑油、燃料及转向、检查、清洗、保养等机车整备设备；配备机车小修、辅修必要的设备、设施；电力机车整备线的接触网应有分段绝缘器、隔离开关设备等。机车检查、修理应有机车库和配件修理、辅助加工、动力、起重、运输、试验等厂房及设备，应设置行车安全设备检测、维修的设备和设施。

（9）内燃机务段应有使用 1~2 个月的机车燃料储存油库。

（10）机务安全工作应以防止列车冒进信号为主线，除认真贯彻执行《机车操作规程》《铁路行车事故处理规则》《铁路机车运用管理规则》《铁路技术管理规程》（普速铁路部分）及国家主管部门所公布的决定、命令，还应制定落实下列基本制度。

①机务段、运用车间安全例会制度。

②机务段干部安全管理工作的“五定三率”工作及考核奖励制度。

③列车运行监控记录装置各项管理制度。

④司机安全管理制度。

⑤机车乘务员待乘休息管理制度。

⑥一次出乘作业标准。

⑦瞭望和呼唤应答制度。

⑧人身安全制度。

（11）机车应实行计划预防修，实施主要零部件的专业化集中修和定期检测状态修。检修周期应根据机车实际技术状态和走行公里或使用日期确定，机车检修周期及技术标准按机车检修规程执行。

（12）机车修程分为大修、中修、小修、辅修四级，其中中修、小修、辅修为段修修程。

大修：机车全面检查修理，恢复机车的基本质量状态。

中修：机车主要部件检查修理，恢复其可靠使用的质量状态。

小修：机车关键部件和易损易耗零部件检查修理，有针对性地恢复机车运行可靠性。有诊断技术条件者，可按其状态进行修理。

辅修：机车例行检查，做故障诊断，按状态修理。

（13）周期（公里或期限）。各级修程的周期，应按非经该修程不足以恢复其基本技术状态的机车零部件在两次修程之间保证安全运用的最短期限确定。根据当前机车技术状态，检修周期规定如表 5-1 所示。

表 5-1 检修周期规定

类型	电力机车		内燃机车	
	客、货运本务机车	补机和小运转机车	客、货运本务机车	补机和小运转机车
大修	160 万~200 万 km	不少于 15 年	70 万~90 万 km	8~10 年
中修	40 万~50 万 km	不少于 3 年	23 万~30 万 km	2.5~3 年
小修	8 万~10 万 km	不少于 6 个月	4 万~6 万 km	4~6 个月
辅修	1 万~3 万 km	不少于 1 个月	不少于 2 万 km	不少于 2 个月

(14)小、辅修周期为参考值,铁路运输企业可根据机车实际技术状态自行确定;中修周期可根据相关规程规定的范围,结合客、货运输任务及各地运用条件的具体情况确定,但需报相关主管部门核备。

(15)为了不断提高机车的使用效率,应认真掌握机车状态的变化规律。在保证质量的前提下,经报相关部门批准后,允许进一步延长机车或部件的检修周期和进行检修周期新的计算方式(如运行时间)的尝试,实行弹性周期计划修或定期检查状态修。但危及行车安全的部件必须严格按周期检查和修理,可不与机车修程同步。

(16)机车检修应按计划进行。检修计划由机务段技术科(室)负责会同检修、运用车间根据机车走行公里、实际技术状态以及检修、运用车间的生产情况等进行编制,按照程序审批后下达实施。

机车小修及辅修月度或旬(周)计划应在月或旬(周)开始前 3~5 天提出,经机务段长批准,报上级领导部门核实后执行。运用车间要于机车修程开工 48 小时前填好“机统—28”,并于 24 小时前交检修车间。

中修计划。机务段应在每年度开始前 85 天编制出次年分季的年度机车中修计划并报相关管理单位。机务段每季度开始前 45 天编制出分月的季度中修计划报相关管理单位,相关管理单位审查、平衡、批准后,于季度开始前 30 天下达到承修段,并通知委修段。委修段于月度开始前 25 天将中修机车不良状态书寄给承修段。承修段于每月开始前 10 天编制出中修施工月计划,报相关管理单位审核后执行,并通知委修段按计划送车。

(17)车牵引定数的有关规定:冬运期间(11 月 1 日至次年 3 月 31 日)凡因天气严寒,必须减吨时,可根据具体情况按牵引定数减 10%~20%。

(18)轮对管理要点如下。

①轮对内侧距离为 1 353 mm,允许偏差为 ±3 mm。

②轮箍或轮毂不松弛。

③轮箍、轮毂、辐板(辐条)、轮辋无裂纹。

④轮缘的垂直磨耗高度不超过 18 mm,并无碾堆。

⑤车轮踏面擦伤深度不超过 0.7 mm。

⑥车轮踏面上的缺陷或剥离长度不超过 40 mm,深度不超过 1 mm。

⑦车轮踏面磨耗深度不超过 7 mm,采用轮缘高度为 25 mm 的磨耗型踏面时,其磨耗深度不超过 10 mm。

（19）列车运行监控记录装置，其控制模式应按原铁道部制定的规则设置。各机车运用区段控制模式的设定和调整，应由企业专业部门实施，并实行集中统一管理。列车运行监控记录装置的控制、记录及运行记录数据的分析处理软件，必须执行铁路管理部门的规定。

（20）列车运行监控记录装置、超速防护设备等产生的列车运行记录数据是行车安全分析的重要依据，任何单位和人员不得更改。各机务段对原始记录数据的保存期不得少于1个月。

（21）合资及地方铁路运输企业内燃机车应符合《内燃机车通用技术条件》（GB/T 3314—2006）、《工矿内燃机车》（JB/T 2785—2010）、《铁路货物运输规程》等相关规范标准的要求。

5.2.2.2　车辆设备安全管理要点

（1）为了保证车辆良好的技术状态，应有进行检修和整备作业的车辆修理工厂、车辆段。车辆段应设在编组站和枢纽，以及货车大量集散和始发终到旅客列车较多的地区。车辆段应有车辆修理库（简称修车库）、油漆库、车辆停留线和轮对存放库，并有相应的起重、动力、配件检修、储油、试验、化验、照明及废油、污水和污物处理等设备和设施，及检测、维修红外线轴温探测、轴温报警、客车运行安全监测系统和车辆信息化系统的设备和设施。段内的车辆检修、整备、停留的线路应平直，线路纵断面的坡度不得超过1‰。

（2）车辆技术检查作业场所，须设有值班室、待检室、待班室、材料配件库。有货车技术检查作业的车站或枢纽应设站修线。站修线须有修车库、材料配件库、轮对存放库，并有相应的起重、动力、配件检修、试验、风管路、水管路、电焊回路、照明等设备和设施，根据需要还应有轮对镟修设备。在干线及繁忙干线上，须设配智能跟踪装置的红外线轴温探测网，轴温探测站的间距一般按30 km设置。

（3）翻车机、散装货物解冻库应进行定期检修和测试。新设翻车机、散装货物解冻库应符合规定的技术条件方可投入使用。

（4）车辆应有明显的标记：路徽、车号（型号及号码）、制造厂名及日期、定期修理的日期及处所、自重、载重、容积、换长等；货车应有车号自动识别标签；罐车应有标明容量计算表的号码；电化区段运行的客车、机械冷藏车应有“电化区段严禁攀登”的标识。

（5）车辆实行定期检修，并逐步扩大实施状态修、换件修和主要零部件的专业化集中修。关于车辆修程，客车和特种用途车按走行公里进行检修，最高运行速度不超120 km/h的客车分为厂修、段修、辅修；最高运行速度超过120 km/h的客车，修程为A1、A2、A3、A4；货车分为厂修、段修、辅修、轴检。检修周期及技术标准，可参照国家铁路的车辆检修规程执行。

（6）车辆的检查及修理应根据修程范围，在车辆修理工厂、车辆段和车辆乘务人员值乘中进行。

（7）机械冷藏车在指定的加油站及有上水设备的车站进行补油、上水；加冰冷藏车须在保管站集结、保管和维修；固定配属的成组专列油罐列车须定期施行整备维修。

（8）车辆须装有自动制动机和人力制动机。车辆的制动梁、下拉杆、交叉杆、横向控制杆及扛侧滚扭杆必须有保安装置。

(9)货车应装有空重车自动调整装置。

(10)车辆轮对在装配前,应用探伤仪对车轴各部位进行检查。检修时,按规定对轴颈、防尘板座、轮座、制动盘座及轴身进行探伤检查。车辆轮对的内侧距离为 1 353 mm,其允许偏差为 ±3 mm;轮辋宽度小于 135 mm 的按国家铁路车辆检修规程执行。

(11)对旅客列车和机械冷藏车组应实行包乘制,检修应实行包修制和专修制;对固定装卸地点循环使用的行包列车及整列集装箱车、罐车、矿石车、煤车,标记载重 90 t 及以上的货车和指定的专用车,实行固定配属制;其他货车实行按区段维修保养负责制。要精心检修和保养,提高车辆质量。

(12)满足《铁道货车通用技术条件》(GB/T 5600—2018)、《铁道货车检查与试验规则》(GB/T 5601—2018)、《铁路货车洗刷废水处理技术条件》(TB/T 1797—1987)等相关标准的要求。

5.2.3 线路设备安全管理要点

(1)客货共线铁路的Ⅰ、Ⅱ级线路区间最小曲线半径和最大限制坡度规定见表 5-2 和表 5-3。客运专线的区间最小曲线半径见表 5-4。

表 5-2 共线铁路的Ⅰ、Ⅱ级线路区间最小曲线半径

线路等级	Ⅰ			Ⅱ	
路段设计行车速度(km/h)	200	160	120	120	80
一般(m)	3 500	2 000	1 200	1 200	600
特殊困难(m)	2 800	1 600	800	800	500

表 5-3 客货共线铁路的Ⅰ、Ⅱ级线路区间最大限制坡度

铁路等级		Ⅰ		Ⅱ	
		一般	困难	一般	困难
牵引种类	电力	6.0 ‰	15.0 ‰	6.0 ‰	20.0 ‰
	内燃机	6.0 ‰	12.0 ‰	6.0 ‰	15.0 ‰

表 5-4 客运专线的区间最小曲线半径

设计速度(km/h)	一般(m)	困难(m)
200	2 200(2 000)	2 000(1 800)
250	4 000(3 200)	3 500(2 800)
350	7 000	—(5 500)

(2)各级铁路的加力牵引坡度,内燃机牵引的可用至 25‰,电力牵引的可用至 30‰。不符合上述规定时,须经铁路主管部门批准。

(3)车站应设在线路平道、直线的宽阔处。车站必须设在坡道上时,其坡度不得超过

1‰；在地形特别困难的条件下，会让站、越行站可设在不大于6‰的坡道上，且不应连续设置，以保证列车的起动。

车站必须设在曲线上时，不得设在反向曲线上，其曲线半径不得小于该区段内的最小曲线半径，且不得小于表5-5中规定的数值。

表5-5　车站平面最小曲线半径

<table>
<tr><th rowspan="3">路段设计行车速度(km/h)</th><th colspan="3">最小曲线半径(m)</th></tr>
<tr><th rowspan="2">区段站、编组站</th><th colspan="2">中间站</th></tr>
<tr><th>一般</th><th>困难</th></tr>
<tr><td>200</td><td>2 000</td><td>3 500</td><td>2 800</td></tr>
<tr><td>160</td><td>1 600</td><td>2 000</td><td>1 600</td></tr>
<tr><td>120</td><td rowspan="2">800</td><td>1 200</td><td>800</td></tr>
<tr><td>80</td><td>600</td><td>600</td></tr>
</table>

(4)线路平面及纵断面。

线路平面及纵断面应保持原有的标准状态。区间线路变动时，须经相关部门批准，但曲线半径不得小于该区间规定的最小曲线半径，坡度不得大于该区间规定的最大限制坡度。进站信号机外制动距离内的线路平、纵断面如有变动，必须及时通知有关单位。

凡变更线路平面及纵断面，竣工后由施工单位立即检查，并形成完整的竣工资料，移交负责维修和使用的单位。

在任何情况下，线路平面及纵断面的变动，必须满足限界要求。

(5)路基。

①路基的宽度应考虑远期发展的铁路等级、维修和机械化作业，并根据路拱断面、轨道类型、道床标准形式及尺寸和路肩宽度计算确定。

②路肩宽度：线路设计速度为200 km/h路段的路堤、路堑两侧均不应小于1.0 m；线路设计速度为160 km/h及以下的铁路路堤不应小于0.8 m，路堑不应小于0.6 m。牵出线的中心线至路肩边缘的宽度不得小于3.5 m。

③曲线地段路基外侧加宽应符合原铁道部有关规章规定，路基应避免高堤深堑。

④路肩边线最低标高为计算洪水位加波浪侵袭高(或斜水流局部冲高)加壅水高再加0.5 m。

⑤路基两侧应留有足够宽度的铁路用地，保证路基稳定，满足维修检查通道、栅栏设置及绿化带建设的需要。

⑥路基应按铁路等级选择优质填料填筑坚实，基床应强化处理，并经常保持干燥、稳固及完好状态，同时应有良好的排水设备，必要时还应设防护和加固设备。对不良地质条件和特殊土地段的路基应采取可靠的加固措施，困难时应以桥梁等结构物代替；对不稳固的路基应进行调查，分析原因，采取措施，消除病害。工务段应根据病害情况，制定监视和检查办法，保证行车安全。

⑦严禁在影响路基稳定的范围内挖沟、引水、耕种、取土和开采砂石。在路基范围内埋设电缆和接触网杆时，必须保证路基的稳定和坚固及排水等设备的正常使用。

⑧路基防护宜优先采用有利于环保的植物（以灌木为主）防护，并结合圬工、土工合成材料等其他防护措施进行防护，但不得影响列车司机瞭望，倒树不应侵入限界和接触网安全距离。

（6）轨道。

①新建、改建铁路正线应采用 60 kg/m 钢轨的跨区间无缝线路（运煤专线等重载线路可采用 75 kg/m 钢轨轨道结构）。速度 120 km/h 以上至 200 km/h 的线路应采用Ⅲ型轨枕；有挡肩轨枕用弹条Ⅱ型扣件，无挡肩轨枕用弹条Ⅲ型扣件。

②轨距是钢轨头部踏面下 16 mm 范围内两股钢轨工作边之间的最小距离。直线轨距标准规定为 1 435 mm，曲线轨距按表 5-6 规定加宽。

表 5-6　曲线轨距加宽值

曲线半径 R（m）	加宽值（mm）
$R \geqslant 350$	0
$350 > R \geqslant 300$	5
$R < 300$	15

验收线路时，线路、道岔轨距相对于上述标准的静态偏差规定见表 5-7。

表 5-7　线路、道岔轨距容许偏差

线路速度等级（km/h）	$v \leqslant 120$	$120 < v \leqslant 160$	$160 < t \leqslant 200$
线路（mm）	+6，-2	+4，-2	±2
道岔（mm）	+3，-2	+3，-2	±2

③线路两股钢轨顶面，在直线地段，应保持同一水平。

④曲线地段的外轨超高，应按原铁道部规定的办法和标准确定。最大实设超高要求客货共线的双线地段不得超过 150 mm，单线地段不得超过 125 mm。验收线路时，线路两股钢轨水平较上述标准的静态容许偏差规定见表 5-8。

表 5-8　钢轨水平静态容许偏差

线路速度等级（km/h）	$v \leqslant 120$	$120 < v \leqslant 160$	$160 < v \leqslant 200$
正线及到发线（mm）	4	4	3
道岔（mm）	4	4	3
其他线（mm）	6		

⑤钢轨接头的预留轨缝应根据钢轨长度、当地历史最高、最低轨温及更换钢轨或调整轨

缝时的轨温经计算确定。绝缘接头的最小轨缝不得小于 6 mm,最大轨缝为构造轨缝。25 m 钢轨铺设在历史最高、最低轨温差大于 100 ℃的地区时,预留轨缝应进行个别设计。

⑥道岔应铺设在直线上,正线道岔不得与竖曲线重叠,其他道岔应尽量避免与竖曲线重叠。正线道岔钢轨应与线路上的钢轨采用同一类型;其他道岔钢轨在不得已情况下采用与线路钢轨不同类型时,须保证道岔钢轨强度不低于线路钢轨强度,并在道岔前后各铺一节与道岔钢轨同类型的钢轨。

⑦道岔辙叉号数应符合下列规定。

a. 用于侧向通过列车,速度 80 km/h 至 140 km/h 的单开道岔,不得小于 30 号。

b. 用于侧向通过列车,速度 50 km/h 至 80 km/h 的单开道岔,不得小于 18 号。

c. 用于侧向通过列车,速度不超过 50 km/h 的单开道岔,不得小于 12 号。

d. 用于侧向接发停车旅客列车的单开道岔,不得小于 12 号。

e. 用于侧向接发停车货物列车并位于正线的单开道岔,在中间站不得小于 12 号,在其他车站不得小于 9 号。

f. 其他线路的单开道岔不得小于 9 号。

g. 狭窄的站场采用交分道岔不得小于 9 号,但尽量不用于正线,必须采用时不得小于 12 号。

h. 峰下线路采用对称道岔不得小于 6 号;采用三开道岔不得小于 7 号。

i. 段管线采用对称道岔,不得小于 6 号。

既有道岔的类型及辙叉号数不符合上述规定时,应按该道岔的号数限制行车速度,但应有计划地进行改造。

⑧在新建或改建铁路上,列车运行速度 120 km/h 以上并小于 160 km/h 的区段,正线道岔采用固定型辙叉、轨底坡 1 : 40、分动外锁闭的Ⅱ型道岔;列车运行速度 160 km/h 及以上至 200 km/h 或货车轴重 25 t 的区段,正线道岔应采用可动心轨、轨底坡 1 : 40、分动外锁闭的 I 型道岔。

⑨道岔应经常保持良好状态,有下列缺陷之一时,禁止使用。

a. 内锁闭道岔两尖轨互相脱离,分动外锁闭道岔两尖轨与连接装置、心轨接头铁与拉板相互分离或外锁闭装置失效。

b. 尖轨尖端与基本轨、可动心轨尖端与翼轨在静止状态不密贴。

c. 尖轨、可动心轨被轧伤,轮缘有爬上尖轨、可动心轨的危险。

d. 在尖轨、可动心轨顶面宽 50 mm 及以上的断面处,尖轨顶面低于基本轨顶面、可动心轨底面低于翼轨顶面 2 mm 及以上。

e. 基本轨垂直磨损, 50 kg/m 及以下钢轨,在正线上超过 6 mm,到发线上超过 8 mm,其他站线上超过 10 mm; 60 kg/m 及以上钢轨,在线路允许速度大于 120 km/h 的正线上超过 6 mm,其他正线上超过 8 mm,到发线上超过 10 mm,其他站线上超过 11 mm。

f. 在辙叉心宽 40 mm 的断面处,辙叉心垂直磨耗(不含翼轨加高部分), 50 kg/m 及以下钢轨,在正线上超过 6 mm,到发线上超过 8 mm,其他站线上超过 10 mm; 60 kg/m 及以上钢轨,在线路允许速度大于 120 km/h 的正线上超过 6 mm,其他正线上超过 8 mm,到发线上超过 10 mm,其他站线上超过 11 mm;可动心轨宽 40 mm 断面及可动心轨宽 20 mm 断面对应的翼轨垂直磨耗超过 6 mm（不含翼轨加高部分）。

g. 辙叉心作用面至护轮轨头部外侧的距离小于 1 391 mm，或翼轨作用面至护轮轨头部外侧的距离大于 1 348 mm。

h. 尖轨或基本轨损坏。

i. 道岔护轨螺栓、可动心轨咽喉和叉后间隔铁螺栓、长心轨联结螺栓、钢枕立柱螺栓的同一部位同时有 2 根螺栓缺少或折损。

⑩联锁道岔均应安装加锁装置，以备联锁失效时用以锁闭道岔。联锁失效时防止扳动的办法，应在《站细》内规定。未设联锁而需加锁的道岔亦应安装加锁装置。加锁装置包括锁板、勾锁器、限位器、闭止把加锁、带柄标志加锁。

（7）道口、交叉及线路接轨。

①列车运行速度 120 km/h 及以上的线路应采用全封闭、全立交，线路两侧按标准进行栅栏封闭，并设置相应的警示标志；列车运行速度 120 km/h 以下的线路，铁路道口、人行过道的设置或扩宽按照铁路有关规定办理。道口的等级、标准及道口的铺设、拆除及是否需要看守，按相关规定和标准执行。

②铁路道口和人行过道均应设置道口标志、道口路段标线、司机鸣笛标及护桩，根据需要设置栅栏或其他安全防护设置。

③有人看守道口根据需要修建道口看守房，设置照明灯、警示灯、遮断色灯信号机和道口自动通知设备，并督促地方道路管理部门设置齐全道口警示标志。根据需要设置列车无线调度通信设备。无人看守的人行过道应设置警示灯、道口自动信号。

④站内平过道必须与站外道路和人行道路断开，禁止社会车辆、非工作人员通行，平过道不得设在车站两端咽喉区内。在电气化铁路上，铁路道口通路两面应设限界架，其通过高度不得超过 4.5 m。道口两侧不应设置接触网铺柱。

⑤一切车辆、自动走行机械和牲畜，均须在立体交叉或平交道口处通过铁路。铁路工作人员发现有违反上述规定的情况时，应予以制止。特别笨重、巨大的物件和可能破坏铁路设备、干扰行车的物体通过道口时，应采取安全和防护措施，并经线路工长同意；在站内还应经车站站长同意；在有轨道电路的区段，还应经信号工长同意；在电气化区段，还应经供电工长同意，并在其协助指导下通过。

⑥新建的岔线，不准在区间内与正线接轨；特殊情况必须在区间内接轨时，须经铁路局批准，但在接轨地点应开设车站（线路所）或设辅助所管理。因路内施工临时性的区间出岔，应按期拆除。

⑦各种建筑物、电线路、管道及渡槽跨越铁路，横穿路基，或在桥梁上下、涵洞内通过铁路时，应提出设计、施工方案和安全措施等文件，征得相关部门同意，在铁路有关单位派人协助指导下进行施工，不得妨碍铁路运输。

（8）安全线及避难线。

①岔线、段管线与正线、到发线接轨时，均应铺设安全线。岔线与站内到发线接轨，当站内有平行进路及隔开道岔并有联锁装置时，可不设安全线。

②在进站信号机外制动距离内进站方向为超过 6‰下坡道的车站，应在正线或到发线的接车方向末端设置安全线。

③合资、地方铁路及专用铁路与国家铁路车站接轨,其接轨处或接车线末端应设隔开设备(设有平行进路并有联锁时除外)。

④安全线向车挡方向不应采用下坡道,其有效长度一般不小于 50 m。

⑤为防止在长大下坡道上失去控制的列车发生冲突或颠覆,应根据线路情况,计算确定在区间或站内设置避难线。

(9)厂矿企业自备机车、货车和轨道起重机过轨时编入列车的条件。

①凡进入铁路营业线运行的企业自备车辆,必须根据铁路管理机构颁发的企业自备车辆车种、车型、车号编码统一编制车种、车型、车号。

②企业的自备机车、货车和轨道起重机,在铁路营业线上运行前,须经国家铁路机务、车辆段人员检查,确认机车、货车、轨道起重机的限界和各部技术状态,均符合铁路规章的要求。并由该企业与所在国家铁路机务段或车辆段签订有关协议后方可办理(协议书应报双方主管部门备查)。

③企业自备货车,长期在国家铁路营业线上固定区段运行而不经过铁路列检所时,可由国家铁路列检所按铁路同性质车辆的有关规定,派人检查维修。具体办法由路外企业与所在地车辆段在协议中商定。

④固定在企业内专用的自备车辆,如因特殊情况需要过轨时,须由企业通知附近车辆段或列检所派人进行检查确认后,方可挂运。

⑤企业自备货车在国家铁路营业线上运行时,因定检质量不良而发生事故,其事故责任和损失均由施行检修的单位负责。如定检过期、定检标志不清或有涂改的货车发生事故,一切责任和损失均由车辆所属单位负责。定检到期和过期的企业自备货车,在确保行车安全的条件下,轴检不超过 7 天;辅修不超过 15 天;段修不超过 1 个月,准许顺向继续运行到企业单位所在站。对定检过期的检修回送企业自备货车,路外企业可根据检修合同,委托所在地车辆段整修后,方准办理挂运手续。

⑥国家铁路各列检所,对在铁路营业线上运行的路外企业自备货车,应与铁路运用货车同样按规定进行检查和修理,并保证运行安全。但对企业自备的专用货车(如装化工产品、有毒物品、放射性物品的货车及发电列车等)国家铁路列检只对走行、制动、连挂、缓冲部分进行检查和维修,其他部分由企业单位负责。

(10)线路工程质量符合《铁路工务规则》《河北省铁路运营线路维修标准》《河北省铁路运营道岔维修标准》《工务作业标准线路大修作业》《工务作业标准线路中修作业》和《工务作业标准路基作业》等相关规范和标准要求。

5.2.4 桥隧涵建筑物的安全管理要点

铁路桥梁、涵洞及隧道,均应修建为永久性结构,符合工程结构抗震和相应的技术规范要求。其限界应根据规划考虑发展的需要。桥涵的承载能力,要符合国家相关规定的技术要求,并根据承载能力及技术状态,制定运用条件。桥涵建筑物应确保通过的线路具有良好的稳定性、平顺性、耐久性,结构构造应便于检查和养护,根据需要设置便于检查的设施。

(1)对全长 500 m 及以上的钢桥,直线上全长 1 000 m 及以上、曲线上全长 500 m 及以上的隧道，须进行巡守和监视，设置照明、通信设备和安全警报装置。

（2）桥梁、涵洞孔径和净空，应满足国家防洪标准，能保证设计的最大洪水正常通过，并保证流水、泥石流、漂浮物和通航、筏运的必要高度。

（3）墩台基础应有足够深度。当桥隧建筑物及其附近有超过设计容许的冲刷可能时，应加深原有桥涵基础，必要时改建原有桥涵。

（4）严禁在影响桥隧建筑物稳定的范围内挖沟、掘洞、引水、耕种、取土和开采砂石。对桥梁、涵洞应考虑排洪和灌溉等的综合利用。

（5）桥梁、隧道应按规定设置维修通道、避车台、避车洞、电缆沟（槽）、电气化预埋件及必要的检查和防火设备。

（6）直线上桥梁自线路中心至人行道栏杆内侧的净距：明桥面和区间内道砟桥面的小桥为 2.45 m；区间内道砟桥面的中、大、特大桥和车站内的桥梁为 3.00 m；线路允许速度超过 160 km/h 区段的桥梁为 3.75 m；桥面布置应满足进行大型养路机械作业和在栏杆内侧行驶桥梁检查车的需要。净高小于 5.00 m 通行机动车辆的立交桥涵两端，要设置防撞防护限高架。

（7）位于城市居民区的桥梁及立交桥，应设置防噪声设施。

（8）内燃机车牵引区段，单线 2 km 及以上、双线 4 km 及以上的隧道，以及有害气体超过规定浓度或自然通风不良的隧道，均须有通风设备。

（9）桥隧建筑物的修理工作分为检查、维修和大修，维修工作分为保养和综合维修，检查、维修工作实行检养修分开体制。

（10）运营桥涵的承载能力按《铁路桥梁检定规范》进行检算，以检定承载系数 K 表示。K 为结构所能承受的活载相当于标准活载的倍数，应符合下列要求。

①桥涵结构应满足 $K \geqslant 1$。

②临时性桥涵容许通过的运行活载，必须满足 $Q<K$（Q 为运行活载相当于标准活载的倍数）。

③承载能力不足（即 $K<1$）的桥涵，应根据其技术状态确定加固、更换或改建。加固、更换或改建后的承载能力必须达到 $K \geqslant 1$ 的要求。对尚能满足 $K>Q$ 的桥涵是否暂缓加固、改造，由铁路主管部门根据情况确定。

④改建桥涵的承载能力应满足《铁路桥涵设计基本规范》的规定。

（11）桥隧设备的检查维修管理工作由工务段负责，实行检养修分开的管理体制。工务段应根据管辖桥隧建筑物的数量，设立桥隧车间，在桥隧车间下设桥隧检查工区和保养工区，或将检查工区和保养工区合并成立检查保养工区，同时设置机械化维修工区（或工队）。设置桥隧车间的管辖换算长度一般为 12 km，不得超过 20 km；对新线不应超过 50 km，且营业长度不应超过 400 km。有长大隧道或隧道较多的工务段，还应视情况设置专门工区负责隧道通风、照明和消防工作。在工务段的统一安排下，负责桥隧设备的检查维修工作。

（12）桥隧检查工区负责桥隧设备及附属安全检查设施的日常检查和观测；保养工区负责经常保养工作；机械化维修工区（或工队）负责桥隧设备及附属安全检查设施的综合维修工作。桥隧车间、工区按照专业化管理的需要应配备相应的交通运输工具、动力机械、专用检测设备及作业机具。机具的运用情况应建立相应台账，并按月统计。

(13)桥隧检查维修费用和人员应按管辖设备的桥隧换算长度核定;长大桥隧应按规定设巡守工,负责经常检查监视工作;养护人员的配置标准按原铁道部有关规定执行。

(14)维修长度指维修的桥隧建筑物长度。单线桥为全长,双线及多线桥为各线相加;单孔涵洞为全长,双孔及多孔涵洞为各孔相加;单线隧道为全长,双线及多线隧道为全长的1.2倍。

(15)抗震。

①位于抗震设防烈度7度及以上地区的桥梁(设防烈度6度地区的省会和市区人口在百万以上城市的重要桥梁按7度设防),均需按《铁路工程抗震设计规范》(GB 50111—2006)进行检算。对抗震能力不足者应采取抗震措施。此处重要桥梁指特大、大、中桥和7度地区墩台高度大于10 m和8度地区墩台高度大于5 m的小桥。

②抗震设防烈度7度及以上地区的桥梁,以及6度地区的重要桥梁,均应设置防落梁设施。

③抗震设防烈度7度及以上地区的明洞等建筑物应按抗震设防要求进行抗震设计。棚洞式明洞应设置防落梁设施,8度以上地区不应采用悬臂式棚洞。

(16)水文观测。

①凡有洪水通过的桥涵,应在上游设置稳固而垂直的水标尺或在墩台侧面的上游处或涵洞的进口端用油漆画出水标尺。水标尺的起点须与国家水准基点高程相对应,标出历史最高洪水位和发生年月日。

②凡跨越江河水库的特大、大桥及其他需要了解墩台基础冲刷、河床变化、河道变迁、流量、冰凌等情况的桥梁,均应进行河床断面测量、洪水通过观测、结冰及流冰观测。其他有洪水通过的桥梁和涵洞,只需观测最高洪水位。

(17)河床断面测量,应符合下列要求。

①测量时间:至少每年洪水后测量一次。对季节性河流上的桥梁,洪水冲刷河床断面发生变化时,汛后测量一次。

②测量地点:一般在桥下及桥梁上下游各25 m的三个断面上进行测量,每次测量的断面应固定。

③测量范围:应在桥梁全长范围内进行。

④测点位置:应能明确表示出河床断面,每隔10 m左右设一个测点,必要时应增加测点,每次测量应在固定的测点上进行。

⑤对常年有水的桥梁,需要了解墩周冲淤变化时,应以桥墩中心为圆心,一定距离为半径,测量该范围内的水下地形。必要时在墩台周边进行潜水摸测。

⑥每次测量结果应绘在图纸上,用不同色笔绘制历年冲刷总图,每五年更换一次。图上应绘有各种水位、轨底、墩台顶、基底、河床的标高以及水深、墩台中心线及河床断面。

(18)洪水通过时,应观测水流流向、流速,以及有无旋流,斜流、流木、漂浮物等情况,同时应监视墩台、调节河流建筑物、防护设备和桥头路基是否正常。对排洪能力不足和墩台稳定有疑问的桥涵,应特别加强观测。洪水过后,须立即检查河道、河床、防护设备、调节河流建筑物和桥头路基的状态。

(19)经常检查。

①对桥隧设备状态变化较快和直接影响行车安全的部位应经常检查，经常检查工作由桥隧检查工区实施。

②桥隧检查工区应根据检查计划，每月对钢梁桥、混合桥（钢梁部分）和其他重要桥隧设备（由工务段规定）检查一遍；每半年至少对管内设备全面检查一遍；在每座桥隧综合维修时，应进行一次全面检查。

③桥隧车间主任（副主任）每半年有计划地对管内桥隧设备全面检查一遍，至少每季度对重要和病害桥隧设备检查一遍。

④对使用年久、结构特殊和有严重病害的桥隧建筑物，应按工务段规定由指定人员进行定期检查，并做好记录，建立观测台账。

⑤桥隧车间主任（副主任）、桥隧检查工区对每次检查情况，应认真填写桥隧检查记录簿，桥隧检查工区还应填写桥隧设备检查结果汇总表，将检查结果每周上报桥隧车间，车间汇总后于每月 25 日报工务段备存。对超过保养标准处所，桥隧检查工区应及时上报桥隧车间，由桥隧车间及时向桥隧保养工区下达桥隧设备紧急保养通知书，并由桥隧检查工区检查其完成情况。

⑥发现重要病害或病害发展较快时，应立即逐级上报，绘制病害示意图，记入桥隧登记簿或桥隧卷宗内。

⑦检查计划由桥隧车间编制，经工务段批准后，由车间、桥隧检查工区或检查保养工区执行。

⑧工务段段长应有计划地检查技术复杂和有严重病害的桥隧设备，主管副段长对长大和病害桥隧设备每年至少全面检查一遍，工务段桥隧科每年对管内设备全面检查一遍。

⑨工务段应对车间、工区填写的检查数据和状态描述进行不定期现场抽查核对，对检查质量进行考核。车间对工区也应进行相应的考核。

（20）定期检查。

①春融和汛前，应对桥隧设备的排水、泄洪和渡汛防护设施进行一次检查。秋季（三季度），应对桥隧设备进行全面检查，据已进行桥隧设备技术状态评定，拟定病害整治措施、安排设备改善计划。

②检查工作由工务段根据主管部门的要求组织进行。长大桥隧和重要设备，工务段长必须亲自检查，主管部门应有重点地进行检查。

③对桥隧设备各部分的技术状态，应按《铁路桥隧建筑物状态评定标准》的规定，进行全面细致的检查，必要时用仪器检测或试验，以查明各种病害情况及发生原因。

④工务段根据秋检结果，对每座设备填写桥隧建筑物状态评定记录表，凡劣化桥隧建筑物应填写桥隧建筑物状态评定明细表，并汇总填写桥隧建筑物状态评定报告表，提出病害发生原因、增减情况等状态分析报告，审查汇总后于 10 月底上报上级管理部门，并将存梁清查年报随同秋检资料一并上报。

（21）临时检查是当设备遭受地震、洪水、台风、火灾及车船撞击等紧急情况或发生突发性严重病害时，为及时掌握结构物状态而进行的检查。临时检查由工务段组织进行。

（22）专项检查。

①重要线路的桥隧限界每五年、其他线路的桥隧限界每十年检查一遍，并根据检查结果

绘出每座桥隧综合最小限界图，填写桥隧综合最小建筑限界尺寸表和区段桥隧综合最小建筑限界尺寸表。

②凡跨度在 40 m 及以上的钢梁，由工务段负责至少每三年测量一次挠度和拱度（固定测点位置）。对有病害的钢梁、钢筋混凝土梁和预应力混凝土梁挠度、拱度和跨中横向振幅的测定由相关部门确定。

③挠度测量时，可先测动荷载所产生的挠度，必要时再复测静荷载所产生的挠度。

（23）墩台变形测量。

①特大桥及病害严重的桥梁，对其墩台均应进行下沉或位移的观测。为求得各墩台位移和下沉的绝对值，墩台标高应与桥梁附近国家水准点相联系，基准线在观测区以外应有控制系统。观测工作一般每年一次，经多年观测基本稳定时，可每隔若干年观测一次。历年观测资料应妥善保存，绘制出汇总后的图表，以分析了解其变化趋势。

②固定观测点一般应设在墩台顶面的两端，使全桥能通视。为保证观测精度，应设置强制归心装置，其"标心"既是仪器固定点，又是垂直位移和平面位移的观测点。

③为正确掌握墩台所发生的微小变形，观测应尽可能使用精密仪器及相应的配套设施。大跨度桥梁观测墩台间距离的变化可采用激光测距等方法。

④墩台基础类型和埋深不明时，应采用挖验、钻探、物探、声波、遥感等探测技术予以查明。

⑤检查墩台及基础是否存在严重病害，可通过测量墩台、承台顶水平横向振动，与同类型墩台相比较，观测其波形、振幅和频率来判定。必要时挖验承台底与桩顶的连接状态。检查桥墩水下墩身和基础有无裂损、冲空时，可采用水下电视或摸探等。

（24）桥隧巡守设置原则。

桥梁巡守原则如下。

①全长在 500 m~1 000 m 的钢桥，实行昼夜巡守。

②全长在 1 000 m 以上的钢桥，分两个巡回区，实行昼夜巡守。

③混合桥根据钢梁长度，按上述规定设置巡守。

④明桥面提速 200 km/h 及以上均应实行昼夜巡守。

⑤圬工桥和新线钢梁桥、混合桥一般不设巡守。

隧道巡守原则如下。

①全长在 3 000 m 以上的隧道，分两个巡回区，实行昼夜巡守。

②全长在 3 000 m 及以下的隧道，一般不设巡守。

③新线隧道一般不设巡守。

（25）涵洞检查。

①涵身是否变形、裂损、露筋，接头是否错位、漏水、漏土。

②涵内是否淤积造成孔径不足，涵洞与水沟之间水路是否顺接。

③涵洞基底是否冒水、潜流造成基底掏空等。

④进出口铺砌、河床导流建筑物和路堤边坡防护设施是否完好。

⑤接长涵洞是否沉降。

⑥行洪涵洞有无水标尺，标示是否清晰。

⑦盖板涵盖板是否发生横向断裂，边墙是否开裂外鼓。

（26）隧道检查。

①隧道衬砌的检查，可使用分格检查方法。发现衬砌腐蚀、裂缝或变形时，应安设测标，定期观测。还应对衬砌厚度、背后空洞、仰拱、铺底等情况进行检查。

②隧道内的漏水涌水，应查明水源，并在每年流量最大的月份和地点，测量水的流量和温度（严寒地区冬季最冷月份应增测水温）。必要时，须取样化验水质，了解其对衬砌是否有侵蚀作用。

③隧道内整体道床支承块松动和损坏，道床基底沉陷，承轨台与人行道交界处、中心水沟、伸缩缝等部位的裂缝、变形、错台等。

④隧道洞口边仰坡有无崩塌落石、滑坡，偏压隧道或明洞的山体滑动和衬砌有无变形裂缝等，明洞洞顶填土厚度和坡度是否符合要求。

⑤运营中应按规定设置机械通风及通风不良的隧道，铁路局应组织工务、卫生等有关部门，每年进行一次抽取空气试验，测定有害气体的浓度，找出最大浓度及降至容许浓度的时间，必要时应进行通风试验，同时测定自然风和活塞风的情况。

⑥隧道内排水设施、出入口的天沟、吊沟、截水沟及隧道顶防排水情况的检查。

5.2.5　车站设备安全管理要点

（1）铁路车站线路的直线地段上，主要建筑物、设备至线路中心线的距离应符合表5-9。

（2）根据接发列车、调车作业的需要设置隔开设备等安全设施。

（3）调车作业繁忙的车站，应设置站场扩音设备、站场无线通信、货运票据和调车作业通知单传递（输）装置，车场内线路间、牵出线和推峰线调车人员经常走行区域应用砂石填平（不得高于道床），并设有排水和高架照明设备，车场间应有硬路面的通道。

（4）设置列车尾部安全防护装置（简称列尾装置）主机的维修、检测设备等。

（5）机车乘务组进行中途换乘作业的车站，应配备值班表、休息室和必要的配套设施。

（6）办理客运业务的车站应设旅客站台，并应有照明、广播设备，有条件的车站应设围墙栅栏。大、中型客运站应设有站前广场，广场大小、道路、旅客和车辆流线应与城市规划及公共交通系统相协调；旅客站台应有雨棚，跨越线路应采用天桥或地道。

表5-9　主要建筑物和设备至线路中心线距离

<table>
<tr><th>序号</th><th colspan="3">建筑物和设备名称</th><th>高出轨道的距离（mm）</th><th>至线路中心线的距离（mm）</th></tr>
<tr><td rowspan="5">1</td><td rowspan="5">跨线桥、天桥柱、雨棚柱和接触网、电力照明等杆柱边缘</td><td colspan="2">位于正线或站线一侧</td><td>1 100 及以上</td><td>≥2 440</td></tr>
<tr><td rowspan="2">雨棚柱</td><td>位于正线或通行超限货物列车的到发线一侧</td><td>1 100 及以上</td><td>≥2 440</td></tr>
<tr><td>位于不通行超限货物列车的到发线一侧</td><td>1 100 及以上</td><td>≥2 150</td></tr>
<tr><td colspan="2">位于站场最外站线的外侧</td><td>1 100 及以上</td><td>≥3 000</td></tr>
<tr><td colspan="2">位于最外梯线或牵出线一侧</td><td>1 100 及以上</td><td>≥3 500</td></tr>
</table>

续表

序号	建筑物和设备名称			高出轨道的距离（mm）	至线路中心线的距离（mm）
2	高柱信号机	位于正线或通行超限货物列车的到发线一侧	一般	1 100 及以上	≥2 440
			改建困难	1 100 及以上	2 100（保留）
		位于不通行超限货物列车的到发线一侧	一般	1 100 及以上	≥2 150
			改建困难	1 100 及以上	1 950（保留）
3	货物站台边缘	普通站台		1 100	1 750
		高站台		≤4 800	1 850
4	旅客站台边缘	高站台		1 200	1 750
		普通站台		500	1 750
		低站台	位于正线或通行超限货物列车的到发线一侧	300	1 750
5	车库门、转车盘、洗车架和洗罐线、加冰线、机车走行线上的建筑物边缘			1 120 及以上	≥2 000
6	清扫或扳道房和围墙边缘		一般	1 100 及以上	≥3 500
			改建困难	1 100 及以上	3 000（保留）
7	起吊机械固定杆柱或走行部分附属设备边缘至货物装卸线			1 100 及以上	≥2 440

注：表列序号 1，第 1~4 栏数值，当有大型养路机械作业时，各类建筑物至线路中心线的距离不应小于 3 100 mm。

旅客站台不应邻靠正线。旅客列车通过的车站，通过线路的站台安全标线与站台边缘距离如下：列车通过速度不超过 120 km/h 时，1 000 mm；列车通过速度为 120~160 km/h 时，1 500 mm；列车通过速度为 160~200 km/h 时，2 000 mm。也可在距站台边缘 1 000 mm 处设栅栏防护。

（7）办理货运的车站，应设有办理托运、检斤、制票、问讯、交付等必要设备，并应根据需要设有货物站台、仓库及货位、堆场、集装箱装卸场地、雨棚、排水、消防、照明、通路及围墙、货运安全监测及防护等设备。

（8）货物装卸作业量较大的车站，应分设综合性货场和专业性货场，根据需要设装卸牲畜的设备、禽畜等的供水设备、爆炸品的专用货场和仓库，制冰及加冰加盐、轨道衡、货车洗刷等设备。

（9）货车洗刷消毒地点，应设有处理污染及排泄设备。

（10）在尽头站台处应设有车钩缓冲装置。

（11）货物装卸作业应采用机械化设备。

（12）铁路房屋。

①铁路生产办公用房、站场建筑物是保证铁路运输生产及客货营销的重要基础设施，须满足运输生产、调度指挥及客货营销的需要。应保持与运输生产有关的房屋、各项建筑物的完好和使用安全，发生自然灾害时，应及时组织抢修，迅速恢复使用。

②铁路运输企业应组织定期检查管内房屋建筑物的质量和使用安全情况，根据质量状态有计划、按周期地进行维修（包括检修和计划维修）、大修。

③对有倒塌危险的三级房屋,须停止使用并限期进行整治。对严重侵限的三级站场建筑物,应立即进行整治。对质量不良、条件差的房屋及侵限的二级站场建筑物,要全面规划,逐年进行大修和改造。

(13)铁路用地。

①铁路用地是铁路的重要资产和运输生产的重要基础,应以保障用地安全、实现保值增值为目的,加强保护,合理利用。

铁路用地分为运输生产用地、辅助生产用地、生活设施用地和其他用地。

②铁路土地利用规划应依据铁路发展规划以及当地土地利用总体规划、城乡总体规划进行编制,并纳入当地土地利用总体规划和城乡总体规划。

③铁路用地应按规定申请土地登记,领取土地权属证书并集中保管。对涉及铁路用地的相关资料,应进行收集、分类、组卷、归档、统计。

④涉及铁路用地改变权属、用途等开发利用行为及在铁路用地范围内实施穿越、跨越等工程,应按规定程序审核、批准,办理相关用地手续。

⑤铁路用地应按地界线埋设地界桩,地界桩制作和埋设应符合有关标准。

铁路封闭设施应在地界线设置。需为通行、排水、耕作等提供便利条件的地段,可在地界线内 0.5m 处或根据实际情况设置。封闭设施设置在地界线上的,可不埋设地界桩。

⑥铁路建设应及时收集整理建设用地资料,编制建设用地竣工文件,按规定标准绘制竣工用地平面图。建设项目竣工后,应组织建设用地验收。

(14)《站细》修订及审批的规定。《站细》由车站站长会同有关单位,根据《技规》《行规》《站细编制规则》和有关规定,结合车站具体情况进行编制。

①资料的提供。编制《站细》前,需要相关单位提供相应车站技术资料,主要包括以下内容。

a. 工务段。提供车站线路平纵断面图(包括驼峰),各股道(包括专用线、段管线)全长、有效长、坡度,线间距离,道岔型号,天桥等上跨设备限界和进站信号机外制动距离内平纵断面图。

b. 电务段。提供附有信号机名称、号码、位置、距线路中心线距离和道岔号码的线路平面图,信号联锁图表、设置 CICS-2 信息的股道和进路。

c. 铁路通信公司。提供通信设备及有关设备的使用说明书。

d. 建筑段。提供风雨棚、站台距线路中心线距离和距轨面高度。

e. 供电段。提供客车上水栓位置、数量、压力、流量和站场照明。分段、分相绝缘器、分区亭、开闭所、牵引变电所的位置,供电臂范围,接触网高度,接触网支柱距线路中心线距离,隔离开关位置及其使用说明。

f. 机务段。根据车站的要求,提供编制《站细》需要的有关技术资料。

站场设备改建或施工时,施工单位必须于开通时间一个月以前提供上述技术资料(包括设备使用说明书),以便车站提前编制有关行车和调车作业办法。

②编修的时机。《站细》应在每次修改《技规》《行规》或每次编制运行图后及车站设备有较大变动时,由车务段决定,做系统的修订。修订后须及时将技术资料变化部分提供给有关车站或车务段。

③审批权限。《站细》由车站站长亲自组织编制。直属站、车务段要对管辖车站的《站细》进行审核，二等及以上车站的《站细》由铁路局审批，三等及以下车站的《站细》由所属直属站或车务段审批。批准的《站细》由批准单位指定实行日期，须在路局、车务段和车站各存一份，特等站另报原铁道部一份备查。《站细》修订后，车站(中间站由车务段)应将有关内容抄送有关单位。

(15)站场路基和排水。

①站线中心线至路基边缘的宽度：车场最外侧线路不应小于3 m；有列检作业的车场最外侧线路不应小于4 m，在困难条件下，采用挡碴墙时可不小于3 m；最外侧梯线和平面调车牵出线经常有调车人员上、下车作业的一侧不应小于3.5 m；驼峰推送线的车辆摘钩地段，有摘钩作业的一侧不应小于4.5 m，另一侧不应小于4 m。

②站内联络线、机车走行线和三角线等单线的路基面宽度：非渗水土路基不应小于5.6 m；渗水土路基不应小于5 m。

③车站路基面应设有倾向排水系统的横向坡度。根据车站路基面宽度、排水要求和路基填挖情况，可设计为一面坡、两面坡或锯齿形坡。路基面的横向坡度不宜倾向正线，外包车场的正线应按单独路基设计。

路基面横向坡度和一个坡面的最大线路数量，可按表5-10的规定确定。

站场排水系统设计应有总体规划，并应与地方排灌和排污系统密切配合。改建车站应尽量利用既有的排水设备。

表5-10 路基面横向坡度和一个坡面的最大线路数量

序号	基床表层岩土种类	地区年平均降水量(nm)	横向坡度(%)	一个坡面的最大线路数量(条)
1	硬质岩石、硬块石、碎石、砾石、中砂和粗砂等渗水土	<600	2	4
		≥600	2	3
2	除上述外的非渗水土	<600	2	3
		≥600	2~3	2

④排水设备的数量应根据地区年平均降水量、站场汇水面积、基床表层岩土类型、路基纵横断面和出水口等因素确定。

⑤站场内下列部位，应根据具体情况加强路基排水。

a. 客运站和办理客车上水作业车站的到发线以及客车整备所的洗车机线和整备线。

b. 机务段内各种洗车机线。

c. 货场内设有站台的装卸线、车辆洗刷线、加冰线和牲畜装卸线。

d. 车辆减速器和设有轨道电路的大站咽喉区。

e. 改建车站时，改建部分的排水不良路基。

(16)车站调车作业。

①车站的调车工作，应按车站的技术作业过程及调车作业计划进行。参加调车作业的人员应做到以下几点。

a. 及时编组、解体列车，保证按列车运行图的规定时刻发车，不影响接车。

b. 及时取送货物作业和检修的车辆。

c. 充分运用调车机车及一切技术设备，采用先进工作方法，用最少的时间完成调车任务。

d. 认真执行作业标准，保证调车有关人员的人身安全及行车安全。

②调车工作要固定作业区域、线路使用、调车机车、人员、班次、交接班时间、交接班地点、工具数量及其存放地点。作固定替换用的调车机车及小运转机车，应符合调车机车的条件(有前后头灯、扶手把、木脚踏板等)。

③禁止溜放的车辆、线路及其他限制如下。

a. 装有禁止溜放货物的车辆。

b. 非工作机车、轨道起重机、大型养路机械、机械冷藏车、大型凹型车、落下孔车、客车和特种用途车。

c. 超过 2.5‰坡度的线路(为溜放调车而设的驼峰和牵出线除外)。

d. 停有正在进行技术检查、修理、装卸作业车辆，乘坐旅客的车辆和无人看守道口的线路。

e. 停有装载爆炸品、压缩气体、液化气体车辆的线路。

f. 停留车辆距警冲标的长度容纳不下溜放车辆(应附加安全制动距离)的线路。

g. 未配调车组的中间站或调车组不足三人时，禁止溜放作业。原则上不准采用牵引溜放法调车，因设备条件限制，确需施行牵引溜放法调车时，须有安全措施。

④调车工作繁忙、配线较多的车站，可划分为几个调车区。没有做好联系和防护，不准放行越区车或转场车。调车机车越区作业的联系和防护办法，应在《站细》内规定。

⑤由于劳动组织、作业性质、技术设备、技术要求等的不同，可用相应的标准对铁路调车作业标准进行补充规定；专用铁路的某些作业未纳入标准或因特殊要求执行标准有困难的，可按本企业标准执行，但国家铁路机车进入专用铁路或专用铁路机车进入国家铁路作业，必须执行过轨申请。

⑥由于作业组织方法和作业人员的职名不同，岗位作业标准中的作业人员分工，可按岗位责任制的规定执行，但对标准中的技术要求不得简化。

5.2.6 铁路信号与通信设备安全管理要点

(1)为保证信号设备的质量，应设电务段。电务段管辖范围应根据信号设备等条件确定。提供铁路通信服务的部门应保证通信设备的质量，负责设备的运行和维护。

(2)电务段应设信号设备检修、修配、测试场所，配置相应的仪器仪表、工装机具以及交通工具、应急通信设备等。电务段应在机务段内设机车信号检测、测试场所。设有车辆减速器的驼峰调车场应设驼峰机械修配场所。铁路信号设备维护工作应按设备技术状态进行维修，并按周期进行中修和大修。提供铁路专用通信服务的部门应保证在机务段内设有机车无线通信设备维护检修场所。

(3)对设有加锁加封的信号设备，应加锁加封，必要时可装设计数器，使用人员应负责其完整。对加封设备启封使用或对设有计数器的设备每计数一次时,使用人员均须在行车设备检查登记簿内登记,写明启封或计数原因。加封设备启封使用后,应及时通知信号工区加封。采用计算机联锁设备实现加锁加封功能时,应使用密码操作。

(4)集中联锁车站和自动闭塞区段应装设信号计算机监测系统,对信号设备运用状态进行实时监测、故障和超限告警。

(5)信号与通信设备应装有防止强电和雷电危害的保安设备,电子设备应符合电磁兼容有关规定。

(6)信号机及表示器在正常情况下的显示距离如下。

①进站、通过、接近、遮断信号机,不得少于 1 000 m。

②高柱出站、高柱进路信号机不得少于 800 m。

③预告、驼峰、驼峰辅助信号机,不得少于 400 m。

④调车、矮型出站、矮型进路、复示信号机,容许、引导信号及各种表示器,不得少于 200 m。

⑤在地形、地物影响视线的地方,进站、通过、接近、预告、遮断信号机的显示距离,在最坏的条件下,不得少于 200 m。

(7)铁路信号机应采用色灯信号机。色灯信号机均应采用高柱信号机,在下列处所可采用矮型信号机。

①不办理通过列车的到发线上的出站、发车进路信号机。

②道岔区内的调车信号机。

③自动闭塞区段,隧道内的通过信号机。特殊情况需设矮型或平高柱信号机时,须经上级领导部门批准。

(8)信号机应设在列车运行方向的左侧或其所属线路的中心线上空。特殊地段因条件限制,需设于右侧时,须由铁路运输企业按标准设置。信号机设置的地点,由电务部门会同运输、机务和工务等有关部门共同研究确定。在确定设置信号机地点时,除满足信号显示距离的要求外,还应考虑到该信号机不致被误认为邻线的信号机。

(9)车站必须装设进站信号机。进站信号机应设在距进站最外方道岔尖轨尖端(顺向为警冲标)不少于 50 m 的地点,如因调车作业或制动距离需要延长,一般不超过 400 m。

(10)双线自动闭塞区反方向进站信号机前方应设置预告标。

(11)在车站的正线和到发线上,应装设出站信号机。出站信号机应设在每一发车线的警冲标内方(对向道岔为尖轨尖端外方)适当地点。在调车场的编发线上,必要时可设线群出站信号机。

(12)通过信号机应设在闭塞分区或所间区间的分界处。自动闭塞区段的通过信号机,不应设在停车后可能脱钩、牵引供电分相的处所,也不应设在起动困难的地点。自动闭塞区段信号机设置位置和显示关系应根据列车牵引计算确定并应满足列车运行速度规定的制动距离和线路通过能力要求。在自动闭塞区段内,当货物列车在设于上坡道上的通过信号机前停车后起动困难时,在该信号机上应装设容许信号。在进站信号机前方第一架通过信号机上,不得装设容许信号。

(13)在有人看守的道口应装设遮断信号机;在有人看守的桥隧建筑物和可能危及行车

安全的坍方落石地点，根据需要专设遮断信号机。该信号机距防护地点不得小于 50 m。

（14）半自动闭塞、自动站间闭塞区段，进站信号机为色灯信号机时，应设色灯预告信号机或接近信号机。进站信号机为臂板信号机时，可设预告信号机，预告臂板信号机应采用电动臂板。遮断信号机和半自动闭塞、自动站间闭塞区段线路所通过信号机，应设色灯预告信号机或接近信号机。列车运行速度不超过 120 km/h 的区段，预告信号机与其主体信号机的安装距离不得小于 800 m，当预告信号机的显示距离不足 400 m 时，其安装距离不得小于 1 000 m。列车运行速度超过 120 km/h 的区段，应设置两段接近区段，在第一接近区段和第二接近区段的分界处，设接近信号机，在第一接近区段入口 100 m 处，设置机车信号接通标。

（15）特殊地段因条件限制，同方向相邻两架指示列车运行的信号机（预告、遮断、复示信号机除外）间的距离小于制动距离时，按下列方式处理。

①在列车运行速度不超过 120 km/h 的区段，当两架信号机间的距离小于 400 m 时，前架信号机的显示，必须完全重复后架信号机的显示；当两架信号机间的距离在 400 m 及以上，但小于 800 m 时，后架信号在关闭状态时，前架信号机不准开放。

②在列车运行速度超过 120 km/h 的区段，两架有联系的信号机间的距离小于列车规定速度级差的制动距离时，应采取必要的降级或重复显示措施。

（16）出站信号机有两个及以上的运行方向，而信号显示不能分别表示进路方向时，应在信号机上装设进路表示器。发车进路兼出站信号机，根据需要可装设进路表示器，区分进路方向。双线自动闭塞区段，有反方向运行条件时，出站信号机应装设进路表示器。

（17）发车时，对发车指示信号或发车信号辨认困难，而中转信号又延长站停时间的车站，应在便于司机瞭望的地点装设发车表示器。

（18）为满足调车作业的需要，应装设调车色灯信号机。在作业繁忙的调车场上，因受地形、地物影响，调车机车司机看不清调车指挥人的手信号时，应设调车表示器。

（19）设有线群出站信号机时，应在线群每一条发车线路的警冲标内方适当地点，装设发车线路表示器。

（20）在有几个车场的车站，为使列车由一个车场开往另一个车场，应装设进路色灯信号机。

（21）进站及接车进路色灯信号机，均应装设引导信号。

（22）进站、出站、进路信号机及线路所通过信号机，因受地形、地物影响，达不到规定的显示距离时，应装设复示信号机。设在车站岔线入口处的调车色灯信号机，达不到规定的显示距离时，根据需要可装设调车复示信号机。

（23）非集中操纵的接发车进路上的道岔，应装设道岔表示器，集中操纵的道岔、调车场和峰下咽喉的道岔，不装设道岔表示器；其他道岔根据需要装设道岔表示器。集中联锁以外的脱轨器及引向安全线或避难线的道岔，应装设脱轨表示器。

（24）联锁安全管理。

①集中联锁设备应保证：当进路建立后，该进路上的道岔不能转换；当道岔区段有车占用时，该区段的道岔不能转换；列车进路向占用线路上开通时，有关信号机不能开放（引导信号除外）；能监督是否挤岔，并于挤岔的同时，使防护该进路的信号机自动关闭，被挤道岔未恢复前，有关信号机不能开放。

②集中联锁设备，在控制台（或操纵、表示分列式的表示盘及监视器）上应能监督线路与道岔区段是否占用，进路开通和锁闭，复示有关信号机的显示。

③非集中联锁设备，应保证车站值班员能控制接、发车进路和信号机的开放与关闭。非集中联锁设备，在控制台上应有接、发列车的进路开通表示；采用色灯电锁器联锁时，还应有进站信号机的开放、关闭和出站信号机、引导信号的开放表示；到发线设有轨道电路时，应有到发线的占用表示。

④在作业繁忙的调车区域，根据需要，可采用调车区集中联锁。

⑤信号设备联锁关系的临时变更或停止使用，须经有关部门批准。

（25）闭塞安全管理。闭塞设备分为自动闭塞、自动站间闭塞、半自动闭塞。具体设置条件如下。

①在单线区段，应采用半自动闭塞或自动站间闭塞，繁忙区段可根据情况采用自动闭塞。

②在双线区段，应采用自动闭塞。在一个区段内，原则上应采用同一类型的闭塞方式。在列车运行速度超过 120 km/h 的双线区段，应采用速差式自动闭塞，列车紧急制动距离由两个及以上闭塞分区长度保证。

（26）通信安全管理。

①铁路通信应符合国家、原铁道部规定的相关技术标准和质量要求，确保全程全网安全、可靠、迅捷、畅通。基础通信网应根据铁路运输和铁路信息化的需求设置，在物理层、链路层、网络层提供综合业务的接入、交换和传输。调度通信应满足铁路运输组织的需要，调度通信网络应保持相对独立和专用。

②铁路通信应根据下列主要通信业务，配置相应通信设备。

a. 普通电话（固定、移动）。

b. 专用电话（固定、移动），包括调度电话、车站（场）通信、站间行车电话、各工种专用电话等。

c. 会议电话。

d. 广播。

e. 数据承载。

f. 数据终端（铁路电报、列车调度命令无线传送、列车进路预告、无线车次号校核、列车尾部风压信息反馈、列车接近通知、列车防护报警、道口报警、调车数据传送等）。

g. 图像通信（电视会议、监视图像传送等）。

h. 客运综合信息（列车到发通告、引导显示、查询、广播、时钟、监视、视讯等）。

i. 应急通信。

j. 安全预警等。

③列车调度电话系统准许列车调度员、机车调度员、车站值班员（车站调度员）、车辆运行安全监测调度员、列车段（车务段、客运段）值班员、机务段调度员、电力牵引变电所值班人员、供电调度员、道口看守员加入通话；根据需要允许机车司机、大型养路机械及轨道车司机、救援列车主任和施工负责人及巡道人员在区间临时加入通话。站间行车电话和扳道电话禁止其他电话接入。列车调度电话、站间行车电话均应安装通信记录装置。

④铁路各调度区段应装设列车无线调度通信设备。在编组站、区段站，应装设平面调车等站场无线通信设备。列车无线调度通信设备，一般只准列车调度员、机车调度员、车站值班员、助理值班员、机车司机、大型养路机械及轨道车司机加入通话；允许救援列车主任在执行救援任务时临时加入通话；道口看守人员在紧急情况下，可临时加入通话。列车无线调度通信设备（车站电台、调度台、机车台）等应安装通信记录装置。

⑤区间通话柱应尽量靠近铁路，并安装在防护网内，与线路中心的水平距离应能保证使用人员的人身安全和大型养路机械的施工作业要求，每隔 1.5 km 左右安装一个；在自动闭塞区段，其安装位置尽量与通过信号机的位置相对应。

⑥在铁路运输生产中，凡设置使用无线电设备的单位，都必须遵守国家和相关部门无线电管理的有关规定。

（27）信号和通信线路。

①信号传输线路，可采用电缆、光缆等传输手段。通信传输线路以光缆为主。在最大弛度时，架空线条最低点至地面、轨面的一般距离规定如下。

a. 在区间，距地面不小于 2 500 mm。

b. 在站内，距地面不小于 3 000 mm。

c. 跨越道路，距地面不小于 4 500 mm。

d. 在与铁路交叉地点，距钢轨顶面不小于 7 000 mm。

架空线线路下面，地下光缆和电缆线路上面，禁止植树。架空线线路附近的树枝与线条的距离，在市内不小于 1 000 mm，在市区外不小于 2 000 mm。地下光缆和电缆线路与树木平行的距离，在市内不小于 750 mm，在市区外不小于 2 000 mm。

严禁在信号、通信线路及设备附近进行危及其安全的施工或作业。必须进行时，应会同设备维护部门，采取安全措施。

②在通信架空线路上，禁止架设广播线。当通信明线或电缆与供电线路、广播线或其他电话线路并行或跨越时，其间必须保持的距离，由原铁道部有关通信规章规定，并采取防止干扰措施。

③通信线路或设备损坏时，应按下列顺序抢通和恢复。

a. 列车调度电话。

b. 站间行车电话、扳道电话、信号闭塞线路。

c. 列车调度指挥系统和调度集中系统的通道。

d. 牵引供电远动通道。

e. 信号安全数据网通道。

f. 车辆运行安全监测通道。

g. 旅客服务系统通道。

h. 客票系统通道。

i. 车号自动识别系统通道。

j. 其他。

5.2.7 供电及特种设备安全管理要点

（1）主变电站安全管理要点如下。

①主变电站应在使用年限内。

②变电站继电保护装置应满足可靠性、选择性、灵敏性和速动性的要求。

③应设置接地保护，且接地电阻应符合要求。

④主变电站周围建筑应设置避雷设施，并每年进行检测。

⑤应设置完善的过负荷、短路保护装置。

⑥应设置防灾报警装置，配置必要的消防设施，并每年进行检测。

⑦应设置应急照明。

⑧应设置安全操作警示标志和安全疏散指示标志。

⑨主变电站设备应定期进行预防性试验，试验合格后，才能继续使用。

⑩主变电站值班或巡视维护人员和应急处理人员数量和结构应配置合理。

⑪主变电站操作人员应具有上岗资质。

⑫主变电站操作人员应定期进行培训。

⑬应建立主变电站的维护规程。

⑭电气设备外露可导电部分，必须与接地装置有可靠的电气连接。

⑮装有两台及以上变压器的变电所，当其中任意一台变压器断开时，其余变压器的容量应满足一、二级负荷的用电。

⑯有人值班的配电所，应设单独的值班室。当低压配电室兼作值班室时，低压配电室面积应适当增大；高压配电室与值班室应直通或经过通道相通，值班室应有直接通向户外或通向走道的门。

⑰高压配电室宜设不能开启的自然采光窗，窗台距室外地坪不宜低于 1.8 m；低压配电室可设能开启的自然采光窗。配电室临街的一面不宜开窗。

⑱变压器室、配电室、电容器室等应设置防止雨、雪和蛇、鼠类小动物从采光窗、通风窗、门、电缆沟等进入室内的设施。

⑲配电所、变电所的电缆夹层、电缆沟和电缆室，应采取防水、排水措施。

⑳高、低压配电室、变压器室、电容器室、控制室内，不应有与其无关的管道和线路通过。

（2）牵引变电站安全管理要点如下。

①牵引整流机组的数量与容量宜根据近、远期计算负荷比较确定，并在其中一座牵引变电所退出运行时，相邻的两座牵引变电所应能分担其供电分区的牵引负荷。

②配电变压器的容量选择应满足一台配电变压器退出运行时，另一台配电变压器能负担供电范围内远期的一、二级负荷。

③牵引变电站设备应在使用年限内。

④牵引变电站应有两路独立的电源供电，两路电源引自同一主变电站的不同母线段或不同主变电站的母线段。

⑤牵引变电站应设置两台牵引整流机组，两台整流机组并列运行。

⑥牵引变电站直流设备外壳应对地面绝缘安装。

⑦应设置接地保护,且接地电阻应符合要求。

⑧牵引变电站周围建筑应设置避雷设施,并每年进行检测。

⑨应设置完善的短路和过负荷继电保护装置。

⑩应设有防止大气过电压和操作过电压的保护设施。

⑪设置防灾报警设施,配置必要的消防设施、器材和应急装备。

⑫无人值班的牵引变电站应设置监控系统。

⑬设置安全操作警示标志和安全疏散指示标志。

⑭牵引变电站设备应定期进行预防性试验,试验合格后,才能继续使用。

⑮各供电设备及继电保护装置应定期检验,满足电力相关规范要求。

⑯牵引变电站值班或巡视维护人员和应急处理人员数量和结构配置合理。

⑰牵引变电站操作人员应具有上岗资质。

⑱牵引变电站操作人员应定期进行培训。

⑲应建立牵引变电站的维护规程。

⑳对牵引变电站故障信息应有记录、有分析、有纠正和预防措施。

(3)降压变电站安全管理要点如下。

①降压变电站设备应在使用年限内。

②降压变电站应有两路独立的电源供电。

③降压变电站应设置两台配电变压器。一台配电变压器退出运行时,另一台配电变压器承担变电站的全部一、二级负荷。

④应设置接地保护,接地电阻应符合要求。

⑤降压变电站周围建筑应设置避雷设施,每年进行检测。

⑥应设置完善的短路和过负荷继电保护装置。

⑦应设有防止过电压的保护设施。

⑧应设置防灾报警装置,配置必要的消防设施、器材和应急装备。

⑨应设置应急照明。

⑩无人值班的降压变电站应设置监控系统。

⑪应设置安全操作警示标志和安全疏散指示标志。

⑫降压变电站设备应定期进行预防性试验,试验合格后,才能继续使用。

⑬各供电设备及继电保护装置应定期检验,满足电力相关规范要求。

⑭降压变电站操作人员应具有上岗资质。

⑮降压变电站操作人员应定期进行培训。

⑯应建立降压变电站的维护规程。

⑰对降压变电站故障信息应有记录、有分析、有纠正和预防措施。

⑱高压配电室宜设不能开启的自然采光窗,窗台距室外地坪不宜低于 1.8 m;低压配电室可设能开启的自然采光窗。配电室临街的一面不宜开窗。

⑲变压器室、配电室、电容器室等应设置防止雨、雪和蛇、鼠类小动物从采光窗、通风窗、门、电缆沟等进入室内的设施。

⑳配电所、变电所的电缆夹层、电缆沟和电缆室,应采取防水、排水措施。

㉑高、低压配电室和变压器室、电容器室、控制室内,不应有与其无关的管道和线路通过。

(4)特种设备安全管理要点如下。

①特种设备安装、维修保养、改造单位必须对特种设备安装、维修保养、改造的质量和安全技术性能负责。安装、维修保养、改造单位必须具备相应的条件,向所在地省级特种设备安全监察机构或者其授权的特种设备安全监察机构申请资格认可,取得资格证书后,方可承担认可项目的业务。该资格证书在全国范围内有效。

②特种设备安装、维修保养、改造业务不得以任何形式进行转包或者分包。

③安装、大修、改造特种设备前,使用单位必须持施工方案等相关资料到所在地区的地、市级以上特种设备安全监察机构备案。

④安装、大修、改造的特种设备经验收合格后,负责该项目施工的单位必须将施工的技术文件和资料等,移交使用单位存入该特种设备的技术档案。各类特种设备定期检验的周期按《特种设备安全监察条例》具体规定执行。

⑤按照要求规范建立特种设备台账。

6. 作业现场安全管理

铁路运输企业作业现场的安全管理中，人的操作失误、违章作业主要是由现场作业方法不当和作业习惯不良两类因素造成的。发挥管理的作用，控制运输活动中人的自由度是安全工作的前提、基础和保证。

6.1 铁路运输组织安全管理

铁路运输组织包括铁路客运组织、铁路货运组织和铁路行车组织。铁路运输生产的根本任务就是把旅客和货物安全、及时地运送到目的地，其作用、性质和特点决定了铁路运输必须把安全生产摆在各项工作的首要位置。

6.1.1 铁路客运组织

铁路客运组织包括铁路旅客运输计划、客流及旅客列车种类、旅客列车运行组织、客运站的技术设备、客运站的工作组织以及铁路旅客运输管理现代化等内容。

6.1.1.1 旅客运输计划

旅客运输计划分为长远计划、年度计划和日常计划三种。

旅客运输计划的主要内容如下。

(1)旅客发送量：计划期内全路、铁路局(客运公司)由各站始发的全部旅客人数。

(2)客运量：计划期内全路、铁路局(客运公司)运送的全部旅客人数。

(3)旅客平均行程：计划期内每位旅客平均乘车的里程。

(4)旅客周转量：计划期内全路或一个铁路局完成的旅客人公里数。

6.1.1.2 客流及旅客列车种类

（1）客流包括直通客流和管内客流。直通客流指跨铁路局的客流，管内客流指局管内的客流。

（2）旅客列车的种类包括特快旅客列车、快速旅客列车、普通旅客列车。

6.1.1.3 旅客列车运行组织

（1）旅客列车速度的选择。主要考虑的因素是如何提高旅客列车直通速度，采取的措施有加速列车运行、压缩停站次数、缩短停站时间等。还需考虑的因素有列车始发时刻、终到时间、通过大站的时刻等，即从方便旅客的角度考虑。

（2）旅客列车开行方案的制定。旅客列车开行方案是指确定旅客列车运行区段、列车种类及开行对数的计划。列车的运行区段由旅客列车的始发站、终到站及经由线路构成。列车种类显示列车不同的等级或性质。开行对数的多少表示行车量的大小。

（3）确定旅客列车车底组数。旅客列车编组的客车车种、辆数和编挂顺序一般是固定的，这种固定连挂在一起的车列，称之为客车固定车底，一般不改编。

6.1.1.4 客运站技术设备

（1）客运站的技术设备主要包括客运站站房、客车整备所、站场及其他客运设备等。

（2）客运站的主要任务：满足旅客安全、迅速、便捷地旅行需要，及时组织旅客列车的到达、出发和旅客列车车底的取送等。

6.1.1.5 客运站的工作组织

铁路客运站的工作组织包括生产管理、技术管理和财务管理等。生产管理范围包括车票及发售、旅客乘降工作组织、行包运输工作组织。技术管理指的是线路固定使用方法，旅客列车到、发、通过技术作业过程以及客车车底整备作业。财务管理包括固定资金管理、流动资金管理、成本管理、运输收入管理、运输进款管理以及专用资金管理。

6.1.1.6 铁路旅客运输管理现代化

铁路旅客运输管理现代化系统包括铁路票务系统、铁路运输服务系统、铁路客运营销与策划系统、铁路客运管理信息系统、铁路客运行包管理系统等。

6.1.2 铁路货运组织

铁路货物运输是指根据托运人的要求，在规定时间内把托运人托运的货物，安全、迅速、准确地运到指定到站，交付给收货人。

货物周转量是指在一定时期内，一个铁路局或全路完成的货运产品总数。它是指铁路运输部门所完成的各批货物吨数与运输距离的乘积之和，单位为吨公里。全部周转量为货物周转量和旅客周转量之和。

6.1.2.1 铁路货物运输的基本条件

（1）铁路货物运输种类。

①整车货物运输。整车货物运输是指一批货物的重量、体积、形状和性质需要以一辆或一辆以上的货车装运的运输。

对于一批货物无论总重还是总体积能装足一辆货车标记载重量或充满一辆货车的容积都应按整车办理；一件货物的形状不适合进入棚车或敞车与其他货物拼装，或货物的性质决定其有特殊运输要求，或者不能清点件数的货物也应按整车办理。

②零担货物运输。零担货物运输是指一批托运的货物，其重量或体积不需单独一辆货车装载的运输。中国铁路规定：按零担托运的货物，一件的体积不得小于 0.02 m^3（一件重量在 10 kg 以上的除外），每批（一张运单）不得超过 300 件。

③货物集装运输。铁路货物集装运输包括集装箱运输和集装化运输。

集装箱运输的类型：按用途分为普通货物集装箱和特种货物集装箱；按总重分为大型集装箱、中型集装箱、小型集装箱；按规格尺寸分为 20 ft 集装箱（$20 \times 8 \times 8.5$）和 40 ft 集装箱（$40 \times 8 \times 9.5$）；按箱主分为铁路集装箱、自备集装箱。

集装化运输又称货捆运输、单元运输、束装运输。铁路集装器具主要有托盘、集装笼、集装架、集装袋、集装网、集装专用箱、集装夹、预垫式集装器具和滑板等。

（2）货物按一批托运的条件。

"一批"是指使用一张货物运单和一份货票，按照同一运输条件运送的货物。整车货物以每车为一批，跨装、爬装及使用游车的货物，每一车组为一批。零担货物或使用集装箱运输的货物以每张货物运单为一批。

（3）整车分卸与途中装卸。

①托运人托运同一到站的货物数量不足 1 车而又不能按零担办理时，要求将同一线路上 2 个或最多不超过 3 个到站的货物合装一车时，按整车分卸办理。整车分卸的条件为：是整车且是同一路径、站内卸车、站数 2~3 个。密封、保温、冷藏和不易计件货物不能办理。

②对于整车货物，如果托运人要求在车站站界以外的区间或在不办理货运营业的车站进行装卸作业，并经过所在的铁路局批准，可按途中装卸办理。

（4）铁路运输方式。

铁路运输方式分为直通运输、联合运输、快速运输。

直通运输是按整车托运的货物，为方便托运人或收货人，免去途中换装作业站或者不同产权归属的交接站办理运输手续，使用一份运输票据完成的货运任务，这种货物运输称直通运输。

联合运输是铁路与其他运输工具或我国铁路与国外铁路共同参与的，以一份运单完成货物的全程服务，这种运输组织方法称为联合运输，如铁水联运、国际铁路联运、铁公联运等。

快速货物运输包括托运人要求办理的快运货物、必须按快运办理的货物和快速货物列车运输的货物等。

6.1.2.2 铁路特种货物运输

（1）阔大货物的运输。阔大货物的运输包括超长货物运输、集重货物运输、超限货物运输、超重货物运输等。其中超长货物运输的一种方法是一车负重，在负重车的一端或两端加挂游车装运；另一种是加挂中间游车，或在跨装负重车的一端或两端加挂游车。集重货物运输方法是加垫横垫木。

（2）危险货物运输作业组织。在铁路运输中存在爆炸、燃烧、腐蚀、毒害或射线等危害，而需要特别防护的货物，属于危险货物。我国铁路运输的危险货物按其主要危险特性分为爆炸品，压缩气体和液化气体，易燃液体，易燃固体、易燃物品和遇湿易燃物品，氧化剂和有机过氧化物，毒害品和感染性物品，放射性物品，腐蚀品和杂类，共九大类。不同类项货物的包装、保管、装卸和配装条件都有明确的规定。所以，严格遵循《铁路危险货物运输管理规则》的规定，对保证运输安全和提高运输质量是至关重要的。危险货物运输包装不同于储存和使用包装，必须符合《铁路危险货物运输管理规则》品名表和包装表的规定。危险货物对车辆使用有严格的要求。

6.1.2.3 货场管理

铁路货场是车站办理货运作业的生产车间，也是铁路货物运输对外营业的门市部。所以，货场管理是铁路货物运输生产管理的一部分，担负有铁路货物运输经营服务的内容。车站要运用现代化管理方法和技术管理货场，提高工作质量和服务质量，完成货物运送任务，保证货物安全。

（1）铁路货场管理的目的。

①提高货场作业效率，保证完成和超额完成货运任务。

②运用科学先进的管理方法，降低作业成本，保证作业安全，提高运输服务质量。

③提高职工素质，关心职工的利益，调动广大职工的生产积极性。

④增强货场适应环境条件变化的能力。

（2）铁路货场作业过程组织。

①基本要求。合理组织生产作业过程的基本要求是：连续性、平行性、比例性、节奏性、适应性和准时性。

②货场作业内容。货场作业主要有两大过程，一是到达送车—卸车—搬出；二是进货—装车—取车挂运。这两大过程通常并不是截然分开的，如取车挂运与到达送车，装车和卸车以及搬出和进货都是结合进行的。因此，也可以把进出货、装卸车和取送车看作货场作业的二个环节。

③装卸车作业和进出货组织。货物装车或卸车，应在保证人身和货物安全的条件下，积极组织快装、快卸，昼夜不间断地作业，以缩短货车停留时间，加速货物运输周转。为了保证完成规定的装卸车作业任务，各装卸作业点都应有足够的装卸设备和装卸劳力。在确定需要的装卸作业能力时，必须充分考虑货物到发不均衡和作业不均衡的影响。组织装车时，铁路应根据货物性质、形状和托运人的要求拨配适当的车辆，拨配的车辆应当状态良好，清扫干净。如无适当的车辆，在保证货物安全、货车完整和装卸作业方便的条件下可以组织车辆代用。

④卸车和出货组织。加强卸车和出货组织是实现运输方案的重要保证。要解决卸车和出货,首先应有足够的装卸和搬运力量,同时还应重视科学组织,才能提高效率。

⑤进货和装车组织。进货和装车作业组织的中心内容是按编组计划组织货流,安排货区货位,减少调车作业,按列车方案的出车时间组织挂线装车,以压缩车辆停留时间。车站组织进货时,应根据旬间日历装车计划的安排,按成组装车分组表的组号合理安排货位,集中组织进货,使进货、装车到车辆挂出在时间上衔接,内容上符合列车编组计划的规定。

6.1.2.4 铁路货物运输的基本作业

铁路货物运输的基本作业包括发送作业、途中作业、货物到达作业。

发送作业指货物在发站所进行的各项货运作业,主要包括托运、受理、进货、验收、制票、承运、装车等环节。

途中作业是指交接、检查,换装整理,运输合同变更,整车分卸,运输故障的处理。

货物到达作业指重车和货运票据的交接和货物的卸车,包括卸车前检查、卸车作业、卸车后检查。

6.1.3 铁路行车组织

铁路行车组织主要内容包括车流组织、列车运行图、列车的编组计划、铁路通过能力以及车站行车组织、调车工作、通过能力和改编能力。

6.1.3.1 车流组织

(1)车流是指在一定时期内,在某一方向、某一区段或某一车站上,车辆的去向或到站(流向)和数量(流量)的总称。

(2)车流组织的基础是货流。在一定时期内,货物由发送地点向到达地点输送从而形成了货流。货流包含四个主要因素,即流量、流向、运距和构成。铁路货物运输计划中所规定的发到站别、品类别、货物发送吨数,称为计划货流。

6.1.3.2 列车运行图

列车运行图是用以表示列车在铁路区间运行及在车站到发或通过时刻的技术文件,它规定了各车次列车占用区间的程序,列车在每个车站的到达和出发(或通过)时刻,列车在区间的运行时间,列车在车站的停站时间以及机车交路、列车重量和长度等,是铁路组织列车运行的基础。所有与列车运行有关的铁路各部门,必须按列车运行图的要求,组织本部门的工作,以保证列车按运行图运行。

(1)编图所需原始资料。

编图所需原始资料包括 12 项内容,分别为:各区段客货列车的行车量;车站间隔时间和追踪间隔时间标准;各区段通过能力;客货列车停车站名及停站时间标准;各技术站作业时间标准;客车车列在配属段、折返段停留时间标准;客货列车区间运行时分和起停附加时分;各区段货物列车重量标准;机车在区段作业时间标准、运用方式及乘务制度;各区段允许速度；施工计划及慢行地段和慢行速度；现行运行图执行情况。

（2）编图的基本要求。

①按《技规》有关规定，严格遵守形成作业程序和作业标准。

②充分发挥运能，迅速便利地运送旅客和货物。

③经济合理地使用机车、车辆。

④运行图要与编制计划、车站技术作业过程相协调，使运行线与车流很好地结合。

（3）区段管内货运列车的铺画步骤。

①编方案图。对于摘挂列车，根据区段管内货物列车铺画方案规定；对于其他货物列车，在双线区段为各区间运行时分与列车在各中间站技术作业停站时间之和；单线区段为各区间运行时分与列车在各中间站平均停站时间之和。

②根据方案图编制详图。在运量大、区间通过能力比较紧张的单线区段，由于在编方案图时很难对限制区间给予准确的安排，所以一般不编方案图，而直接在二分格运行图上编制详图。

（4）列车运行图应根据客货运量和区段通过能力确定列车对数，并符合以下要求。

①列车运行的安全。

②迅速、便利地运输旅客和货物。

③充分利用通过能力，经济合理地运用机车车辆和安排施工、维修天窗。

④做好列车运行线与车流的结合。

⑤各站、各区段间的协调和均衡。

⑥合理安排乘务人员作息时间。

机车周转图是机车运用工作的计划，应与列车运行图同时编制。

6.1.3.3 列车的编组计划

列车编组计划是全路的车流组织计划。列车编组计划的编制，应在加强货流组织的基础上，最大限度地组织成组、直达运输，合理分配各编组站、区段站的中转工作，减少列车改编次数。

列车应按《铁路技术管理规程》（普速铁路部分）、列车编组计划、列车运行图规定的编挂条件、车组、重量或长度编组。

动车组以外的旅客列车按列车编组表编组，机车后第一位编挂一辆未搭乘旅客的车辆作为隔离车。行李车、邮政车、发电车等非乘坐旅客的车辆应分别挂于机车后第一位和列车尾部，起隔离作用；在装设集中联锁的区段，并设有列车运行监控装置时，旅客列车可不挂隔离车。如隔离车在途中发生故障摘下时，可无隔离车继续运行。局管内旅客列车经铁路局长批准，可不隔离。

军用列车的编组，按有关规定办理。

下列机车车辆禁止编入列车：

（1）插有扣修、倒装色票的及车体倾斜超过规定限度的；

（2）曾经发生冲突、脱轨、火灾、爆炸或曾编入发生特别重大、重大、较大事故列车内以及在自然灾害中损坏，未经检查确认可以运行的；

（3）装载货物超出机车车辆限界，无挂运命令的；

（4）装载跨装货物（跨及两平车的汽车除外）的平车，无跨装特殊装置的；

（5）平车及敞车装载货物违反装载和加固技术条件的；

（6）未关闭侧开门、底开门以及平车未关闭端、侧板的（有特殊规定者除外）；

（7）由于装载的货物需停止自动制动机的作用，而未停止的；

（8）企业自备机车、车辆、自轮运转特种设备和城市轨道车辆、进出口机车车辆过轨时，未经铁路机车车辆人员检查确认的；

（9）缺少车门的（检修回送车除外）；

（10）超过定期检修期限的客车车辆（经车辆部门鉴定的回送客车除外）禁止编入旅客列车。

6.1.3.4　铁路通过能力

加强铁路区段通过能力的途径主要有提高货物列车重量标准及其载重系数和增加列车密度，或者两方面综合起来运用，实现列车重量、速度、密度的优化组配。其具体措施可分为两大类，一类是以挖潜提效为主，无须任何投资或只需极少量投资的技术组织措施；另一类是以采用先进技术装备为主的技术设备改扩建措施。

6.1.3.5　车站行车组织

（1）车站技术管理和作业组织应在《站细》中具体规定，其主要内容包括：车站技术设备的使用和管理，接发列车和调车工作的组织，列车和车辆的技术作业程序，车站作业计划与调度，以及车站通过能力和改编能力的计算等。

（2）站内线路的道岔及车站与其他单位所管线路相衔接的道岔（包括防护道岔），由车站负责管理。

（3）道岔除使用、清扫、检查或修理时外，均须保持定位。道岔的定位规定如下。

①单线车站正线进站道岔，为由车站两端向不同线路开通的位置。

②双线车站正线进站道岔，为该正线开通的位置。

③区间内正线道岔及站内正线上其他道岔（引向安全线、避难线的除外），为正线开通的位置。

④引向安全线、避难线的道岔，为安全线、避难线开通的位置。

⑤其他由车站负责管理的道岔，由车站规定。

（4）接到发车站闭塞请求（复线为发车预告）时，车站值班员在确认区间空闲后，与邻站办理闭塞手续及确定接车线路（空闲或预计空闲线路），并将接车计划通知有关人员和指示检查接车线路。

（5）发车站值班员在确认区间空闲后，向接车站请求闭塞（复线为发车预告），办完闭塞手续并填写行车日志后，进行准备发车进路工作。

（6）当所接发的列车为在本站不停车通过或停站时间很短的到开列车时，其作业内容及办理手续相当于同时办理接车和发车两项工作。

6.1.3.6 车站的调车工作

(1)车站的调车工作按作业目的分为解体调车、编组调车、摘挂调车、取送调车和其他调车;按使用设备分为牵出线调车和驼峰调车。

(2)车站的调车工作,应按车站的技术作业过程及调车作业计划进行。参加调车作业的人员应做到以下几点。

①及时编组、解体列车,保证按列车运行图的规定时刻发车,不影响接车。

②及时取送客货作业和检修的车辆。

③充分运用调车机车及一切技术设备,采用先进工作方法,用最少的时间完成调车任务。

④认真执行作业标准,保证调车有关人员的人身安全及行车安全。

(3)调车工作要固定作业区域、线路使用、调车机车、人员、班次、交接班时间、交接班地点、工具数量及其存放地点。作固定替换用的调车机车及小运转机车,应符合调车机车的条件(有前后头灯、扶手把、木脚踏板等)。

(4)调车长在调车作业前必须亲自督促组内人员充分做好准备,认真进行检查。

6.1.3.7 车站的通过能力和改编能力

根据车站现有技术设备,在采用合理的技术作业过程条件下,车站一昼夜所能接发的各方向的最大货物列车数和运行图所规定的旅客列车数,称为车站的通过能力。

车站改编能力是指车站的固定调车设备(驼峰、牵出线)在采用合理的调车作业组织与作业方法下一昼夜最多能解体和编组的列车数或车辆数。

6.2 机车车辆技术安全管理

6.2.1 机车技术安全管理

铁路机车是铁路运输的牵引动力和装置,是保证铁路运输畅通、安全正点的重要设备。机车分为电力机车、内燃机车。

国家铁路各级机车管理、运用、维修部门在采购机车和从事机车运用、检修、技术改造时,必须遵循《铁路机车技术管理规则》《铁路机车运用管理规程》《铁路技术管理规程》(普速铁路部分)等。

6.2.1.1 基本要求

合资及地方铁路运输企业应该制定并落实机车技术管理制度,并落实专人负责机车技术管理,同时要按照国家规定的技术规范对机车进行定期维护与保养。

6.2.1.2 机车技术管理的内容

原铁道部规定机车的技术管理范围包括:技术条件、机车基本技术性能、参数、基本结构、尺寸和涉及安全性、可靠性、经济性、通用互换性、可维修性、简统化、标准化的技术内容。

6.2.1.3 基本制度

（1）机务安全工作应以防止列车冒进信号为主线，除认真贯彻执行《机车操作规程》《铁路行车事故处理规则》《铁路技术管理规程》（普速铁路部分）及原铁道部的相关规定，还应制定落实下列基本制度。

①机务段干部安全管理工作的"五定三率"工作及考核奖励制度。

②列车运行监控记录装置各项管理制度。

③指导司机安全管理制度。

④机车乘务员待乘休息管理制度。

⑤一次出乘作业标准。

⑥瞭望及呼唤应答制度。

⑦人身安全及电气化铁路安全制度。

（2）各铁路局应制定下列安全措施，汇编成册，组织乘务员学习并贯彻执行。

①防止冒进信号措施。

②自动闭塞区段防止尾追措施。

③防止断钩措施。

④防止坡停措施。

⑤机车防火措施。

⑥机车防溜措施。

⑦雨天、雾天行车安全措施。

⑧防止列车折角塞门关闭措施。

6.2.1.4 教育与考核

（1）机务段应经常对机车乘务员进行安全教育和规章教育，特别要针对本部门安全工作中存在的问题，结合发生的典型事故案例，对乘务员进行规章教育，以增强安全意识和对规章制度的理解。

（2）机务段的机车乘务员，应每半年组织一次规章闭卷考试，成绩记入个人技术培训档案，作为提职晋级的条件之一。对成绩突出的，应给予表扬或奖励；对不及格的要进行脱产培训，培训后仍不及格的应调离乘务工作。

6.2.1.5 监控设备的使用及管理

（1）各级机务部门必须建立严格的制度，用好管好机车信号、列车运行监控记录装置、列车无线调度电话，并与电务部门协调配合，保证出段机车安全装置作用良好，运行途中严禁擅自关机，入段机车应进行台台检测和数据转储、分析。各级机务管理部门应定期组织机车信号、列车运行监控记录装置及列车无线调度电话的使用和管理情况的检查并将检查情况逐级上报。

（2）机务部门必须认真贯彻执行"车机联控"制度，并与运输部门协调配合，不断完善和发展这项制度。

6.2.1.6 事故处理及分析

（1）发生事故时，应根据调度员的命令，迅速出动救援列车，积极进行救援和抢修，争取尽快开通线路及最大限度地减少损失。

（2）发生事故后，应通过机车调度系统，及时把事故情况逐级上报至主管部门。机务段应参与事故的调查和分析，认真吸取教训。

6.2.1.7 救援列车的管理与出动

（1）救援列车的车辆最大允许速度应与轨道起重机最大允许速度相适应，不得使用报废车辆。救援列车的设备、工具和备品应保持齐全，性能、作用良好，以保证出动时使用。

（2）机务段和救援列车接到出动命令时，应迅速做好准备，保证在规定时间内出动。

（3）救援轨道起重机不应做非救援工作。遇特殊情况必须使用时，按出租办理。

6.2.1.8 《铁路技术管理规程》（普速铁路部分）的相关内容

机车应有识别的标记：路徽、配属局段简称、车型、车号、最高运行速度、制造厂名及日期。在机车主要部件上应有铭牌，在监督器上应有检验标记。电气化区段运行的机车应有“电化区段严禁攀登”的标识。内燃机车燃料箱上应标明燃料油装载量。

机车须配备机车信号、列车运行安全监控系统（列车运行监控记录设置 LKJ、机车安全信息综合监测装置 TAX 箱、机车语音记录装置、列车运行状态信息系统车载设备、机车车号识别设备）、车载无线通信设备、机车列尾控制设备等。机车应逐步配备机车车载安全防护系统、机车限鸣示警系统及空气防滑装置等。机车应向车辆的空气制动装置提供风源，具有双管供风装置的机车应向车辆空气弹簧等其他用风装置提供风源；具有直供电设备的机车应向车辆提供电源。

电力机车还应配备自动过分相装置，并根据需要装设弓网检测装置等。

根据需要机车还可配备车内通信、空调、卫生及供氧等设备。（第 166 条）

机车实行计划预防修，实施主要零部件的专业化集中修和定期检测状态修。检修周期应根据机车实际技术状态和走行公里或使用时间确定，机车检修周期及技术标准按铁路总公司机车检修规程执行。（第 167 条）

牵引列车的机车在出段前，必须达到运用状态，主要部件和设备必须作用良好，符合铁路总公司有关机车运用、维修的规定，并符合下列要求。

（1）车钩中心水平线距钢轨顶面高度为 815~890 mm。

（2）轮对。

①轮对内侧距离为 1 353 mm，允许偏差为 ±3 mm；

②轮箍或轮毂不松弛；

③轮箍、轮毂、辐板（辐条）轮辋无裂纹；

④轮缘的垂直磨耗高度不超过 18 mm，并无碾堆；

⑤车轮踏面擦伤深度不超过 0.7 mm；

⑥车轮踏面上的缺陷或剥离长度不超过 40 mm，深度不超过 1 mm；

⑦轮缘厚度在距踏面基线向上 H 距离处测量应符合表 6-1 的规定（轮缘原设计厚度在 25 mm 及以下，由铁路局规定）；

表 6-1 机车轮缘厚限度

序号	车轮踏面类型	测量点与踏面基线之间距离 H（mm）	轮缘厚限度（mm）
1	JM2、JM3	10	34~23
2	JM	12	33~23

⑧车轮踏面磨耗深度不超过 7 mm；采用轮缘高度为 25 mm 磨耗型踏面时，磨耗深度不超过 10 mm。（第 170 条）

机务段对入段机车按规定进行整备、检测、维修。机车信号、列车运行监控装置（LKJ）、车载无线通信设备、机车列尾控制设备等须由相关专业维修机构进行检测，并及时互通信息。

各相关单位应对机车车载安全防护系统等行车安全设备记录的运行信息进行转储、分析。（第 171 条）

6.2.2 车辆技术安全管理

6.2.2.1 铁路车辆分类

铁路车辆是运送旅客和货物的工具。铁路车辆按用途分为客车、货车及特种用途车（如试验车、发电车、轨道检查车、检衡车、除雪车等）。货车按用途又分为通用货车（如棚车、敞车、平车）、专用货车（如罐车、冷藏车、集装箱车、长大货车）及特种货车。车辆段是铁路行车系统的重要单位之一，主要负责列车车辆的运营、整备、检修等工作。

6.2.2.2 铁路车辆运行安全监控体系

（1）铁路车辆运行安全监控体系简称“5T”系统，主要由五大系统构成：车辆红外线轴温探测系统（THDS）、车辆运行品质轨迹动态监测系统（TPDS）、车辆滚动轴承故障轨边声学诊断系统（TADS）、货车故障轨边图像检测系统（TFDS）、客车运行安全监控系统（TCDS），以及与“5T”系统配套的铁路车号自动识别系统（ATIS）。

THDS 重点发现车辆热轴、防止热切轴。TPDS 重点发现和防范货车运行品质不良、车轮踏面损伤和超偏载等安全隐患。TADS 重点发现和防范货车滚动轴承裂纹、破损等安全隐患。TFDS 重点发现车辆关键部位，如制动梁脱落、摇枕、侧架、钩缓等大部件裂损，枕簧丢失、窜出等故障。TCDS 主要防范客车热轴事故。

（2）车号自动识别系统 ATIS 作为列车车辆智能跟踪装置与“5T”的结合，通过智能化、网络化等技术，实现地面设备对运行车辆的动态检测、数据集中、联网运行、远程监控、信息共享的安全防范预警体系。

THDS 配套 ATIS 可准确及时预报发生热轴车辆的车次、车号信息，避免扣车摘车错误的发生；对未达到预报标准的微热车辆进行准确的热轴跟踪；提高红外轴温探测系统的功效、减轻工作人员的劳动强度；全自动生成热轴与车号数据相对应的报表；实现红外轴温探测系统网络数据的实时查询与共享。TPDS 配套 ATIS 可准确及时预报运行状态不良车辆的车次、车号信息；对轴位进行自动定位；对货车运行状态进行准确跟踪并分级评判；监测车辆总重、轮重，识别车辆超载、偏载；全自动生成运行状态与车号数据相对应的报表。TFDS 配套 ATIS 可准确及时地预报故障车辆的车次、车号信息；判断有故障的车辆的车位；全自动生成故障车辆与车号数据相对应的报表，同时将故障上传至列检复示终端。TADS 配套 ATIS 可准确及时预报故障轴承的车次、车号信息；对轴位进行自动定位；全自动生成故障轴承与车号数据相对应的报表，提高车辆安全防范水平。

6.2.2.3 铁路车辆技术档案管理

对铁路车辆要求建立完整的车辆技术档案，实行一车一档，内容要记载及时、完整和准确，不得随意更改。

6.2.2.4 专人负责车辆技术管理

落实专人负责车辆技术管理工作，车辆安全技术状况须符合有关规定。这里的“专人”指的是了解和熟悉铁路车辆维修技术的专职管理人员。有关规定主要包括《铁路货车运用维修规程》《铁路技术管理规程》（普速铁路部分）等规程。

6.2.2.5 铁路车辆安全检查制度

建立并落实铁路车辆安全检查制度，做好出车前、行车中和收车后的车辆检查工作。

6.2.2.6 铁路货运车辆安全管理

（1）铁路货物运输企业应建立车辆技术管理制度，按照国家规定的技术规范对铁路货车进行定期维护，确保货运车辆技术状况良好。

（2）铁路货车维修中 5T 系统布点原则。

①THDS 探测站沿铁路线路平均距离 30 km 设置，特殊情况不超过 35 km。列检作业场所在车站，进站信号机外均须安装。

②TFDS 探测站根据列车技术作业的需要设置，布点平均距离为 300 km，须设在列检作业场所在车站的进站信号机外，避开曲线、长大坡道和调速停车等区段，确保满足探测和动态检查时间的需要。

③TPDS 探测站在列检到达作业或有调中转作业量较大或终到站的有到达作业的列检作业场所在车站的前方设置，优先在有站修作业场的列检作业场前方设置，布点平均距离为 400 km，避开曲线、长大坡道、调速停车和电气化分相点等区段，确保系统正常探测。

④TADS 探测站以每条线安装 1 处及以上为原则，布点平均距离为 500 km。

⑤特级列检作业场须同时设置 THDS、TFDS、TPDS 和 TADS 等系统，一级、二级列检作业场根据需要设置，但二级列检作业场必须设置 TFDS。

（3）铁路货车故障处理范围、标准及要求依据《铁路货车运用维修规程》相关规定进行。

①铁路货车故障处理范围。

a. 列检作业场发现的铁路货车故障须在列车队、临时整修专用线路、站修作业场进行处理。铁路货车故障处理种类分为：摘车临修、列车队较大故障修理（简称大件修）、列车队一般故障修理（简称小件修）、临时整修等。列车队大件修、小件修按处理方式分为：更换、补装、调整、紧固、恢复、修复等。

b. 列检作业场发现铁路货车故障，应积极组织在列车队中进行处理；对影响行车安全且在列车队中无法施修的铁路货车故障，或处理故障超过列车技检时间影响车站解体作业或正点发车时，应摘车送站修作业场临修。

c. 列检作业场发现大件修范围内的铁路货车故障，须由故障修理人员使用专用工具、机具，按照相应的质量标准进行全面修理。

d. 列检作业场发现小件修范围内的铁路货车故障，须由现场检车员按照相应的质量标准进行修理。

e. 所在站区无站修作业场的列检作业场，发现符合摘车临修的故障后，经鉴定危及行车安全时，可送临时整修专用线路进行整修。对列车队中因处理故障超过列车技检时间，影响车站解体作业或正点发车的大件修范围的铁路货车故障，也可摘车送临时整修专用线路按大件修的要求进行修理。

②铁路货车故障处理遵守相关规程。

③铁路货车故障处理要求。

a. 列检作业场对故障铁路货车进行临时整修时，应填写相应记录，整修后回送就近站修作业场，并承担回送安全质量责任。列车在区间因车辆发生故障或自然灾害无法继续运行的，铁路运输企业应制定应急救援预案。

b. 无列检作业场的车站发生因列车中铁路货车技术状态不良摘车时，铁路运输企业车辆调度员接到列车调度员的通知后，应组织车辆段按沿途铁路货车故障应急处理预案派出铁路货车故障抢修小组前往抢修。

c. 列检作业场对大件修、临时整修及沿途故障抢修的铁路货车故障，应首先对故障部位、状态进行图像采集，由值班干部或工长等进行故障处理指导及质量检查。

d. 小件修范围的铁路货车故障处理后，须由平行作业的现场检车员互控检查确认，工长进行质量抽查，并承担质量确认和抽查责任。

e. 列检作业场对车站通知回送的检修车编入列车前，应派检车员对各部进行检查和整修，必要时派员护送，确保运行安全。

f. 现场检车员、故障修理人员、列检工长在现场作业时发现、处理、确认铁路货车故障后，须将故障信息及时、准确、完整地记录到检车员工作记录手册中。

6.2.2.7 《铁路技术管理规程》（普速铁路部分）其他相关规定

为了保证车辆良好的技术状态，应有进行检修和整备作业的车辆段等车辆维修机构。（第172条）

车辆应有识别的标记：路徽、车型、车号、制造厂名及日期、定期修理的日期及处所、自重、载重、容积、换长等；车辆应有车号自动识别标签；客车及固定配属的货车上应有所属局段的简称；客车还应有车种、定员、最高运行速度标记；罐车还应有容量计表标记；电气化区段运行的客车，机械冷藏车等应有“电化区段严禁攀登”的标识。（第 178 条）

车辆实行计划定期检修，并逐步扩大实施状态修、换件修和主要零部件的专业化集中修。检修周期及技术标准，按铁路总公司车辆检修规程执行。（第 179 条（摘录））

车辆须装有自动制动机和人力制动机。车辆的制动梁、下拉杆、交叉杆、横向控制杆及抗侧滚扭杆必须有保安装置。客车应装有轴温报警装置，安装客车行车安全监测系统；最高运行速度 120 km/h 及以上的客车应装有盘形制动装置和防滑器，空气制动系统用风应与空气弹簧和集便装置等其他装置用风分离；最高运行速度 160 km/h 及以上的客车应采用密接式车钩和电空制动机。客车内应有紧急制动阀及压力表，并均应保持作用良好，按规定时间进行检查、校对并施封。货车应装有空重车自动调整装置，轴重 23 t 及以上的货车应装有脱轨自动制动装置。（第 181 条）

车辆轮对在装配前，应对车轴各部位进行探伤检查。检修时，按规定对轴颈、防尘板座、轮座、制动盘座及轴身进行探伤检查。最高运行速度超过 120 km/h 客车的轮对装车前，应进行动平衡试验。（第 182 条）

车辆轮对的内侧距离为 1 353 mm，其允许偏差为 ±3 mm，$120\ km/h<v\leqslant160\ km/h$ 客车其允许偏差为 ±2 mm。车辆轮辋宽度小于 135 mm 的，按铁路总公司车辆检修规程执行。（第 183 条）

旅客列车和机械冷藏车组应实行包乘制，检修应实行包修制和专修制；固定装卸地点循环使用的特快货物班列、快速货物班列、整列集装箱车、罐车、矿石车、煤炭运输车，以及需实行固定配属的专用货车，实行固定配属制；其他货车实行按区段维修保养负责制。（第 184 条）

6.3 行车安全管理

铁路行车安全是指在铁路运输过程中，维护铁路正常的运行秩序，保证旅客及铁路员工生命财产安全，保证运输设备和货物完整性的全部生产活动。

6.3.1 行车安全重点管理

行车安全管理的出发点和落脚点是现场作业控制，对现场作业重点控制的内容主要包括标准化作业控制、非正常情况下作业控制和结合部作业联控等。

6.3.1.1 标准化作业控制

标准化是指在经济、技术、科学及管理等实践活动中，对重复性事物和概念通过制定、发布标准，达到统一，以获得最佳秩序和社会效益。行车标准化作业是对既有作业标准，从学习标准、对照标准进而达到标准所进行的全部活动，如接发列车标准化作业是为保证车站接发列车安全，按照《技规》规定，结合设备特点，制定并实施包括作业对象、作业方法、作业过程程序和时间、用语等标准的一切生产活动。标准化作业包括对个人行为、群体行为和管理行为的规范，只有在组织、制度、措施和监控等方面严格管理，才能使标准化作业得以实现并持之以恒。

铁路运输企业正常作业条件下，落实标准化作业的基本措施如下：

（1）实行站段、车间、班组三级联控；

（2）提高班组标准化作业自控能力；

（3）严格遵守作业标准和制度；

（4）增强职工执行“两纪一化”（作业纪律、劳动纪律和标准化作业）的自觉性。

6.3.1.2 非正常情况下作业控制

正常作业条件下的标准化作业能确保运输安全。非正常情况下，由于部分作业标准无法得到实施，需要执行特殊规定，因而易导致行车事故高发，尤以调车作业和列车运行中的接发列车事故率最高。

（1）事故状态及其原因。所谓非正常情况下接发列车，是指因站区停电、维修或施工、设备和自然原因及行车组织需要等，改变原作业方法所进行的接发列车工作。因作业失误而发生列车事故的主要表现形式有：列车冲突、脱轨、向占用区间发出列车、向占用线接入列车、未准备好进路接发列车、错办闭塞发出列车和列车冒进和调车冒进信号等。非正常情况下造成接发列车事故的主要原因如下。

①参与接发列车作业人员业务素质低、应变能力差，遇停用基本闭塞法改按电话闭塞法行车时，违反“先准备进路，后交付凭证”的作业程序，有章不循，不按规定确认进路，盲目接发列车。

②违反作业纪律和劳动纪律，擅自离开岗位；滥用行车办法，简化作业程序；当班思想不集中，错传、漏传命令或变更计划传达不彻底。

③车站领导对非正常情况下的接发列车工作抓而不实，执行“自控、他控、互控”制度不严，室内、室外不同工种间联系脱节。监督检查未能抓住关键环节和作业重点，有的甚至不按规定到岗监控。

④由于设备类型不一，情况特殊多变，有的规章制度衔接尚不够严密、健全等。

（2）加强作业控制的途径和办法。非正常情况下的作业应严格遵守有关作业标准和原则，此外，还必须根据非正常情况下的作业特点，采取相应的措施和办法。

①加强对行车作业人员在非正常情况下安全办理接发列车的业务培训，组织职工定期开展特殊情况下接发列车的演练，积极推广接发列车模拟故障应变处理、实作演示训练的经验和方法，提高接发列车人员在非正常情况下的作业技能和应急处理能力。

②认真执行《接发列车作业标准》，强化“三控”（安全生产可控、能控和在控）联防制度；加强非正常情况下接发列车的进路检查、确认、询问制度；严格对关键作业、关键岗位和关键人员重点监控制度。

③建立以“三关”（进路关、信号关、制动关）为对象，以“防错办”为重点，以“严控关键环节”为突破口，以防止接发列车事故为主要目标的安全管理系统。

6.3.1.3 结合部作业联控

(1)结合部的内涵和实际意义。结合部是指由几个单位或部门共同参与工作或管理而形成的互相联系、互相制约的环节、区域或部位。就行车工作而言,结合部是在运输过程中,为了安全生产这一共同目的,不同部门和不同工种人员协调动作、联合作业,在生产与管理上发生交叉、重叠的区域和环节。例如,在列车运行、接发列车和调车作业等生产环节必须由车务、机务等部门联合作业,在铁路区段上的分界口管理,线路大修时施工与运输部门间的密切配合等,都是多个部门、多重作业的汇集之地。这些部位往往是管理松散、矛盾集中、事故多发的系统薄弱环节,是安全管理的重点和难点。

(2)结合部作业联控。强化结合部管理是降低事故发生概率、保证行车安全的重要途径。结合部管理实质上是一种横向管理,是协调不同部门和工种之间横向关系的一种手段,即联合控制。针对不同结合部的问题,采取针对性的有效方法,积极实施联合控制措施。

6.3.2 铁路行车安全保障体系

一、影响行车安全的因素(人—机—料—法—环管理)

铁路行车系统是一个在时间、空间上分布很广的开放的动态系统,铁路行车安全影响因素错综复杂,涉及面大。从系统的观点出发,与行车安全有关的因素可以划分为五类:人、机、物料、工法和环境。其中,人既是影响安全的一种因素,又是防护对象;机器和物料既是影响安全的因素,又是保障安全的物质基础;工法既是影响安全的要素,又是保障安全的必要条件;环境既是影响安全的灾害因素,又是应予保护的社会财富。因此,必须对其进行合理的组织管理才能充分发挥各自效能,最大限度地保障行车安全。

二、行车安全保障体系的构成

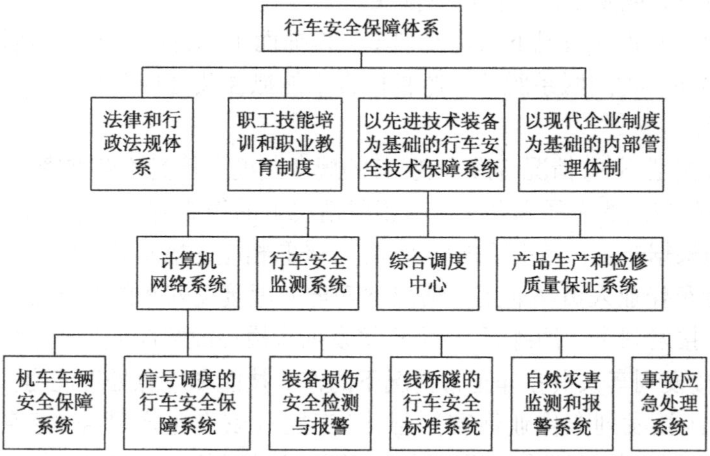

图 6-1 现代化铁路行车安全保障体系的构成图

现代化铁路行车安全保障体系的构成如图 6-1 所示,包括以下几个方面。

(1)建立健全与铁路运输相关的法律和行政法规体系。

(2)建立健全职工技能培训制度和职业教育制度。

（3）建立以先进技术装备为基础的行车安全技术保障系统。

（4）建立以现代企业制度为基础的内部管理体制。

6.3.3 《铁路技术管理规程》（普速铁路部分）关于行车安全作业管理的主要规定

6.3.3.1 行车组织原则

铁路行车组织工作，必须贯彻安全生产的方针，坚持高度集中、统一领导的原则。运输、机务、车辆、工务、电务、供电、信息、房建等部门要发扬协作精神，主动配合，紧密联系，协同动作，组织均衡生产，不断提高效率，挖掘运输潜力，完成和超额完成铁路运输任务。（第223条）

列车运行图是铁路行车组织工作的基础。所有与列车运行有关的铁路各部门，必须按列车运行图的要求，组织本部门的工作，以保证列车按运行图运行。（第225条第一款）

6.3.3.2 车站技术管理

行车工作必须坚持集中领导、统一指挥、逐级负责的原则。车站由车站值班员，线路所由线路所的车站值班员统一指挥。凡划分车场的车站，各车场由该车场的车站值班员统一指挥；车场间接发列车进路互有关联的行车事项，由指定的车站值班员统一指挥。列车和单机由司机负责指挥。列车或单机在车站时，所有乘务人员应按车站值班员的指挥进行工作。

在调度集中区段，调度集中控制车站有关行车工作由该区段列车调度员直接指挥；但转为车站控制时，由车站值班员指挥。（第227条）

车站应设有配线，并办理列车接发、会让和客货运业务。车站按技术作业分为编组站、区段站、中间站，按业务性质分为营业站、非营业站，营业站分为客运站、货运站、客货运站。编组站、区段站和较大的中间站，可根据线路的配置状况及用途划分车场。（第235条）

车站技术管理和作业组织应在《站细》中规定。（第236条第一款）

6.3.3.3 编组列车

列车编组计划是全路的车流组织计划。列车中车组的编挂，须根据铁路总公司和铁路局的列车编组计划进行。列车编组计划的编制，应在加强货流组织的基础上，最大限度地组织成组、直达运输，合理分配各编组站、区段站的中转工作，减少列车改编次数。（第224条）

6.3.3.4 调车工作

车站的调车工作，应按车站的技术作业过程及调车作业计划进行。参加调车作业的人员应做到如下几点。

（1）及时编组、解体列车，保证按列车运行图的规定时刻发车，不影响接车。

（2）及时取送客货作业和检修的车辆。

（3）充分运用调车机车及一切技术设备，采用先进工作方法，用最少的时间完成调车任务。

（4）认真执行作业标准，保证调车有关人员的人身安全及行车安全。（第279条）

调车工作要固定作业区域、线路使用、调车机车、人员、班次、交接班时间、交接班地点、工具数量及其存放地点。作固定替换用的调车机车及小运转机车，应符合调车机车的条件（有前后头灯、扶手把、防滑踏板等）。（第280条）

调车工作繁忙、配线较多的车站，可划分为几个调车区。没有做好联系和防护，不准越区或转场作业。调车机车越区作业的联系和防护办法，应在《站细》内规定。（第281条）

使用机车进行调车作业时，应采用无线调车灯显设备（机车摘挂、转线等不进行车辆摘挂的作业，列车在到达线路内拉道口、直接后部摘车除外），并使用规定频率，其显示方式须符合有关要求。无线调车灯显设备应与列车运行监控装置配合使用。无线调车灯显设备正常使用时停用手信号，对灯显以外的作业指令采用通话方式；无线调车灯显设备发生故障时，改用手信号作业。无线调车灯显设备、无线调车机车信号和监控系统的使用、维修及管理办法由铁路局规定。（第282条）

6.3.3.5 行车闭塞

车站均须装设基本闭塞设备。行车基本闭塞法采用下列三种。

（1）自动闭塞。

（2）自动站间闭塞。

（3）半自动闭塞。

电话闭塞法是当基本闭塞法不能使用时所采用的代用闭塞法。

原则上不使用隔时续行办法，如必须使用时，由铁路局规定。（第309条）

当基本闭塞法不能使用时，应根据列车调度员的命令采用电话闭塞法行车。遇列车调度电话不通时，闭塞法的变更或恢复，应由该区间两端站的车站值班员确认区间空闲后，直接以电话记录办理。列车调度电话恢复正常时，两端站车站值班员应及时向列车调度员报告。（第310条）

遇下列情况，应停止使用基本闭塞法，改用电话闭塞法行车。

（1）基本闭塞设备发生故障导致基本闭塞法不能使用、自动闭塞区间内两架及以上通过信号机故障或灯光熄灭时。

（2）无双向闭塞设备的双线区间反方向发车或改按单线行车时。

（3）发出由区间返回的列车，或发出挂有由区间返回后部补机的列车时。

（4）自动站间闭塞、半自动闭塞区间，由未设出站信号机的线路上发车，或超长列车头部越过出站信号机并压上出站方面轨道电路发车时。

（5）在夜间或遇降雾、暴风雨雪，为消除线路故障或执行特殊任务，开行轻型车辆时。

自动站间闭塞设备故障，半自动闭塞设备良好时，可根据调度命令改按半自动闭塞法行车。（第311条）

设有双向闭塞设备的自动闭塞区间，遇轨道电路发生故障等情况，需使用总辅助按钮改变闭塞方向时，车站值班员必须确认区间空闲后，根据列车调度员命令，使用总辅助按钮改变闭塞方向，并在行车设备检查登记簿内登记。

在半自动闭塞区间，遇接车站轨道电路发生故障，闭塞设备停电后恢复供电，列车因故退回原发车站等情况时，车站值班员确认列车整列到达后，根据列车调度员命令，使用故障按钮，办理人工复原，并在行车设备检查登记簿内登记。（第 312 条）

线路所和区间内设有辅助所的行车闭塞办法，由铁路局规定。（第 313 条）

6.3.3.6　列车运行

动车组以外的列车司机在列车运行中，应做到：

（1）列车在出发前输入监控装置有关数据；按规定对列车自动制动机进行试验，在制动保压状态下列车制动主管的压力 1 分钟内漏泄不得超过 20 kPa，确认列尾装置作用良好。

（2）遵守列车运行图规定的运行时刻和各项允许及限制速度。彻底瞭望，确认信号，执行呼唤应答制度，严格按信号显示要求行车，确保列车安全正点。遇有信号显示不明或危及行车和人身安全时，应立即采取减速或停车措施。

（3）机车信号、列车无线调度通信设备、列车运行监控装置（轨道车运行控制设备）和列尾装置必须全程运转，严禁擅自关机。

（4）起动稳，加速快，精心操纵，停车准确，按规定鸣笛，防止列车冲动和断钩。

（5）随时检查机车总风缸、制动主管的压力。检查内燃机车柴油机的润滑油压力、冷却水的温度及其转数等情况。注意电力机车的各种仪表的显示及接触网状态。

（6）在区间内列车停车进行防护、分部运行、装卸作业或使用紧急制动阀停车后再开车时，司机必须检查试验列车制动主管的贯通状态，确认列车完整，具备开车条件后，方可起动列车。

（7）单机、自轮运转特种设备在自动闭塞区间紧急制动停车或被迫停在调谐区内时，司机须立即通知后续列车司机、向两端站车站值班员（列车调度员）报告停车位置（具备移动条件时司机须先将机车移动不少于 15 m），并在轨道电路调谐区外使用短路铜线短接轨道电路。

（8）等会列车时，不准关闭空气压缩机，并应按规定显示列车标志。

（9）负责货运票据的交接与保管。

（10）将列车运行中发生的问题及使用紧急制动阀的情况，及时报告列车调度员。（第 335 条（节条））

6.4　调车作业安全管理

6.4.1　调车作业的领导及指挥

（1）车站的调车工作，由车站调度员（未设调度员的，由车站值班员）统一领导。各场（区）的调车工作，根据车站调度员布置的任务，由该场（区）的调车区长或驼峰调车区长领导。

（2）调车作业由调车长单一指挥。利用本务机车进行调车作业时，可由车站值班员或助理值班员担任指挥工作。遇有特殊情况，可由有任免权限的单位鉴定、考试合格的连结员或站务员代替。

（3）调车长在调车作业前，必须亲自督促组内人员充分做好准备，认真进行检查。在作业中应做到如下几点。

①组织调车人员正确及时地完成调车任务。

②正确及时地显示信号，指挥调车机车的行动。

③负责调车人员的人身安全和行车安全。

6.4.2 调车作业的技术要求

（1）调车作业时，调车人员必须正确及时地显示信号；机车乘务人员要认真确认信号，并回示。推进车辆连挂时，要显示十、五、三车的距离信号，没有显示十、五、三车的距离信号，不准挂车，没有司机回示，应立即显示停车信号。推送车辆时，要先试拉。车列前部应有人瞭望，及时显示信号。当调车指挥人确认停留车位置有困难时，应派人显示停留车位置信号。调车人员不足 2 人，不准进行调车作业。

（2）在调车作业中，单机运行或牵引车辆运行时，前方进路的确认由司机负责；推进车辆运行时，前方进路的确认由调车指挥人负责，如调车指挥人所在位置确认前方进路有困难时，可指派调车组其他人员确认。

没有看到调车指挥人的起动信号，不准动车（但单机返岔子或机车出入段时，可根据扳道员显示的道岔开通信号或调车信号机显示的允许运行的信号动车）。无扳道员和调车信号机时，调车指挥人确认道岔开通正确（如为集中操纵的道岔，还需与操纵人员联系）后，向司机显示起动信号。

非集中区调车作业时，要认真执行要道还道制度。扳道员之间的要道还道办法及集中区与非集中区间的作业办法，在《站细》内规定。连续溜放和驼峰解散车辆时，第一钩应实行要道还道制度（集中联锁设备除外），从第二钩起，按调车作业通知单的要求扳动道岔。

（3）调车作业要准确掌握速度及安全距离，并遵守下列规定。

①在空线上牵引运行时，不准超过 40 km/h；推进运行时，不准超过 30 km/h。

②调动乘坐旅客或装载爆炸品、气体类危险货物、超限货物的车辆时，不准超过 15 km/h。

③接近被连挂的车辆时，不准超过 5 km/h。

④推上驼峰解散车辆时的速度和装有加、减速顶的线路上的调车速度，在《站细》内规定；经过道岔侧向运行的速度，由工务部门根据道岔具体条件规定，并纳入《站细》。

⑤在尽头线上调车时，距线路终端应有 10 m 的安全距离；遇特殊情况，必须近于 10 m 时，要严格控制速度。

⑥电力机车、动车组在有接触网终点的线路上调车时，应控制速度，距接触网终点标应有 10 m 的安全距离；遇特殊情况，必须近于 10 m 时，要严格控制速度。

⑦旅客未上下车完毕，除本务机车、补机摘挂作业外，不得进行旅客列车（车底）的连挂作业。

⑧遇天气不良等非正常情况，应适当降低速度。

（4）禁止溜放的车辆、线路及其他限制包括装有禁止溜放货物的车辆；非工作机车、铁路救援起重机、大型养路机械、机械冷藏车、凹型车、落下孔车、客车、动车组和特种用途车；乘坐旅客的车辆及停有该车辆的线路，停有动车组的线路；超过2.5‰坡度的线路（为溜放调车而设的驼峰和牵出线除外）；停有正在进行技术检查、修理、装卸作业车辆及无人看守道口的线路；停有装载爆炸品、气体类危险货物车辆的线路；停留车辆距警冲标的长度，容纳不下溜放车辆（应附加安全制动距离）的线路；中间站正线、到发线及与其衔接而未设隔开设备的线路。调车组不足3人时，禁止溜放作业；不准采用牵引溜放法调车。

（5）调车作业摘车时，必须停妥，按规定采取好防溜措施，方可摘开车钩；挂车时，没有连挂妥当，不得撤除防溜措施。

转场或在超过2.5‰坡度的线路上调车时（驼峰作业除外），10辆及以下是否需要连结软管及连结软管的数量，11辆及以上必须连结软管的数量，以及以解散作业为目的的牵出是否需要连结软管，由车站和机务段根据具体情况共同确定，并纳入《站细》。

（6）机车（调车机车除外）、铁路救援起重机、客车、动车组、大型养路机械、凹型车、落下孔车、钳夹车及其他涂有禁止上驼峰标记的车辆禁止通过驼峰。装载活鱼（包括鱼苗）、跨装货物的车辆（跨及两平车的汽车除外）等，是否可以通过驼峰，由车站会同车辆段等有关单位做出具体规定，并纳入《站细》。

如因迂回线故障等原因，机械冷藏车必须通过设有车辆减速器（顶）的驼峰时，以不超过7 km/h的速度推送过峰。不得附挂机械冷藏车溜放其他车辆（推峰除外）。

曲线外轨、调车场以外的线路和外闸瓦车、直径950 mm及以上的大轮车，严禁使用铁鞋制动。

（7）线路两旁堆放货物，距钢轨头部外侧不得小于1.5 m。站台上堆放货物，距站台边缘不得小于1 m。货物应堆放稳固，防止倒塌。不足上述规定距离时，不得进行调车作业。

（8）手推调车，须取得调车领导人的同意，人力制动机作用必须良好，有胜任人员负责制动。手推调车速度不得超过3 km/h。下列情况，禁止手推调车。

①在正线、到发线及超过2.5‰坡度的线路上（确需手推调车时，须经铁路局批准）；

②在停有动车组的线路上；

③遇暴风雨雪或夜间无照明时；

④接发列车时，与接发列车进路没有隔开设备或脱轨器的线路，向能进入接发列车进路的方向；

⑤装有爆炸品、气体类危险货物的车辆；

⑥电气化区段，接触网未停电的线路上，对棚车、敞车类的车辆。

（9）在正线、到发线上调车时，要经过车站值班员的准许。在接发列车时，应按《站细》规定的时间，停止影响列车进路的调车作业。

（10）接发旅客列车时，与接发列车进路没有隔开设备或脱轨器的线路，不准向能进入接发列车进路的方向调车。本务机车在停留线路内摘挂、列车拉道口时除外。

有特殊困难的车站，确需调车时，制定安全措施，由铁路局批准。

（11）越出站界调车时，双线区间正方向，必须区间（自动闭塞区间为第一个闭塞分区）

空闲；单线自动闭塞区间，闭塞系统必须在发车位置，第一个闭塞分区空闲，经车站值班员口头准许并通知司机后，方可出站调车。

单线半自动闭塞区间和双线反方向出站调车时，须有停止使用基本闭塞法的调度命令，与邻站办理闭塞手续，并发给司机出站调车通知书。

（12）跟踪出站调车，只准许在单线区间及双线正方向线路上办理，并须经列车调度员口头准许，取得邻站值班员承认的电话记录号码，发给司机跟踪调车通知书。在先发列车尾部越过预告、接近信号机（或靠近车站的第一个预告标）或《站细》规定的间隔时间后，方可跟踪出站调车，但最远不得越出站界 500 m。

遇下列情况，禁止跟踪出站调车：出站方向区间内有瞭望不良的地形或有长大上坡道（站名表由铁路局公布）；先发列车需由区间返回，或挂有由区间返回的后部补机；一切电话中断；降雾、暴风雨雪时；动车组调车作业。

跟踪调车作业完毕，车站值班员确认跟踪调车通知书收回后，向邻站发出电话记录号码。列车虽已到达邻站，但跟踪调车通知书尚未收回时，禁止办理区间开通手续。

（13）车站值班员要认真掌握机车出入段的经路。有固定机车走行线时，出入段机车必须走固定走行线。机车固定走行线上禁止停留机车车辆。没有固定走行线或临时变更走行线时，应通知司机经路（集中联锁的车站除外），司机按固定信号或扳道员显示的允许运行的信号行车。

（14）机车车辆必须停在警冲标内方。调车作业中，车辆临时停在警冲标外方时，一批作业完了后，应立即送入警冲标内方。因特殊情况需在警冲标外方进行装卸作业时，须经车站值班员、调车区长准许，在不影响列车到发及调车作业的情况下方可进行，装卸完了后，应立即送入警冲标内方。

安全线及避难线上，禁止停留机车车辆；在超过 6‰坡度的线路上，不得无动力停留机车车辆。

装载爆炸品、气体类危险货物的车辆及救援列车，必须停放在固定的线路上，两端道岔应扳向不能进入该线的位置并加锁；临时停留公务车线路上的道岔也应扳向不能进入该线的位置并加锁。集中操纵的道岔可在控制台上进行单独锁闭。

（15）编组站、区段站在到发线、调车线以外的线路上停留车辆，不进行调车作业时，应连挂在一起，并须拧紧两端车辆的人力制动机，或以铁鞋（止轮器、防溜枕木等）牢靠固定。因装卸车对货位等情况，不能连挂在一起时，应分组做好防溜措施。

中间站停留车辆，无论停留的线路是否有坡道，均应连挂在一起，拧紧两端车辆的人力制动机，并以铁鞋（止轮器、防溜枕木等）牢靠固定。因装卸车对货位等情况，不能连挂在一起时，应分组做好防溜措施。一批调车作业中临时停留的车辆，须拧紧两端车辆的人力制动机或以铁鞋（止轮器）止轮。

编组站和区段站的到发线、调车线是否需要防溜以及作业量较大中间站执行上述规定有困难时，由铁路局规定。

6.5　安全值班

铁路运输企业应制定并落实安全生产值班计划和值班制度，重要时期（如节假日、运输高峰期）实行领导到岗带班，并且要有值班记录。

《国务院关于进一步加强企业安全生产工作的通知》第五条规定，强化生产过程管理的领导责任。企业主要负责人和领导班子成员要轮流现场带班。发生事故而没有领导现场带班的，对企业给予规定上限的经济处罚，并依法从重追究企业主要负责人的责任。

铁路运输企业要认真执行现场带班的规定，认真制定本企业领导成员带班制度，立足现场安全管理，加强对重点部位、关键环节的检查巡视，及时发现和解决问题。

领导成员带班制度，是加强企业安全生产主体责任的一项重要措施。

6.6　相关方管理

相关方是指两个以上生产经营单位在同一作业区域内进行生产经营活动的团体或个人。企业对进入同一作业区的相关方要统一安全管理，进行安全生产方面的协作，要建立合格的相关方管理台账和档案，保证区域内的生产安全。

铁路运输企业应制定相关方管理制度，对进入作业现场的相关方进行统一安全管理。

6.6.1　相关方安全管理的相关规定

《中华人民共和国安全生产法》第四十八条规定，两个以上生产经营单位在同一作业区域内进行生产经营活动，可能危及对方生产安全的，应当签订安全生产管理协议，明确各自的安全生产管理职责和应当采取的安全措施，并指定专职安全生产管理人员进行安全检查与协调。

安全生产协议主要包括本单位生产的特点、作业场所存在的危险因素、防范措施以及事故应急措施，以使各单位对该作业区域安全生产状况有一个整体的把握。同时各单位还应当在安全生产协议中明确各自的安全生产管理职责和应当采取的安全措施，做到职责清楚、分工明确。为了使安全生产协议真正得到贯彻，保证作业区域内的生产安全，各单位还应当指定专职的安全生产管理人员对作业区域内的安全生产状况进行检查，对检查中发现的安全生产问题及时进行协调、解决。

《中华人民共和国安全生产法》第四十九条规定，生产经营单位不得将生产经营项目、场所、设备发包或者出租给不具备安全生产条件或者相应资质的单位或者个人。

生产经营项目、场所发包或者出租给其他单位的，生产经营单位应当与承包单位、承租单位签订专门的安全生产管理协议，或者在承包合同、租赁合同中约定各自的安全生产管理职责；生产经营单位对承包单位、承租单位的安全生产工作统一协调、管理，定期进行安全检查，发现安全问题的，应当及时督促整改。

6.6.2 对相关方的管理要求

铁路运输企业作业现场相关方管理的要求如下。

(1)明确外委单位的安全生产管理职责。

(2)对外发包或出租生产经营项目、场所、设备,对承包承租方进行资质审查。

(3)与外来施工(作业)方签订安全协议,明确双方各自的安全责任。

(4)对短期合同工、临时用工、实习人员、外来参观人员等进入作业现场有相关的安全管理制度和措施。

(5)对相关方进行统一管理,定期进行安全检查。

6.6.3 相关方的安全责任

铁路运输企业应明确相关方的安全责任,签订专门的安全生产管理协议。

6.6.4 作业现场其他人员安全管理

铁路现场作业现场其他人包括短期合同工、临时用工、实习人员、外来人员等。

6.6.4.1 基本要求

铁路用工分为劳动合同制职工、临时工及劳务工。劳动合同制职工是指用人单位和劳动者通过依法订立劳动合同,建立劳动关系的人员(包括农民劳动合同制职工)。临时工是指用人单位与劳动者签订劳动合同期限不超过一年的人员。劳务工是指由用人单位与劳务输出单位通过签订劳务协议所使用的人员。

6.6.4.2 录用

用人单位录用劳动合同制职工(简称职工)时,应在上级主管部门下达的录用计划指标以内,按照面向社会,自愿报名,严格考核的原则,择优录用,并报当地劳动部门和上级主管部门备案。

铁路用人单位(不含施工企业)因缺员和生产任务需要使用临时工、劳务工时,必须在上级主管部门下达的劳动计划以内和“其他人员”比上年减少的前提下,严格条件,择优录用。

6.6.4.3 合同订立

用人单位录(使)用劳动者,必须坚持平等自愿、协商一致的原则,依法签订劳动合同。劳动合同依法订立即具有法律约束力,双方必须认真履行。当事人可以在劳动合同中规定合同生效时间。未规定劳动合同生效时间的,当事人签字之日即视为该合同生效时间。

《劳动合同书》《临时工劳动合同书》一式两份,由甲乙双方签章后,各保存一份。临时工签订劳动合同期限不得超过一年,期限届满应予终止执行。因运输、施工、工业生产需要,经双方协商同意可以重新签订劳动合同。

6.6.4.4　工资、保险和福利待遇

职工在用人单位工作期间，享受符合国家规定范围内的劳动报酬、工作时间、休息休假、保险福利、劳动安全与卫生、培训等待遇。

6.7　一线作业管理

铁路运输作业现场一线作业管理主要包括列车驾驶员、列车检修、线路工、信号工等人员的工作要求管理。

6.7.1　驾驶员的工作要求

（1）列车在出发前输入监控装置有关数据；按规定对列车制动机进行机能试验，在制动保压状态下列车制动主管的压力 1 分钟内漏泄不得超过 20 kPa，确认列尾装置作用良好。

（2）遵守列车运行图规定的运行时刻和各项允许及限制速度。彻底瞭望，确认信号，认真执行呼唤应答制度，严格按信号显示要求行车，确保列车安全正点。遇有信号显示不明或危及行车和人身安全时，应立即采取减速或停车措施。特快旅客列车发生意外，不危及本列车安全时，可不停车，继续运行，同时用列车无线调度通信设备报告就近车站处理。

（3）机车信号、列车无线调度通信设备、列车运行监控记录装置必须全程运转，严禁擅自关机。

运行途中，遇列尾装置、机车信号、列车运行监控记录装置发生故障时，司机应立即使用列车无线调度通信设备报告车站值班员、列车调度员，并根据实际情况掌握速度运行；遇机车信号、列车运行监控记录装置发生故障时，列车以不超过 20 km/h 的速度运行至前方站；遇列车无线调度通信设备发生故障时，列车应在前方站停车报告。

（4）起动稳，加速快，精心操纵，停车准确，按规定鸣笛，防止列车冲动和断钩。

（5）随时检查机车总风缸、制动主管的压力。检查内燃机车柴油机的运转数、润滑油压力、冷却水的温度等情况。注意电力机车的各种仪表的显示及接触网状态。

（6）在区间内列车停车进行防护、分部运行、装卸作业或使用紧急制动阀停车后再开车时，司机必须检查试验列车制动主管的贯通状态，确认列车完整，具备开车条件后，方可起动列车。

（7）等会列车时，不准关闭空气压缩机，并应将头灯灯光减弱或熄灭。

（8）负责货运票据的交接与保管。

（9）列车运行中发生问题或使用紧急制动阀后，及时报告列车调度员。

6.7.2　列车检修员的工作要求

列车检修员是对铁路运用列车车辆技术状态进行检查、测试，并对其进行维护及故障处理的人员。

6.7.2.1 中级

中级列车检修员的工作要求如下。

（1）作业准备：能按规定着装，携带必备工具和检测量具；能按规定接发列车；能识别铁路行车、调车作业信号；能设置作业安全防护信号。

（2）检查测试：能按规定的技术作业标准完成对乘客上车前下车后及货物装前卸后、翻车机翻前卸后及出入解冻库解冻的车辆进行技术检查作业，并能发现车辆故障；能按有关规定对自轮运转特种设备及编入货物列车中的客车进行技术检查；能对进入国有铁路运营的地方、合资铁路及国际联运列车车辆进行技术检查和交接；能按《铁路列车运用维修规程》的规定，用量具、仪器测量列车车辆车体、转向架、制动装置、车钩缓冲装置零部件的尺寸。

（3）故障处理与分析：能按规定扣留定检到期车、过期车及需要摘车施修的技术状态不良车；能运用快速修方法更换车辆车钩缓冲装置、基础制动装置、车体部分零部件，并能处理车辆车钩缓冲装置、基础制动装置、车体部分的故障；能识别车辆上的基本标记、辅助标记和特种标记；能按要能对运行途中发生行车进行故障的到达列车进行故障调查。

6.7.2.2 高级

高级列车检修员的工作要求如下。

（1）作业标准：能做好劳动防护准备，携带必备的作业工具及量检具；能识别铁路行车、调车作业信号，按规定接发列车，设置作业安全防护信号。

（2）检查测试：能按技术标准要求完成对车辆备用和解备的技术检查；能按技术要求进行辅修车入线检查和落成验收；能用相关的检测量具、仪器、设备按列车运用限度测量车辆车体部分尺寸；能对车辆轮对安全搭载量、车辆在曲线上偏移量、车钩高度、货物及货物装车后的重心高、制动管最大与最小减压量进行测量计算。

（3）故障处理与分析：能调整车辆车钩高度；能对车体倾斜的车辆进行调整；能更换车辆轮对、车钩缓冲装置及转向架部分的零部件；能对车辆运行途中发生的燃轴、制动缓解不良和车钩分离故障进行应急处理；能办理检修车辆的扣修及回送手续；能对行车一般事故进行调查。

6.7.2.3 技师

列车检修技师的工作要求如下。

（1）检查测试：能按技术标准完成对段修车辆的落成验收；能对超限、超长、集重货物装载进行计算检查；能按列车段修限度对转向架部分进行检测。

（2）故障处理与分析：能使用事故救援专用工具进行车辆脱轨起复工作；能对列车运行途中发生的车钩、转向架裂损故障进行应急处理；能分析故障原因，提出防范措施；能填写事故调查报告。

（3）技术管理：能总结列车车辆车钩缓冲装置、基础制动部分零部件的故障规律，并提出防范措施；能按标准对新型列车车辆进行检查、维修。

6.7.2.4　高级技师

列车检修高级技师的工作要求如下。

(1)检查测试:能完成对特种车辆的技术检查;能按技术标准完成对厂修车辆的落成验收;能对车辆零部件报废进行技术鉴定。

(2)故障处理与分析:能对特种车辆的故障进行处理;能根据列车有关要求,选配车辆大部件;能使用制动机单车试验器对车辆进行制动机单车试验并分析、发现列车车辆制动装置部分的故障。

(3)技术管理:能利用现代化管理手段对列检作业、车辆故障进行统计分析并提出改进措施;能对列车车钩缓冲装置、基础制动有关部件进行技术状态分析,并提出改进方案;能对车辆检修方法进行改进,并对工具、设备进行革新。

(4)培训指导:能对技师及以下列车检车员进行安全、技术培训;能进行新技术、新工艺、新材料、新设备的应用培训;能对技师及以下列车检车员进行业务技术指导。

6.7.3　线路工的工作要求

6.7.3.1　初级

初级线路工的工作要求如下。

(1)线路标志作业:能按要求埋设、刷新线路标志。

(2)线路基本作业:能使用撬棍或液压起拨道器拨道;能看懂指挥手势;能测量轨距;能对木枕、混凝土枕线路进行改道。

(3)轨枕作业:能划轨枕间隔线;能方正轨枕;能削平木枕;能捆扎木枕;能安装、更换夹板及防爬设备;能进行接头螺栓和轨枕扣件涂油;能撤、垫调高垫板;能进行锚固。

(4)道床及路基作业:能清筛、整理道床;能按路基断面尺寸标准整修路肩,清理侧沟。

6.7.3.2　中级

中级线路工的工作要求如下。

(1)作业防护:能设置作业防护;能设置慢行及封锁施工防护;能使用铁路专用通信工具与有关人员联络。

(2)线路基本作业:能确定起道长度和起道量并进行起道作业;能确定拨道长度和拨道量;能使用手势指挥拨道。

(3)钢轨作业:能计算轨缝并进行个别调整;能确定配轨长度;能锯轨、钻眼;能整治钢轨接头错牙;能打磨轨端肥边。

(4)轨枕作业:能单根更换轨枕(岔枕);能修理混凝土枕挡肩破损;能改锚螺旋道钉;能配置不同线路区段和正、反方向防爬设备。

(5)道床及路基作业:能整治翻浆冒泥及冻害。

(6)测绘:能用简易测量工具测量线路横断面;能看懂线路平面图、纵断面图。

（7）道口作业：能看守道口；能进行道口小补修；能处理道口故障。

（8）检查作业及故障处理：能检查线路及单开道岔几何尺寸；能判定钢轨、辙叉表面伤损程度；能判定失效轨枕；能按巡回图检查线桥设备及小补修；能判断断轨、胀轨跑道；能判断塌方、落石等自然灾害对行车安全的危害程度；能应急进行防护处理。

6.7.3.3 高级

高级线路工的工作要求如下。

（1）钢轨作业：能组织更换道岔尖轨、基本轨、辙叉及护轨（含桥上伸缩调节器）；能组织成段更换钢轨；能根据接头相错量合理配轨；能计算配置曲线缩短轨和计算钢轨空、搭头；能使用直轨器、平轨机矫直钢轨；能整治各部尺寸并整治各类病害；能计算和调整曲线超高；能分析曲线常见病害并整治；能对病害进行综合整治。

（2）道口作业：能铺设、整修道口。

（3）检查作业及故障处理：能成组进行道岔起道、拨道；能对事故或灾害地段线路组织抢修。

6.7.3.4 技师

线路技师的工作要求如下。

（1）钢轨作业：能计算放散量和锯轨量；能组织无缝线路应力放散和调整施工；能配置和组装轨排。

（2）测绘：能进行高程测量；能进行角度测量；能绘制线路平、纵断面图。

（3）生产管理：能编写三级及以下的施工组织设计方案并组织施工；能组织铺设或拆除便线；能组织线路架空施工；能改进线路维修、施工工艺。

（4）培训指导：能对初、中、高级铁路线路工进行安全、技术指导；能在作业中应用、推广新技术、新工艺、新材料、新设备。

6.7.3.5 高级技师

线路高级技师的工作要求如下。

（1）测绘：能定出各桩位置；能测轨顶标高和桩顶标高；能计算各桩处的纵距和竖曲线标高。

（2）事故处理：能提出事故的线路抢修方案；能组织抢修施工。

（3）生产管理：能对线路维修、施工技术难题，组织小型技术革新和技术攻关；能撰写技术论文。

（4）培训指导；能对技师及以下铁路线路工进行安全、技术培训；进行新技术、新工艺、新材料、新设备的应用培训；能对技师及以下铁路线路工进行业务技术指导。

6.7.4　信号工的工作要求

6.7.4.1　初级

初级信号工的工作要求如下。

(1)测试检修设备：能识别车站、区间信号、机车信号器材、材料；能测试电源屏单项器材、各类变压器、整流器电气特性；能巡视信号设备，应急处理巡视发现的信号设备隐患；能检修分管的信号设备；能完成配合工务更换钢轨、更换绝缘的工作；能更换防雷元件；能检修无极继电器和有极继电器。

(2)处理故障；能更换故障熔断器；能更换故障器材；能判断处理机车信号显示器开路故障。

(3)施工作业：能周期更换车站、区间信号器材；能安装小型信号器材、变压器箱、电缆盒；能埋设信号设备基础；能测量信号设备限界；能进行 24 芯及以下电缆配线；能安装、更换机车信号主机、显示器；能焊接元器件、更换零部件，并进行调整测试。

6.7.4.2　中级

中级信号工的工作要求如下。

(1)测试检修设备：能测试分析管内信号设备、机车信号设备、加强型和整流型继电器电气特性；能分析转辙机和电机电气特性。

(2)处理故障：能处理车站、区间信号设备隐患；能进行计算机联锁、列车调度指挥系统、电源屏等冗余设备故障的人工切换；能判断处理信号设备电路开路、短路故障；能判断处理机车信号供电电源故障；能处理入所修转辙机机械故障。

(3)施工作业；能识读信号设备接线图、配线图；能分解、组装、调整控制台、道岔转辙设备、信号机；能安装、调试机车信号环线测试设备；能安装、试验电子电气设备；能安装、调试机电设备。

6.7.4.3　高级

高级信号工的工作要求如下。

(1)测试检修设备：能运用微机监测设备、检测仪器检测信号设备电气特性；能完成配合工务部门进行设备大修、改造的工作；能测试机车信号整机机械、电气特性；能分析入所修机电设备电气特性；能进行机电设备质量鉴定。

(2)处理故障；能判断处理车站、区间信号设备机械故障；能判断处理信号设备机械和电气故障；能测试机车信号整机机械、电气特性；能判断处理管内电子电气设备开路和短路故障；能判断处理机电设备混线、错线故障。

(3)施工作业：能迁移信号机、各种箱盒；能更换继电器组合；能进行机械室配线施工；能进行信号电缆接续及配线；能调整轨道电路极性交叉；能调整轨道电路极性交叉；能安装、调试机车信号设备；能进行信号电缆接续施工。

6.7.4.4 技师

信号技师的工作要求如下。

(1)测试检修设备:能运用微机监测设备和检测仪器检测、分析机车信号设备状态;能检修测试台及专用机具。

(2)处理故障:能判断处理车站、区间信号设备的机械及电气故障;能判断处理机车信号不点灯故障;能组织处理检修中发现的机电、电子电气设备隐患。

(3)施工作业:能安装、调试车站、区间、驼峰信号设备;能加工制作机车信号设备安装配件。

(4)技术管理:进行技术革新和解决技术难题;能提出车站、区间信号设备检修作业程序、技术标准改进建议;能管理技术图表及资料。

(5)培训指导:能对初、中、高级信号工进行安全、技术培训;能在作业中应用、推广新技术、新工艺、新材料、新设备。

6.7.4.5 高级技师

信号高级技师的工作要求如下。

(1)测试检修设备:能组织管内信号、机车设备质量鉴定;能整治、调试机电、电子电气设备测试台。

(2)处理故障:能判断处理车站、区间信号设备混线故障;能判断处理机车信号不译码故障;能判断处理转辙、继电、电源、移频、电子电气设备混线及接地故障。

(3)施工作业:能组织新信号设备上道试验;能组织车站、区间信号设备的施工及验收;能安装、调试、验收新型机车信号设备。

(4)技术管理:能对生产过程提出改进建议;能撰写技术论文。

(5)培训指导:能对技师及以下信号工进行安全、技术培训;能进行新技术、新工艺、新材料、新设备的应用培训;能对技师及以下信号工进行业务技术指导。

6.8 消防安全管理

6.8.1 铁路运输企业消防安全制度

6.8.1.1 消防安全教育、培训制度

(1)应当通过多种形式开展经常性的消防安全宣传教育,对员工定期进行消防安全培训。

(2)对“三新”(新入职、新换岗、运用新技术)人员必须进行上岗前的消防安全培训。

(3)消防宣传教育和培训内容应当包括以下几点。

①有关消防法规、消防安全制度和保障消防安全的操作规程。

②本单位、本岗位的火灾危险性和防火措施。

③有关消防设施的性能、灭火器材的使用方法。

④报火警、扑救初起火灾以及自救逃生的知识和技能。

⑤公众聚集场所培训的内容还应当包括组织、引导在场人员疏散的知识和技能。

⑥灭火和应急疏散预案。

(4)通过消防安全培训要使职工做到"四懂四会"(即:懂得岗位火灾的危险性、懂得预防火灾的措施、懂得火灾扑救方法、懂得组织疏散、逃生;会报火警、会使用消防器材、会扑救初起火灾、会自救逃生)。

(5)下列人员应当接受消防安全专门培训:消防安全责任人;专、兼职消防安全管理人员;其他依照规定应当接受消防安全专门培训的人员。

(6)下列人员应当接受消防安全专门培训,并持证上岗:仓库保管员;消防控制室的值班、操作人员;电工;金属焊接、切割作业人员;木工;油漆工以及消防安全重点部位的员工。

(7)公众聚集场所在营业、活动期间,应当通过张贴图画、广播、电视等向公众宣传防火、灭火、疏散逃生等常识。

6.8.1.2 安全疏散设施管理制度

(1)应当保障疏散通道、安全出口畅通;严禁占用疏散通道;严禁在安全出口或疏散通道上安装栅栏等影响疏散的障碍物。

(2)应按规范设置符合国家规定的消防安全疏散指示标志和应急照明设施。

(3)应保持防火门、消防安全疏散指示标志、应急照明、机械排烟送风,火灾事故广播等设施处于正常状态,并定期组织检查、测试、维护和保养。

(4)严禁在工作期间将安全出口上锁;严禁将安全疏散指示标识关闭、遮挡或覆盖。

(5)安全疏散设施每月进行一次检查并记录,每年进行一次测试、维修,失效的设施应及时更换。

(6)安全疏散设施严禁挪用、不得损坏。

6.8.1.3 火灾隐患整改制度

(1)对存在的火灾隐患,应当及时予以消除,火灾隐患及整改情况应当有记录并存档备查。对不能当场改正的火灾隐患,应当确定整改的措施、期限以及负责整改的部门、人员,并落实整改资金,整改到位后必须由指定人员进行验收。

(2)在火灾隐患未消除之前,应当落实防范措施,保障消防安全。不能确保消防安全,随时可能引发火灾或者一旦发生火灾将严重危及人身安全的,应当将危险部位停产停业整改。

(3)确无能力解决的重大火灾隐患,应当提出解决方案并及时向其上级主管部门报告。

(4)对于设有值班人员的岗位,值班人员每天要巡视检查管内防火重点部位和消防设施、器材,对发现的问题及时报告,妥善处理,并将消防检查和问题处置情况纳入交接班记录。

6.8.1.4 用火、用电安全管理制度

(1)禁止在具有火灾、爆炸危险性的场所使用明火。

(2)凡需在禁火区进行明火作业时,应当由动火部门提前申请,报公司安全监察部审核后由主管领导批准,出具动火许可证。

①动火许可证的主要内容应当包括申请办证的单位部门,动火详细位置,工作内容,动火手段,安全防火措施,动火的具体时间和有效期限,以及动火项目责任人和各级审批人的签名及意见。

②动火许可证一次一办,不得隔日或跨区域使用;作业点必须配备适用的灭火器材,将周围易燃物清理干净,采取有效防火措施,同时设专人看护;动火人员应当遵守消防安全规定,并落实相应的消防安全措施;作业完毕后应确认周围安全无误后方可离去。

(3)公众聚集场所或者两个以上单位共同使用的建筑物局部施工需要使用明火时,施工单位和使用单位应当共同采取措施,将施工区和使用区进行防火分隔,清除动火区域的易燃、可燃物,配置消防器材,专人监护,保证施工及使用范围的消防安全。

(4)公共娱乐场所在营业期间禁止动火施工。

(5)不准私接乱拉电源线、插座及各种电器等设施。不准私自更改电线线路,顶棚内及其他隐蔽线路应穿保护管。

(6)未经批准,不准使用大功率电器设备;严禁超负荷用电;严禁使用电炉子、电暖气、电褥子、热得快等电器设备。

(7)各种电气(器)设备,必须按规定进行定期检查和保养,保证其处在安全良好的工作状态。

(8)使用电气(器)设备前必须认真确认有无异状、有无漏电的迹象,严禁带故障使用,做到随时检查随时处理不留隐患。

(9)各种电线线路要由电工按标准安装;非电工(无电工本)严禁修理、增设、挪用、改用等非法操作。

(10)各种电气(器)设备包括电淋浴器、热水器都要标明负责人并挂牌以便检查。下班后要关闭电淋浴器、热水器、计算机、空调等电气(器)设备及电源。电气(器)设备必须安装漏电保护器,并由专人负责检查实验工作,同时做好日常的检查保养工作,确保漏电保护装置处在良好状态,并填记检查记录。

(11)电闸箱、配电柜周围,严禁堆放易燃物品并保持周围清洁卫生。

6.8.1.5 易燃、易爆危险物品管理制度

各单位要认真执行公安部门公布实施的仓库管理制度以及关于加强危爆物品的管理规定,企业安全监察部、物资设备部以及各单位材料、安全主管部门的管理人员要切实加强对仓库、料库的监督检查与管理。对易燃、易爆品的使用,要严格各项收发审批使用手续,严禁超量领取,严防外流、丢失、他用而造成事故。

(1)易燃、易爆危险物品必须分类存放保管,库内要保持通风、干燥、清洁,严禁乱堆乱放。

（2）自燃易燃物品，要根据灭火方法不同，分库储存在低温、通风地点，定人定时测温检查。

（3）光照易燃物品不得露天存放，电石库要保持干燥。光照易燃易爆物品要轻搬轻放，防撞、防压，避免摩擦倒置，运输车辆要安装防火帽和车身接地线，并备有必要的消防器材。

（4）储存易燃易爆物品仓库区内，不准进行各种试验和动用明火；油料库启封油桶禁止使用铁器，库内禁止各种物品混存；油库内严禁无关人员进入，严禁明火作业，严禁铁器敲击，不准在规定的范围内吸烟用火。

（5）乙炔瓶、氧气瓶要妥善保管，设专库、专具存放并与周围火源及明火作业保持防火间距，同时做好设备的检修工作，严禁在生产场所吸烟或放置易燃、易爆等物品。

（6）锅炉房、置液间、食堂等储油场所，必须明确专人负责，建立消防制度，有条件的要设置单独房间，配备不易产生火花的电气设备和足够的灭火器材。

（7）货场仓库、木材存放区等场所内严禁使用明火，电气设备安装必须符合安全要求。如果是露天存放木材，其顶部需遮盖石棉瓦或泥土，木材周围严禁存放其他可燃物品，需放置"严禁烟火"的醒目标志。

（8）因工作需要所储备的易燃、易爆危险物品要严格履行手续，由专人负责保管，并制定应急方案和措施，防止意外事故发生。

（9）存放易燃、易爆危险品的处所必须按照规定设置消防安全标志。消防标志的安装设置必须符合国家《消防安全标志》（GB 13495.1—2015）规范要求。铁路货场消防安全标志的设置，还需符合铁路总公司《铁路货运标示暂行技术规范》的相关要求。

6.8.1.6　消防安全重点部位管理制度

（1）企业将容易发生火灾、一旦发生火灾可能严重危及行车安全、人身和财产安全以及对消防安全有重大影响的部位确定为企业消防安全重点部位，将其纳入重点管理范围，设置明显的防火标志，实行严格管理。企业确定的消防安全重点部位具体如下。

①发生火灾影响较大的部位，如：变、配电室，通信、信号机械室，计算机房，消防控制室，贵重仪器设备间（室），燃油（气）锅炉房等处所。

②易发生火灾的部位，如：货场仓库，货场货物储存地，油库，化学危险品库，可燃液体、气体和氧化性气体储存库，油漆库，电、气焊操作间，汽车库等处所。

③物资集中和人员集中的部位，如：可燃物资堆放场所、库房、职工宿舍等。

④各维管单位认为有必要认定的消防安全重点部位。

（2）消防安全重点部位应重点做到以下几点。

①建立消防检查制度和消防岗位责任制，落实消防措施。即该消防安全重点部位有专人负责，有灭火方案，有计划、有组织、有记录地进行消防检查，发现火险隐患应立即限期整改。

②消防安全重点部位应有明显标志，并在指定地点悬挂特定的标志牌，内容包括：部位名称、负责人及防火责任人等。

③消防安全重点部位如需动火作业时，必须按规定办理动火许可证。

④变、配电室，通信、信号机械室，计算机房，消防控制室，贵重仪器设备间（室）等消防

重点部位严禁存放易燃、易爆危险品。

⑤消防安全重点部位有关情况应纳入消防档案。

(3)其他有关要求如下。

①职工食堂、伙食团使用的电、气、油、煤炉具应明确专人负责。要定期清除炉灶、排烟道内、外的油垢。停止操作后必须关闭气源、电源。

②消防控制室应按规定实行值班制度。

6.8.1.7 仓库防火安全制度

(1)加强对仓库的防火安全管理,严格执行仓库防火管理规则,明确防火负责人,全面负责仓库的消防安全管理工作。

(2)库内严禁烟火,并设有醒目的"严禁烟火"标志,配备充足的消防器材,管库员要熟悉储存物品的分类、性质,业务知识和防火安全制度,掌握消防器材的操作使用和维修保养方法,做好本岗位的防火工作。

(3)库内易燃易爆物品和腐蚀性物品要与其他物品隔离存放、分库储存,单独保管。

(4)仓库严格执行夜间巡逻和班前、班后的检查制度,门窗加锁落销,仓库防火负责人要及时检查,并监督落实。

6.8.1.8 汽车防火安全制度

(1)严禁在车库内修车时、油盆旁吸烟,严禁明火接近油脂。

(2)运送油料时严禁明火靠近,油桶底部要铺设胶垫,中途不许随意停车,必须停车时,人员不许离车。

(3)汽车故障或油路不畅时,禁止直接供油,以免造成回火,保养化油器时,扣好空气滤清器后再发动车。

(4)车上和库内应配备足够的消防器材,保管好,防止丢失和损坏,并放置在便于取用的位置。

(5)定期检查汽车防火安全情况,发现隐患及时消除。

(6)司机应严格执行并监督乘车人员执行加油站的有关防火规定。

6.8.1.9 值班消防安全管理制度

(1)值班人员要严格遵守各项消防安全制度。

(2)值班人员每天要巡视管内防火重点部位和消防设施、器材。

(3)值班人员对发现的问题及时报告,妥善处理,并将消防检查结果纳入交接班记录。

6.8.1.10 建设工程消防审批制度

(1)管内建设工程,由企业工程管理部负责,必须按规定逐级上报公安处消防科审批后,方可施工。

(2)各种建筑必须按建筑房屋防火规定设置消防栓、配置灭火器等消防设施。

(3)铁路管内各单位严禁私自搭盖临时工棚、临时库房等违章建筑,确系工作或施工需要必须搭建的,必须先报公司审批后方可施工,不得擅自乱搭乱盖。

6.8.1.11 灭火和应急疏散预案制定和演练

(1)按照灭火和应急疏散预案,每年进行一次学习和演练(消防重点部位每半年一次),并结合实际,不断完善预案。

(2)灭火和应急疏散预案应当包括下列内容。

①组织机构,包括灭火行动组、通信联络组、疏散引导组、安全防护救护组、现场保卫组、物资抢救组。

②报警和接警处置程序。

③应急疏散的组织程序和措施。

④扑救初起火灾的程序和措施。

⑤通信联络、安全防护救护、现场保卫、物资抢救的程序和措施。

(3)发生火灾时,务必做到及时报警,立即实施灭火和应急疏散预案,迅速扑救火灾,及时疏散人员。火灾扑灭后,起火单位应当保护现场,未经公安消防机构同意,不得擅自清理火灾现场。

6.8.1.12 燃气、电气设备的检查和管理制度

(1)应按规定正确安装、使用电器设备,各类设备均需具备法律、法规规定的有效合格证明方可投入使用。

(2)防雷、防静电设施要定期检查、检测,每季度至少检查一次,每年至少检测一次并做好记录。

(3)严禁违章使用大功率电器,电器设备负荷应严格按照标准执行,确保接头牢固,绝缘良好,保险装置合格、正常并具备良好的接地设施。

(4)燃气设备、阀门、管路要经常检查,确保处于良好状态方可使用。

(5)电器设备、开关箱线路附近严禁堆放杂物,并定期检查、排除隐患。

(6)各类线路均应以套管加以隔绝,特殊情况下,亦应使用绝缘良好的铅皮或胶皮电缆线。未经批准,严禁擅自加长电线。各类电气设备及线路均应定期检修,随时排除因绝缘损坏可能引起的消防安全隐患。

(7)高空、高压作业需两人以上进行,同时有一定的安全措施;电气设备必须定期巡视、检查、保养。

(8)停、送电时,在确认安全后方可操作。

6.8.1.13 火警、火灾事故报告、调查处理制度

(1)发现火情后迅速向当地公安消防部门和维管单位调度和企业调度报告火警,同时迅速组织义务消防队和职工群众积极扑救,抢救伤员和物资设备。

(2)消防队到场后,向指挥员报告火场情况,并协助灭火,维护火场秩序。

(3)灭火后,保护火灾现场,由企业消防委员会、维管单位消防领导小组有关成员配合公安部门进行火灾情况调查。通过现场勘察与情况调查,分析火灾原因、责任,明确事故性

质，根据损失大小、责任轻重，按奖惩条例对责任领导、责任者给予严肃处理，对人为破坏蓄意纵火者，交公安机关处理，依法给予经济赔偿、行政处分，必要的应追究刑事责任。

（4）对事故坚持“四不放过”原则，责任单位、个人写出书面检查和改进措施，交企业消防安全委员会处理。

（5）调查处理后，企业消防委员会根据火灾情况，事故报告，立即登记立案，并详细统计火灾损失，经济价值，救灾人员情况及调查处理结果，写出书面材料报上级防火委和公安处。

6.8.2 铁路车站火灾的预防措施

铁路车站人员众多，疏散线路复杂，火灾容易引发其他恶性事故，并且发生事故后社会影响比较大。因此，在车站的运营过程中，必须建立安全预案和安全预警机制。

6.8.2.1 做好日常管理工作

一、检查各工作场所的设备设施

（1）售票机房、行包房、候车室和其他重点处所的电线线路布线是否规范，电线是否裸露。

（2）客运各处所消防设施是否齐全、作用良好、标志醒目，消防通道是否畅通。

（3）灭火器是否检修合格、有效、定位存放。

（4）消防栓、水龙带、水枪等消防器材是否完整齐全、定位存放、作用良好。

（5）应急照明灯是否配备齐全，作用良好。

（6）消防自动报警、喷淋灭火装置等消防设施是否每年检测维护，并保证状态良好。

二、检查职工现场作业情况

（1）严格加大对进站人员携带品的查堵力度，加强防火防爆，做到旅客携带物品件件过机，人人过门，坚决把不符合运输要求的危险品堵在站外车下。

（2）落实车站的封闭式管理，杜绝闲杂人员进入站内、上车。

（3）落实候车室、售票厅、行包房的巡视制度，不定时地对工作场所的安全情况进行检查。

三、提高车站工作人员应急能力

火灾时，由于烟雾的遮挡，人们难以找到出口，再加上停电，电梯停用，不能正常疏散等原因，被烟火围困的人员，大多数精神处于极度恐慌状态，有的甚至失去理智。此时车站的工作人员，一定要履行消防法所规定的引导旅客安全疏散的义务，应对可能出现的紧急情况，促进站场安全生产的稳定和发展。

6.8.2.2 改善车站结构及耐火性能

一、减小火灾荷载

火灾荷载是衡量建筑物室内所容纳可燃物数量的参数。简单来说，就是建筑物容积所有可燃物由于燃烧而可能释放出的总能量。在建筑物发生火灾时，火灾荷载直接决定着火灾持续时间的长短和室内温度的变化情况。减少车站火灾荷载可以从以下两个方面入手。

（1）确保装修材料的耐火性能。

为了防止和减少车站火灾的发生，降低火灾损失，车站内部装修防火设计应妥善处理装修效果和使用安全的矛盾，尽量使用不燃烧或难燃烧材料，禁止使用在燃烧时产生大量浓烟和有毒气体的材料，保证安全实用，技术先进，经济合理。

（2）做好紧急疏散组织工作。

车站内候车旅客及其携带的行李都是火灾荷载，所以车站是存在大量火灾荷载物的建筑物，只要及时疏散候车旅客和行李，车站构件的有效火灾荷载会立即减少，有利于构件发挥其防火功能。

二、提高车站的耐火等级

所谓耐火等级，是衡量建筑物耐火程度的标准，它是由构成建筑物的构件燃烧性能和耐火极限的最低者决定的。在建筑结构体系中，一般由楼板直接承受各种竖向荷载，受火概率高，往往是构成耐火性能较薄弱的部位，因此一般以楼板为基础划分建筑的耐火等级。

根据统计资料表明，90%以上的火灾燃烧时间在2小时以内，88%的火灾持续时间在1.5小时以内，在1小时以内的占80%。据此规定一级建筑楼板的耐火极限为1.5小时，二级建筑楼板的耐火极限为1小时，三级建筑楼板的耐火极限为0.5小时，达到这样的耐火极限，在80%的火灾中，建筑物的耐火性能可以维持建筑结构的安全。

划分建筑物耐火等级的目的在于根据建筑物的不同用途提出不同的耐火等级要求，做到既有利于安全，又节约基本建设投资。铁路车站属于人员密集的公共场所，功能设施齐全，是居民铁路出行的必经之地，并且一旦发生火灾，其造成经济损失、旅客的人身安全损害和社会影响都比较大。车站建筑规范中规定各种类型旅客车站的站房、站台雨棚、地道和天桥的耐火等级均不低于二级。

三、规范电气设备用电

电气火灾的直接原因是多种多样的，例如过载、短路、接触不良、电弧火花、漏电、雷电或静电等都能引起火灾。有的火灾是人为的，比如思想麻痹、疏忽大意、不遵守有关防火法规、违反操作规程等；从电气防火角度看电气设备质量不高、安装使用不当、保养不良、雷击和静电是造成电气火灾的几个重要原因。根据资料统计，电气故障引发的建筑火灾呈上升趋势，目前已成为引发火灾的首要原因。

6.8.3 铁路列车、车辆火灾预防措施

6.8.3.1 消防安全意识“四懂四会”

四懂：懂得岗位火灾的危险性，懂得预防火灾的措施，懂得火灾扑救方法，懂得组织疏散、逃生。

四会：会使用消防器材，会报火警，会扑救初起火灾，会自救逃生。

6.8.3.2 牵引货物列车的机车，必须符合防火安全要求

（1）内燃机车司机室、机械间不得有油垢、杂物，输油泵、油管不得漏油，柴油机消音器、

排烟管不得破损，隔热层要完好，电器各接点不得松动。

（2）电力机车司机室、高压室不得有杂物，各电机、电器、电线路、灭弧罩不得破损、松动、绝缘不良，不准有临时加设的电气明线。

（3）内燃、电力机车应配备相适应的作用良好的灭火器。

（4）机车乘务员应明确各自的防火责任，熟悉防火和灭火知识。

6.8.3.3 装载货物车辆防火安全状态必须完好

（1）车门、车窗无丢失、破损，顶棚严密，防火板安装符合部颁标准。地板破损的应采取铺垫措施。

（2）装载危险货物的车辆，必须符合运输危险货物的有关规定。

（3）守车、沿零办公车、装载生火加温货物车辆的火炉、烟囱、垫板、护栏安装要牢固，烟囱与车顶接触四周必须有隔热材料填充。

6.8.3.4 做好货物装车中的防火安全工作

（1）货物包装必须完整，符合防火要求方准装车，严格执行配装限制。棉麻类、食糖、木粉装车前严禁雨淋。

（2）用敞车装载易燃货物或日用百货，装载应紧密牢固，要用良好的篷布苫盖。

（3）运输腐朽木材时，必须按规定对腐面、腐洞采取喷涂防火剂、钉板等防火措施。

（4）搬运货物的电瓶叉车必须安装防电火花装置，内燃叉车须加装防火罩，装卸危险货物专用索具应有防止火花的表层。装卸中严禁摔碰、撞击、拖拉、翻滚。

（5）凡装运钢锭、焦炭、炉灰等易含有火种的货物，必须进行冷却，确认安全后方准装车。

（6）认真执行货运员监装责任制，做好装车前后检查，确认车辆门窗状态及装载符合安全规定后再行施封。

（7）装有爆炸品、压缩气体、液化气体的车辆，禁止手推调车。

（8）生火加温的货车，液化气体罐车，起爆器材，炸药，气体放射性货物，四级放射性货物，带有辐射源的仪器、仪表、器械，发货单位必须派熟悉货物性质的押运人 1~2 人，并根据需要携带必要的防火、防护器材和检验器具。

（9）货物列车押运人员，在押运中禁止动用烟火，禁带易燃、易爆等危险物品。

6.8.3.5 认真执行编制作业计划中的防火防爆规定

（1）编制调车作业计划必须认真执行铁路禁止溜放和溜放时限速连挂的车辆表的规定，在调车作业通知单注明禁止溜放和调动时限速的车辆。

（2）各编组站原则上应有固定的装载爆炸品、压缩气体、液化气体车辆的停留线，线路坡度不大于 1.5‰，两端道岔应扳向不能进入该线的位置并加锁，执行上述规定有困难的车站，由车站制定安全措施，报铁路局批准。线路两侧 25 m 内禁止明火作业。因编组作业短时间在非固定线路上停留时，禁止在该线进行溜放作业。

（3）装载危险、易燃等货物的车辆编入列车时，必须按规定进行隔离。

（4）机械保温列车（车组）由配属段负责防火管理。列车上的柴油发电机组，蓄电、储油设备，电控装置，生火炉灶必须符合防火安全要求，确认良好方准挂运。

6.8.3.6　做好站车交接，贯彻防火责任制

（1）车站对已编好的列车，有关防火安全情况向列车货运员进行介绍，并按规定办理站车交接手续。

（2）列车货运员必须认真检查货物列车防火安全状态，包括车辆门窗关闭（通风货物除外）、危险货物车辆隔离、篷布苫盖捆绑、腐朽木材防火处理、罐车无漏泄以及制止扒乘货车等，并向押运人宣传防火注意事项。

（3）铁路局应在局间分界站对于邻局进入的货物列车防火安全情况进行检查，在检查中发现问题应做好记录，及时通报邻局。对有严重火险的货车可甩下处理。

（4）检查装有易燃易爆危险品的车辆禁用明火照明，检修时禁用电、气焊及喷射火花的工具。

6.8.3.7　列车运行中的防火安全措施

（1）内燃机车在运行中要定时观察机械间状态，注意异常情况。机车在高坡地区运行时，要认真按制定的操纵示意图操纵机车。严格控制列车带闸时间。大、小闸要交替使用，以防抱闸起火。内燃、电力机车有电阻制动、液力制动、再生制动的必须使用。

（2）机车乘务员、车站有关行车人员要认真瞭望，注意观察列车运行状态，发现火情立即采取相应措施，迅速扑救。

（3）高坡地段的列检所，按铁路局制定的列检作业范围和列车质量标准，对通过车辆做好更换闸瓦、调整行程和正确调整空重车手把位置及进行严格保压试验。

（4）装有危险货物需要摘下施修的车辆（车统 16~20）在车站停留期间不得超过两天，车辆调动时，必须按规定隔离。车辆维修和倒装要在指定的安全区域内进行，如须动用明火修车时，应事先将货物卸下方准维修。

（5）列车通过木材洒水防火，闸瓦减温喷水装置应认真执行铁路局制定的有关预报减速，喷洒等规定。

（6）沿线停车站要配合公安部门维护好站车治安秩序，制止登车撬木板、玩水、吸烟及扒乘车行为。

6.8.3.8　积极扑救列车、车辆火灾

（1）在各编组站临近调车场或停车线附近应贮备一定数量的消防器材和破拆工具，作为扑救火灾使用，并健全职工义务消防队。各铁路局可在重点防火段设立消防点，由车站负责管理。组织好路乡联合义务消防组织。

（2）货物列车发生火灾，在车站由站长负责指挥灭火工作；发生在区间，按《铁路技术管理规程》（普速铁路部分）“列车在区间被迫停车的处理”的规定选择适当地点停车。车站值班员在接到报告后应立即通知铁路局调度员、站长、公安派出所和临近的消防队，赶到现场组织扑救工作，并可调用站区各单位的运输工具和消防器材。

6.8.4 仓库火灾预防措施

6.8.4.1 储存管理

依据国家《建筑设计防火规范》的规定，按照仓库储存物品的火灾危险程度储存物品分为甲、乙、丙、丁、戊五类。

（1）露天存放物品应当分类、分堆、分组和分垛，并留出必要的防火间距。堆场的总储量以及与建筑物等之间的防火距离，必须符合建筑设计防火规范的规定。

（2）甲、乙类桶装液体，不宜露天存放。必须露天存放时，在炎热季节必须采取降温措施。

（3）库存物品应当分类、分垛储存，每垛占地面积不宜大于 100 m^2，垛与垛间距不小于 1 m，垛与墙间距不小于 0.5 m，垛与梁、柱间距不小于 0.3 m，主要通道的宽度不小于 2 m。

（4）甲、乙类物品和一般物品以及容易相互发生化学反应或者灭火方法不同的物品，必须分间、分库储存，并在醒目处标明储存物品的名称、性质和灭火方法。

（5）易自燃或者遇水分解的物品，必须在温度较低、通风良好和空气干燥的场所储存，并安装专用仪器定时检测，严格控制湿度与温度。

（6）物品入库前应有专人负责检查，确定无火种等隐患后，方准入库。

（7）甲、乙类物品的包装容器应当牢固、密封，发现破损、残缺、变形和物品变质、分解等情况时，应及时进行安全处理，严防跑、冒、滴、漏。

（8）使用过的油棉纱、油手套等沾油纤维物品以及可燃包装，应当存放在安全地点，定期处理。

（9）库房内因物品防冻必须采暖时，应当采用水暖，其散热器、供暖管道与储存物品的距离不小于 0.3 m。

（10）甲、乙类物品库房内不准设办公室、休息室。其他库房必须设办公室时，可以贴邻库房一角设置无孔洞的一、二级耐火等级的建筑，其门窗直通库外，具体实施，应征得当地公安消防监督机构的同意。

（11）储存甲、乙、丙类物品的库房布局、储存类别不得擅自改变。如确需改变的，应报经当地公安消防监督机构同意。

6.8.4.2 装卸管理

（1）进入库区的所有机动车辆，必须安装防火罩。

（2）汽车、拖拉机不准进入甲、乙、丙类物品库房。

（3）进入甲、乙类物品库房的电瓶车、铲车必须是防爆型的；进入丙类物品库房的电瓶车、铲车，必须装有防止火花溅出的安全装置。

（4）各种机动车辆装卸物品后，不准在库区、库房、货场内停放和修理。

（5）库区内不得搭建临时建筑和构筑物。因装卸作业确需搭建时，必须经单位防火负责人批准，装卸作业结束后立即拆除。

（6）装卸甲、乙类物品时，操作人员不得穿戴易产生静电的工作服、帽和使用易产生火花的工具，严防震动、撞击、重压、摩擦和倒置。对易产生静电的装卸设备要采取消除静电的措施。

（7）库房内固定的吊装设备需要维修时，应当采取防火安全措施，经防火负责人批准后，方可进行。

（8）装卸作业结束后，应当对库区、库房进行检查，确认安全后，方可离人。

6.8.4.3　电器管理

（1）仓库的电气装置必须符合国家现行的有关电气设计和施工安装验收标准规范的规定。

（2）甲、乙类物品库房和丙类液体库房的电气装置，必须符合国家现行的有关爆炸危险场所的电气安全规定。

（3）储存丙类固体物品的库房，不准使用碘钨灯和超过 60 W 以上的白炽灯等高温照明灯具。使用日光灯等低温照明灯具和其他防燃型照明灯具时，应当对镇流器采取隔热、散热等防火保护措施，确保安全。

（4）库房内不准设置移动式照明灯具。照明灯具下方不准堆放物品，其垂直下方与储存物品水平间距离不得小于 0.5 m。

（5）库房内敷设的配电线路，需穿金属管或用非燃硬塑料管保护。

（6）库区的每个库房应当在库房外单独安装开关箱，保管人员离库时，必须拉闸断电。禁止使用不合规格的保险装置。

（7）库房内不准使用电炉、电烙铁、电熨斗等电热器具和电视机、电冰箱等家用电器。

（8）仓库电器设备的周围和架空线路的下方严禁堆放物品。对提升、码垛等机械设备易产生火花的部位，要设置防护罩。

（9）仓库必须按照国家有关防雷设计安装规范的规定，设置防雷装置，并定期检测，保证有效。

（10）仓库的电器设备，必须由持合格证的电工进行安装、检查和维修保养。电工应当严格遵守各项电器操作规程。

6.8.4.4　火源管理

（1）仓库应当设置醒目的防火标志。进入甲、乙类物品库区的人员，必须登记，并交出携带的火种。

（2）库房内严禁使用明火。库房外动用明火作业时，必须办理动火证，经仓库或单位防火负责人批准，并采取严格的安全措施。动火证应当注明动火地点、时间、动火人、现场监护人、批准人和防火措施等内容。

（3）库房内不准使用火炉取暖。在库区使用时，应当经防火负责人批准。

（4）防火负责人在审批火炉的使用地点时，必须根据储存物品的分类，按照有关防火间距的规定审批，并制定防火安全管理制度，落实到人。

（5）库区以及周围 50 m 内，严禁燃放烟花爆竹。

6.8.4.5 消防设施

（1）仓库内应当按照国家有关消防技术规范，设置、配备消防设施和器材。

（2）消防器材应当设置在明显和便于取用的地点，周围不准堆放物品和杂物。

（3）仓库的消防设施、器材，应当由专人管理，负责检查、维修、保养、更换和添置，保证完好有效，严禁圈占、埋压和挪用。

（4）甲、乙、丙类物品国家储备库、专业性仓库以及其他大型物资仓库，应当按照国家有关技术规范的规定安装相应的报警装置，附近有公安消防队的宜设置与其直通的报警电话。

（5）对消防水池、消火栓、灭火器等消防设施、器材，应当经常进行检查，保持完好，可以正常使用。地处寒区的仓库，寒冷季节要采取防冻措施。

（6）库区的消防车道和仓库的安全出口、疏散楼梯等消防通道，严禁堆放物品。

6.9 铁路沿线安全管理

随着铁路路网不断拓展，铁路沿线安全环境日趋复杂，环境因素引发的各类问题隐患多发，而且部分问题隐患具有反复性、复杂性，治理涉及面广，严重威胁铁路行车安全，需要明确责任，开展常态化管理，形成治理长效机制。

铁路沿线安全管理工作遵循“安全第一、预防为主、综合治理”方针，因地制宜、科学管理推动构建地方人民政府依法管理、铁路运输企业主动防范、社会力量共同参与的综合治理格局，预防、控制和减少外部环境隐患引发的铁路交通事故。

6.9.1 铁路沿线安全管理相关要求

6.9.1.1 《关于加强铁路沿线安全环境治理工作的意见》

关于铁路沿线安全环境治理部署，国家铁路局牵头推动、加强监管、健全机制，国家有关部门、地方各级党委政府和铁路企业共同努力、协同共治。在此基础上，国家铁路局深入铁路企业、地方广泛开展调研，认真研判铁路沿线外部安全环境形势，分析存在的突出问题，总结治理工作经验，深入研究相关工作程序和机制，会同交通运输部、中央政法委、公安部、自然资源部、生态环境部、住房城乡建设部、水利部、农业农村部、应急部、国家能源局、国铁集团联合制定了《关于加强铁路沿线安全环境治理工作的意见》（以下简称《意见》）。

《意见》分为四个部分，共十一条。从铁路沿线安全环境治理的总体要求，提升多方共治合力，实施专项行动，增强监管能力等方面，全面指导强化铁路沿线安全环境治理工作。

第一部分，总体要求。坚持人民至上、生命至上，统筹安全和发展，提出了“构建政府主导、部门指导、企业负责、路地协同、多方共治的工作格局，依法解决突出问题，及时消除事故隐患，去存量、控增量，有效防范化解风险，持续改善铁路沿线安全环境”的工作目标，大力推进铁路沿线安全环境治理体系和治理能力现代化。

第二部分，完善工作机制，压实各方责任，提升多方共治合力。针对铁路沿线安全环境治理主体多样、涉及单位部门较多的问题，适应铁路政企分开改革、交通运输领域中央与地方财政事权和支出责任划分改革等要求，《意见》提出要完善各项工作机制，发挥部际联席会议制度统筹协调作用，加强对铁路沿线安全环境治理工作的分析研判和统筹协调，推动解决重点难点问题，建立健全治理长效机制，指导督促有关方面共同做好各项工作；压实各方治理责任，地方人民政府承担属地治理责任，铁路运输企业承担产权范围内治理责任，铁路监管部门承担专业监管责任，国务院有关部门承担涉及本领域有关问题隐患治理的指导督促责任，形成铁路沿线安全环境治理全链条责任体系；发挥平安中国建设护路联防作用，落实“双段长”工作机制，将铁路沿线安全环境治理工作纳入城市运行管理服务平台等协同监管，发挥行业专家、专业机构的专业治理作用，鼓励各方广泛参与治理，激发治理持久动力，提升多方共治合力，实现铁路沿线安全环境长治久安。

第三部分，坚持问题导向，实施专项行动，全力消除安全隐患。针对铁路沿线安全环境问题多发，着眼于持续发力合力整治历史性、长期性、深层次的问题，《意见》提出要实施存量隐患集中治理销号行动，以铁路两侧 500 m 范围内的彩钢瓦、塑料薄膜、防尘网等轻质物体为重点，建立存量问题隐患库，制定针对性整治方案，实行闭环销号管理；实施重点问题合力攻坚行动，加强铁路线路封闭防护管理，加快上跨（下穿）铁路的道路、桥梁等设施产权移交，加快完成铁路道口“平改立”，优先实施时速 120 km 以上线路、旅客列车径路、机动车通行繁忙道口的改造工程；实施常态化持续整治行动，将铁路线路安全保护区及桥下用地纳入有关规划统筹安排，依法严厉查处铁路沿线线路安全保护区内各类违法行为，建立举报投诉制度，及时调查核实处理社会各界反映的问题。通过治理突出问题，尽快改善铁路沿线安全环境，有效提高安全防护能力，防止问题隐患反弹。

第四部分，健全法治体系，增强监管能力，建立长效治理机制。针对治理制度体系不完善、治理保障能力较弱等问题，立足于既管当前又管长远，《意见》提出要完善法规制度，加快法律法规制度修订，完善有关制度体系，实现排查治理工作制度化、规范化；加强督办考核，将铁路沿线安全环境治理工作纳入平安中国建设考核、安全生产考核，以及安全发展示范城市、文明城市等评比评价；强化科技支撑，运用智能化、信息化手段，多渠道采集信息，全过程动态掌握工作进展，实行问题隐患验收销号管理，提高信息化、精细化治理水平；提升应急能力，开展涉及铁路沿线安全环境应急预案的评估修订工作，完善突发事件报警联动机制，定期组织联合演练，建立健全铁路沿线安全环境突发事件应急管理体系，增强协调联动和应急处置能力；加强舆论宣传，结合安全宣传“五进”工作（进企业、进农村、进社区、进学校、进家庭），主动宣传保护铁路沿线安全环境相关法规、政策等知识，加强爱路护路教育，不断提升全社会共同改善铁路沿线安全环境的意识，营造良好舆论氛围。

6.9.1.2 《河北省人民政府办公厅转发省交通运输厅等单位关于加强铁路沿线安全环境治理工作实施意见的通知》

为做好铁路沿线安全环境治理工作，保障河北省铁路运输和人民群众生命财产安全，根据《国务院办公厅转发交通运输部等单位关于加强铁路沿线安全环境治理工作意见的通知》，结合河北省实际，坚持人民至上、生命至上，统筹发展和安全，切实增强做好铁路沿线安全环境治理工作责任感、使命感，坚持底线思维，自觉把维护铁路安全的责任扛在肩上，切实在转变理念、狠抓标本兼治上下功夫，构建政府主导、部门指导、企业负责、路地协同、多方共治的工作格局，依法解决突出问题，及时消除事故隐患，去存量、控增量，有效防范化解风险，持续改善铁路沿线安全环境，高质量推进铁路沿线安全环境治理工作。

(1)完善工作机制，提升共治合力。发挥联席会议制度统筹协调作用，压实铁路部门治理职责，压实市、县属地责任，压实各有关部门责任，完善护路联防工作机制，完善"双段长"工作机制。

(2)消除安全隐患，解决重点问题。实施存量隐患集中治理销号行动，实施重点问题合力攻坚行动，实施常态化持续整治行动。

(3)健全长效机制，增强治理能力。完善制度法规，加强督办考核，提升应急能力，加强舆论宣传。

6.9.2 铁路沿线安全管理工作细则

为加强铁路沿线安全环境管理，防止和减少因环境问题造成的铁路事故，保障人民群众生命安全和平安出行，依据《铁路安全管理条例》《河北省铁路安全管理规定》等法律法规，按照《国家铁路局交通运输部住房和城乡建设部中国国家铁路集团有限公司关于铁路沿线安全环境管理"双段长"制实施指导意见》《河北省铁路沿线安全环境管理"双段长"制工作细则》要求，结合本企业实际，制定工作细则。

6.9.2.1 工作职责

(1)站段级总段长：牵头路内单位共同负责辖区铁路沿线环境安全隐患综合治理和铁路安全宣传教育工作，督促所辖车间级段长认真履职，协调解决铁路产权范围内问题，协调配合属地政府进行隐患整治。与县级总段长及时互通信息、交流工作进展情况。按要求组织相关人员参加联席会议。对超越本级职权范围的问题及时上报北京局集团公司专业部门或安全监察室，提出处置建议。

(2)车间级段长：具体负责辖区铁路沿线环境安全隐患综合治理和铁路安全宣传教育工作，协调解决铁路产权范围内问题，协调配合属地政府进行隐患整治。与镇级段长及时互通信息，协调开展工作。组织人员开展日常巡查，并负责牵头组织路地联合巡查。对超越本级职权范围的和长期未解决的隐患问题及时上报，并提出处置建议。

6.9.2.2 工作流程

铁路沿线乡镇(街道)级、车间级段长，通过巡查、建档、派发、整治、核验、销号"六个环节"，实现路地联动、闭环管理。基本流程如下。

(1)巡查。主要通过日常巡查和路地联合巡查，开展铁路沿线安全隐患排查工作，并做好巡查记录。其中，日常巡查以铁路段长为主，原则上每周不少于1次；如遇大风、强对流等极端天气和重要时段，每天巡查不少于1次；路地联合巡查由铁路段长牵头组织，每季度不少于1次。

（2）建档。对巡查发现的隐患问题，路地双方段长按照各自职责范围互相通告，组织人员进行核实确认后建档，明确问题类别、责任主体等要素，形成任务清单。

巡查发现的一般环境问题，能够自行处置的要在24小时内整治到位。对有异议的一般环境问题，由路地双方现场共同确认，制定措施依法处置；对突出的环境问题，由县级、站段级总段长组织相关单位部门，对问题的风险和可能造成的后果进行评估，制定整改措施进行整改。

（3）派发。按照铁路产权内问题隐患由铁路部门牵头负责整治、非铁路产权问题隐患由地方部门牵头负责整治的原则，对已建档隐患路地各自形成任务清单，由路地总段长或县铁路沿线环境安全监管联席会议分别派发到相关责任单位和部门，及时开展整治。

（4）整治。根据任务派单，相关责任单位和部门及时组织开展各自责任范围内的隐患问题整治工作，处置完成后及时上报。对短期内难以完成的隐患，要制定整治计划和临时安全管控措施，确保安全。任务单派发单位要加强督办，确保按期销号；对需上级协调解决的事项及时上报。

（5）核验。隐患整治完成后，由排查建档的段长牵头组织路地共同开展整治是否达标的核查验收工作。

（6）销号。经核查确认达标的隐患及时销号。每季度上报巡查整治台账。

6.9.2.3　巡查内容

铁路沿线安全环境巡查重点内容如下。

（1）违法施工类。主要指在铁路线路安全保护区内取土、挖砂、挖沟、下穿上跨施工、采空作业等安全隐患。

（2）危险物品类。主要指在铁路沿线两侧不符合国家标准、行业标准规定的安全防护距离，建造、设立生产加工储存或者销售易燃、易爆或者放射性物品等危险物品场所仓库安全隐患。

（3）上跨并行类。主要指公跨铁桥梁和公铁并行安全防护设备设施不达标、警示标志缺失、违规附挂上跨设备、通行车辆超限超载超速等安全隐患。

（4）违法取水类。主要指在高铁沿线禁采区和限采区违法抽取地下水，以及在普铁线路安全保护区内抽取地下水类安全隐患。

（5）河道桥梁类。主要指在铁路桥梁跨越河道上下游禁止区违法进行采砂淘金、疏浚作业、围垦造田、拦河筑坝、架设浮桥或者修建其他影响铁路桥梁安全设施以及桥区航标未按规定设置等安全隐患。

（6）开采爆破类。主要指违法进行采矿、采石或爆破作业类安全隐患。

（7）违建违占类。主要指在铁路线路安全保护区内违法建筑房屋设施、违法占地、违法经营等安全隐患。

（8）堆放隐患类。主要指在铁路线路两侧、铁路桥下堆放杂物、材料、设备、弃土弃渣以及向铁路线路安全保护区倾倒垃圾和排污等安全隐患。

（9）倒落隐患类。主要指铁路沿线各类杆塔、上跨线缆、高大设施等存在的倒伏安全隐患。

（10）树植隐患类。主要指在铁路沿线 40 m 范围内种植影响铁路线路安全和行车瞭望的树木等植物，以及铁路电力线下影响供电的树木等植物安全隐患。

（11）违法排放类。主要指在电气化铁路附近从事排放粉尘、烟尘及腐蚀性气体的生产活动，超过国家规定的排放标准，危及铁路运输安全隐患。

（12）硬飘浮物类。主要指铁路线路范围内彩钢瓦房、广告牌等金属材料建（构）筑物在大风天气下侵入铁路限界安全隐患。

（13）轻飘浮物类。主要指在铁路沿线两侧 500 m 范围内升放风筝、气球、无人机等低空飘浮物以及各种网类、塑料类等轻体物品在大风天气下侵入铁路限界安全隐患。

（14）危害铁路通信信号设施类。主要指危害铁路地下、过河光（电）缆等设施安全的违法行为安全隐患。

（15）危害电气化铁路设施类。主要指攀登铁路电力线路杆塔或者在杆塔上架设、安装其他设施设备，在铁路电力线路杆塔、拉线周围 20 m 范围内取土、打桩、钻探或者倾倒有害化学物品，向电气化铁路接触网抛掷物品和触碰电气化铁路接触网等违法行为安全隐患。

（16）非法通行类。主要指私设非法道口和非法人行通道，非法进入铁路线路以及封闭站场等安全隐患。

（17）非法烧荒类。主要指在铁路线路安全保护区内烧荒的安全隐患。

（18）放养牲畜类。主要指在铁路线路安全保护区内放养牲畜的安全隐患。

（19）其他影响铁路安全的安全隐患。

7. 风险与隐患管理

7.1 铁路安全风险管控和事故隐患排查、预防概述

风险是对客观的可能性进行的主观评价，而隐患是客观存在的，常伴随着事故。风险和隐患在本质上是相似的，但存在不同之处。为了研究铁路安全风险管控及事故隐患排查有关内容，需明确安全风险与事故隐患的关系。在介绍安全风险与事故隐患基本概念的同时，也对它们之间的相互关系进行了阐述。

7.1.1 安全风险与隐患

风险就是不确定性对目标的影响。无论是事件发生的可能性还是所发生事件后果的严重性，都是人们在其发生之前所做的主观预测或判断。

安全风险是指某一特定危害事件发生的可能性和其后果的组合。安全风险强调的是损失的不确定性，其中包括发生与否的不确定、发生时间的不确定和导致结果的不确定等。安全风险是生产经营过程中危害事件发生的可能性和损失后果严重程度的综合评价。它具有可识别、可控制和不确定性。例如，人走在路上有被车撞的风险，高楼施工有坠落的风险。我们可以采取防控措施减少风险，但是一般不能消除风险。

隐患特指安全生产领域中的事故隐患。《现代劳动关系词典》将事故隐患定义为：企业的设备、设施、厂房、环境等方面存在的能够造成人身伤害的各种潜在的危险因素。

综上所述，隐患就是不安全、缺陷状态，较风险来说具有确定性，并且隐患是可以消除的。如果不及时排查和整治隐患，就很可能引发事故。例如，人过马路不看车，高处施工不系安全带。隐患是事故的直接原因，也可以理解成不到位的风险防控，它会让风险失控，让风险往不好的方向倾斜。

安全风险是对事故发生可能性及其后果严重性的评价，需要尽可能科学、客观地评价其危险程度，以便决定是否防控及如何防控。安全风险管控措施一旦失效或弱化，极易形成隐

患，最终酿成事故。安全风险与事故隐患最大的区别在于：事故隐患具有确定性，是已确知存在的不安全、缺陷状态；安全风险是人们对事故发生的可能性及其后果严重程度的评价，具有不确定性和预测性。对于事故隐患而言，关键在于能否发现它。只有确定了事故隐患，才能有的放矢地对其进行防控。

7.1.2 安全风险管控及隐患治理的法律法规要求

我国的相关法律法规、规章及规范性文件对安全风险管控和事故隐患排查治理提出了要求。

7.1.2.1 国家法律

《中华人民共和国安全生产法》要求：生产经营单位应当构建安全风险分级管控和隐患排查治理双重预防机制，健全风险防范化解机制，提高安全生产水平，确保安全生产。生产经营单位应当建立安全风险分级管控制度，按照安全风险分级采取相应的管控措施。生产经营单位应当建立健全并落实生产安全事故隐患排查治理制度，采取技术、管理措施，及时发现并消除事故隐患。

7.1.2.2 行政法规

《铁路安全管理条例》要求：铁路监管部门发现安全隐患时，应当责令有关单位立即排除。重大安全隐患排除前或排除过程中无法保证安全的，应当责令有关单位从危险区域内撤出人员、设备，停止作业，重大安全隐患排除后方可恢复作业。铁路运输企业发现重大安全隐患，难以自行排除的，应当及时向铁路监管部门和有关地方人民政府报告。

7.1.2.3 部门规章

2007 年，为了建立安全生产事故隐患排查治理长效机制，强化安全生产主体责任，加强事故隐患监督管理，防止和减少事故，保障人民群众生命财产安全，国家安全监管总局颁布了《安全生产事故隐患排查治理暂行规定》。

2013 年，原铁道部开始大力推行安全风险管理。《铁路主要技术政策》指出，在行车安全方面，要坚持“安全第一、预防为主、综合治理”的方针，全面推进安全风险管理，强化安全风险管理基础，加强安全风险过程控制，做好安全风险应急处置，构建安全风险防控体系，全面提升铁路安全保障能力。

7.1.2.4 规范性文件

2007—2008 年，国务院办公厅连续发布了《关于在重点行业和领域开展安全生产隐患排查治理专项行动的通知》和《关于进一步开展安全生产隐患排查治理工作的通知》，旨在进一步落实企业的安全生产主体责任和地方人民政府的安全监管主体责任，深化重点行业领域安全专项整治，推动安全生产责任制和责任追究制的落实，完善安全生产规章制度，建立健全隐患排查治理及重大危险源监控的长效机制。

2010年，国务院发布《国务院关于进一步加强企业安全生产工作的通知》，要求企业每月进行一次安全生产风险分析，对重大危险源和重大隐患要报当地安全生产监管监察部门、负有安全生产监管职责的有关部门和行业管理部门备案。

2012年，国务院安委会办公室印发了《关于建立安全隐患排查治理体系的通知》和《安全生产事故隐患排查治理体系建设实施指南》，指导各地开展安全生产事故隐患排查治理体系建设。

2016年1月6日，习近平总书记对全面加强安全生产工作提出新的要求，要求对易发生重特大事故的行业领域采取风险分级管控、隐患排查治理双重预防性工作机制，加强应急救援工作，最大限度减少人员伤亡和财产损失。此后，陆续出台了《国务院办公厅关于印发安全生产"十三五"规划的通知》《中共中央国务院关于推进安全生产领域改革发展的意见》和《国务院安全生产委员会关于实施遏制重特大事故工作指南构建双重预防机制的意见》等法规性文件，对企业在安全生产领域提出了符合社会经济发展的、更加科学的安全管理要求：构建安全风险管控和隐患排查双重预防机制；要做到预防为主，源头管控；实施安全发展战略，把安全生产贯穿于规划、设计、建设、管理、生产、经营等各环节，严格安全生产市场准入，不断完善风险分级管控和隐患排查治理双重预防机制，有效控制事故风险。

2023年3月10日，国家铁路局印发了《铁路安全风险分级管控和隐患排查治理管理办法》。近年来，我国铁路交通保持快速发展态势，布局合理、覆盖广泛、层次分明、配置高效的铁路网络基本形成。构建双重预防机制是新形势下推动安全生产领域改革创新和遏制重特大事故的重要举措，新修订《中华人民共和国安全生产法》将双重预防机制当作解决安全生产基础性、根源性问题的重要手段，规定"生产经营单位构建安全风险分级管控和隐患排查治理双重预防机制，健全风险防范化解机制"等要求。面对开通运营线路数量不断增多、新增运营里程迅速增长以及路网规模持续扩大的形势，保障铁路交通安全运营的压力日益加大，《铁路安全风险分级管控和隐患排查治理管理办法》规范铁路单位实施安全风险分级管控和隐患排查治理，有利于促进铁路单位从源头上防范安全风险、消除事故隐患，解决安全管理"认不清、想不到、管不住、防不了"的问题，强调安全生产的关口前移，推动形成生产经营单位负责、职工参与、政府监管、行业自律和社会监督的工作机制，提升本质安全水平，防范事故发生，保障人民群众生命财产安全。

2023年5月8日，国家铁路局印发《铁路交通重大事故隐患判定标准（试行）》，针对当前铁路交通安全生产工作，聚焦安全管理缺失、人的不安全行为、物的不安全状态、环境的不安全因素，全面梳理法律法规已有规定和铁路交通重特大事故，系统归纳铁路运输生产各专业、运输组织各环节安全关键和薄弱环节，分析研判铁路可能存在导致重特大事故和群死群伤的事故隐患，明确主要行车设备设施、铁路运输生产、铁路沿线环境、安全管理和灾害防范及应急处置等五个方面重大事故隐患判定情形。制定该判定标准既是法律法规对铁路行业监管部门的明确要求，也是加强铁路行业安全管理，有效防范和遏制重特大事故发生的重要措施，充分体现以人民为中心的发展思想，坚持人民至上、生命至上，是扎实推进事故隐患排查治理工作的重要举措，为强化安全生产责任落实、有针对性防范遏制重特大事故提供了重要技术支撑。

从以上情况来看，我国安全生产领域现有一系列较为完备的预防和控制安全风险及隐患相关的法律、法规、规章及规范性文件，并将风险管理和隐患排查相结合，建立了风险分级管控和隐患排查治理双重预防工作机制。

7.2 铁路安全风险管控

铁路行业的特殊性，决定了铁路运输企业面临一系列风险，尤其是铁路安全生产的风险。铁路安全风险的存在可能会对人民群众生命财产安全及社会稳定带来严重的不良影响。因此，对铁路安全风险进行管理是铁路运输工作必不可少的环节。

安全风险管控相较于传统安全管理，二者均强调安全第一、预防为主、综合治理，着力于实现铁路安全持续稳定。但是，安全风险管控与传统安全管理存在一定差异，传统安全管理侧重于问题分析，强调对事故和隐患的管理，而安全风险管控更强调问题的超前防范，目标是解决安全管理的深层次问题。

本节以铁路系统为背景，对安全风险管控相关理论的应用进行介绍。

7.2.1 铁路安全风险分级

铁路安全风险（以下简称风险）是铁路生产安全事故（含铁路交通事故）、故障或特定危害事件发生的可能性与后果严重性的组合。风险点是指存在安全风险的设备设施、部位、场所和区域，以及在设备设施、部位、场所和区域实施的伴随风险的作业活动，或以上两者的组合。

风险按业务领域分为铁路运输风险、铁路工程建设风险、铁路设备设施风险、沿线环境风险和其他风险五个类型。铁路运输企业结合所属业务领域，按照《企业职工伤亡事故分类》《生产过程危险和有害因素分类与代码》《铁路交通事故应急救援和调查处理条例》及有关行业法律法规、规章标准等要求，综合考虑各类致险因素，细化风险类别。

风险等级一般从高到低划分为重大风险、较大风险、一般风险、低风险四个等级，分别用红、橙、黄、蓝四种颜色标示。

铁路运输企业风险辨识分为全面辨识和专项辨识。全面辨识每年开展一次，由铁路运输企业主要负责人组织开展，采取安全绩效奖惩等有效措施，全方位、全过程辨识生产工艺、设备设施、作业环境、人员行为和管理体系等方面存在的风险。新建、改建铁路建设工程投入运营前，应当组织开展全面辨识。专项辨识根据需要开展，重点分析阶段性、临时性或者特定专业的风险动态辨识。专项辨识由铁路运输企业主要负责人或指定安全管理部门、有关业务部门组织开展。

7.2.2 铁路安全风险性质

由于铁路具有鲜明的行业特点，铁路安全风险的主要性质也具有明显的行业特性，包括突发性、社会性、可控性及客观存在性。

7.2.2.1　突发性

铁路安全风险的偶然性和不确定性比起其他许多工业生产都突出得多,所以需要管理者和生产者拿出百分之百的精力做好风险管理工作。例如,很多自然灾害带来的铁路风险带有突发性质,不以人的意志为转移。人们只有通过各种技术手段来应对风险,才能尽量避免或减少损失的产生。突发的灾害事件,具有极大的偶然性,不在日常安全管理范围之内,更需要铁路运输企业做好应急管理的基础工作,做到临危不乱、有备无患。

7.2.2.2　社会性

随着新技术新设备的不断投入使用,铁路安全风险的社会性需要引起人们的重视。高速铁路具备技术新、速度快、建设难度大的特点,复杂的系统组成也带来更大的风险。设备一旦发生事故故障,就会对正常的运输秩序造成威胁,受影响的旅客可能达成千上万人,在便捷的社会传媒面前,还可能会造成恶劣的社会影响。

7.2.2.3　可控性

铁路安全风险虽然有多种表现形式,但是由于车、机、工、电、辆等各专业在长期实践基础上积累了大量安全方面的经验教训,且对安全风险的认知水平和重视程度不断提升,危及安全生产的风险也是可以识别、可以控制的。

7.2.2.4　客观存在性

所谓风险的客观存在性,就是说决定铁路安全风险的各种因素是独立存在的,不以人的意志为转移。风险无时不有、无处不在,它存在于铁路运输企业的发展过程中,潜藏于企业员工的生产活动中。由于对客观世界的认识受到各种条件的限制,人们现在仍然很难准确地预测安全风险的发生。但是人们应该认识到,虽然在一定的条件下,安全风险的性质和程度是可以发生变化的,某些风险在一定的空间和时间范围内可能被消除,但是某些新的风险仍然会产生,此风险解决了,彼风险可能继而产生。

7.2.3　铁路安全风险管控基本原则

铁路安全风险管控是一个系统性的问题,需要运用系统思维的方法,准确辨识风险,客观评价风险,超前控制风险,把风险降到最低限度。为有效提升铁路运输企业风险管理与控制水平,需要根据铁路运输企业的风险特点,借鉴和融合国际上广为流行的风险管理理念,本着系统化、流程化和规范化的思想,树立持续改进的理念,从管理内容、方法、流程及行为管理等方面入手,针对铁路运输企业的特点,建立一套系统的、过程管理与结果管理并重的安全风险管控体系,对安全生产实施标本兼治并形成长效机制。

铁路推行安全风险管控,既不能与原有的安全管理割裂,也不能脱离原有的安全管理,而要以原有安全管理为基础,引入风险意识,加强风险掌控,以更科学的方法提升安全管理水平。为了坚持铁路风险管理体系与实际相结合的根本原则,需要在准确把握风险管理的本质、规律及特点的基础上，结合相关管理经验，将高效的铁路运输安全风险管控理念运用到实际的安全管理工作中，坚持继承与发展相结合、融会贯通、有机结合的要求，避免脱离实际、生搬硬套、另起炉灶的错误做法，实现铁路运输安全管理的高效、科学和理性。

铁路运输企业应当建立安全风险分级管控制度，依据国家及行业相关安全生产法律法规、规章、标准及规范性文件等规定，全面开展安全风险辨识，科学评估风险等级，分级采取措施有效管控安全风险，实施安全风险公告及监测警示，加强动态管理，从源头上防范化解重大风险，实现风险等级逐步降低、安全风险有效管控。

铁路运输企业应当针对本单位生产经营活动范围及其生产经营环节，按照相关法规标准要求，明确风险辨识范围、方式和程序，突出旅客列车风险以及系统性、区域性、多发性和偶发性风险，组织相关部门、专业、有关专家和全体员工辨识安全风险。

7.2.4 铁路安全风险管控过程

风险管控是通过对风险的识别、衡量和处理，以最小的成本将风险可能导致的各种不利后果减少到最低限度的科学管理方法。风险管控的过程主要包括风险辨识、风险评估、风险控制和风险预警四个环节。

7.2.4.1 铁路安全风险辨识

铁路安全风险辨识是指风险管理人员在收集资料和调查研究的基础上，运用多种方法对企业各业务单元、各项重要经营活动及重要业务流程中潜在的或固有的影响铁路安全的各种因素进行系统科学的分析、归纳和鉴别，查找有无风险、有哪些风险，为风险评估奠定基础的过程。风险辨识是风险管控的基本前提。如果不对安全风险进行准确的识别，就不可能知道铁路运输企业存在什么安全风险、可能发生什么安全风险。

铁路运输企业风险辨识分为全面辨识和专项辨识。

铁路运输企业风险全面辨识每年开展一次，由铁路运输企业主要负责人组织开展，采取安全绩效奖惩等有效措施，全方位、全过程辨识生产工艺、设备设施、作业环境、人员行为和管理体系等方面存在的风险。

铁路运输企业风险专项辨识根据需要开展，重点分析阶段性、临时性或者特定专业的风险动态辨识。专项辨识由铁路运输企业主要负责人或指定安全管理部门、有关业务部门组织开展。遇有下列情况时，铁路运输企业应当开展专项风险辨识。

（1）法律法规规章、标准、管理制度等发生较大变化。

（2）新设备、新技术、新工艺、新材料等投入使用。

（3）技防措施、物防手段升级或变更。

（4）Ⅲ级以上营业线施工，以及在建铁路工程中特殊结构、复杂地质等危险性较大工程施工或关键作业施工前。

（5）季节变化或恶劣气象条件前。

（6）重要节假日等铁路运输高峰期或者重大活动前。

（7）发生典型事故、严重故障或安全事件等。

（8）人员、设备、工作程序、环境发生较大变化或运输生产组织发生较大调整。

（9）新建、改建危险货物装卸、储存作业场所和设施，在既有作业场所增加办理危险货物品类，以及危险货物新品名、新包装和首次使用铁路罐车、集装箱、专用车辆装载危险货物的。

（10）其他需要开展风险动态研判的情况。

铁路运输企业在风险辨识过程中，需要根据各部门职责的不同，重点考虑各自的危害因素。一般来说，可分为主管安全的职能部门、设备管理部门、铁路行车部门、其他特殊部门等。

铁路安全风险辨识方法包括风险信息资料收集、风险信息分析与风险信息建库三个方面。此外，还需要建立风险预警机制，为解决铁路行业中存在的缺乏统一的安全风险管控平台、安全风险管控信息不完整等安全风险管控问题，提高安全风险管控水平，有必要建立铁路安全风险预警系统。

7.2.4.2 铁路安全风险评估

铁路安全风险评估是在铁路安全风险辨识的基础上开展的。风险辨识已经将风险细化到最基本的风险源。但是，风险管理仅仅判断出有无风险是不够的，还必须对风险的大小、风险发生的可能性、风险程度等进行判断。风险评估就是连接风险辨识和制定风险控制措施的中间环节。风险评估既是风险辨识的必然结果，又为制定风险控制措施指明了方向。铁路运输企业通过系统风险评估可以提高企业各种安全生产计划的可信度，制定的整改措施就会更加具有针对性和实效性。评估结果将为铁路安全生产的决策、管理和制定应急管理计划提供科学依据。

铁路运输企业结合生产特点和安全生产历史数据资料，选择定性或定量的风险评估方法，按照从严从高的原则，对辨识出的风险逐项评估确定风险等级。铁路安全风险评估可以分为定性评估、定量评估和半定量评估三类。

（1）定性风险评估。定性风险评估的准确性既依赖于评估者丰富的实践经验，又需要扎实的技术方法和理论依据，只有两者密切结合，定性评估才能做到既快捷又可靠。定性评估运用简便，便于在日常作业安全评估、单一风险事件或单一风险因素评估和系统风险评价的初评中应用，但难以应用于系统总体状况的评估中。铁路运输企业常用的定性风险评估方法包括风险概率定性估算法、风险事件后果估算法、预先危险性分析法、故障假设分析法等。

（2）定量风险评估。定量风险评估基于大量分析实验结果和统计资料，可以估计出风险后果及其发生可能性的实际数值，并产生风险等级的数值。定量风险评估比较准确，但运用起来比较烦琐，需要花大量时间筹备可供风险分析的数据，数学运算的难度也比较大。铁路运输企业常用的定量风险评估方法包括概率危险评价法、故障树分析法、事故树分析法等。

（3）半定量风险评估。半定量风险评估可利用数字评级量表来测度风险的后果和发生的可能性，并运用公式将二者结合起来，确定风险等级。由于定量风险评估需要完善的数据和信息，往往开展难度较大，实际中经常采用半定量风险评估。铁路运输企业常用的半定量风险评估方法包括专家打分法、风险矩阵评价法、作业条件危险性评估法等。

安全风险评估过程应当突出遏制重特大事故,重点关注暴露人群,聚焦重大危险源、劳动密集型场所、高危作业工序和受影响的人群规模。

铁路运输企业应当依据风险的等级、类型等,按照规章制度、技术标准等要求,从组织、制度、技术、应急等方面逐项制定科学合理的管控措施,对呈现规律变化特征或长期存在的风险,应当将管控措施固化到安全管理体系中。重大风险管控措施中应当包含专项应急措施。

铁路运输企业应当根据本单位风险类别和等级合理确定管控层级和专业,完善风险管控责任体系,上一级负责管控的风险,下一级必须同时负责管控,将风险管控责任纳入全员安全生产责任制并严格落实,保障必要的投入,确保风险受防、受控。重大风险应当由铁路运输企业主要负责人组织制定管控措施,健全人防、物防、技防手段;涉及多家铁路单位的重大风险应当由其共同的上一级单位、企业统筹制定。较大以下等级风险由铁路单位负责人或其派出机构负责人、安全生产管理人员组织制定管控措施。

7.2.4.3 铁路安全风险控制

铁路安全风险控制的思想充分体现了"安全第一、预防为主、综合治理"的原则,使预防目标和手段更加科学。同时,动态有效地实施风险控制对铁路运输企业的安全管理会起到积极的主导作用,促进铁路安全生产的良性循环。

(1)铁路运输企业风险预防性措施。预防性措施用来消除导致事故的各种因素,铁路运输企业常用的方法包括建立风险控制表、安全检查及实施有关的考核奖惩制度。风险控制表一般可分为重点风险控制表、设备设施风险控制表、环境风险控制表、作业风险控制表。安全检查可以分为经常性安全检查、定期安全检查和专项安全检查。铁路管理部门实施的一系列考核奖惩制度也属于风险控制的预防性措施。

(2)铁路运输企业风险限制性措施。限制性措施用来减轻事故的后果,铁路运输企业常用的风险限制性措施有危机预警和应急管理等。风险一旦失去控制就会成为危机。危机预警与应急管理是铁路安全风险管控的重要内容之一。在完成危机预警的同时,应做好应急救援准备,为科学、及时地应急救援提供依据。铁路运输企业危机预警和应急管理是铁路运输企业在安全生产过程中,对可能发生的风险进行预测、防范及对已发生的危机采取紧急应对措施的一种管理手段。

7.2.4.4 铁路安全风险预警

铁路运输企业应当建立健全风险预警机制,明确预警条件,推动安全风险监测预警设备应用,对风险点实施监测和预警,及时掌握风险的状态和变化规律,防范事故发生。

重大风险应当制定专项动态监测计划,明确预警条件,采取有效措施实施超前预测、动态监测、主动预警,动态更新监测情况,每年对风险管控措施进行评估改进,监测评估情况单独建档。重大风险进入预警状态的,应当立即发出预警,通知相关管理和作业人员,采取针对性应急措施。

铁路运输企业应当如实记录风险辨识、评估、监测、管控等情况,规范风险管理档案。结合实际建立本单位统一的风险库，主要包括风险名称、风险类别、风险点、风险等级、风险描述及危害程度、管控措施、管控层级及部门、管控岗位及责任人等内容。

铁路运输企业应当实施风险降低工作制度。对于重大风险，应当针对不同致险因素，立即采取人防、物防、技防等措施降低风险等级。对于较大风险、一般风险和低风险，宜在综合考虑风险管理成本和效益的基础上，采取经济有效的风险降低措施。出现新的致险因素，或风险管控措施失效、弱化，管控责任人应当及时报告，经风险评估后动态调整风险等级和防控措施。采取措施后风险得到有效管控，经评估可以降低或解除风险等级。重大风险等级降低或解除须经单位主要负责人组织评估。

铁路运输企业要建立完善风险公告制度，绘制企业“红橙黄蓝”四色安全风险空间分布图，通过安全手册、公告栏、作业风险提示卡、岗位（设备）风险告知卡、网络宣传等方式将风险基本信息、应急信息及报告方式等内容告知进入风险工作区域的人员，指导督促做好安全防范。对存在重大风险的工作场所、岗位和设备设施，应当设置明显的警示标志，标明重大风险危险特征、可能发生的事件后果、安全防范和应急措施。

铁路运输企业应当将本单位重大风险的登记、预警和等级调整等信息按照管辖原则及时报告所在地铁路监管部门、其他负有安全监督管理职责的部门或地方人民政府相关部门。铁路运输企业应当将风险基本情况、管控措施和应急处置等纳入本单位安全生产教育培训和应急演练，严格关键岗位人员的风险意识和专业技能水平培训考核。

铁路运输企业应当对重大风险影响区域的本单位从业人员组织开展安全防范、应急逃生避险和应急处置等相关宣传、培训工作，定期组织应急演练，并将相关情况告知影响范围内的其他单位和人员。

7.3 铁路生产安全事故隐患排查及治理

《中华人民共和国安全生产法》《铁路安全风险分级管控和隐患排查治理管理办法》对生产经营单位及主要负责人、安全管理机构、从业人员发现和排查事故隐患做出明确规定，同时也对安全监督管理部门及地方政府加强事故隐患的检查和督促处理提出要求。

7.3.1 事故隐患分级

铁路生产安全事故隐患（以下简称隐患）是指铁路单位违反国家和铁路相关安全生产法律、法规、规章、标准、规程和安全生产管理制度的规定，或因其他因素在生产经营活动中存在可能导致事故的物的危险状态、人的不安全行为、环境的不安全因素和管理上的缺陷。

隐患分为重大隐患和一般隐患。重大隐患是指危害和治理难度大，应当全部或者局部停产停业，并经过一定时间整改治理方能消除的隐患，或者因外部因素影响致使铁路单位自身难以消除的隐患。一般隐患是指除重大隐患外，可能导致事故发生的隐患。

隐患按业务领域分为铁路运输隐患、铁路工程建设隐患、铁路设备设施隐患、沿线环境隐患和其他隐患五个类型。

铁路运输企业结合所属业务领域，按照《生产安全事故报告和调查处理条例》《铁路交通事故应急救援和调查处理条例》《铁路交通事故调查处理规则》等，细化隐患类别。

7.3.2 隐患排查及治理

根据《中华人民共和国安全生产法》的要求，生产经营单位应当建立健全生产安全事故隐患排查治理制度，采取技术、管理措施，及时发现并消除事故隐患。《国务院安委会办公室关于实施遏制重特大事故工作指南构建双重预防机制的意见》提出在构建企业风险隐患双重预防机制的同时，需要建立完善隐患排查治理体系。铁路双重预防机制建设工作应当遵照法律法规要求，坚持中国共产党的领导，坚持人民至上、生命至上，树牢安全发展理念，坚持“安全第一、预防为主、综合治理”的方针，坚持“三个必须”原则，进一步强化和落实生产经营单位主体责任和政府监管责任，立足从源头上管控安全风险，消除事故隐患，按照全面覆盖、分级管理、科学施策、动态实施的建设要求，推动形成生产经营单位负责、职工参与、政府监管、行业自律和社会监督的工作格局。

7.3.2.1 隐患排查

隐患排查是指生产经营单位组织安全生产管理人员、工程技术人员和其他相关人员对本单位的事故隐患进行排查，并对排查出的事故隐患按照事故隐患的等级进行登记，建立事故隐患信息档案。

铁路运输企业应当建立健全并落实隐患排查治理和建档监控等制度，逐级建立并落实隐患排查治理和考核制度，推动全员自主开展隐患排查，做到责任、措施、资金、时限、预案“五到位”，实现隐患排查、登记、评估、报告、监控、治理、销号的全过程记录和闭环管理。铁路运输企业应当积极应用信息化、智能化技术手段和安全性能水平高的新工艺、新材料、新技术和新装备，减少和消除隐患。

铁路运输企业应当建立隐患日常排查、定期排查和专项排查工作机制，结合本单位风险及防控情况，明确隐患排查的责任部门和人员、排查范围、程序、频次、统计分析、效果评价和评估改进等要求，组织安全生产管理人员、工程技术人员和其他人员排查本单位的隐患。隐患排查可与风险辨识统筹结合开展，针对排查出的隐患应当同步开展风险辨识与管控。日常排查是指铁路运输企业结合日常工作组织开展的经常性隐患排查，排查范围应当覆盖日常生产作业环节、生产岗位、设备设施、生产活动区域和外部环境。

定期排查是指铁路运输企业根据生产经营活动，结合设备特点，按相关规定组织开展涵盖全部铁路生产经营领域、环节的隐患排查。

专项排查是指铁路运输企业在一定范围、领域组织开展的针对特定隐患的排查。遇到以下情况之一的，应当开展专项排查：国家或行业监管部门工作部署，如阶段性安全大检查、重要节假日等铁路运输高峰期或者重大活动前等；季节性、规律性安全生产条件变化，如防汛、防火、铁路设备检查鉴定、冬施、春融、开复工、重点或集中施工作业期间等；新设备、新技术、新工艺、新材料投入使用，或新建、改建铁路建设工程投入运营前，如关键设施设备更新改造等；发生典型事故、严重故障或安全事件；需开展专项排查的其他情况。

7.3.2.2 隐患治理

隐患治理就是指消除或控制隐患的活动或过程。对排查出的事故隐患,应当按照事故隐患的等级进行登记,建立事故隐患信息档案,并按照职责分工实施监控治理。对于一般事故隐患,由于其危害和整改难度较小,发现后应当由铁路运输企业负责人或有关人员立即组织整改。对于重大事故隐患,由铁路运输企业主要负责人组织制定并实施事故隐患治理方案。

在铁路实际生产作业中,在对事故隐患进行分级后,各类事故隐患主体责任部门应严格依据隐患整改措施、具体责任、资金情况、时限要求及治理预案"五到位"的要求,详细地落实好每一项治理方案。各部门及各单位应严格依据"一案一档"的事故隐患治理制度,全面落实好事故隐患排查治理工作,对发现或排查出的隐患,应当如实记录隐患排查情况,主要包括排查对象或范围、时间、人员、安全技术状况、处理意见等内容,经排查有关责任人签认后形成隐患信息档案,通过隐患信息系统登记。

铁路运输企业应当指定专门机构负责本企业安全生产隐患治理的管理工作,根据生产经营特点,定期检查本单位的安全生产状况,及时组织排查隐患,提出改进安全生产管理的建议。从业人员发现隐患或者其他不安全因素,应当立即向现场安全生产管理人员、本企业负责人或者列车调度员、车站值班员报告,接到报告的人员应当及时予以处理。安全生产管理人员应当对本单位安全生产状况进行经常性检查,对检查发现的一般隐患立即处理;对不能立即处理的一般隐患和检查发现的重大隐患,应当及时报告本企业有关负责人,有关负责人应当及时组织制定整改措施并督促落实整改销号。

一般隐患由铁路运输企业负责人或安全生产管理人员按照职责分工,采取技术、管理措施,及时组织治理消除,未治理消除前应当制定可靠的安全控制和防范措施。一般隐患整改完成后,应当由铁路运输企业负责人或其派出机构负责人、安全生产管理人员组织验收,出具整改验收结论,并由验收主要负责人签字确认。

铁路运输企业应当及时消除重大隐患。其中,因铁路运输企业自身原因造成的重大隐患,由铁路运输企业或其上级单位组织制定并实施隐患治理方案;因其他生产经营单位原因造成的重大隐患,由铁路运输企业协调相关单位及时消除。重大隐患治理方案应当包括以下内容:治理的目标和任务;采取的方法和措施;经费和物资的落实;负责治理的机构和人员;治理的时限和要求;隐患未消除前的安全措施和应急预案。

隐患治理过程中,铁路运输企业应当采取相应的安全防范措施,防范发生生产安全事故。隐患消除前或者消除过程中无法保证安全的,应当从危险区域内撤出作业人员,并疏散可能危及的其他人员,设置警戒标志、停止作业或停用有关设施设备、封锁线路或关闭车站等;对暂时难以有效实施停止作业或停用有关设施设备、封锁线路或关闭车站等措施的,应当加强监测预警,防止事故发生。

经排查判定为重大隐患后,铁路运输企业应当及时向铁路监管部门、有关地方人民政府报告,涉及其他相关行业部门的,应当同时按照有关规定报告。重大隐患报告内容应当包括:隐患的现状及其产生原因;隐患的危害程度和整改难易程度分析;隐患的治理方案;隐患治理过程。

重大隐患治理完成后,铁路运输企业应当成立隐患治理验收组进行专项验收。隐患治理验收组组长为铁路单位主要负责人,成员由企业结合实际细化。治理验收应当根据隐患暴露出的问题全面评估,出具治理验收结论,并由组长签字确认。委托第三方服务机构进行专项验收的,隐患治理验收组要对专项验收结论进行确认。

重大隐患治理验收通过后,铁路运输企业应当将验收结论向铁路监管部门报告,并申请销号。报备申请材料包括:隐患基本情况及治理方案;隐患治理过程;验收机构或验收组基本情况;验收报告及结论;下一步改进措施。重大隐患销号申请未经铁路监管部门审查同意,铁路运输企业不得擅自改变隐患治理方案确定的安全措施和应急预案等。重大隐患治理验收后,铁路运输企业应当对重大隐患形成原因及治理工作进行分析评估,及时完善相关制度和措施,并开展有针对性的培训教育。

铁路运输企业应当结合信息化平台,对隐患排查治理情况如实记录,根据实际判定隐患等级,明确治理措施、责任部门和人员等,建立隐患信息档案,借助云计算、大数据技术,健全隐患数据库。隐患数据库应当包括隐患内容、排查时间、隐患等级、治理措施、治理部门和责任人、治理期限、销号情况等内容,其中,重大隐患数据库还应当包括排查部门、隐患类型、排查对象或范围、隐患状况、原因分析、主要治理措施、治理目标、治理进展、临时措施等内容。

隐患排查治理情况应当通过职工大会或者职工代表大会、信息公示栏等方式向从业人员通报。重大隐患排查治理情况应当及时向铁路监管部门或有管辖权的县级地方人民政府及相关部门报告。铁路运输企业应当制定隐患自查自治的正向激励措施、职工群众举报隐患奖励制度、隐患治理全员参与机制,鼓励、发动从业人员主动参与排查和消除隐患或不安全因素。鼓励从业人员、社会公众对生产经营活动中隐患治理责任不落实,危及生产经营安全的行为和状态进行投诉或举报。对发现、消除和举报隐患的有功人员,应当给予物质奖励和表彰,加大对重大隐患举报奖励力度。

铁路运输企业工会组织发现铁路运输企业存在隐患时,有权提出解决的建议,铁路运输企业应当及时研究答复;对危及从业人员生命安全的隐患,有权向铁路运输企业建议组织从业人员撤离危险场所,铁路运输企业必须立即作出处理。

铁路运输企业应当依照本企业相关考核管理制度,对安全风险分级管控和隐患排查治理责任不落实的单位和人员给予严肃处理,推动消除隐患,防范事故发生。

铁路运输企业将生产经营项目、场所、设备发包、出租的,应当与承包、承租单位签订安全生产管理协议,并在协议中明确各方对发包出租的场所、设备隐患排查、治理和防控的管理职责,对承包、承租单位使用场所、设备的隐患排查治理负有统一协调和监督管理的职责。铁路运输企业不得向不具备安全生产条件或者相应资质的单位和个人发包项目或出租场地。

铁路运输企业应当加强对自然灾害的预防。对于因自然灾害可能导致事故灾难的隐患,应当按照有关法律、法规、标准和规定的要求排查治理,采取可靠的预防措施,制定应急预案。在接到有关自然灾害预报时,应当分析研判对铁路的影响,适时向相关单位发出预警;发生自然灾害可能危及本单位和人员安全的情况时,应当采取撤离人员、停止作业、加强监测等安全措施,并及时向当地人民政府及其有关部门报告。

7.3.2.3　事故隐患排查治理体系

建立健全安全隐患排查治理体系，贯彻落实以人为本的科学发展观，充分体现“安全第一、预防为主、综合治理”的方针，是安全生产工作理念、监管机制、监管手段和方法的创新与发展，把隐患排查治理和安全生产工作逐步纳入科学化、制度化、规范化的轨道。

（1）主要内容。安全隐患排查治理体系，是以铁路运输企业分级分类管理系统为基础，以铁路运输企业安全隐患自查自报系统为核心，以完善安全监管责任机制和考核机制为抓手，以制定安全标准体系为支撑，以广泛开展安全教育培训为保障的一项系统工程，包含了完善的隐患排查治理信息系统、明确细化的责任机制、科学严谨的查报标准及过程、可量化的绩效考核机制等内容。

（2）体系构成。

①建立企业、行业、属地、专项及综合监管部门各方清晰明确的安全生产工作职责。

②按照科学性、全面性和系统性的原则，制定科学严谨的隐患排查治理标准。

③建立隐患排查治理考核制度。

④开发功能完善的信息系统。

⑤开展隐患自查自报。

（3）意义。建立健全安全隐患排查治理体系意义重大，主要体现在以下三个方面。

①有助于落实企业安全主体责任。通过建立隐患排查治理体系，实现对企业安全生产的动态监控，使隐患排查治理从以政府为主向以企业为主转变，可以充分调动企业的积极性，促使企业由被动接受监管变为主动排查治理隐患，主动加强安全生产。

②有助于加强和改进政府安全监管。建立安全隐患排查治理体系首先进一步明晰了监管职责，解决了政府部门在隐患排查治理和安全生产工作中“管什么，怎么管，谁去管”的一系列实际问题；其次是改善了监管手段，通过信息平台可以随时掌控企业隐患排查治理等基本情况，对相关信息进行实时统计，及时做出分析判断和督促指导，有效防止隐患恶化和事故发生。

③有助于综合推进安全生产工作。隐患排查治理是一项涉及广泛、综合性很强的工作。隐患排查治理体系涵盖了安全生产责任制、安全监管信息化建设、企业安全生产标准化建设、打击非法违法和治理违规违章、群众参与和监督、安全培训教育等方面的工作。借助这个抓手，可以把安全生产各方面的工作都带动起来。

8. 应急救援与管理

铁路应急救援是由专业理论方法、实践措施和管理机制构成的有机结合体，不仅涉及应急响应、信息报告、预案实施、应急处置、善后处理等一整套应急处理流程，还涉及有关部门应对铁路安全生产事故等突发事件的组织、分工、实施等应急救援管理工作。本章将针对铁路应急救援与管理的内容从铁路应急管理概述、应急组织职责、应急预案与演练、应急实施、应急设备设施管理和应急保障等方面展开介绍。

8.1 铁路应急管理概述

应急救援是在应急响应过程中，为消除、减少事故危害，防止事故扩大或恶化，最大限度地降低事故造成的损失或危害而采取的救援措施或行动。在应急响应时，各职能部门应组织、指导、协调应急救援工作，按照有关规定成立应急指挥机构，成员单位根据铁路事故的严重程度、影响范围和应急处置的需要确定。

应急救援工作目标：立即组织营救受害人员，组织撤离或采取其他措施保护危险、危害区域的其他人员；迅速控制事态，并对事故造成的危险、危害进行监测、检测，测定事故的危害区域、危害性质和危害程度；减少或控制危害后果，做好现场恢复；查明事故原因，评估危害程度。

8.1.1 应急管理的工作原则

《中华人民共和国安全生产法》规定，安全生产工作应当以人为本，坚持人民至上、生命至上，把保护人民生命安全摆在首位，树牢安全发展理念，坚持“安全第一、预防为主、综合治理”的方针，从源头上防范化解重大安全风险；事故调查处理应当按照“科学严谨、依法依规、实事求是、注重实效”的原则。《铁路交通事故应急救援规则》规定，铁路交通事故应急救援工作应该遵循“以人为本、逐级负责、应急有备、处置高效”的原则。同时，《生产安全事故应急预案管理办法》规定，应急预案的管理实行“属地为主、分级负责、分类指导、综合协调、动态管理”的原则。

8.1.2 应急救援体制和机制

应急救援体制主要是指:应急救援组织机构、权限划分及各组织机构之间的隶属关系。我国应急救援体制建设的基本思想是“分类管理、分级负责、条块结合、属地为主”。应急救援机构按地域分有国家救援机构、省级救援机构、县级以上其他救援机构等;按主管业务不同又有消防、自然灾害、铁路、道路交通等行业救援机构等。

我国应急救援运行机制包括:预测与预警、应急处置、恢复与重建和信息发布。铁路应急救援机制主要包括:预防与应急准备、监测与预警、信息报告与通报、应急响应、协调联动、善后恢复、应急保障和评估与学习等机制。

8.1.3 突发事件应对要求

8.1.3.1 突发事件的定义

突发事件是指突然发生,造成或者可能造成严重社会危害,需要采取应急处置措施予以应对的自然灾害、事故灾难、公共卫生事件和社会安全事件。

突发事件一般依据突发事件可能造成的危害程度、波及范围、影响力大小、人员伤亡及财产损失等情况,由高到低划分为特别重大(Ⅰ级)、重大(Ⅱ级)、较大(Ⅲ级)、一般(Ⅳ级)四个级别,并依次采用红色、橙色、黄色、蓝色来表示。

突发事件具有如下共同特征。

(1)突发性。突发性是突发事件的主要特征,突发事件能否发生,于何时、何地、以何种方式爆发以及爆发的程度等情况,人们都始料未及,难以准确把握。突发事件从始至终都处于不断变化过程当中,往往毫无规则,不能事先准确预测和确定,使突发事件预防机制的建立困难重重。

(2)紧迫性。突发事件是突如其来的或者只有短时预兆,事态发展迅速,必须立即采取非常态的紧急措施加以处置和控制,否则会造成更大的危害和损失。

(3)严重性。突发事件的发生往往会导致人员伤亡、财产损失和环境破坏,具有较大危害,而且这种危害还体现在社会公众领域,事件本身会迅速引起公众关注,进而渗透到社会的各个层面,造成公众心理恐慌和社会秩序混乱。突发事件的危害范围和破坏力越大,造成的影响和后果就越严重。

(4)社会性。突发事件起因千差万别,如地震、火灾、瘟疫、暴乱等,但其作用对象不是个人,而是社会公众,至少是一个特定单位或区域内的一群人。因此,防范突发事件需要公众支持和参与。

在铁路运输企业中,突发事件一般有铁路运输事故、自然灾害事件、危险化学品泄漏事故、火灾、恶行传染性疾病以及犯罪事件等。

8.1.3.2　突发事件应对要求

一、突发事件应对原则

突发事件的应对应遵从以下原则。

(1)以人为本,减轻危害。

(2)统一领导,分级负责。

(3)社会动员,协调联动。

(4)属地先期处置。

(5)依靠科学,专业处置。

(6)鼓励创新,迅速高效。

二、健全落实应急制度

合资及地方铁路运输企业要加快应急管理制度的制定。由于突发事件的不确定性,要把应急管理纳入规范化、制度化、法制化轨道,跟上突发事件的发展要求,确保突发事件应急人员、装备、资源、通信、应急预案的落实。

三、提高员工危机意识和应急能力

加强员工应急知识和相关法律法规的培训学习,提高安全意识和自救、互救能力。

四、应急队伍

建立专业的或兼职的应急救援队伍,联合培训、联合演练,提高协同应急能力。

五、应急设备设施

应急设备设施是用于应急管理与应急救援的工具、器材、服装、技术力量等。他们是应急救援的有力武器与重要保障,通过应急装备可以高效处置事故、保障相关人员生命安全、减少财产损失、维护社会稳定。

六、应急保障

应急保障主要包括物资储备保障、经费保障、通信保障。

七、隐患、危险源调查和监控

突发事件发生前的预防是突发事件管理的重点,预防是突发事件管理中最简便、成本最低的方法。做好监测、预测工作,及时收集各种信息,并对这些信息进行分析、辨别,有效觉察潜在的危机,对危机的后果事先加以估计和准备,预先制定科学而周密的危机应变计划,对危机采取果断措施,为危机处理赢得主动,从而预防和减少自然灾害、事故灾难、公共卫生和社会安全事件的发生降低其造成的损失,维护人民群众生命财产安全,维护社会稳定发展。

八、应急预案

应急预案应针对各级各类可能发生的事故和所有危险源制定专项应急预案和现场应急处置方案,并明确事前、事发、事中、事后的各个过程中相关部门和有关人员的职责,主要包括综合应急预案、专项应急预案、现场处置方案。制定完善的应急预案对应急管理工作有着重要指导作用,能以最快的速度发挥最大的效能,有序实施救援,尽快控制事态发展,降低紧急事件造成的危害,减少事故损失。

8.2 应急组织职责

铁路运输企业、铁路监管部门、地方人民政府及有关部门均应当落实法律法规要求和各自职责，加强应急管理相关工作，制定完善的应急预案，适时组织应急演练，推进应急保障建设，为及时妥善应对铁路突发事件做好应急救援等工作。

8.2.1 铁路运输企业

《铁路交通事故应急救援和调查处理条例》规定，铁路运输企业和其他有关单位、个人应当遵守铁路运输安全管理的各项规定，防止和避免事故的发生。在事故发生后，铁路运输企业和其他有关单位应当及时、准确地报告事故情况，积极开展应急救援工作，减少人员伤亡和财产损失，尽快恢复铁路正常行车。《铁路安全管理条例》规定，铁路运输企业等单位应当按照国家有关规定制定突发事件应急预案，并组织应急演练。《铁路交通事故应急救援规则》规定，铁路运输企业应当相应成立事故应急救援领导小组并设工作机构，建立健全工作制度，制定和完善事故应急救援预案，加强救援队、救援列车的建设，负责事故应急救援的人员培训、装备配置、物资储备、预案演练等基础工作，积极开展事故应急救援。

8.2.2 铁路监管部门

铁路监管部门应当加强对铁路运输企业应急管理的监督检查，建立铁路行业的应急救援信息系统，制定相关应急预案，并进行演练。在事故发生后，按照国家规定的权限和程序，立刻赶赴事故现场，依法组织或参加有关铁路生产安全事故的应急救援工作。

《铁路交通事故应急救援和调查处理条例》规定，国务院铁路主管部门应当加强铁路运输安全监督管理，建立健全事故应急救援和调查处理的各项制度，按照国家规定的权限和程序，负责组织、指挥、协调事故的应急救援和调查处理工作。铁路管理机构应当加强日常的铁路运输安全监督检查，指导、督促铁路运输企业落实事故应急救援的各项规定，按照规定的权限和程序，组织、参与、协调本辖区内事故的应急救援和调查处理工作。《铁路安全管理条例》规定，铁路监管部门应当按照国家有关规定制定突发事件应急预案，并组织应急演练。《国务院安全生产委员会关于印发〈国务院安全生产委员会成员单位安全生产工作任务分工〉的通知》规定，国家铁路局依法组织或参加有关铁路生产安全事故的应急救援和调查处理。

8.2.3 其他政府部门

我国建立了以统一领导、综合协调、分类管理、分级负责、属地管理为主的应急管理体制。《生产安全事故应急预案管理办法》规定，应急管理部负责全国应急预案的综合协调管理工作。国务院其他负有安全生产监督管理职责的部门在各自职责范围内，负责相关行业、领域应急预案的管理工作。县级以上地方各级人民政府应急管理部门负责本行政区域内应急预案的综合协调管理工作。县级以上地方各级人民政府其他负有安全生产监督管理职责的部门按照各自的职责负责有关行业、领域应急预案的管理工作。

《中华人民共和国安全生产法》规定，国务院安全生产监督管理部门建立全国统一的生产安全事故应急救援信息系统，国务院有关部门建立健全相关行业、领域的生产安全事故应急救援信息系统；有关地方人民政府和负有安全生产监督管理职责的部门的负责人接到生产安全事故报告后，应当按照生产安全事故应急救援预案的要求立即赶赴事故现场，组织事故抢救。

《生产安全事故报告和调查处理条例》规定，事故发生地有关地方人民政府、安全生产监督管理部门和负有安全生产监督管理职责的有关部门在接到事故报告后，其负责人应当立即赶赴事故现场，组织事故救援。《铁路安全管理条例》规定，县级以上各级人民政府及有关部门、铁路运输企业应当依照地质灾害防治法律法规的规定，加强铁路沿线地质灾害的预防、治理和应急处理等工作。

《铁路交通事故应急救援和调查处理条例》规定，国务院其他有关部门和有关地方人民政府应当按照各自的职责和分工，组织、参与事故的应急救援和调查处理工作。

8.3 应急预案与演练

铁路应急预案是铁路各有关部门根据以往的应急处置经验应对可能突发的危害铁路安全生产的事件（包括自然灾害、铁路交通事故、群体性事件等）时，为减少人员伤亡、经济损失和其他影响，预先制定的救援工作方案。应急演练是针对特定危害情景，依据应急预案而模拟开展的预警行动、事故报告、指挥协调、现场处置等活动。同时，开展应急救援演练是检验应急预案有效性、针对性的有效手段，也是提高应急响应速度，提升应急处置能力，锻炼应急队伍的一种培训措施。

8.3.1 预案体系

应急预案的管理实行“属地为主、分级负责、分类指导、综合协调、动态管理”的原则。铁路安全生产应急预案按照《生产安全事故应急预案管理办法》《突发事件应急预案管理办法》《生产经营单位生产安全事故应急预案编制导则》分为综合应急预案、专项应急预案和现场处置方案。综合应急预案，是指生产经营单位为应对各种生产安全事故而制定的综合性工作方案，是本单位应对生产安全事故的总体工作程序、措施和应急预案体系的总纲。专项应急预案，是指生产经营单位为应对某一种或者多种类型生产安全事故，或者针对重要生产设施、重大危险源、重大活动防止生产安全事故而制定的专项性工作方案。现场处置方案，是指生产经营单位根据不同生产安全事故类型，针对具体场所、装置或者设施所制定的应急处置措施。

《生产安全事故应急预案管理办法》规定，生产经营单位主要负责人负责组织编制和实施本单位的应急预案，并对应急预案的真实性和实用性负责；各分管负责人应当按照职责分工落实应急预案规定的职责。因此，铁路运输企业应急预案结合实际，同样可划分为综合预案、专项预案和现场处置方案。综合预案明确了铁路应急管理体系的基本结构，它的编制是专项预案和站段预案编制的基础，为整体铁路事故发生进行应急救援提供了可参照的依据和指导方案。专项预案是为应对有可能会发生的特定的事故而准备的。现场处置方案应当包括危险性分析、可能发生的事故特征、应急处置程序、应急处置要点和注意事项等内容。

8.3.2 预案内容

应急预案应针对安全生产事故的性质、特点和可能造成的社会危害，具体规定安全生产事故应急管理工作的组织指挥体系与职责和安全生产事故预防与预警机制、处置程序、应急保障措施及事后恢复与重建措施等内容。生产经营单位应根据有关法律、法规和相关标准，结合本单位组织管理体系、生产规模和可能发生的事故特点，科学合理地确立本单位的应急预案体系，并注意与其他类别应急预案相衔接。

其中，专项应急预案与综合应急预案中的应急组织机构、应急响应程序相近时，可不编写专项应急预案，相应的应急处置措施并入综合应急预案。现场处置方案重点规范事故风险描述、应急工作职责、应急处置措施和注意事项，应体现自救互救、信息报告和先期处置的特点。事故风险单一、危险性小的生产经营单位，可只编制现场处置方案。

铁路应急预案的基本内容包括综合应急预案、专项应急预安、现场处置方案三方面内容。

8.3.2.1 综合应急预案内容

一、总则

说明应急预案适用的范围。依据事故危害程度、影响范围和生产经营单位控制事态的能力，对事故应急响应进行分级，明确分级响应的基本原则。响应分级不必照搬事故分级。

二、应急组织机构及其职责

明确应急组织形式（可用图示）及构成单位（部门）的应急处置职责。应急组织机构可设置相应的工作小组，各小组具体构成、职责分工及行动任务应以工作方案的形式作为附件。

三、应急响应

（1）信息报告。

①信息接报。明确应急值守电话、事故信息接收、内部通报程序、方式和责任人，向上级主管部门、上级单位报告事故信息的流程、内容、时限和责任人，以及向本单位以外的有关部门或单位通报事故信息的方法、程序和责任人。

②信息处置与研判。明确响应启动的程序和方式。根据事故性质、严重程度、影响范围和可控性，结合响应分级明确的条件，可由应急领导小组作出响应启动的决策并宣布，或者依据事故信息是否达到响应启动的条件自动启动。若未达到响应启动条件，应急领导小组可作出预警启动的决策，做好响应准备，实时跟踪事态发展。响应启动后，应注意跟踪事态发展，科学分析处置需求，及时调整响应级别，避免响应不足或过度响应。

（2）预警。

①预警启动。明确预警信息发布渠道、方式和内容。

②响应准备。明确作出预警启动后应开展的响应准备工作，包括队伍、物资、装备、后勤和通信。

③预警解除。明确预警解除的基本条件、要求和责任人。

(3)响应启动。确定响应级别，明确响应启动后的程序性工作，包括应急会议召开、信息上报、资源协调、信息公开、后勤及财力保障工作。

(4)应急处置。明确事故现场的警戒疏散、人员搜救、医疗救治、现场监测、技术支持、工程抢险和环境保护方面的应急处置措施，并明确人员防护的要求。

(5)应急支援。明确当事态处于无法控制情况下，向外部(救援)力量请求支援的程序及要求、联动程序及要求，以及外部(救援)力量到达后的指挥关系。

(6)响应终止。明确响应终止的基本条件、要求和责任人。

四、后期处置

明确污染物处理、生产秩序恢复、人员安置方面的内容。

五、应急保障

(1)通信与信息保障。明确应急保障的相关单位及人员通信联系方式和方法，以及备用方案和保障责任人。

(2)应急队伍保障。明确相关的应急人力资源，包括专家、专兼职应急救援队伍及协议应急救援队伍。

(3)物资装备保障。明确本单位的应急物资和装备的类型、数量、性能、存放位置、运输及使用条件、更新及补充时限、管理责任人及其联系方式，并建立台账。

(4)其他保障。根据应急工作需求而确定的其他相关保障措施(如：能源保障、经费保障、交通运输保障、治安保障、技术保障、医疗保障和后勤保障)。

8.3.2.2 专项应急预案内容

一、适用范围

说明专项应急预案适用的范围，以及与综合应急预案的关系。

二、应急组织机构及职责

明确应急组织形式(可用图示)及构成单位(部门)的应急处置职责。应急组织机构以及各成员单位或人员的具体职责。应急组织机构可以设置相应的应急工作小组，各小组具体构成、职责分工及行动任务建议以工作方案的形式作为附件。

三、响应启动

明确响应启动后的程序性工作，包括应急会议召开、信息上报、资源协调、信息公开、后勤及财力保障工作。

四、处置措施

针对可能发生的事故风险、危害程度和影响范围，明确应急处置指导原则，制定相应的应急处置措施。

五、应急保障

根据应急工作需求明确保障的内容。

8.3.2.3 现场处置方案内容

一、事故风险描述

简述事故风险评估的结果（可用列表的形式列在附件中）。

二、应急工作职责

明确应急组织分工和职责。

三、应急处置

包括但不限于以下内容。

（1）应急处置程序。根据可能发生的事故及现场情况，明确事故报警、各项应急措施启动、应急救护人员的引导、事故扩大及同生产经营单位应急预案的衔接程序。

（2）现场应急处置措施。针对可能发生的事故，从人员救护、工艺操作、事故控制、消防、现场恢复等方面制定明确的应急处置措施。

（3）明确报警负责人以及报警电话及上级管理部门、相关应急救援单位联络方式和联系人员，事故报告基本要求和内容。

四、注意事项

包括人员防护和自救互救、装备使用、现场安全等方面的内容。

8.3.3 应急演练

应急演练按照演练内容分为综合演练和单项演练，按照演练形式分为现场演练和桌面演练，不同类型的演练可相互组合。其中，综合应急演练是指针对应急预案中多项或全部应急响应功能开展的演练活动。单项应急演练指针对某项应急响应功能开展的演练活动。现场演练是指选择（或模拟）生产经营活动中的设备、设施、装置或场所，设定事故情景，依据应急预案而模拟开展的演练活动。桌面演练是指针对事故情景，利用图纸、沙盘、流程图、计算机、视频等辅助手段，依据应急预案而进行交互式讨论或模拟应急状态下应急行动的演练活动。

8.3.3.1 应急演练的定义

应急演练指针对情景事件，按照应急预案而组织实施的预警、应急响应、指挥与协调、现场处置与救援、评估总结等活动。情景事件指针对生产经营过程中存在的危险源或危险、有害因素而设定的突发事件。

应急演练不是简单针对事故发生的情况，启动应急预案，按照职责分工进行响应，而是更加具体的操作层面的“实战演练”，应尽可能在设计、操作层面还原真实的事故发生后的应急救援情况。

应急演练是对实际突发事件应急救援过程的模拟，包括常规的应急处置流程和设定的关键事件等，其目的是检验应急预案、应急装备、应急基础设施、后勤保障等。通过演练，一是检验预案的实用性、可用性、可靠性；二是取得实战经验以修改应急预案的缺陷与不足，提高预案可操作性；三是检验员工是否明确自己的职责和应急行动程序，以及反映应急队伍的协同反应水平和实战能力；四是提高人们避免事故、预防事故、抵抗事故的能力，提高对事故的警惕性。

8.3.3.2 应急演练的基本内容

（1）预警与通知。接警人员接到报警后，按照应急预案规定的时间、方式、方法和途径，迅速向可能受到突发事件波及区域的相关部门和人员发出预警通知，同时报告上级主管部门或当地政府有关部门、应急机构，以便采取相应的应急行动。

（2）决策与指挥。根据应急预案规定的响应级别，建立统一的应急指挥、协调和决策机构，迅速有效地实施应急指挥，合理高效地调配和使用应急资源，控制事态发展。

（3）应急通信。保证参与预警、应急处置与救援的各方，特别是上级与下级、内部与外部相关人员通信联络的畅通。

（4）应急监测。对突发事件现场及可能波及区域的气象、有毒有害物质等进行有效监控并进行科学分析和评估，合理预测突发事件的发展态势及影响范围，避免发生次生或衍生事故。

（5）警戒与管制。建立合理警戒区域，维护现场秩序，防止无关人员进入应急处置与救援现场，保障应急救援队伍、应急物资运输和人群疏散等的交通畅通。

（6）疏散与安置。合理确定突发事件可能波及区域，及时、安全、有效地撤离、疏散、转移、妥善安置相关人员。

（7）医疗与卫生保障。调集医疗救护资源，对受伤人员进行合理验伤并分级，及时采取有效的现场急救及医疗救护措施，做好卫生监测和防疫工作。

（8）现场处置。应急处置与救援过程中，按照应急预案规定及相关行业技术标准采取的有效技术与安全保障措施。

（9）现场恢复。应急处置与救援结束后，在确保安全的前提下，实施有效洗消、现场清理和基本设施恢复等工作。

（10）总结与评估。对应急演练组织实施中发现的问题和应急演练效果进行评估总结，以便不断改进和完善应急预案，提高应急响应能力和应急装备水平。

（11）其他。根据相关行业（领域）安全生产特点所包含的其他应急功能进行演练。

8.3.3.3 应急演练计划

（1）应急演练计划的内容。针对合资及地方铁路运输企业安全生产特点，对应急演练活动进行整体规划，编写应急演练年度计划，内容通常包括演练的目的、类型、形式、时间、地点、内容、参与演练的部门、人员、演练经费预算等。

（2）应急演练计划的要求。应急演练计划应以合资及地方铁路运输企业安全生产应急预案为基本依据，针对可能发生的突发事件，着重提高初期应急处置和协同救援的能力。演练频次应满足应急预案的规定，演练范围应有一定的覆盖面。

8.3.3.4 应急演练的实施

（1）熟悉演练方案。应急演练领导小组正、副组长或成员召开会议，重点介绍有关应急练的计划安排，了解应急预案和演练方案，做好各项准备工作。

（2）安全措施检查。确认演练所需的工具、设备、设施以及参演人员到位。对应急演练安全保障方案以及设备、设施进行检查确认，确保安全保障方案的可行性，安全设备、设施的完好性。

（3）组织协调。应在控制人员中指派必要数量的组织协调员，对应急演练过程进行必要的引导，以防出现意外事故。组织协调员的工作位置和任务应在应急演练方案中作出明确规定。

（4）紧张有序地开展应急演练。应急演练总指挥下达演练开始指令后，参演人员针对情景事件，根据应急预案的规定，紧张有序地实施必要的应急行动和应急措施，直至完成全部演练工作。

（5）应急演练评估。评估的主要内容包括演练的执行情况，预案的合理性与可操作性，指挥协调和应急联动情况，应急人员的处置情况，演练所用设备装备的适用性，对完善预案、应急准备、应急机制、应急措施等方面的意见和建议等。鼓励委托第三方进行演练评估。

8.4　应急实施

在铁路安全生产事故发生后，除了未发生人员伤亡的一般事故外，铁路监管部门、地方有关人民政府、安全生产监督管理部门等均会采取相应的应急救援响应，并按照各自职责分工和应急预案的要求，开展应急救援相关工作。这是由事故报告和接到事故报告后及时进行响应的法律法规要求决定的。

8.4.1　应急响应

不同的事件或事故等级，有不同的应急响应级别。应急响应一般按Ⅰ、Ⅱ、Ⅲ、Ⅳ级划分，铁路应急响应等级主要参考和对应《铁路交通事故应急救援和调查处理条例》中特别重大、重大、较大、一般事故的判定标准。不同的单位或部门甚至同级应急响应的内容也不同。应急响应主要包括应急信息报告和应急救援启动。

8.4.1.1　应急信息报告

《铁路交通事故应急救援和调查处理条例》第十四条规定：事故发生后，事故现场的铁路运输企业工作人员或者其他人员应当立即报告邻近铁路车站、列车调度员或者公安机关。有关单位和人员接到报告后，应当立即将事故情况报告事故发生地铁路管理机构。

8.4.1.2　应急救援启动

《铁路交通事故应急救援和调查处理条例》规定，在事故发生后，国务院铁路主管部门、铁路管理机构、事故发生地县级以上地方人民政府或铁路运输企业应当根据事故等级启动相应的应急预案；必要时，成立现场应急救援机构。《安全生产事故报告和调查处理条例》规定，事故发生地的有关地方人民政府、安全生产监督管理部门和负有安全生产监督管理职责的有关部门在接到事故报告后,其负责人应立即赶赴事故现场,组织事故救援。《铁路交通事故应急救援规则》规定,在接到事故救援报告后,应当根据事故严重程度和影响范围,按特别重大、重大、较大、一般四个等级由相应单位、部门作出应急救援响应,启动应急预案。

8.4.2　事故应急救援

8.4.2.1　应急救援职责与分工

按法律法规规定和职责分工的不同,铁路运输企业、铁路监管部门、安全生产监督管理部门、地方人民政府应急救援工作的重点也不同。铁路监管部门在救援中,突出对应急处置的指导和协调。国铁集团承接了原铁道部的具体的、专业的救援力量,负责具体救援组织等工作。事故发生地人民政府作为突发公共事件应急管理工作的行政领导机构,负责本行政区域各类事故的应对工作,并具体组织实施救援动作,同时开展公共治安、医疗卫生、资金物资、交通等方面的应急保障工作。

一、总指挥负责制

现场救援工作实行总指挥负责制,按照事故应急救援响应等级,由相应负责人担任总指挥,或者视情况由上级事故应急救援工作机构指定人员担任临时总指挥,统一指挥现场救援工作。各工作组及参加事故应急救援的单位、部门应当确定负责人。当救援列车进行起复作业时,由救援列车负责人或指定人员单一指挥。现场总指挥及参加事故应急救援的各工作组负责人、各单位和部门负责人、作业人员应当佩戴区别明显的标志。

二、现场指挥部的工作内容

(1)现场指挥部应当在全面了解人员伤亡及机车车辆、线路、接触网、通信信号等行车设备损坏、地形环境等情况后,确定人员施救、现场保护、调查配合、货物处置、救援保障、起复救援、设备抢修等应急救援方案,并迅速组织实施。在实施救援过程中,各单位、部门应当严格执行作业规范和标准,防止衍生事故。

(2)当事故造成人员伤亡时,现场指挥部应当立即组织协调对现场伤员进行救治,紧急调集有关药品器械,迅速将伤员转移至安全地带或转移救治,采取必要的卫生防疫措施。遇有重大人员伤亡或需要大规模紧急转移、安置铁路旅客和沿线居民的,应当及时通知事发地人民政府组织开展救治和转移、安置工作。

(3)现场指挥部应当根据需要迅速调集装备设施、物资材料、交通工具、食宿用品、药品器械等救援物资。铁路运输企业各单位、部门必须无条件支持配合,不得以各种理由推诿拒绝,延误救援工作。当物资调用超出铁路运输企业自身能力时,可以向有关单位、部门或个人借用。

(4)当事故遇有装载危险货物车辆时,现场指挥部应当在采取确保人身安全和作业安全措施后,开展救援。当危险货物车辆需卸车、移动或起复时,应当在专业人员指导下作业,及时清除有害残留物或将其控制在安全范围内。

(5)在事故救援完毕后,现场指挥部应当组织救援人员对现场进行全面检查清理,进一步确认无伤亡人员遗留,拆除、回收、移送救援设备设施,清除障碍物,在确认具备开通条件后，立即通知有关人员按规定办理手续，由列车调度员发布调度命令开通线路，尽快恢复正常行车。

（6）在事故应急救援工作结束后，现场指挥部应当对事故应急救援工作进行总结，形成书面报告，并附事故应急救援有关证据材料，按规定向有关部门备案。

8.4.2.2 事故应急现场处置

铁路生产经营单位发生生产安全事故后，单位负责人应及时组织人员严格根据《中华人民共和国安全生产法》《生产安全事故应急预案管理办法》《生产安全事故应急条例》《铁路安全管理条例》《铁路交通事故应急救援和调查处理条例》有关规定进行处置。

一、现场人员现场处置的基本要求

（1）停止生产经营活动，采取措施防止事故扩大。

（2）保护事故现场。

（3）立即抢救伤员。

（4）及时报案。

二、事故单位现场处置的基本要求

（1）事故单位在公安、消防、卫生等专业抢险力量到达现场前，应启动本单位应急预案，立即组织有关应急救援队伍和工作人员营救遇险人员，疏散、撤离、安置受到威胁的人员，控制危险源，标明危险区域，封锁危险场所，并采取其他防止危害扩大的必要措施，妥善保管有关物证，并按照规定及时报告。当上级政府、部门负责现场指挥救援工作时，事故单位应积极听从指挥，做好抢险救援、现场取证、道路引领、后勤保障、秩序维护等协助处置工作。

（2）事故发生地有关地方人民政府、安全生产监督管理部门和负有安全生产监督管理职责的有关部门接到事故报告后，其负责人应当立即赶赴事故现场，组织事故救援。

（3）事故发生后，有关单位和人员应当妥善保护事故现场以及相关证据，任何单位和个人不得破坏事故现场、毁灭相关证据。因抢救人员、防止事故扩大以及疏通交通等原因，需要移动事故现场物件的，应当作出标志，绘制现场简图并作出书面记录，妥善保存现场重要痕迹、物证。

三、铁路交通事故的现场处置

（一）国务院《铁路交通事故应急救援和调查处理条例》相关规定

根据国务院《铁路交通事故应急救援和调查处理条例》规定，事故发生后，列车司机应当立即停车，采取紧急处置措施；对无法处置的，应当立即报告邻近铁路车站、列车调度员进行处置。

为保障铁路旅客安全或者因特殊运输需要不宜停车的，可以不停车；但是，列车司机应当立即将事故情况报告邻近铁路车站、列车调度员，接到报告的邻近铁路车站、列车调度员应当立即进行处置。

事故造成中断铁路行车的，铁路运输企业应当立即组织抢修，尽快恢复铁路正常行车；必要时，铁路运输调度指挥部门应当调整运输径路，减少事故影响。

事故发生后，国务院铁路主管部门、铁路管理机构、事故发生地县级以上地方人民政府或者铁路运输企业应当根据事故等级启动相应的应急预案；必要时，成立现场应急救援机构。

（二）原铁道部《铁路交通事故应急救援规则》相关规定

根据原铁道部《铁路交通事故应急救援规则》规定，接到事故救援报告后，应当根据事故严重程度和影响范围，按特别重大、重大、较大、一般四个等级由相应单位、部门作出应急救援响应，启动应急预案。特别重大事故的应急救援，由原铁道部报请国务院启动，或者由国务院授权的部门启动。原铁道部在国务院事故应急救援领导小组的领导下开展工作，开通与国务院有关部门、事发地省级事故应急救援指挥机构以及现场事故救援指挥部的应急通信系统，征求有关专家建议以及国务院有关部门意见提出事故应急救援方案，经国务院事故应急救援领导小组确定后组织实施，并派出专家和有关人员赶赴现场参加救援。

重大事故的应急救援，由原铁道部启动。原铁道部事故应急救援工作机构应当组建现场事故应急救援指挥部（以下简称现场指挥部），并根据事故具体情况设立医疗救护、事故起复、后勤保障、应急调度、治安保卫、善后处理等工作组，开通与事发地铁路运输企业和现场指挥部的应急通信系统，咨询有关专家，确定事故应急救援具体实施方案，立即派出有关人员赶赴现场，调集各种应急救援资源，组织指挥应急救援工作。必要时，协调请求事发地人民政府，当地驻军、武装警察部队提供支援。遇有超出本级应急救援处置能力时，及时向国务院报告。

较大事故、一般事故的应急救援，由安全监管办启动或者督促铁路运输企业事故应急救援工作机构启动，组织成立现场指挥部，并根据事故具体情况设立医疗救护、事故起复、后勤保障、应急调度、治安保卫、善后处理等工作组，开通与现场指挥部的应急通信系统，咨询有关专家，确定事故应急救援具体实施方案。有关负责人和专业人员应当立即赶赴现场，调集种应急救援资源，组织指挥应急救援工作。必要时，由安全监管办协调事发地人民政府、当地驻军、武装警察部队提供支援。遇有超出本级应急救援处置能力时，及时向原铁道部报告。

（三）铁路交通事故的应急处置

根据对已发生事故的分析，挤道岔、车辆抱闸、列车冒进信号、列车火灾爆炸、车辆故障、装载异状或货物坠落、制动梁脱落、汛期暴风雨行车等为铁路运输生产中的多发性事故。这些事故一旦发生，必须立即进行应急处理，以防事故后果继续扩大，否则可能发展为重大事故甚至特别重大事故。下面就部分事故的应急处置措施做简要介绍。

（1）发生挤道岔的处理。发现道岔故障或被挤坏后，立即做好防护，禁止一切机车车辆通行，及时报告车站值班员（调车区长），通知工务、电务部门进行检查修理。为了不中断行车，由工、电人员将道岔扳向尖轨未挤坏一侧，钉固后方准使用。发生挤道岔后，如果机车车辆停留在道岔上并已挤过道岔，不准后退（后退可能造成机车车辆脱轨，使事故扩大），要顺岔子方向缓缓移动，将车列全部拉过道岔。如必须后退时，将道岔扳向尖轨未挤坏的一侧钉固后，方准后退。

（2）发现列车运行中车辆抱闸的处理。接发车人员、机车乘务员等发现缓解状态下，运行的列车中有闸瓦抱车轮的摩擦声，轻度冒烟或火花（晚间明显看到）时，多属于车辆抱闸。发现车辆抱闸的处理方法如下。

①司机可采取停车处理。列车在区间或站内停车后，司机会同车站值班员查找抱闸车

辆时，做一次制动、缓解试验找出抱闸车故障处所与抱闸原因。当司机做常用制动时，车站值班员注意查明抱闸车的制动缸、制动基础作用是否正常。

②接发车人员发现时，对通过列车显示停车信号，或向机车乘务员显示停车信号，错过停车时机时报告列车调度员，前方站停车处理。

③如果故障一时不能排除，可按“关门车”处理，即放掉副风缸内的风，在车辆松闸的状态下，关闭制动支管上的截断塞门，停止该车辆制动作用。如果系制动基础装置故障，除将闸瓦拨离踏面外，还要找适当位置捆绑好故障部件，防止部件丢失。

（3）列车冒进信号的处理。当发生列车冒进进站或出站的信号机后，列车不得移动位置，查明情况后分别处理。

①冒进进站信号机。接车进路已准备妥当，以调车方式接入站内。停车位置影响准备接车进路时，通知司机退出有关道岔，准备好接车进路后，以调车方式接入站内。集中联锁的车站，退出信号机后，准备好接车进路，开放进站信号机进站。挂有装载超限货物车辆的列车，接车线满足列车限制条件时，以调车方式接入站内。否则通知司机后退，接入超限列车的固定线路。

②冒进出站信号机。通知司机以调车方式退回出信号机前方，办理闭塞，开放出站信号机发车。电话闭塞，在不影响接发其他列车或调车作业时，列车不必后退，办好闭塞手续，准备好发车进路，发给司机占用区间凭证后发车。超长列车冒进出站信号后，不影响其他列车发或调车作业时，不得后退。如果列车不能移动且必须接发其他列车时，车站值班员首先应确认其他列车的接发列车进路不受影响，通知有关司机注意，并派人进行防护，然后接发其他列车。列车冒进信号后，应及时报告列车调度员以便调整列车运行计划。列车冒进信号挤岔时，按挤岔处理方法办理。

（4）列车发生火灾、爆炸的应急处理。

①列车发生火灾、爆炸时，须立即停车（停车地点应尽量避开特大桥梁、长大隧道等）。电气化区段应立即通知供电部门停电。

②列车需要分隔甩车时，应根据风向及货物性质等情况而定。一般为先甩下列车后部的未着火车辆，再甩下着火车辆，然后将机后未着火车辆拉至安全地段。对甩下的车辆，由车站值班员（在区间由司机、车辆乘务员）负责采取防溜措施。

（5）列车运行途中发生车辆故障的应急处理。

①发现客车车辆轮轴故障、车体下沉（倾斜）、车辆剧烈振动等危及行车安全的情况时，须立即采取停车措施。由司机、车辆乘务员检查，对抱闸车辆应关闭截断塞门，排除副风缸中的余风，确认安全无误后，方可继续运行；如车轮踏面损坏超过限度或车辆故障不能继续运行时，应甩车处理。

②列车调度员接到热轴报告后，应按热轴预报等级要求果断处理。必要时，立即安排停车检查（司机应采用常用制动，列车停车后由车辆乘务员负责检查，无车辆乘务员的由司机确认能否继续安全运行）或就近站甩车处理。

③遇客车安全监控系统报警或其他故障需要列车限速运行时，由司机报告车站值班员、列车调度员。

（6）列车运行中发现装载异状、货物坠落的处理。列车运行中发现篷布掀起、绳索松开、货物突出或倾斜，情况不严重，不致碰撞线路两侧建筑物，以及对装运砂土、碎石、煤、砖等散装货物，在列车运行中发生少量的撒漏或震落，不影响行车及行人安全时，不必区间停车，可运行到前方站处理。如发现装载的货物窜出、脱落、歪塌、篷布掀开，超过机车车辆限界，有触及线路两侧建筑物和接触网等设备，危及行车和人身安全等严重情况时，应采取紧急停车措施，并做必要的整理，但电气化区段不停电不得上车整理。坠落的货物如能搬动可随列车装走，否则应移至不妨碍行车地点，并派人看守。处理站对遗留在区间的货物编制普通记录。

（7）列车运行中制动梁脱落的处理。制动梁是制动基础装置的主要部分，列车运行中，司机发现制动梁或下拉杆脱落，立即采取停车措施。接发车人员，如发现运行的车辆制动梁或下拉杆脱落时，应向列车显示停车信号，或用无线列车调度电话通知司机，使列车做停车处理。如来不及时，应立即向列车调度员报告，通知前方站停车处理。处理时，可将该车副风缸内的压缩空气排出，在车辆缓解状态下，关闭该车辆的截断塞门，停止该车辆制动机作用并将脱落的制动梁卸下或捆绑好后开车。

（8）汛期暴风雨行车应急情况的处理。

①列车通过防洪危险地段时，司机要加强瞭望，并随时采取必要的安全措施。

②当洪水漫到路肩时，列车应按有关规定限速运行；遇有落石、倒树等障碍物危及行车安全时，司机应立即停车，排除障碍并确认安全无误后，方可继续运行。

③列车遇到线路塌方、道床冲空等危及行车安全的突发情况时，司机应立即采取应急性安全措施，并立刻通知追踪列车、邻线列车及邻近车站。

8.5 应急设备设施管理

为提高设备利用率，铁路运输应急设备设施采取以下管理与维护建议措施。

8.5.1 应急设备管理与维护

8.5.1.1 积极做好项目设备的调配、进场、管理工作

建立应急设备组织管理体系，确定应急设备种类、数量，编制设备进场计划，并深入了解各应急设备技术状态，根据施工计划按时分批有序地组织设备进场，以避免盲目进场，造成设备闲置，增加成本。

设备进场后，设备部门要认真做好登记统计工作，建立设备台账，设备台账要内容齐全、规范，如设备购置日期、设备使用年限、技术状况、原值、净值、新旧程度、每年折旧状况等。根据设备状况制定相应的维修保养计划，责任到人，做到定期检查，按时保养，同时整理收集设备合格证、说明书、检验报告、工艺安装图等，为设备报验、成本考核奠定坚实基础。

8.5.1.2 加强对应急设备管理的重视力度，加大培训力度，以人为本

应加大操作人员培训力度，大型设备应加强“三定”，即定机、定人、定岗位，落实岗位责

任,责任到人,奖罚有度。小型设备实行施工队“三包”,即包使用、包维护、包保管(包括随机工具和资料),使其明确使用和保养的关系,达到文明施工、创优标准,坚决杜绝重使用、轻管理、轻维护、以修代保的错误思想,严禁设备带故障、超重、超压、超负荷运转,对不按规定使用与保养的单位给予处罚。

8.5.1.3 加强设备维护保养工作,从源头提升设备安全性

(1)应急设备定期保养是设备正常运行的必要条件,可减少隐患,提高设备效率,降低动力消耗,延长设备的使用寿命,保障施工生产正常进行。

(2)设备在使用管理中,由于设备新旧程度、运行的气候条件和工作时间的不同,其保养范围就不一致。制定保养的相关依据就是针对这一客观情况,以预防为主,按设备不同时期,各总组件发生的自然松动、磨损、调整部位变化的规律性,将各个时期需要保养的作业项目,分别归纳在一起实施分类保养。

8.5.2 设备保养的分工与实施

(1)加大对应急设备操作人员的培训力度,努力使其做到“四懂,三会”,即:懂原理、懂结构、懂性能、懂用途,会操作、会维修保养,会排查故障。加强应急设备在作业前、运行中、作业后应进行的“清洗、牢固、调整、润滑、防腐”作业,保持设备的应有效能,尽量消除事故隐患。

(2)保养工作的实施,力求实现“四化”,即:保养工艺化、操作机械化、检验仪器化、质量标准化。这“四化”是互相联系,相辅相成的。为达到上述要求,除应有计划地补充必要的检验工具设备,还必须充分发动操作人员、修理人员的积极性,大力开展技术革新,合理使用人力、物力,改进保养工艺组织、提高保养质量。

8.6 应急保障

为了使应急救援工作快速、有效地开展,必须建立完善的应急保障体系。各有关部门要按照职责分工和相关预案做好安全生产事故等事件的应对工作,同时根据总体预案切实做好应对安全生产事故等事件的人力、物力、财力、交通运输、医疗卫生及通信保障等工作,保证应急救援工作的顺利进行。铁路应急保障体系可以分为:通信与信息保障、救援装备和应急队伍保障、交通运输保障、医疗卫生保障、治安保障、物资保障、资金保障、技术储存与保障。

2006年原铁道部制定的《国家处置铁路行车事故应急预案》规定如下:

一、通信与信息保障

保证应急救援时通信的畅通,组织建立统一的铁路行车事故灾难应急救援指挥系统,逐步整合行车设备状态信息、地理信息、沿线视频信息,并结合行车事故灾害现场动态图像信息和救援预案,建立铁路运输安全综合信息库,为抢险救援提供决策支持。

二、救援装备和应急队伍保障

根据铁路救援体系建设规划，协调、检查、促进铁路应急救援基地建设，强化完善救援队伍建设，保证应急状态时的调用。优化和强化以救援列车、救援队、救援班为主体的救援抢险网络，合理配置救援资源；采用先进的救援装备和安全防护器材，制定各类救援起复专业技术方案；积极开展技能培训和演练，提高快速反应和救援起复能力。

三、交通运输保障

在启动应急预案期间，事发地人民政府和铁路运输企业按管理权限调动管辖范围内的交通工具，任何单位和个人必须积极配合不得拒绝。根据现场需要，由地方人民政府协调地方公安交通管理部门实行必要的交通管制，维持应急处置期间的交通运输秩序。视现场实际情况，在应急处置过程中，现场应急指挥部可商请属地地方交通管理部门实行必要的交通管制，保障现场的交通运输畅通。应急救援处置人员，可搭乘轨道车赶赴现场。

四、医疗卫生保障

地方卫生行政部门应制定相应的医疗卫生保障应急预案，明确铁路沿线可用于应急救援的医疗救治资源和卫生防疫机构能力与分布情况，提出可调用方案，检查监督本行政区域内医疗卫生防疫单位的应急准备保障措施。各铁路运输企业在制定应急预案时，应按照地方卫生行政部门确定的承担铁路行车事故医疗卫生防疫机构名录，明确不同地区、不同线路发生行车事故时医疗卫生机构地址、联系方式，并制定应急处置行动方案，确保应急处置及时有效。

五、治安保障

在各级应急处置预案中，要明确事故现场治安保障的公安机关负责人，安排足够的警力做好应急期间各阶段、各场所的治安保障工作。在启动应急预案期间，铁路或地方公安部门负责对现场进行安全警戒，提供治安保障，维护现场秩序稳定。

六、物资保障

铁路运输企业要按规定备足必需的应急抢险路料及备用器材、设施，专人负责，落实定期检查制度，保证在应急处置时各类设备设施应急有备。

七、资金保障

铁路运输企业财会部门要采取得力措施，确保铁路行车事故应急处置的资金需求。铁路行车事故应急救援费用、善后处理费用和损失赔偿费用由事故责任单位承担，事故责任单位无力承担的，由地方人民政府和原铁道部按管理权限协调解决。应急处置工作经费保障按《财政应急保障预案》规定实施。

八、技术储备与保障

铁路运输企业要建立、完善和更新专家库和技术资料，充分借助安全生产技术支撑体系的专家和机构，研究安全生产应急救援重大问题，开发应急技术和装备。

9. 事故报告和调查处理

9.1 铁路运输事故主要类型

铁路生产企业在生产经营活动中一旦发生安全生产事故，要依照国家有关规定进行报告，以便及时进行救援和事故责任调查。

9.1.1 生产安全事故定义

生产安全事故是指生产经营单位在生产经营活动（包括与生产经营有关的活动）中突然发生的，伤害人身安全和健康，或者损坏设备设施，或者造成经济损失的，导致原生产经营活动（包括与生产经营活动有关的活动）暂时中止或永远终止的意外事件。

国务院《铁路交通事故应急救援和调查处理条例》明确规定：铁路机车车辆在运行过程中与行人、机动车、非机动车、牲畜及其他障碍物相撞，或者铁路机车车辆发生冲突、脱轨、火灾、爆炸等，以及在铁路行车相关作业过程中造成人员伤亡、设备损坏、经济损失、影响铁路正常行车达到一定程度的，均构成铁路交通事故。行车事故、人身事故和路外事故均为铁路交通事故。

9.1.2 生产安全事故分级

9.1.2.1 生产安全事故分级

根据《生产安全事故报告和调查处理条例》文中的有关规定，按照造成的人员伤亡或者直接经济损失，生产安全事故分为以下四个等级。

（1）特别重大事故是指造成 30 人以上死亡，或者 100 人以上重伤，或者 1 亿元以上直接经济损失的事故。

（2）重大事故是指造成10人以上30人以下死亡，或者50人以上100人以下重伤，或者5 000万元以上1亿元以下直接经济损失的事故。

（3）较大事故是指造成3人以上10人以下死亡，或者10人以上50人以下重伤，或者1 000万元以上5 000万元以下直接经济损失的事故。

（4）一般事故是指造成3人以下死亡，或者10人以下重伤，或者1 000万元以下直接经济损失的事故。

条例中所称的“以上”包括本数，所称的“以下”不包括本数。

9.1.2.2 铁路运输交通事故等级分级

根据铁路运输企业的生产特点，国务院颁布了《铁路交通事故应急救援和调查处理条例》，条例规定如下。

（1）有下列情形之一的，为特别重大事故。

①造成30人以上死亡，或者100人以上重伤（包括急性工业中毒，下同），或者1亿元以上直接经济损失的。

②繁忙干线客运列车脱轨18辆以上并中断铁路行车48小时以上的。

③繁忙干线货运列车脱轨60辆以上并中断铁路行车48小时以上的。

（2）有下列情形之一的，为重大事故。

①造成10人以上30人以下死亡，或者50人以上100人以下重伤，或者5 000万元以上1亿元以下直接经济损失的。

②客运列车脱轨18辆以上的。

③货运列车脱轨60辆以上的。

④客运列车脱轨2辆以上18辆以下，并中断繁忙干线铁路行车24小时以上或者中断其他线路铁路行车48小时以上的。

⑤货运列车脱轨6辆以上60辆以下，并中断繁忙干线铁路行车24小时以上或者中断其他线路铁路行车48小时以上的。

（3）有下列情形之一的，为较大事故。

①造成3人以上10人以下死亡，或者10人以上50人以下重伤，或者1 000万元以上5 000万元以下直接经济损失的。

②客运列车脱轨2辆以上18辆以下的。

③货运列车脱轨6辆以上60辆以下的。

④中断繁忙干线铁路行车6小时以上的。

⑤中断其他线路铁路行车10小时以上的。

（4）造成3人以下死亡，或者10人以下重伤，或者1 000万元以下直接经济损失的，为一般事故。

根据国务院授权，原铁道部《铁路交通事故调查处理规则》（简称《事规》）作出的补充规定，一般事故分为一般A类事故、一般B类事故、一般C类事故、一般D类事故。

有下列情形之一，未构成较大以上事故的，为一般A类事故。

A1 造成2人死亡。

A2 造成 5 人以上 10 人以下重伤。

A3 造成 500 万元以上 1 000 万元以下直接经济损失。

A4 列车及调车作业中发生冲突、脱轨、火灾、爆炸、相撞，造成下列后果之一的。

A4.1　繁忙干线双线之一线或单线行车中断 3 小时以上 6 小时以下，双线行车中断 2 小时以上 6 小时以下。

A4.2　其他线路双线之一线或单线行车中断 6 小时以上 10 小时以下，双线行车中断 3 小时以上 10 小时以下。

A4.3　客运列车耽误本列 4 小时以上。

A4.4　客运列车脱轨 1 辆。

A4.5　客运列车中途摘车 2 辆以上。

A4.6　客车报废 1 辆或大破 2 辆以上。

A4.7　机车大破 1 台以上。

A4.8　动车组中破 1 辆以上。

A4.9　货运列车脱轨 4 辆以上 6 辆以下。

②有下列情形之一，未构成一般 A 类以上事故的，为一般 B 类事故。

B1 造成 1 人死亡。

B2 造成 5 人以下重伤。

B3 造成 100 万元以上 500 万元以下直接经济损失。

B4 列车及调车作业中发生冲突、脱轨、火灾、爆炸、相撞，造成下列后果之一的。

B4.1　繁忙干线行车中断 1 小时以上。

B4.2　其他线路行车中断 2 小时以上。

B4.3　客运列车耽误本列 1 小时以上。

B4.4　客运列车中途摘车 1 辆。

B4.5　客车大破 1 辆。

B4.6　机车中破 1 台。

B4.7　货运列车脱轨 2 辆以上 4 辆以下。

③有下列情形之一，未构成一般 B 类以上事故的，为一般 C 类事故。

C1 列车冲突。

C2 货运列车脱轨。

C3 列车火灾。

C4 列车爆炸。

C5 列车相撞。

C6 向占用区间发出列车。

C7 向占用线接入列车。

C8 未准备好进路接、发列车。

C9 未办或错办闭塞发出列车。

C10 列车冒进信号或越过警冲标。

C11 机车车辆溜入区间或站内。

C12 列车中机车车辆断轴，车轮崩裂，制动梁、下拉杆、交叉杆等部件脱落。

C13 列车运行中碰撞轻型车辆、小车、施工机械、机具、防护栅栏等设备设施或路料、坍体、落石。

C14 接触网接触线断线、倒杆或塌网。

C15 关闭折角塞门发出列车或运行中关闭折角塞门。

C16 列车运行中刮坏行车设备设施。

C17 列车运行中设备设施、装载货物(包括行包、邮件)、装载加固材料(或装置)超限(含按超限货物办理超过电报批准尺寸的)或坠落。

C18 装载超限货物的车辆按装载普通货物的车辆编入列车。

C19 电力机车、动车组带电进入停电区。

C20 错误向停电区段的接触网供电。

C21 电化区段攀爬车顶耽误列车。

C22 客运列车分离。

C23 发生冲突、脱轨的机车车辆未按规定检查鉴定编入列车。

C24 无调度命令施工，超范围施工，超范围维修作业。

C25 漏发、错发、漏传、错传调度命令导致列车超速运行。

④有下列情形之一，未构成一般 C 类以上事故的，为一般 D 类事故。

D1 调车冲突。

D2 调车脱轨。

D3 挤道岔。

D4 调车相撞。

D5 错办或未及时办理信号致使列车停车。

D6 错办行车凭证发车或耽误列车。

D7 调车作业碰轧脱轨器、防护信号，或未撤防护信号动车。

D8 货运列车分离。

D9 施工、检修、清扫设备耽误列车。

D10 作业人员违反劳动纪律、作业纪律耽误列车。

D11 滥用紧急制动阀耽误列车。

D12 擅自发车、开车、停车、错办通过或在区间乘降所错误通过。

D13 列车拉铁鞋开车。

D14 漏发、错发、漏传、错传调度命令耽误列车。

D15 错误操纵、使用行车设备耽误列车。

D16 使用轻型车辆、小车及施工机械耽误列车。

D17 应安装列尾装置而未安装发出列车。

D18 行包、邮件装卸作业耽误列车。

D19 电力机车、动车组错误进入无接触网线路。

D20 列车上工作人员往外抛掷物体造成人员伤害或设备损坏。

D21 行车设备故障耽误本列客运列车 1 小时以上，或耽误本列货运列车 2 小时以上；固定设备故障延时影响正常行车2小时以上(仅指正线)。

《铁路行车事故处理规则》对影响行车安全的其他情形,列入一般事故。因事故死亡、重伤人数7日内发生变化,导致事故等级变化的,相应改变事故等级。

9.2　铁路交通事故调查

9.2.1　有关事故调查的相关规定

9.2.1.1　生产安全事故调查

《生产安全事故报告和调查处理条例》规定,事故调查处理应当坚持"实事求是、尊重科学"的原则。按照事故等级,由不同的单位或部门进行事故调查。特别重大事故由国务院或者国务院授权有关部门组织事故调查组进行调查;重大事故、较大事故、一般事故分别由事故发生地省级人民政府、设区的市级人民政府、县级人民政府负责调查。

省级人民政府、设区的市级人民政府、县级人民政府可以直接组织事故调查组进行调查,也可以授权或者委托有关部门组织事故调查组进行调查。

未造成人员伤亡的一般事故,县级人民政府也可以委托事故发生单位组织事故调查组进行调查。

上级人民政府认为必要时可以调查由下级人民政府负责调查的事故。

9.2.1.2　铁路交通事故调查

《铁路交通事故应急救援和调查处理条例》规定,按照事故等级,由不同的单位或部门进行事故调查。

(1)特别重大事故由国务院或者国务院授权的部门组织事故调查组进行调查。重大事故由国务院铁路主管部门组织事故调查组进行调查。铁路主管部门认为必要时,可以组织事故调查组对较大事故和一般事故进行调查。

(2)根据事故的具体情况,事故调查组由有关人民政府、公安机关、安全生产监督管理部门、监察机关等单位派人组成,并应当邀请人民检察院派人参加。事故调查组认为必要时,可以聘请有关专家参与事故调查。事故调查组应当按照国家有关规定开展事故调查,并在调查期限内向组织事故调查组的机关或者铁路管理机构提交事故调查报告。

(3)事故调查报告形成后,报经组织事故调查组的机关或者铁路管理机构同意,事故调查组工作即告结束。组织事故调查组的机关或者铁路管理机构应当自事故调查组工作结束之日起15日内,根据事故调查报告,制作事故认定书。事故认定书是事故赔偿、事故处理以及事故责任追究的依据。

(4)事故责任单位和有关人员应当认真吸取事故教训,落实防范和整改措施,防止事故再次发生。国务院铁路主管部门、铁路管理机构以及其他有关行政机关应当对事故责任单位和有关人员落实防范和整改措施的情况进行监督检查。

(5)事故的处理情况,除依法应当保密的外,应当由组织事故调查组的机关或者铁路管理机构向社会公布。

9.2.2 事故调查组职责

对铁路交通事故，事故调查组履行下列职责。

(1)查明事故发生的经过、原因、人员伤亡情况及直接经济损失。

(2)认定事故的性质和事故责任。

(3)提出对事故责任者的处理建议。

(4)总结事故教训，提出防范和整改措施。

(5)提交事故调查报告。

9.2.3 对事故单位的相关要求

事故调查组到达现场前，组织事故调查组的机关可指定临时调查组组长，组成临时调查组，勘察现场，掌握人员伤亡、机车车辆脱轨、设备损坏等情况，保存痕迹和物证，查找事故线索及原因，做好调查记录，及时向事故调查组报告。

事故调查组到达后，发生事故的有关单位必须主动汇报事故现场真实情况，并为事故调查提供便利条件。事故发生单位的负责人和有关人员在事故调查期间应当随时接受事故调查组的询问，如实提供有关资料和物证。

事故调查组有权向有关单位和个人了解与事故有关的情况，并要求其提供相关文件、资料，有关单位和个人不得拒绝。

9.2.4 事故调查报告的内容

事故调查报告应当包括下列内容。

(1)事故发生单位概况。

(2)事故发生经过和事故救援情况。

(3)事故造成的人员伤亡和直接经济损失。

(4)事故发生的原因和事故性质。

(5)与事故有关的证明材料。

(6)事故责任的认定以及对事故责任者的处理建议。

(7)事故防范和整改措施。

事故调查报告应附现场调查记录、图纸、照片，技术鉴定和试验报告，事故责任者的自述材料，直接经济损失材料，发生事故时的工艺条件、操作情况和设计文件等附件资料。事故调查组成员应在事故调查报告上签名。

9.2.5 事故调查结案报告

事故调查组应在以下期限内向组织事故调查组的机关提交铁路交通事故调查报告。

(1)特别重大事故的调查期限为60日。

(2)重大事故的调查期限为30日。

(3)较大事故的调查期限为 20 日。

(4)一般事故的调查期限为 10 日。

事故调查期限自事故发生之日起计算。

事故调查组形成铁路交通事故调查报告,报组织事故调查的机关同意后,事故调查组的工作即告结束。

事故调查处理需要委托有关机构进行技术鉴定或者对铁路设备、设施及其他财产损失状况以及中断铁路行车造成的直接经济损失进行评估的,事故调查组应当委托具有国家规定资质的机构进行技术鉴定或者评估。技术鉴定或者评估所需时间不计入事故调查期限。事故调查报告形成后,报经组织事故调查组的机关或者铁路管理机构同意后,事故调查组工作即告结束。组织事故调查组的机关或者铁路管理机构应当自事故调查组工作结束之日起 15 日内,根据事故调查报告,制作事故认定书。

铁路交通事故认定书是事故赔偿、事故处理以及事故责任追究的依据。铁路交通事故认定书应按照原铁道部规定的统一格式制作,内容包括如下:

(1)事故发生的原因和事故性质。

(2)事故造成的人员伤亡和直接经济损失。

(3)事故责任的认定。

(4)对有关责任单位及人员的处理决定或建议。

9.3　事故善后处理

根据原铁道部《铁路交通事故应急救援规则》《铁路交通事故应急救援和调查处理条例》规定,事故发生后,相关单位和部门应做好以下工作。

9.3.1　善后处理

(1)事故善后处理工作组应当依法进行事故的善后处理,组织妥善做好现场遇险滞留人员食宿、转移和旅客改签、退票等服务工作,以及伤亡人员亲属的通知、接待以及抚恤丧葬、经济补偿等处置工作。负责收取伤亡人员医疗档案资料,核定救治费用。

(2)对事故造成的伤亡人员,现场指挥部应当在积极组织施救的同时,负责协调落实伤亡人员的救治、丧葬等临时费用,待事故责任认定后,由事故责任方承担。

(3)事故造成人员死亡的,应当由急救、医疗卫生部门或者法医出具死亡证明,尸体由其家属或者铁路运输企业存放于殡葬服务单位,或者存放于有条件的急救、医疗卫生部门。尸体检验完成后,由事故善后处理工作组通知死者家属在 10 日内办理丧葬事宜。对未知名尸体,由法医检验后填写未知名尸体信息登记表。经核查无法确认死者身份的,经事故善后处理工作组负责人批准,刊登认尸启事,刊登后 10 日无人认领的,由县级或者相当于县级以上的公安机关批准处理尸体。

(4)事故造成国际来华人员死亡的,事故善后处理工作组应当通知死者亲属或者所属国家驻华使(领)馆,尸体处置事宜按照我国有关规定办理。

(5)对事故现场遗留的财物,事故善后处理工作组或者公安部门应当进行清点、登记并妥善保管。

9.3.2 事故赔偿

（1）事故造成人身伤亡的，铁路运输企业应当承担赔偿责任；但是人身伤亡是不可抗力或者由受害人自身原因造成的，铁路运输企业不承担赔偿责任。违章通过平交道口或者人行过道，或者在铁路线路上行走、坐卧造成的人身伤亡，属于受害人自身的原因造成的人身伤亡。

（2）事故造成铁路旅客人身伤亡和自带行李损失的，铁路运输企业对每名铁路旅客人身伤亡的赔偿责任限额为人民币 15 万元，对每名铁路旅客自带行李损失的赔偿责任限额为人民币 2000 元。

（3）事故造成铁路运输企业承运的货物、包裹、行李损失的，铁路运输企业应当依照《中华人民共和国铁路法》的规定承担赔偿责任。

（4）事故造成其他人身伤亡或者财产损失的，依照国家有关法律、行政法规的规定赔偿。事故当事人对事故损害赔偿有争议的，可以通过协商解决，或者请求组织事故调查组的机关或者铁路管理机构组织调解，也可以直接向人民法院提起民事诉讼。

9.4 防止事故再次发生的措施

9.4.1 四不放过与责任追究

一、落实“四不放过”责任追究原则

依照“四不放过”原则，追究事故责任人的责任，是落实安全生产责任制的重要手段，是解决“严不起来、落实不下去”不正常的安全执行问题，保证政令畅通、令行禁止，防止事故发生的重要举措。具体要求如下。

（1）事故原因未查清不放过。企业在分析解剖事故时，要深刻反思有没有针对相关人员的行为及设备、环境的安全状况进行分析，对照本单位安全管理、技术管理、制度落实方面是否存在问题，做到分析不清不放过。

（2）责任人员未处理不放过。对照事故调查处理的法律法规和公司安全生产奖惩制度，深入开展大讨论，哪些岗位、哪些人员应该受到什么样的处理，做到责任人员未处理不放过。

（3）有关人员未受到教育不放过。对照分析总结的事故教训，没有本着举一反三的原则，该吸取教训、受到教育的人没有吸取教训、受到教育不放过。

（4）整改措施未落实不放过。针对本单位实际情况，结合事故单位的防范措施，没有制定本单位的防范措施，并将措施责任到人，落实到位不放过。

二、铁路运输企业事故责任追究具体规定

（一）国务院《铁路交通事故应急救援和调查处理条例》规定

（1）铁路运输企业及其职工违反法律、行政法规的规定，造成事故的，由国务院铁路主管部门或者铁路管理机构依法追究行政责任。

（2）铁路运输企业及其职工不立即组织救援，或者迟报、漏报、瞒报、谎报事故的，对单位，由国务院铁路主管部门或者铁路管理机构处 10 万元以上 50 万元以下的罚款；对个人，由国务院铁路主管部门或者铁路管理机构处 4 000 元以上 2 万元以下的罚款；属于国家工作人员的，依法给予处分；构成犯罪的，依法追究刑事责任。

（3）国务院铁路主管部门、铁路管理机构以及其他行政机关未立即启动应急预案，或者迟报、漏报、瞒报、谎报事故的，对直接负责的主管人员和其他直接责任人员依法给予处分；构成犯罪的，依法追究刑事责任。

（4）干扰、阻碍事故救援、铁路线路开通、列车运行和事故调查处理的，对单位，由国务院铁路主管部门或者铁路管理机构处 4 万元以上 20 万元以下的罚款；对个人，由国务院铁路主管部门或者铁路管理机构处 2 000 元以上 1 万元以下的罚款；情节严重的，对单位，由国务院铁路主管部门或者铁路管理机构处 20 万元以上 100 万元以下的罚款；对个人，由国务院铁路主管部门或者铁路管理机构处 1 万元以上 5 万元以下的罚款；属于国家工作人员的，依法给予处分；构成违反治安管理行为的，由公安机关依法给予治安管理处罚；构成犯罪的，依法追究刑事责任。

（二）原铁道部《铁路交通事故调查处理规则》规定

事故分为责任事故和非责任事故。事故责任分为全部责任、主要责任、重要责任、次要责任和同等责任。（第四十九条）

9.4.2　事故整改与事故再次发生的防范

一、原则

事故单位要按“四不放过”原则，仔细分析事故各种原因，认真吸取事故教训，强化员工安全教育，落实防范和整改措施，防止事故再次发生。防范和整改措施的落实情况应当接受工会和职工的监督。

二、措施

事故单位必须认真落实整改措施，并接受安全生产监督管理部门和负有安全生产监督管理职责的有关部门对落实防范和整改措施的情况进行的监督检查。

（一）安全技术整改与预防措施

针对不同的事故及其原因采取相应的安全技术整改与预防措施。

（二）安全管理预防与整改措施

与安全技术对策措施处于同一层面上的安全管理对策措施，其在企业的安全生产工作中与前者起着同等重要的作用。

（三）安全培训和教育

生产经营单位的安全培训和教育工作分三个层面进行。

（1）单位主要负责人和安全生产管理人员的安全培训教育在于熟悉国家有关安全生产的法律法规、行政规章和各种技术标准、规范，了解企业安全生产管理的基本脉络，掌握整个企业进行安全生产管理的能力，最终取得安全管理岗位的资格证书。

（2）从业人员的安全培训教育在于了解安全生产知识，熟悉有关的安全生产规章制度和安全操作规程,掌握本岗位的安全操作技能。经考试合格后,持证上岗。

(3)特种作业人员必须按照国家有关规定经专门的安全作业培训并取得特种作业操作资格证书。

9.5　事故台账与档案管理

一、事故管理台账基本内容

(1)准确记录事故发生时间、地点、类别、等级、直接经济损失和伤亡人员情况。

(2)客观描述和记载事故经过、救援情况、事故教训;原因分析、事故预防措施;事故责任人处理;相关人员受教育情况。

二、生产安全事故档案管理

事故档案、事故分析或事故统计的基础资料,应当认真归档,妥善管理。企业事故档案管理规定参照《生产安全事故档案管理办法》的有关规定来执行。

(1)事故档案管理是参与事故调查处理单位的档案工作的组成部分。

(2)事故档案的管理应与事故报告、事故调查和处理同步进行。

(3)有关单位及个人都有维护事故档案完整、准确、系统、安全的义务。

(4)应指定人员负责收集、整理事故调查和处理期间形成的文件材料。

(5)在事故处理结束后30日内向本单位档案部门移交事故档案。

事故调查处理的整体流程如图9-1所示。

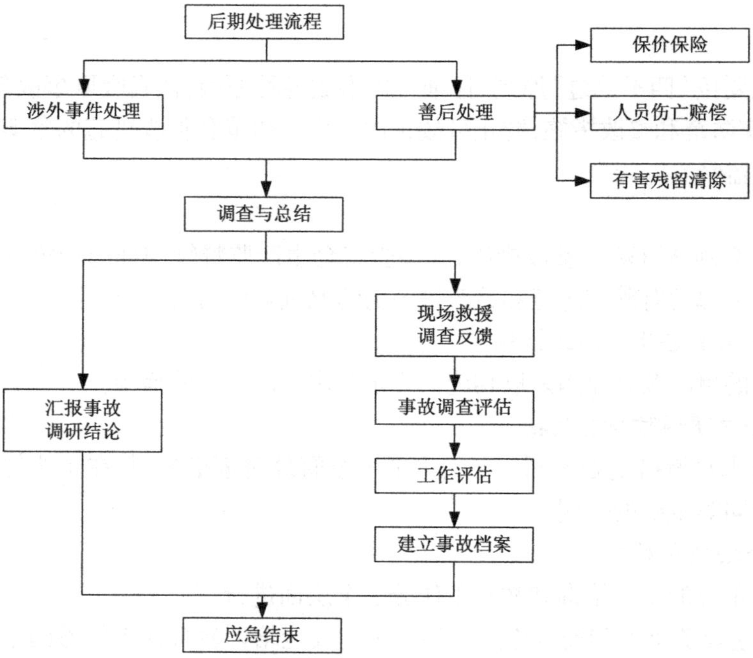

图9-1　事故调查处理整体流程图

第二篇　标准化建设

10. 铁路运输企业安全生产标准化概述

10.1 铁路运输企业安全生产标准化的背景与意义

企业安全生产标准化就是依据国家、行业的法律、法规、规程、规章和标准，制定企业安全生产方面的规章、制度、规程、标准、办法，使企业的各项活动、工序及各个环节、岗位都规范化、制度化、标准化、科学化和法制化。

安全生产标准化包括企业安全管理标准化、安全技术标准化、安全装备标准化、现场（环境）安全管理标准化和岗位作业安全标准化五大方面，重点是把握企业安全管理标准化、现场安全管理标准化和岗位作业安全标准化。

10.1.1 企业安全生产标准化建设的背景

安全生产事关人民群众生命财产安全，事关改革开放、经济发展和社会稳定大局，事关党和政府的形象和声誉。自改革开放以来，由于进入市场经济以后竞争加剧，一些地方片面追求眼前利益，减少安全生产和劳动保护方面的投入，放松安全管理，加之监管力量薄弱等原因，导致一个时期以来重特大事故多发，安全生产形势十分严峻。新中国成立后，党中央、国务院一直高度重视安全生产工作，特别是改革开放以来，为扭转安全生产的被动局面，从根本上遏制安全生产重特大事故的发生，党中央、国务院采取了一系列重大举措加强安全生产工作，大力推进和加快了我国安全生产管理体制的组织建设和制度建设的步伐。

2001 年，国家安全生产监督管理总局（以下简称国家安监总局）正式宣告成立，标志着中国安全生产管理体制的改革取得重大进展，新体制、新机构正式运行，为扭转安全生产被动局面创造了必要的体制条件。

2002 年，以《中华人民共和国安全生产法》（以下简称《安全生产法》）为主体的一系列有关安全生产的法律法规相继颁布实施。《安全生产法》是我国第一部全面规范安全生产的专门法律，是我国安全生产法律体系的主体法，是生产经营单位和从业人员必须遵循的行为准则，是政府和监管部门进行监督管理和行政执法的法律依据，是制裁各种安全生产违法犯罪行为的有力武器。《安全生产法》的出台是我国安全生产法制建设的重要里程碑。《安全生产法》明确了安全生产责任，初步建立了安全生产监管体系，对重点行业和领域集中开展了安全生产专项整治。由此，我国安全生产状况得到了逐步稳定的好转。

2003 年，为加强对全国安全生产工作的统一领导，促进安全生产形势的持续稳定好转，保护国家财产和人民生命安全，经国务院同意，成立国务院安全生产委员会（简称安委会）。国务院安委会为全国安全生产工作的统一领导组织，主要职责为：负责研究部署、指导协调全国的安全生产工作；研究全国安全生产工作的重大方针政策；研究解决安全生产工作中的重大问题。

2003 年，国家安监总局法规司设立标准处。2004 年，国家标准化管理委员会正式批准安全生产标准代号为“AQ”，解决了安全生产标准一直没有专用代号的问题，使安全生产标准化工作逐步走上了正轨。安全生产法制建设的不断完善，迫切需要安全生产标准作为其技术支撑。标准是法律的延伸，具有技术性法律规定的作用。《安全生产法》等法律法规和《国务院关于进一步加强安全生产工作的决定》的颁布实施，为安全生产监管监察工作提供了有力的法律支撑和依据。但这些法律、法规的实施，无一例外都需要安全生产标准的有效支持。早在新中国成立初期，我国就开始了安全生产标准化的研究和建设工作。2004 年，国务院发布《关于进一步加强安全生产工作的决定》，提出“在全国所有的工矿、商贸、交通、建筑施工等企业普遍开展安全质量标准化活动”。为了贯彻落实该文件，国家安全生产监督管理总局下发了相关指导文件，并陆续在煤矿、金属非金属矿山、危险化学品、烟花爆竹、冶金、机械等行业开展安全生产标准化创建活动，有效地提升了企业的安全生产管理水平。同时，在原国家质量监督检验检疫总局、国家标准化管理委员会的大力支持下，多年来安全生产标准一直没有代号的难题终于得以解决，安全生产标准化的领域逐步确定，为安全生产标准化工作的开展打下了良好基础。在国家标准化管理委员会的领导和支持下，经过国务院各有关部门、协会以及各标准化技术委员会的共同努力，我国制定了一大批安全生产国家标准和行业标准，基本涵盖了各有关生产领域和作业场所。安全生产作为“十一五”期间国家标准化工作的重点领域，纳入了国家《标准化“十一五”发展规划》和《安全生产“十一五”规划》。

为了进一步加强安全生产标准化工作，国家标准化管理委员会会同国家安监总局组织编制了《全国安全生产 2007—2010 年标准化发展规划》（后根据安全工作实际需要更名为《2008—2010 年全国安全生产（主要工业领域）标准化发展规划》）。到了 2010 年，全国安全生产事故逐年下降，安全生产状况总体稳定、趋于好转，但安全生产形势依然十分严峻，事故总量仍然很大，非法、违法生产现象严重，重特大事故仍时有发生，给人民群众生命财产安全造成重大损失。同时，暴露出一些企业重生产轻安全、安全管理薄弱、主体责任不落实，一些地方和部门安全监管不到位等突出问题。

为进一步加强安全生产工作，全面提高企业安全生产水平，2010 年国务院印发了《国务院关于进一步加强企业安全生产工作的通知》，其中要求“全面开展安全达标，深入开展以岗位达标、专业达标和企业达标为内容的安全生产标准化建设，凡在规定时间内未实现达标的企业要依法暂扣其生产许可证、安全生产许可证，责令停产整顿；对整改逾期未达标的，地方政府要依法予以关闭。”同时，要求“安全生产监管监察部门、负有安全生产监管职责的有关部门和行业管理部门要按职责分工，对当地企业包括中央、省属企业实行严格的安全生产监督检查和管理，组织对企业安全生产状况进行安全标准化分级考核评价，评价结果向社会公开，并向银行业、证券业、保险业、担保业等主管部门通报，作为企业信用评级的重要参考依据。”同年，国家安监总局发布了行业标准《企业安全生产标准化基本规范》（AQ/T 9006—2010），在形式要求、基本内容、评价办法等方面进一步规范了企业安全生产标准化工作。

2011 年 5 月，国务院安委会发布了《国务院安委会关于深入开展企业安全生产标准化建设的指导意见》，阐明了深入开展企业安全生产标准化建设的重要意义，提出了总体要求、目标任务、实施方法和工作要求。为贯彻落实《国务院关于进一步加强企业安全生产工作的通知》精神和《国务院安委会关于深入开展企业安全生产标准化建设的指导意见》的总体要求，全面推进交通运输企业安全生产标准化建设工作，2011 年 6 月，交通运输部印发了《交通运输企业安全生产标准化建设实施方案》，明确了交通运输企业安全生产标准化建设的指导思想、工作目标，确定了实施范围、管理分工和工作内容，提出了具体工作要求。

2011 年 11 月，国务院出台了《国务院关于坚持科学发展安全发展促进安全生产形势持续稳定好转的意见》，进一步明确要求“推进安全生产标准化建设。在工矿商贸和交通运输行业领域普遍开展岗位达标、专业达标和企业达标建设，对在规定期限内未实现达标的企业，要依据有关规定暂扣其生产许可证、安全生产许可证，责令停产整顿；对整改逾期仍未达标的，要依法予以关闭。加强安全标准化分级考核评价，将评价结果向银行、证券、保险、担保等主管部门通报，作为企业信用评级的重要参考依据。”为规范交通运输企业安全生产标准化评价及其管理行为，2012 年 4 月，交通运输部印发了《交通运输企业安全生产标准化考评管理办法》，对交通运输企业安全生产标准化达标等级分类、形式、考评机构与考评员条件、考评、发证、换证等做了规定；同时，印发了《交通运输企业安全生产标准化达标考评指标》，给出了 5 个大类、共计 16 类企业的考评指标。

2016 年 7 月 26 日，交通运输部为推进交通运输企业安全生产标准化建设，规范评价工作，促进企业落实安全生产主体责任，依据《安全生产法》，制定了《交通运输企业安全生产标准化建设评价管理办法》，分为总则、评审员、评价机构、评价与等级证明颁发、监督管理和附则，共 6 章 86 条，对原考评实施办法、考评机构实施办法和考评发证程序等内容统一进行了规范，明确了企业落实安全生产主体责任的路径和内容，有效提升了管理部门的安全监管水平，丰富了安全监管手段，推动了精细化、清单化监管，提升了安全生产事故的防范能力。

2021 年 10 月，为进一步规范和促进企业开展安全生产标准化建设，建立并保持安全生产管理体系，全面管控生产经营活动各环节的安全生产工作，不断提升安全管理水平，根据《安全生产法》，应急管理部制定了《企业安全生产标准化建设定级办法》。企业应当按照安全生产有关法律、法规、规章、标准等要求，加强标准化建设，可以依据本办法自愿申请标准化定级。

另外,交通运输部还制定了《交通运输企业安全生产标准化考评发证实施办法》《交通运输企业安全生产标准化考评机构管理实施办法》《交通运输企业安全生产标准化考评员管理实施办法》等。至此,企业安全生产标准化建设和达标评价工作在交通运输领域全面展开。

10.1.2 企业安全生产标准化建设的重要意义

企业安全生产标准化建设对于规范我国企业安全生产行为,改善安全生产条件,强化安全基础管理,有效防范和坚决遏制重特大事故的发生,具有十分重要的意义。具体表现如下。

(1)是落实企业安全生产主体责任的必要途径。国家有关安全生产法律法规和规定明确要求,要严格企业安全管理制度,全面开展安全标准化建设工作。企业是安全生产的责任主体,也是安全生产标准化建设的主体,要通过加强企业每个岗位和环节的安全生产标准化建设,不断提高安全管理水平,促进企业安全生产主体责任落实到位。

(2)是强化企业安全生产基础工作的长效制度。安全生产标准化建设涵盖了增强人员安全素质、提高设备设施水平、改善作业环境、强化岗位责任落实等各个方面,是一项长期的、基础性的系统工程,有利于全面促进企业提高安全生产保障水平。

(3)是政府实施安全生产分类指导、分级监管的重要依据。实施安全生产标准化建设评价,将企业划分为不同等级,能够客观真实地反映出各地区企业安全生产状况和不同安全生产水平的企业数量,为加强安全监管提供有效的基础数据。

(4)是有效防范事故发生的重要手段。深入开展安全生产标准化建设,能够进一步规范从业人员的安全行为,提高机械化和信息化水平,促进现场各类隐患的排查治理,推进安全生产长效机制建设,有效防范和坚决遏制事故发生,促进全国安全生产状况持续稳定好转。

(5)是维护从业人员合法权益的重要体现。安全生产工作的最终目的是为了保护人民群众的生命财产安全。安全生产标准化是企业安全生产工作的基础,是提高企业核心竞争力的关键。安全生产工作做不好,安全生产没有保证,企业不仅没有进入市场、参与竞争的能力,甚至会被关闭、淘汰,生存发展就成为一句空话。只有抓好安全生产标准化,做到强基固本,才能迎接市场经济的挑战,在市场竞争中立于不败之地。

(6)是企业树立良好社会形象的需要。一个现代化企业,除了经济实力和技术能力外,还应具有强烈的社会责任感,树立对职工安全和健康负责的良好社会形象。现代企业在市场中的竞争不仅是资本和技术的竞争,也是品质和形象的竞争。

因此,开展安全生产标准化将逐渐成为现代企业的普遍需求。开展安全生产标准化,一方面可以改善作业条件,增强劳动者身心健康,提高劳动效率;另一方面能够有效地预防和控制工伤事故及职业危险、有害因素,对企业的经济效益和生产发展也具有长期的积极效应。

对于合资及地方铁路运输企业而言,实施安全生产标准化建设意义更为重大。合资及地方铁路运输企业是否具备安全条件,其生产环节是否符合安全要求,需要以能够评价企业安全生产过程的标准规范和技术规程为依据。例如铁路运输企业的安全工作贯穿于运输生产全过程，涉及机务、车务、工务、电务、车辆、水电等部门的每个生产作业环节和人员。在铁路运输生产过程中，技术设备、规章制度和运营人员是保证铁路运输安全稳定的“三大因素”。而“三大因素”中哪一项都离不开“人”的作用。通过标准化的作业可进一步消除作业人员行为中存在的不确定性，使作业过程处于一种可控的稳定状态，从而使运输安全得到更可靠的保证。因此，合资及地方铁路运输企业安全生产标准化的实施，必须有更为具体、更为详尽的技术性标准和规程予以支持。

10.2　铁路运输企业安全生产标准化的工作任务

为切实落实合资及地方铁路运输企业主体责任，加强企业安全生产基础工作，提高企业安全生产管理整体水平，有效预防和减少铁路伤亡事故，合资及地方铁路运输企业应结合自身实际，制定出适合自身的具体实施方案。

10.2.1　工作目标

(1)合资及地方铁路运输企业安全生产水平明显提升，行业安全管理和事故防范能力增强。

(2)各类事故明显下降。杜绝较大及以上安全生产责任事故，严格控制和减少一般铁路交通事故，实现合资及地方铁路安全形势有序可控、持续稳定。

(3)推进合资及地方铁路运输企业标准化建设。企业通过开展安全生产标准化建设工作，实现企业安全管理标准化、作业现场标准化和操作过程标准化。

10.2.2　实施范围

实施范围为具有独立法人资格，具体从事合资及地方铁路生产经营的企业。

10.2.3　工作内容

(1)成立铁路系统企业安全生产标准化建设工作领导小组，负责组织、指导合资及地方铁路运输企业安全生产标准化建设工作。

(2)依照相关法律、法规、标准的规定，开展标准化建设评价工作，如实反映企业的安全生产状况。

(3)各合资及地方铁路运输企业应积极开展本企业标准化建设的宣传培训，按照有关文件的要求建立安全管理体系，积极开展标准化建设自查自评。

(4)全面启动标准化建设工作。

①企业安全生产标准化建设级别要求：企业安全生产标准化建设分为一级、二级、三级，其中一级最高、三级最低。交通运输部主管全国交通运输企业安全生产标准化工作并负责一级企业的评价工作。省铁路管理机构负责全省铁路系统企业安全生产标准化工作，以及职责范围内的二、三级企业的评价工作。合资及地方铁路运输企业应达到三级及以上企业

安全生产标准化建设级别。

②各类安全管理体系的转换定级：为全面推进标准化工作的开展，加快合资及地方铁路运输企业的标准化建设工作进度，初次申请标准化建设的具有有关安全管理体系认证结果的企业，可以实行转换定级；也可以不转换定级，按标准化要求申请评价等级。

11. 标准化建设指标

11.1 标准化建设指标构成与特点

结合铁路运输企业安全生产标准化建设现状，参照交通行业、铁路运输行业相关标准，走访了邯黄铁路、和邢铁路、建投铁路等河北省合资及地方铁路运输企业，了解铁路运输企业安全生产标准化建设实际情况，经过多方探讨、论证，本章重点从16项一级建设指标57项二级建设指标介绍合资及地方铁路运输企业安全生产标准化建设指标的构成与主要特点，着重分析合资及地方铁路运输企业安全生产标准化建设的基本原则及要点，以国家有关安全生产的方针、政策和法律、法规、标准为依据，运用定量和定性的方法对合资及地方铁路运输企业存在的危险、有害因素进行识别、分析和评价，从而有针对性地选用标准化建设方法，从实际的经济和技术条件出发，提出有针对性的、操作性强的对策措施，对企业标准化建设给出客观、公正的评价结论。

11.1.1 标准化建设指标构成

合资及地方铁路运输企业安全生产标准化建设指标共由16项一级建设指标57项二级建设指标组成。其中，一级建设指标包括安全目标、法规和安全管理制度、安全责任体系、管理机构和人员、安全投入、教育培训、安全文化、职业健康、设备设施、作业管理、危险源辨识与风险控制、隐患排查与治理、应急救援、事故报告调查处理、科技创新与信息化、绩效考核与持续改进等。一级二级建设系列指标分配见表11-1。

表 11-1 合资及地方铁路运输企业安全生产标准化一级、二级建设指标分配

一级建设指标	二级建设指标
1. 安全目标	安全工作方针与目标、中长期规划、年度计划、目标考核

续表

一级建设指标	二级建设指标
2. 法规和安全管理制度	资质、法规、安全管理制度、岗位安全生产操作规程、制度执行及档案管理
3. 安全责任体系	健全责任制、责任制考核
4. 管理机构和人员	安全管理机构、管理人员配备
5. 安全投入	资金投入、费用管理
6. 教育培训	培训计划、宣传教育、管理人员、从业人员培训、规范档案
7. 安全文化	安全环境、安全行为
8. 职业健康	健康管理、工伤保险、危害告知、环境与条件
9. 设备设施	机车车辆、线路、桥隧涵、车站、道口、通信信号、安全设施、供电设备、特种设备
10. 作业管理	现场作业管理、安全值班、相关方管理、从业人员管理、铁路沿线安全管理、警示标志
11. 危险源辨识与风险控制	危险源辨识、风险控制
12. 隐患排查与治理	隐患排查、隐患治理
13. 应急救援	预案制定、预案实施、应急队伍、应急装备、应急演练
14. 事故报告调查处理	事故报告、事故处理
15. 科技创新与信息化	科技创新及应用、科技信息化
16. 绩效考核与持续改进	绩效考核、持续改进、安全管理体系建设

11.1.2 标准化建设指标的主要特点

11.1.2.1 内容系统性

合资及地方铁路运输企业安全生产标准化建设指标内容涉及了合资及地方铁路运输企业安全生产的各个方面，从 16 个一级建设指标出发提出了比较全面的要求和规定，并将这 16 个方面有机而系统地结合起来，使合资及地方铁路运输企业安全生产标准化建设系列指标具有较为全面的系统性。

在合资及地方铁路运输企业安全生产标准化建设指标的内容分类层次方面，将通常的一级指标细化拓展至二级指标，使标准化建设结果全面、细致而又不至于繁琐复杂；同时统一过程建设与目标建设，在标准化建设内容上应采取定量评价和定性评价既相互结合，又相对独立的评价办法，准确把握"一票否决"的临界点，明示安全管理不可逾越的界线，具有较高的系统性。

11.1.2.2 实际操作性

合资及地方铁路运输企业安全生产标准化建设指标的制定结合我国已经制定的标准化建设工作的做法和经验，对合资及地方铁路运输企业安全生产标准化核心要素都提出了具体、细化的内容要求。合资及地方铁路运输企业在贯彻内容要求时，应该全员参与规章制度和操作规程的制定，并进行定期评估检查。这样使得规章制度、操作规程与企业的实际情况紧密结合，避免出现“两张皮”，有较强的可操作性，便于合资及地方铁路运输企业组织实施。

针对合资及地方铁路运输企业安全生产标准化建设，《地方铁路运输企业安全生产达标考评指标》部分有较强特殊性，在实际标准化建设工作过程中，采用具有行业特点的个性指标加强建设指标的针对性，使得标准化建设评价更加客观、更加科学，具有更强的实际操作性。

11.1.2.3　管理适用性

合资及地方铁路运输企业安全生产标准化建设吸收了传统标准化评价量化分级管理的优势，把安全从抽象的概念转化为数量指标，有配套的评分要点和评分细则，在合资及地方铁路运输企业自主建立和外部评审的定级中，根据对比衡量，得到量化的评价结果，能够比较真实地反映合资及地方铁路运输企业安全管理水平和改进方向，便于合资及地方铁路运输企业进行有针对性的改进、完善，从而为安全管理、事故预测和选择最优化方案提供较为准确的依据，也为合资及地方铁路运输企业管理部门分类监管提供科学的依据，具有广泛的管理适用性。

11.2　标准化建设基本要点

合资及地方铁路运输企业安全生产标准化建设分为一级、二级、三级。一级企业标准化建设的评价分数不低于900分(满分1000分)且完全满足所有企业必备项，二级企业标准化建设的评价分数不低于700分且完全满足二、三级企业必备项，三级企业标准化建设的评价分数不低于600分且完全满足三级企业必备项。若未达到相应分值，则标准化建设不合格。

合资及地方铁路运输企业安全生产标准化建设指标有三类：带“★”且赋分值、带“★”但未赋分值、不带“★”但赋分值。《地方铁路运输企业安全生产达标考评指标》安全生产标准化建设指标中，标有“★”的项为必备项：“★★★”为一、二、三级企业必备项，“★★”为一、二级企业必备项，“★”为一级企业必备项。标有“★”号的必备项若不合格，即使达到一定的等级分值，标准化建设相应安全生产建设也为不合格。对于关键性指标不符合要求的，赋有分值的不得分，并追加扣除一定分数；未赋分值的，追加扣除一定分数。非关键性指标按照一定规则设置合理的扣分标准。

11.3　标准化建设指标释义与实施细则

合资及地方铁路运输企业建设指标由16项一级建设指标57项二级建设指标组成。

11.3.1　安全目标

本一级建设指标安全目标包括4个二级建设指标，标准分值满分为35分。主要规定了企业安全工作方针与目标、中长期规划、年度计划和目标考核等要求。

11.3.1.1 安全工作方针与目标

依据

(1)《中华人民共和国安全生产法》第三条。

(2)《国务院关于进一步加强企业安全生产工作的通知》第二十八条。

(3)《企业安全生产标准化基本规范》(GB/T 33000—2016)。

(4)《铁路安全管理条例》第二条。

指标1 制定企业安全生产方针、目标和不低于上级下达的安全控制指标。(★★★ 5分)

释义

本条是关于企业制定安全生产方针、目标和考核指标的要求。

一、关于制定企业安全生产方针、目标

(1)企业安全生产方针,是指导企业开展各项工作的总原则,企业制定的各项具体制度、措施,必须体现、符合安全生产方针的要求。根据《铁路安全管理条例》第二条规定,铁路安全管理坚持"安全第一、预防为主、综合治理"的方针。企业开展运输安全管理工作,应当遵循这一方针,强化和落实主体责任,以隐患排查治理为基础,提高安全生产水平,减少事故发生,保障人身安全健康,保证生产经营活动的顺利进行。

(2)安全生产目标,是在一定条件下,一定时间内完成安全活动所达到的某一预期目的的指标。制定安全生产目标是企业实行安全目标管理、控制企业安全生产活动的重要依据。企业应根据国家有关规定和相关管理部门的要求,制定总体和年度安全生产目标。安全生产目标至少包括铁路交通责任事故起数、死亡人数、受伤人数、财产损失等指标。

二、关于制定不低于上级下达的安全控制指标

指标,指的是衡量目标的单位或方法,是企业在营运管理过程中所设定的预期达到的指数、规格、标准等任务。

安全生产控制指标,由事故死亡人数总量控制指标、事故死亡人数绝对指标、重大事故起数和特大事故起数四类具体指标构成。

企业应制定不低于上级有关部门下达的安全控制指标,明确工作的目标以及考核标准。通过制定并实施安全控制指标,确保安全管理目标的实现。

要点

企业制定的安全工作方针、目标及安全控制指标的文件,要求内容明确、具体,可量化,有时限性。

评价方法

(1)查资料。

①企业制定的安全生产方针及目标管理制度。

②企业制定并发布安全生产方针和目标的文件。

③制定安全控制指标,并不低于上级下达的安全控制指标。

(2)询问。抽查企业安全管理人员、从业人员是否了解本企业安全生产方针和安全生产目标。

建设要求

(1)企业应以国家和行业法律法规等为基准,制定安全生产方针和安全生产目标,并以文件形式发布。

(2)安全控制指标应依据交通运输、地方政府和行业主管部门以及企业上级管理部门制定的指标确定,指标内容应包括:死亡指标、伤人指标、有财产损失的事故起数(不得超过上级提出的控制性指标);隐患排查完成率,不得出现因隐患治理不到位引发的安全事故;其他安全管理控制目标等。

(3)企业相关人员了解本企业安全生产方针和目标。

评分标准

申请三级以上安全生产标准化建设的企业应完全满足建设要求,安全方针和目标必须达到设置要求,否则不能通过建设评价。

指标 2　制定实现安全工作方针与目标的措施。(5 分)

释义

本条是关于企业实现安全工作方针与目标措施的要求。

企业抓生产必须抓安全,为实现安全工作方针与目标,落实安全生产责任制,使安全生产“在控”“可控”,企业须根据实际工作特点,从制度层面上、生产实践中制定相应措施,进一步贯彻落实企业安全生产方针与目标。

要点

企业制定实现安全工作方针与目标的措施的文件。

评价方法

查资料。

(1)企业制定的实现安全生产方针和目标相应保障措施。

(2)保障措施实施操作记录。

建设要求

(1)企业制定的安全生产方针和目标保障措施应包括责任单位、具体方案、实施和检查等内容,具有可操作性。

(2)企业应建立并保存保障措施的实施操作记录档案。

评分标准

(1)未制定保障措施的,不得分;措施不具体的,扣 2 分。

(2)未建立实施操作记录档案的,不得分;档案资料不全的,扣 2 分。

11.3.1.2　中长期规划

依据

《国务院关于进一步加强企业安全生产工作的通知》第二十五条。

指标　制定和实施企业安全生产中长期规划。(★★ 5 分)

释义

本条是关于制定和实施安全生产中长期规划的要求。

安全生产中长期发展规划，是指导企业全局的、较为长远的安全计划。2004 年初，国务院出台的《国务院关于进一步加强安全生产工作的决定》，明确了我国安全生产中长期奋斗目标。企业应将其纳入总体发展战略规划，实现安全生产与企业发展的同步规划、同步实施、同步发展。

要点

企业制定中长期规划和跨年度工作方案的文件。

评价方法

查资料。

查企业发放的安全生产中长期规划。

建设要求

企业制定的中长期规划应符合经营规模、范围、安全管理的要求；规划中长期管理目标、工作任务、实施措施等应与安全生产方针和目标相适应。

评分标准

(1)申请二级以上安全生产标准化建设的企业应完全满足建设要求否则不能通过建设评价。

(2)未制定中长期规划，不得分。

(3)中长期规划不符合要求的，每 1 项扣 2 分。

11.3.1.3 年度计划

依据

《国务院关于进一步加强企业安全生产工作的通知》第二十五条。

指标　根据中长期规划，制定年度计划和年度专项活动方案，并严格执行。(5 分)

释义

本条是关于企业制定和实施年度计划和年度专项活动方案的要求。

为确保年度安全管理目标的实现，根据企业中长期规划，组织制定年度企业安全计划和专项活动方案。各部门按公司安全生产责任制和岗位职责的落实要求进行分解，以确保全年安全计划和方案得到全面施行。

要点

(1)企业制定的年度计划和年度专项活动方案的文件。

(2)企业按年度报告计划和年度专项活动方案严格执行。

评价方法

查资料。

(1)查企业年度计划制定和执行情况。

(2)查企业年度专项工作方案制定和执行情况。

建设要求

(1)年度工作计划和年度专项工作方案符合企业安全生产目标、中长期规划和跨年度工作方案。

(2)年度工作计划和年度专项工作方案的内容应包括工作任务、工作目标、工作要求、责任部门和人员、完成时限等内容,并以文件形式发放。

(3)企业应对年度计划和年度专项工作方案的执行情况进行检查和记录。

评分标准

(1)未制定年度工作计划和年度专项工作方案,或未以文件形式发放的,不得分。

(2)年度工作计划和年度专项工作方案不符合制定要求的,每1项扣2分。

(3)未对年度工作计划和年度专项工作方案执行情况进行检查记录的,每1项扣2分。

11.3.1.4 目标考核

依据

(1)《国务院关于进一步加强企业安全生产工作的通知》第二十八条。

(2)《企业安全生产标准化基本规范》(GB/T 33000—2016)。

指标1 将安全生产管理指标进行细化和分解,制定阶段性的安全生产控制指标。(★★★5分)

释义

本条是关于企业控制安全管理指标的要求。

安全生产控制指标,是对安全生产情况实行定量控制和考核的有效手段。

企业应将安全生产管理指标层层分解到各基层单位和相关部门,采取有力措施,确保行车安全管理目标的实现。

要点

企业制定阶段性安全生产控制指标的文件,要求对安全生产管理指标进行细化,并分解到各职能部门和岗位。

评价方法

查资料。

(1)企业阶段性安全管理指标文件和发放记录。

(2)企业将安全管理指标细化和分解的文件或记录。

建设要求

(1)制定的阶段性安全管理指标应与企业安全生产目标相适应。

(2)安全管理目标的细化应覆盖全部门、全岗位。

评分标准

申请三级以上安全生产标准化建设的企业应按照要求制定阶段性安全管理指标,并进行细化和分解,否则不能通过建设评价。

指标2 制定安全生产目标考核与奖惩办法。(★★★5分)

释义

本条是关于安全生产目标考核与奖惩的要求。

为了保证企业安全生产总目标的实现,企业按照所属基层单位和部门在生产经营中的职能,制定安全生产指标和考核办法,并在工作中实行自我控制,通过目标考核及奖惩的激励作用来调动全体职工的积极性。

要点

企业制定安全生产目标考核与奖惩办法的文件。

评价方法

查资料。查企业安全生产目标考核和奖惩办法制定和发放情况。

建设要求

安全生产目标考核和奖惩办法的内容应明确考核和奖惩的对象、内容、标准、频次、责任部门和责任人等内容。

评分标准

申请三级以上安全生产标准化建设的企业应制定安全生产目标考核和奖惩办法,否则不能通过建设评价。

指标 3　定期考核年度安全生产目标完成情况,并兑现奖惩。(5 分)

释义

本条是关于年度安全生产目标考核、奖惩兑现的要求。

《国务院关于进一步加强企业安全生产工作的通知》要求对企业完成年度生产安全事故控制指标情况进行严格考核,并建立激励约束机制。加大重特大事故的考核权重,发生特别重大生产安全事故的,要根据情节轻重,追究相关领导的责任。加强安全生产基础工作考核,加快推进安全生产长效机制建设,坚决遏制重特大事故的发生。

要点

企业对年度安全生产目标完成情况进行定期考核、奖惩兑现的文件。

评价方法

查资料。

查企业定期考核和实现安全生产目标的文件,以及相关财务资料。

建设要求

企业按照安全生产目标考核和奖惩办法定期进行考核,并兑现奖惩。

评分标准

(1)未定期进行考核的,不得分。

(2)未将定期考核结果进行奖惩兑现的,扣 2 分。

11.3.2　法规和安全管理制度

本一级建设指标法规和安全管理制度包括 5 个二级建设指标,标准分值满分为 60 分。本节规定了企业应正确运用法规,建立各项安全生产管理制度,主要包括资质、法规、安全管理制度、岗位安全生产操作规程、制度执行及档案管理五部分内容。

11.3.2.1　资质

依据

《河北省地方铁路条例》第二十、第二十一、第二十二、第二十三条。

指标　地方铁路运营许可证、企业法人营业执照合法有效，运营范围符合要求。（★★★ 5分）

释义

本条是关于企业应当具备相应经营资质的要求。

从事合资及地方铁路运输经营应当取得省铁路管理机构核发的合资及地方铁路运输营业许可证。

新建合资及地方铁路和专用铁路经竣工验收合格后，应当向省铁路管理机构申请合资及地方铁路临时运输营业许可证。

要点

地方铁路运营许可证、企业法人营业执照合法有效，经营范围符合要求。

评价方法

查资料。查企业地方铁路运营许可证和企业法人营业执照等。

建设要求

企业地方铁路运营许可证和企业法人营业执照等真实有效，并在合法有效期内。

评分标准

申请三级以上安全生产标准化建设的企业应确保地方铁路运营许可证和企业法人营业执照等的有效性，否则不能通过建设评价。

11.3.2.2　法规

依据

（1）《中华人民共和国安全生产法》第十一条。

（2）《企业安全生产标准化基本规范》（GB/T 33000—2016）。

（3）《铁路安全管理条例》第五条。

（4）《河北省地方铁路条例》第二十九条。

指标1　及时识别、获取适用的安全生产法律法规、标准规范。（5分）

释义

本条是关于获取安全生产法律法规的要求。

企业各职能部门应及时识别和获取本部门适用的安全生产法律法规、标准规范，并跟踪、掌握有关法律法规、标准规范的修订情况。

要点

企业收集适用的相关法律法规、标准规范等文件资料，其内容应是最新有效版本。

评价方法

查资料。

（1）查企业适用的安全生产法律法规、标准规范及其他要求的相关制度文件。

（2）查企业适用的安全生产法律法规、标准规范及其他要求的清单和文本数据库。

建设要求

（1）企业制定识别和获取适用的安全生产法律法规、标准规范及其他要求的相关制度文件，制度内容应包括职责分工、频次、途径、范围等。

（2）企业及时收集、识别、获取适用的法律法规、标准规范等要求，保持最新有效版本。

评分标准

（1）企业未及时制定相关制度，不得分；制度内容不全，扣 3 分。

（2）企业未建立清单和文本数据库，不得分；获取的法律法规等不齐全或不及时，每 1 项扣 1 分。

指标 2　将法规标准和相关要求及时转化为本单位的规章制度，贯彻到各项工作中。（5 分）

释义

本条是关于企业有效应用、贯彻法规的要求。

企业应将安全生产法律法规、标准规范及相关要求，及时转化为本单位的规章制度，并贯彻到各项工作中。

要点

企业制定的规章制度，检查其内容是否符合现行法规标准和相关要求。

评价方法

查资料。

（1）查企业转化的安全规章制度和安全责任制等文件。

（2）查企业在实际工作中贯彻落实规章制度、安全责任制等文件的档案记录。

建设要求

（1）企业应将获取的有效法规标准和相关要求及时转化为本单位的规章制度、安全责任制等文件，文件应体现相关的要求，并具体可操作。

（2）转化的规章制度、安全责任制等应以文件形式发放，并在实际工作中贯彻落实。

评分标准

（1）未及时将法规标准和相关要求及时转化为本单位的规章制度，扣 5 分；转化的制度内容不全或不符合要求，每 1 项扣 1 分。

（2）制度未以文件形式发放，或未能贯彻落实，每 1 项扣 1 分。

指标 3　将适用的安全生产法律、法规、标准及其他要求及时对从业人员进行宣传和培训。（5 分）

释义

本条是关于企业对有关安全法规进行宣传培训的要求。

为了使从业人员认识和掌握并遵守与其生产经营活动相关的安全生产法律法规、标准规范及其他要求，增强法律意识，并规范员工的安全生产行为，企业应利用多种形式向员工广泛宣传，按照培训计划进行全员培训，做好培训记录并保存。

要点

企业开展有关法规的宣传和培训。

评价方法

（1）查资料。查企业进行法律、法规、标准及其他要求培训的计划、档案等记录。

（2）询问。企业从业人员是否了解与本岗位相关的法律、法规、标准及其他要求的内容和要求。

建设要求

（1）企业应将适用的安全生产法律、法规、标准及其他标准列入宣传、培训计划，并按照计划落实宣传和培训。

（2）企业应及时真实地记录宣传培训过程，并组织培训考核。

（3）从业人员培训参加率应达到100%。

评分标准

（1）未按时组织宣传、培训，或未提供培训计划、档案等记录，不得分。

（2）培训人数不足，或培训考核结果不符合要求，扣2分。

（3）从业人员不了解相关法律、法规、标准等内容，每1人扣1分。

11.3.2.3　安全管理制度

依据

（1）《中华人民共和国安全生产法》第四、第二十八条。

（2）《铁路安全管理条例》第五十六条。

（3）《河北省地方铁路条例》第三十条。

指标1　制定并及时修订安全生产管理制度，包括安全生产责任制，安全例会制度，文件和档案管理制度，安全生产费用提取和使用管理制度，设施、设备、货物安全管理制度，安全生产培训和教育学习制度，安全生产监督检查制度，事故统计报告制度，安全生产奖惩制度。（★★★10分）

释义

本条是关于制定安全生产管理制度的要求。

安全生产管理制度，是企业依据国家有关法律、法规、标准，结合安全生产工作实际，以企业名义起草颁发的有关安全生产的规范性文件。

企业是安全生产的责任主体，建立健全安全管理制度是企业的法定责任，是规范从业人员的生产作业行为，保证生产经营活动安全、顺利进行的重要手段。《中华人民共和国安全生产法》第四条规定，生产经营单位必须遵守本法和其他有关安全生产的法律、法规，加强安全生产管理，建立健全全员安全生产责任制和安全生产规章制度，加大对安全生产资金、物资、技术、人员的投入保障力度，改善安全生产条件，加强安全生产标准化、信息化建设，构建安全风险分级管控和隐患排查治理双重预防机制，健全风险防范化解机制，提高安全生产水平，确保安全生产。

《铁路安全管理条例》第五十六条规定，铁路运输企业应当制定铁路运输安全管理制度，完善相关作业程序，保障铁路旅客和货物运输安全。

安全生产管理制度建设的依据如下。

（1）安全生产法律、法规、国家标准和行业标准。

（2）生产过程中的危险有害因素辨识和控制。

（3）国际、国内先进的安全管理方法。

安全生产管理制度建设的原则如下。

（1）主要负责人负责的原则。

(2)安全第一的原则。

(3)系统性原则。

(4)规范化和标准化原则。

要点

(1)企业制定的安全生产管理制度的文件。

(2)安全生产管理制度内容最新有效并符合要求。

评价方法

(1)查资料。

①查企业制定适用的安全生产管理制度汇编文件。

②查企业安全生产管理制度的签发记录。

(2)询问。企业相关人员是否了解安全生产管理制度的内容和要求。

建设要求

(1)企业应根据相关法律、法规、标准等要求,结合企业性质、组织方式、管理模式、生产特点等制定安全生产管理制度,制度应责任明确、可操作性强。

(2)安全生产管理制度应以公司文件形式发放。

(3)企业相关人员应熟练掌握安全生产管理制度的内容和要求。

评分标准

申请三级以上安全生产标准化建设的企业应制定并发放安全生产管理制度文件,否则不能通过建设评价。

指标 2 对从业人员进行安全管理制度的学习和培训。(★★★ 5分)

释义

本条是关于企业开展安全管理制度学习和培训的要求。

安全生产管理制度发布后,企业应组织有关部门和人员进行学习和培训,培训完成才能上岗作业。

《中华人民共和国安全生产法》第二十八条规定,生产经营单位应当对从业人员进行安全生产教育和培训,保证从业人员具备必要的安全生产知识,熟悉有关的安全生产规章制度和安全操作规程,掌握本岗位的安全操作技能,了解事故应急处理措施,知悉自身在安全生产方面的权利和义务。未经安全生产教育和培训合格的从业人员,不得上岗作业。

《河北省地方铁路条例》第三十条规定,地方铁路运输企业应当建立健全劳动安全教育培训制度,加强对从业人员的安全生产教育培训。

要点

企业开展安全管理制度学习和培训。

评价方法

(1)查资料。查企业进行安全生产管理制度培训的计划、档案等记录。

(2)询问。企业从业人员是否了解与本岗位相关的安全生产管理制度的内容和要求。

建设要求

(1)企业应将安全生产管理制度列入学习、培训计划,并按照计划落实学习和培训。

(2)企业应及时真实记录学习培训记录,并组织培训考核。

（3）从业人员培训参加率应达到100%。

评分标准

申请三级以上安全生产标准化建设的企业应定期组织安全生产管理制度的学习和培训，否则不能通过建设评价。

11.3.2.4　岗位安全生产操作规程

依据

（1）《中华人民共和国安全生产法》第二十一条。

（2）《铁路安全管理条例》第五十八条。

指标1　制定并及时修订各岗位的安全生产操作规程，并发放到岗位（职工）。（★★★10分）

释义

本条是关于企业制定安全生产操作规程的要求。

安全操作规程，是指在生产活动中，为消除能导致人身伤亡或造成设备、财产破坏以及危害环境的因素而制定的具体技术要求和实施程序的统一规定。

企业应根据生产特点，组织制定岗位安全操作规程，发放到相关岗位，并有效实施。

要点

（1）企业制定的各岗位安全生产操作规程文本。

（2）安全生产操作规程内容最新且有效，并符合相关要求。

评价方法

（1）查资料。

①查企业制定适用的安全生产操作规程汇编文件。

②查企业安全生产操作规程的签发和发放记录。

（2）询问。企业从业人员是否了解本岗位安全生产操作规程的内容和要求。

（3）现场检查。工作岗位上应具备有效的岗位操作规程。

建设要求

（1）企业应制定安全生产操作规程，操作规程应符合相关的技术规范等要求，具有针对性、可操作性。

（2）安全生产操作规程应以公司文件形式发放，并发放到各岗位职工。

（3）工作岗位应具备有效的操作规程，本岗位从业人员应熟练掌握其内容和要求。

评分标准

申请三级以上安全生产标准化建设的企业应制定并发放安全生产操作规程，否则不能通过建设评价。

指标2　对从业人员进行安全操作规程的学习和培训；从业人员严格执行本单位的安全操作规程。（★★★5分）

释义

本条是关于企业开展安全操作规程学习和培训的要求。

企业应对操作岗位人员进行安全教育和生产技能培训，使其熟悉有关的安全生产规章制度和安全操作规程，并确认其能力符合岗位要求。未经安全教育培训或培训考核不合格的从业人员，不得上岗作业。操作岗位人员转岗、离岗一年以上重新上岗者，应进行车间、班组安全教育培训，经考核合格后，方可上岗工作。

《铁路安全管理条例》第五十八条规定，铁路运输企业应当加强铁路专业技术岗位和主要行车工种岗位从业人员的业务培训和安全培训，提高从业人员的业务技能和安全意识。

要点

企业开展安全操作规程学习和培训。

评价方法

（1）查资料。查企业进行安全生产操作规程培训的计划、档案等记录。

（2）询问。企业从业人员是否了解本岗位安全生产操作规程的内容和要求。

（3）现场检查。工作岗位上应具备有效的岗位操作规程。

建设要求

（1）企业应将安全生产操作规程列入学习、培训计划，并按照计划落实学习和培训。

（2）企业应及时真实地记录学习培训过程，并组织培训考核。

（3）从业人员培训参加率应达到100%。

评分标准

申请三级以上安全生产标准化建设的企业应定期组织安全生产操作规程的学习和培训，否则不能通过建设评价。

11.3.2.5 制度执行及档案管理

依据

（1）《中华人民共和国安全生产法》第四条。

（2）《企业安全生产标准化基本规范》（GB/T 33000—2016）。

（3）《河北省地方铁路条例》第三十一条。

指标1 每年至少一次对安全生产法律法规、标准规范、规章制度、操作规程的执行情况进行检查。（5分）

释义

本条是关于企业开展安全生产法律法规、制度、规程执行情况监督检查的要求。

企业每年至少组织一次对安全生产法律法规、标准规范、规章制度、操作规程的适用性识别，及时公布现行有效的版本，并结合识别情况，对企业规章制度、操作规程等实时修订实施。

要点

企业对安全生产法律法规等执行情况进行定期检查。

评价方法

查资料。查企业定期对安全生产法律法规、标准规范、规章制度、操作规程进行符合性评价的记录。

建设要求

企业每年至少组织一次对安全生产法律法规、标准规范、规章制度、操作规程的适用性进行文件目录更新,并及时调整和修订。

评分标准

(1)未进行文件目录更新,不得分。

(2)在用的安全生产法律法规、标准规范、规章制度、操作规程不符合现阶段要求,每1项扣1分。

指标2　建立和完善各类台账和档案,并按要求及时报送有关资料和信息。(5分)

释义

本条是关于建立安全基础档案和台账、报送信息等的要求。

企业应建立主要安全生产过程、事件、活动、检查的安全记录档案,并加强对安全记录的有效管理。

要点

企业建立的各类台账和档案及报送的有关信息和资料。

评价方法

查资料。

(1)查企业各类安全台账和档案。

(2)查企业向行业主管部门报送的安全生产资料和信息等。

建设要求

(1)企业应建立和完善安全生产台账和信息,并及时更新。

(2)企业应及时向行业主管部门报送安全生产管理资料和信息。

评分标准

(1)未建立安全生产管理台账和档案,不得分。

(2)安全生产管理台账和档案不完善,每1项扣1分。

(3)未及时向行业主管报送资料和信息,扣2分。

11.3.3　安全责任体系

本一级建设指标安全责任体系包括2个二级建设指标,标准分值满分为45分。规定了企业建立安全生产责任体系,主要包括健全责任制和责任制考核。

11.3.3.1　健全责任制

依据

(1)《中华人民共和国安全生产法》第五、第六、第二十一条。

(2)《国家安全生产监督管理总局关于进一步加强企业安全生产规范化建设严格落实企业安全生产主体责任的指导意见》。

指标1　企业主要负责人、分管领导、全体员工安全职责明确,制定并落实安全生产责任制,层层签订安全生产责任书,并落实到位。(★★★10分)

释义

本条是关于制定安全生产责任制、签订安全生产责任书的要求。

一、关于建立健全安全生产责任制

安全生产责任制，是根据安全生产法律、法规，按照“安全第一、预防为主、综合治理”的方针以及“管生产必须管安全”的原则，根据工作任务、岗位特点，明确企业各级负责人、职能部门及全体员工在生产过程中应负的安全生产责任，是企业管理的重要制度之一。

根据《国家安全生产监督管理总局关于进一步加强企业安全生产规范化建设严格落实企业安全生产主体责任的指导意见》要求，企业应建立岗位安全生产责任制。以企业负责人为重点，逐级建立企业管理人员、职能部门、车间班组、各工种的岗位安全生产责任制，明确企业各层级、各岗位的安全生产职责，形成涵盖全员、全过程、全方位、全天候的责任体系，并与奖惩制度挂钩。

二、关于签订安全生产责任书

安全生产责任书，是将企业安全生产相关领导、分支机构、有关部门和岗位的安全生产责任、安全职责、考核指标、奖惩办法等以文字的形式进行明确，并据此对相关责任人进行考核、奖惩和责任追究。

企业应签订安全责任书，确定量化的年度安全工作目标，并做好相关单位和各个环节安全管理责任的衔接，相互支持、互为保障，做到责任无盲区、管理无死角。

要点

(1)企业制定的安全生产责任制的文件。

(2)企业签订安全生产责任书的文本。

(3)企业主要负责人、分管领导、全体员工安全职责明确。

(4)企业定期检查责任制落实情况，及时解决执行中的问题。

评价方法

(1)查资料。

①查企业各岗位、各级人员安全生产管理职责。

②查企业各级组织层层签订安全生产责任书的情况。

③查主要负责人、重要负责人等岗位责任制执行落实情况的记录。

(2)询问。主要负责人、各级负责人及各岗位员工是否了解本岗位安全生产责任内容。

建设要求

(1)企业应制定各岗位、各级人员安全生产职责，并以文件形式发放，应明确全体岗位安全职责。

(2)企业应层层签订安全生产责任书，分解落实各岗位、各级人员的职责、任务和考核指标，签约率应达到100%。

(3)企业应定期检查责任制执行落实情况，并记录。

(4)企业各级人员熟练掌握本岗位安全生产责任。

评分标准

申请三级以上安全生产标准化建设的企业应按要求制定各岗位安全责任制度，并层层签订落实安全生产责任书，否则不能通过建设评价。

指标2　主要负责人是安全生产第一责任人，按照安全生产法律法规赋予的职责，对安全生产负全面组织领导、管理责任和法律责任，并履行安全生产的责任和义务。(★★5分)

释义

本条规定了企业主要负责人的安全生产责任和义务。

企业主要负责人，作为单位的主要领导者，对单位的生产经营活动全面负责，必须同时对单位的安全生产工作负责。主要负责人有责任和义务在搞好单位生产经营的同时，搞好单位的安全生产工作，摆正安全与生产的关系，做到不安全不生产，生产必须安全。《中华人民共和国安全生产法》第五条规定，生产经营单位的主要负责人是本单位安全生产第一责任人，对本单位的安全生产工作全面负责。

要点

（1）主要负责人牢记所负有的安全生产工作的职责。

（2）主要负责人履行安全生产责任和义务。

评价方法

（1）查资料。

①查企业安全生产第一责任人安全生产责任制。

②查企业安全生产第一责任人履职执行情况报告等相关文件。

（2）询问。

①主要负责人是否了解其主要安全生产职责。

②主要负责人是否了解本单位安全生产工作情况和做法等内容。

建设要求

（1）企业应在安全生产责任制中明确其主要负责人是安全生产第一责任人，并明确其安全生产责任。

（2）企业安全生产第一责任人应组织企业安全会议、重大问题研究、安全教育、安全检查等履职活动，编制的履职报告应齐全规范。

评分标准

（1）申请二级以上安全生产标准化建设的企业应明确第一责任人安全生产责任，否则不能通过建设评价。

（2）未明确第一责任人或其职责不明确，不得分。

（3）未提供第一责任人安全生产履职报告，扣 3 分。

（4）第一责任人不熟悉其安全责任，扣 2 分。

指标 3　分管安全生产的负责人是安全生产的重要负责人，统筹协调和综合管理企业的安全生产工作。对安全生产负重要管理责任。（5 分）

释义

本条规定了分管安全生产的负责人的安全管理责任。

分管安全生产的负责人在企业主要负责人的领导下，组织制定安全生产各项规章制度，监督制度的落实，对日常安全生产负综合管理和监督的责任。

要点

分管安全生产的负责人履行安全生产管理责任。

评价方法

(1)查资料。

①查企业安全生产重要责任人安全生产责任制。

②查企业安全生产重要责任人履职执行情况报告等相关文件。

(2)询问。

①重要负责人是否了解其主要安全生产职责。

②重要负责人是否了解本单位安全生产工作情况等内容。

建设要求

(1)企业应在安全生产责任制中明确安全生产重要责任人及其安全生产责任。

(2)企业安全生产重要责任人应参加企业安全会议、重大问题研究、安全教育、安全检查等履职活动,部署企业各项安全生产活动,编制的履职报告应齐全规范。

评分标准

(1)未明确重要责任人或其职责不明确,不得分。

(2)重要责任人未按要求参加安全生产活动,每1次扣1分。

(3)未提供重要责任人安全生产履职报告,扣3分。

(4)重要责任人不熟悉其安全责任或企业安全生产情况,扣2分。

指标4　其他负责人和全体员工实行“一岗双责”,对业务范围内的安全生产工作负责。(5分)

释义

本条是关于企业应当实行安全生产“一岗双责”的要求。

企业实行安全生产“一岗双责”,是指不仅要对所在岗位承担的具体业务工作负责,还要对所在岗位相应的安全生产负责。

“管生产必须管安全”,企业必须按法律、法规和国家有关规定,结合本单位具体情况,明确各级管理人员和全体员工的安全生产责任。《中华人民共和国安全生产法》第五条规定,生产经营单位的主要负责人是本单位安全生产第一责任人,对本单位的安全生产工作全面负责,其他负责人对职责范围内的安全生产工作负责。第六条规定,生产经营单位的从业人员有依法获得安全生产保障的权利,并应当依法履行安全生产方面的义务。

要点

(1)企业实行“一岗双责”的有关文件资料。

(2)相关人员履行安全生产职责情况。

评价方法

(1)查资料。查企业“一岗双责”制度以及其他负责人和全体员工安全生产责任制。

(2)询问。其他负责人和全体员工是否了解其主要安全生产职责。

建设要求

企业应明确“一岗双责”制度以及其他负责人和全体员工安全生产责任制。

评分标准

(1)未明确“一岗双责”制度以及其他负责人和全体员工安全生产责任制,不得分。

(2)相关人员不熟悉其安全责任,每人次扣1分。

指标 5　安全生产管理机构、各职能部门、生产基层单位的安全职责应明确并落实到位。（★★★ 10 分）

释义

本条是关于安全管理机构、各部门、各单位安全职责的要求。

企业安全生产管理机构及其人员对本单位安全生产实施综合管理。

要点

（1）企业现行有效的组织机构图，建立完善的安全管理组织。

（2）各安全生产管理机构、职能部门、基层单位的安全职责明确，并落实到位。

评价方法

查资料。

（1）查企业各职能部门、安全生产基层单位安全生产责任制。

（2）查企业安全生产组织机构图。

（3）查企业各职能部门、安全生产基层单位履职考察情况。

建设要求

（1）企业应建立适宜的安全管理组织机构，并明确各职能部门和安全生产基层单位安全职责。

（2）企业应设立适宜的安全组织机构图，并在明显位置张贴。

（3）企业应定期对各职能部门、安全生产基层单位的安全生产情况进行履职考察。

评分标准

申请三级以上安全生产标准化建设的企业应按要求建立适宜的安全管理组织机构，并落实履职考察，否则不能通过建设评价。

11.3.3.2　责任制考核

指标　根据安全生产责任进行定期考核和奖惩，公告考核和奖惩情况。（★★ 10 分）

释义

本条是关于企业开展安全生产责任制考核的要求。

企业应建立安全生产责任考核机制，制定安全生产责任考核制度。建立以岗位安全绩效考核为重点，以落实岗位安全责任为主线，以杜绝岗位安全责任事故为目标的全员安全生产责任考核办法。加大安全生产责任在员工绩效工资、晋级、评先评优等考核中的权重，重大责任事项实行"一票否决"。对各级管理部门、管理人员及从业人员安全职责的履行情况和安全生产责任制的实现情况进行定期考核，予以奖惩。

要点

企业定期进行安全责任考核和奖惩的文件资料。

评价方法

查资料。

（1）查企业安全生产责任制考核和奖惩制度。

（2）查企业安全生产责任制考核、奖惩兑现文件和奖惩兑现情况。

建设要求

（1）企业制定安全生产责任制考核和奖惩制度，内容应完善，具有可操作性。

（2）企业定期（每季度、每年一次）对安全生产责任进行考核和兑现，及时公告考核结果，落实奖惩措施。

评分标准

（1）申请二级以上安全生产标准化建设的企业应明确制定安全生产责任制考核和奖惩制度，并定期考核兑现奖惩，否则不能通过建设评价。

（2）未制定考核奖惩制度，不得分；制度不完善，扣 5 分。

（3）未按制度落实考核，扣 5 分；考核频次不足，每缺 1 次，扣 2 分。

（4）考核结果未公告，奖惩措施未落实，每 1 次扣 2 分。

（5）考核奖惩记录资料不全，扣 2 分。

11.3.4　管理机构和人员

本一级建设指标管理机构和人员包括 2 个二级建设指标，标准分值满分为 40 分。本节主要包括企业安全管理机构和管理人员配备。

11.3.4.1　安全管理机构

依据

（1）《企业安全生产标准化基本规范》（GB/T 33000—2016）。

（2）《铁路安全管理条例》第五条。

指标 1　成立安全生产委员会（或领导小组），下属各分支机构分别成立相应的领导机构。安全生产委员会职责明确，实行主要领导负责制。（★★★ 10 分）

释义

本条是关于成立安全生产委员会及领导机构的要求。

安全生产委员会，负责统一领导本企业的安全生产工作，决策企业安全生产的重大问题。安全生产委员会主任应当由企业安全生产第一责任人担任。安全生产委员会应当建立工作制度和例会制度。

企业安全生产领导机构应当包括企业主要负责人，运输经营、安全管理、设备与设施管理、从业人员管理等部门负责人及分支机构的主要负责人。

企业及其下属单位应建立安全生产委员会或安全生产领导小组，负责组织、研究、部署本单位安全生产工作，专题研究重大安全生产事项，制定、实施加强和改进本单位安全生产工作的措施。

要点

（1）企业及下属各分支机构分别成立安全生产委员会（或领导小组）的文件。

（2）安全生产委员会（或领导小组）职责明确，实行主要领导负责制。

（3）安全生产委员会（或领导小组）组成人员符合要求，并适时调整。

评价方法

(1)查资料。

①查企业成立安全生产委员会(或领导小组)和人员配备的文件。

②查企业成立安全生产委员会(或领导小组)责任制度。

(2)询问。企业各安全生产领导机构人员对责任分工是否熟悉。

建设要求

(1)企业成立安全生产委员会(或领导小组),有下级分支机构的,分别成立相应的领导机构。

(2)安全生产委员会(或领导小组)成员应包括企业主要负责人、部门负责人、工会人员等相关人员,且安全责任明确。

(3)各安全生产领导机构人员熟悉其安全生产责任。

评分标准

申请三级以上安全生产标准化建设的企业应按要求成立安全生产委员会(或领导小组),明确各级安全责任,否则不能通过建设评价。

指标 2 按规定设置与企业规模相适应且独立的安全生产管理机构。(★★★ 15 分)

释义

本条是关于依法设置安全生产管理机构的要求。

安全生产管理机构,是指生产经营单位中专门负责安全生产监督管理的内设机构,是企业安全生产工作的综合管理部门,对其他职能部门的安全生产管理工作进行综合协调和监督。

要点

企业设置安全生产管理机构的文件。

评价方法

(1)查资料。查企业设置安全生产管理机构及人员配置的文件。

(2)询问。企业安全生产管理机构相关人员对其安全管理职责是否熟悉。

建设要求

(1)企业设置独立的与企业规模相适应的安全生产管理机构,并配备足额的专职安全管理人员。

(2)机构成立及人员配备应以文件形式发放。

(3)安全生产管理机构相关人员应熟悉本岗位职责。

评分标准

申请三级以上安全生产标准化建设的企业应按要求成立安全生产管理机构,配备足额的专职安全管理人员,明确其安全责任,否则不能通过建设评价。

指标 3 定期召开安全生产委员会会议。安全生产管理机构和下属各分支机构每月至少召开一次安全工作例会。(★★★ 5 分)

释义

本条是关于安全生产委员会会议及安全工作例会的要求。

安全生产委员会会议,是由安全生产领导机构定期组织召开,安全生产领导机构全体成员参加，主要研究解决安全生产中的重大问题，安排阶段性安全生产工作会议。

安全工作例会，是指定期召开的以安全生产为主要内容的会议，主要是落实安全生产委员会的会议决定，总结上一阶段的安全生产工作、安全生产目标、安全生产指标的完成情况，传达上级对安全生产的指令、文件精神及企业安全生产相关措施，各分支机构和部门汇报安全生产情况和存在的问题，企业领导对安全生产工作进行部署、对从业人员进行安全思想教育等。

企业应当定期召开安全生产委员会会议和安全工作例会，安全生产委员会会议至少每季度召开一次，安全工作例会至少每月召开一次，遇有特殊情况和发生重特大事故时应及时召开安全分析通报会议。安全生产委员会会议和安全例会应当有会议记录，会议记录应建档保存至少 3 年。

要点

(1)定期按要求组织召开会议。

(2)安全生产委员会会议记录、安全工作例会记录及相关会议资料建档。

评价方法

查资料。

(1)查安全生产委员会会议及安全生产例会制度。

(2)查企业安全生产委员会会议记录和安全工作例会记录。

建设要求

(1)企业制定安全生产委员会会议及安全生产例会制度，制度应明确会议主持人、参加人、会议频次及会议内容等。

(2)企业定期召开安委会会议(每季度一次)、安全生产管理机构和下属分支机构定期召开安全例会(每月一次)。

评分标准

申请三级以上安全生产标准化建设的企业应按要求定期召开安全生产委员会会议和安全例会，并做好记录，否则不能通过建设评价。

11.3.4.2 管理人员配备

依据

(1)《企业安全生产标准化基本规范》(GB/T 33000—2016)。

(2)《铁路安全管理条例》第五条。

指标　按规定足额配备专(兼)职安全生产管理人员。(★★★ 10 分)

释义

本条是关于配备专(兼)职安全生产管理人员的要求。

安全生产管理人员，是指生产经营单位中从事安全生产管理工作的专职或兼职人员。

《铁路安全管理条例》第五条规定，从事铁路建设、运输、设备制造维修的单位应当建立健全安全生产管理制度，设置安全管理机构或者配备安全管理人员。

要点

(1)企业配备专职安全生产管理人员的文件。

（2）企业按本企业自身情况足额配备专（兼）职安全生产管理人员。

评价方法

查资料。

（1）查企业专（兼）职安全生产管理人员的配备文件。

（2）查企业安全生产管理人员学历、工作经历和资质证书等资料。

建设要求

（1）企业应配备足额的安全生产管理人员，并以文件形式正式发布任命，并明确其岗位职责。

（2）企业配备的安全生产管理人员应具备与其管理工作相适应的资格和资质等相关要求，并持有相应的有效证书。

评分标准

申请三级以上安全生产标准化建设的企业应按要求配备足额的安全生产管理人员，并具备相应的资格和资质，否则不能通过建设评价。

11.3.5　安全投入

本一级建设指标安全投入包括 2 个二级建设指标，标准分值满分为 50 分。主要规定了资金投入和费用管理的要求。

11.3.5.1　资金投入

依据

（1）《中华人民共和国安全生产法》第二十三条。

（2）《铁路安全管理条例》第五条。

（3）《企业安全生产费用提取和使用管理办法》第四、第二十四、第二十五条。

指标 1　按规定足额提取安全生产费用。（★★★ 10 分）

释义

本条是关于提取安全生产专项资金的规定。

安全生产费用，是指企业按照规定标准提取在成本中列支、专门用于完善和改进企业或者项目安全生产条件的资金。《中华人民共和国安全生产法》第二十三条规定，生产经营单位应当具备的安全生产条件所必需的资金投入，由生产经营单位的决策机构、主要负责人或者个人经营的投资人予以保证，并对由于安全生产所必需的资金投入不足导致的后果承担责任。根据《铁路安全管理条例》第五条，从事铁路建设、运输、设备制造维修的单位应当落实企业安全生产主体责任，设置安全管理机构或者配备安全管理人员，保证安全生产所必需的资金投入。

《企业安全生产费用提取和使用管理办法》第二十四条规定，交通运输企业以上一年度营业收入为依据，确定本年度应计提金额，并逐月平均提取。具体如下。

（1）普通货运业务 1%。

（2）客运业务、管道运输、危险品等特殊货运业务 1.5%。

要点

企业按规定足额提取安全生产资金。

评价方法

查资料。

(1)查企业安全生产费用管理制度。

(2)查企业安全生产费用台账。

建设要求

(1)企业应根据《企业安全生产费用提取和使用管理办法》规定,制定安全生产费用管理制度。

(2)企业应设立安全生产费用专项科目,按照上年度实际收入的1%足额提取,纳入企业财务预算。

评分标准

申请三级以上安全生产标准化建设的企业必须制定安全生产费用管理制度,并足额提取费用,否则不能通过建设评价。

指标2 安全生产经费专款专用,保证安全生产投入的有效实施。(★★15分)

释义

本条是关于安全生产专项资金管理的规定。

保证必要的安全生产投入是实现安全生产的重要基础,为保证安全生产费用能足额使用,安全费用实行专户储存、专款专用。

《企业安全生产费用提取和使用管理办法》第四条第三项规定,企业专项核算和归集安全生产费用,真实反映安全生产条件改善投入,不得挤占、挪用。

要点

安全生产专项资金专款专用。

评价方法

查资料。

(1)查企业安全生产费用台账。

(2)查企业安全生产费用使用票据、凭证等相关记录。

建设要求

(1)安全生产费用应专款专用,并在财务报表中归类统计。

(2)安全生产费用的使用应符合使用范围,并与台账记录相符。

(3)安全生产费用专项科目账目、会计凭证、使用台账等应记录及时、准确。

评分标准

(1)申请二级以上安全生产标准化建设的企业必须保证安全生产费用的有效投入,否则不能通过建设评价。

(2)安全生产费用未有效投入,或超出使用范围,不得分。

(3)安全生产费用未归类统计或使用情况与台账不符,扣5分。

指标 3　及时投入满足安全生产条件的所需资金。(10 分)

释义

本条是关于安全生产专项资金使用的规定。

安全生产资金投入,是生产经营活动安全进行,防止和减少生产安全事故的资金保障。《企业安全生产费用提取和使用管理办法》第四十六条规定,企业应当加强安全生产费用管理,编制年度企业安全生产费用提取和使用计划,纳入企业财务预算,确保资金投入。

要点

满足安全生产条件所需专项资金投入。

评价方法

查资料。

(1)查企业安全生产费用使用计划。

(2)查企业安全生产费用台账。

建设要求

(1)《企业安全生产费用提取和使用管理办法》第二十五条规定,交通运输企业安全生产费用应当用于以下支出。

①完善、改造和维护安全防护设施设备支出(不含"三同时"要求初期投入的安全设施),包括道路、水路、铁路、城市轨道交通、管道运输设施设备和装卸工具安全状况检测及维护系统、运输设施设备和装卸工具附属安全设备等支出。

②购置、安装和使用具有行驶记录功能的车辆卫星定位装置、视频监控装置、船舶通信导航定位和自动识别系统、电子海图等支出。

③铁路和城市轨道交通防灾监测预警设备及铁路周界入侵报警系统、铁路危险品运输安全监测设备支出。

④配备、维护、保养应急救援器材、设备支出和应急救援队伍建设、应急预案制定修订与应急演练支出。

⑤开展重大危险源检测、评估、监控支出,安全风险分级管控和事故隐患排查整改支出,安全生产信息化、智能化建设、运维和网络安全支出。

⑥安全生产检查、评估评价(不含新建、改建、扩建项目安全评价)、咨询和标准化建设支出。

⑦配备和更新现场作业人员安全防护用品支出。

⑧安全生产宣传、教育、培训和从业人员发现并报告事故隐患的奖励支出。

⑨安全生产适用的新技术、新标准、新工艺、新装备的推广应用支出。

⑩安全设施及特种设备检测检验、检定校准、铁路和城市轨道交通基础设备安全检测支出。

⑪安全生产责任保险及承运人责任保险支出。

⑫与安全生产直接相关的其他支出。

(2)安全生产费用的使用情况应与使用计划和台账记录相符合

评分标准

(1)无安全生产费用使用计划,不得分。

（2）安全生产费用计划内容缺失、未按计划投入、超出计划使用范围，每 1 项扣 1 分。

11.3.5.2 费用管理

依据

（1）《企业安全生产费用提取和使用管理办法》第四十五、第四十六条。

（2）《企业安全生产标准化基本规范》（GB/T 33000—2016）。

指标 1 跟踪、监督安全生产专项经费使用情况。（10 分）

释义

本条是关于企业开展安全生产专项资金使用情况监督管理的要求。

企业对安全生产专项资金使用情况要进行实时监督。《企业安全生产费用提取和使用管理办法》第四十五条规定，企业应当建立健全内部企业安全生产费用管理制度，明确企业安全生产费用提取和使用的程序、职责及权限，落实责任，确保按规定提取和使用企业安全生产费用。第四十六条规定，企业应当加强安全生产费用管理，编制年度企业安全生产费用提取和使用计划，纳入企业财务预算，确保资金投入。

要点

企业开展安全生产专项经费使用情况监督检查。

评价方法

查资料。

（1）查企业安全生产费用使用情况监督检查制度的相关内容。

（2）查企业安全生产费用使用情况监督检查的记录。

建设要求

（1）企业应制定安全生产费用使用情况监督检查制度。

（2）企业应定期和跟踪检查安全费用使用情况，纠正违规行为，保存相关的记录资料。

评分标准

（1）未制定监督检查制度，扣 5 分。

（2）无监督检查记录，不得分；记录不全，每少 1 项扣 1 分。

指标 2 建立安全费用台账、使用台账。（5 分）

释义

本条是关于建立安全生产专项资金使用管理台账的要求。

企业应建立安全生产投入保障制度，完善和改进安全生产条件，按规定提取安全费用专项用于安全生产，并建立安全费用台账、使用台账。

要点

（1）企业财务部门建立健全安全费用台账。

（2）相关部门建立本部门的安全费用使用台账。

评价方法

查资料。查企业安全生产费用台账、使用台账。

建设要求

企业建立安全费用台账、使用台账，应有专人管理、账目清楚、登记及时。

评分标准

(1)无台账,不得分。

(2)台账记录不全,每少1项扣1分。

11.3.6　教育培训

本一级建设指标教育培训包括5个二级建设指标,标准分值满分为90分。关于企业教育培训的规定,主要包括培训计划、宣传教育、管理人员、从业人员培训和规范档案。

11.3.6.1　培训计划

依据

(1)《企业安全生产标准化基本规范》(GB/T 33000—2016)。

(2)《铁路安全管理条例》。

(3)《河北省地方铁路条例》。

指标　制定并实施年度及长期的继续教育培训计划,明确培训内容和年度培训时间。(10分)

释义

本条是关于实施定期安全教育培训计划的要求。

《铁路安全管理条例》第五条规定,从事铁路建设、运输、设备制造维修的单位,应当加强对从业人员的安全教育培训,保证安全生产所必需的资金投入。第五十八条规定,铁路运输企业应当加强铁路专业技术岗位和主要行车工种岗位从业人员的业务培训和安全培训,提高从业人员的业务技能和安全意识。

《河北省地方铁路条例》第三十条规定,地方铁路运输企业应当建立健全劳动安全教育培训制度,加强对从业人员的安全生产教育培训。

企业应确定安全教育培训主管部门,按规定及岗位需要,定期了解安全教育培训需求,制定、实施定期安全教育培训计划,并提供相应的资源保证。

要点

企业制定定期培训计划,明确培训内容和年度培训时间。

评价方法

查资料。

(1)查企业安全培训、教育制度。

(2)查企业培训需求调查记录。

(3)查企业安全生产年度培训和长期继续教育培训计划。

(4)查企业安全培训、教育记录。

建设要求

(1)企业按照《铁路安全管理条例》和《河北省地方铁路条例》制定安全培训、教育制度。

(2)企业根据需求制定安全生产年度培训和长期继续教育培训计划,并按照计划落实培训工作。

（3）保存安全培训、教育记录。

评分标准

（1）未制定培训、教育制度，不得分。

（2）培训、教育计划不完善，扣2分。

（3）培训、教育记录不全，每缺少1次，扣1分。

11.3.6.2 宣传教育

依据

（1）《铁路安全管理条例》第四条。

（2）《河北省地方铁路条例》第三十六条。

指标　组织开展安全生产的法律、法规和安全生产知识的宣传、教育。（10分）

释义

本条是关于企业开展安全宣传、教育的要求。

安全教育，是为增强企业各级领导与职工的安全意识与法制观念、提高职工安全知识和技术水平、减少人的失误、促进安全生产所采取的一切教育措施的总称。

安全生产教育和培训工作是铁路运输安全生产管理工作的一个重要组成部分，是确保铁路运输安全的一项重要基础性工作。《河北省地方铁路条例》第三十六条规定，省铁路管理机构应当履行地方铁路安全监督管理职责，加强对从事地方铁路运输营业人员的安全教育和培训，及时查处地方铁路安全生产违法行为。

安全教育培训的基本内容包括安全意识、安全知识和安全技能。

要点

企业开展安全生产法律、法规和安全生产知识的宣传、教育活动。

评价方法

（1）查资料。

①查企业安全生产培训计划。

②查企业组织安全生产法律、法规等培训、教育的记录。

（2）询问。企业相关人员是否熟悉与本职工作相关的法律、法规等内容。

建设要求

（1）企业将安全生产的法律、法规等列入培训教育计划。

（2）培训教育范围应覆盖企业全体员工。

（3）保存培训教育活动的记录。

评分标准

（1）未将相关内容列入培训计划，或未组织开展培训活动，不得分。

（2）未按计划开展培训活动，或缺少培训记录，每缺1次，扣1分。

（3）受培训人员参加率每降低5%，扣1分，扣完为止。

11.3.6.3 管理人员

依据

(1)《中华人民共和国安全生产法》第二十七条。

(2)《企业安全生产标准化基本规范》(GB/T 33000—2016)。

(3)《铁路安全管理条例》第五条。

指标1 企业主要负责人和管理人员具备相应安全知识和管理能力,并取得行业主管部门培训合格证。(★★★ 10分)

释义

本条是关于企业主要负责人和安全管理人员应当具备相应能力的要求。

企业的主要负责人和安全生产管理人员,要组织、领导本单位的安全生产管理工作,并承担保证安全生产的责任,这就要求企业的主要负责人和安全生产管理人员必须具备与本单位所从事的生产经营活动相适应的安全生产知识,同时具有领导安全生产管理工作和处理生产安全事故的能力。法律法规要求必须对其安全生产知识和管理能力进行考核的,经考核合格后方可任职。

要点

企业主要负责人和管理人员取得行业主管部门培训合格证。

评价方法

查资料。

(1)查企业主要负责人和管理人员持有的相应安全生产资格证书。

(2)查企业安全培训档案。

建设要求

企业负责人和安全管理人员具备相应的安全知识和管理能力,并取得行业主管部门的培训合格证书。

评分标准

申请三级以上安全生产标准化建设的企业,企业负责人和安全管理人员必须取得行业主管部门的培训合格证书,否则不能通过建设评价。

指标2 专(兼)职安全管理人员具备专业安全生产管理知识和经验,熟悉各岗位的安全生产业务操作规程,运用专业知识和规章制度开展安全生产管理工作,并保持安全生产管理人员的相对稳定。(15分)

释义

本条是关于安全管理人员应当具备相应能力的要求。

专(兼)职安全管理人员是本单位直接负责安全生产工作的人员,对生产经营过程中的安全技术措施的制定、实施和检查直接发生作用,直接影响本单位安全生产工作的好坏。《中华人民共和国安全生产法》规定,生产经营单位的主要负责人和安全生产管理人员必须具备与本单位所从事的生产经营活动相应的安全生产知识和管理能力。

要点

(1)安全管理人员具备相应的安全生产管理知识、经验和管理能力。

（2）安全管理人员保持相对稳定。

评价方法

查资料。

（1）查企业专（兼）职安全管理人员岗前培训和任职考察文件。

（2）查企业安全培训档案。

（3）查企业专（兼）职安全管理人员安全资格证书。

建设要求

（1）企业专（兼）职安全管理人员的任职资格满足企业的上岗要求，上岗前通过企业的岗前培训和任职考察。

（2）企业专（兼）职安全管理人员应具备适应企业安全生产管理的知识和能力。

（3）企业专（兼）职安全管理人员定期参加培训学习。

（4）企业专（兼）职安全管理人员至少在企业任职1年以上。

评分标准

（1）企业专（兼）职安全管理人员未通过岗前培训和任职考察，不得分。

（2）企业专（兼）职安全管理人员未参加定期培训或培训学时不够，每1人次扣2分。

（3）企业专（兼）职安全管理人员在企业任职不足1年，每1人次扣2分。

11.3.6.4 从业人员培训

依据

（1）《中华人民共和国安全生产法》第二十八、第二十九条。

（2）《生产经营单位安全培训规定》第十五、第十九、第二十一条。

（3）《铁路安全管理条例》第四、第五十八条。

（4）《河北省地方铁路条例》第三十六条。

指标1 从业人员每年接受再培训，提高从业人员的素质和能力，再培训时间不得少于有关规定学时。未经安全生产培训合格的从业人员，不得上岗作业。（★★★ 10分）

释义

本条是关于从业人员按规定参加再培训的规定。

从业人员，是指从事铁路运输经营活动各项工作的所有人员，包括管理人员、技术人员和各岗位的人员，也包括临时聘用的人员。

对从业人员进行安全教育培训，是控制其不安全行为的有效方法，是提高从业人员安全素质和自我保护能力、防止事故发生、保证铁路运输生产安全的重要手段。

《铁路安全管理条例》第五十八条规定，铁路运输企业应当加强铁路专业技术岗位和主要行车工种岗位从业人员的业务培训和安全培训，提高从业人员的业务技能和安全意识。

要点

（1）按规定要求开展从业人员安全教育培训；加强铁路专业技术岗位和主要行车工种岗位从业人员的业务培训和安全培训。

（2）从业人员经培训合格后上岗。

评价方法

查资料。

(1)查企业从业人员年度安全培训、教育档案。

(2)查企业从业人员“三级”教育档案。

(3)查企业从业人员从业资格证书。

建设要求

(1)企业按照《中华人民共和国安全生产法》和《铁路安全管理条例》,对铁路专业技术岗位和主要行车工种岗位从业人员进行业务和安全培训。

(2)企业从业人员实行“作业班组—分支机构—企业”的“三级”培训教育。

(3)企业从业人员每年接受足够学时的再教育。

(4)企业从业人员必须取得相应的从业资格证书。

评分标准

申请三级以上安全生产标准化建设的企业从业人员必须取得行业主管部门颁发的从业资格证书,并每年接受足够学时的再教育,否则不能通过建设评价。

指标2　转岗人员及时进行岗前培训。(10分)

释义

本条是关于转岗人员岗前培训的要求。

企业要保证从业人员具备从事本职工作所应当具备的安全生产知识,熟悉有关的安全生产规章制度和安全操作规程,掌握本岗位的安全操作技能,对于没有经过安全生产教育和培训和培训不合格的从业人员,企业不得安排其上岗作业。

铁路运输企业转岗人员、脱离原岗位一年以上再回原岗位工作的人员,站(段)、班组要按新职工标准对其进行安全教育,培训考试合格后,签订师徒教学合同,方准跟班从师学习。行车主要人员脱离本岗位再回原岗位工作的,必须进行本岗位安全作业程序和人身安全标准的考试,合格后方准上岗。

要点

及时开展转岗人员岗前培训。

评价方法

查资料。

(1)查企业转岗人员安全生产培训教育制度。

(2)查企业转岗人员安全生产培训教育计划和记录档案。

建设要求

(1)企业制定转岗人员培训教育制度,按计划落实培训,并保存培训记录。

(2)企业转岗人员和脱离原岗位一年再回到原岗位的人员,按新职工标准对其进行安全教育,培训考试合格后,方准跟班从师学习。

(3)企业新聘和脱离原岗位重新上岗的行车主要人员,必须进行本岗位安全作业程序和人身安全标准的培训和考试,合格后方准上岗。

评分标准

(1)未制定培训教育制度和培训计划,不得分。

（2）未按计划落实培训或培训记录不完善，每1次扣3分。

指标3　新技术、新设备投入使用前，对管理和操作人员进行专项培训。（10分）

释义

本条是关于企业开展新技术、新设备专项培训的要求。

《中华人民共和国安全生产法》第二十九条规定，生产经营单位采用新工艺、新技术、新材料或者使用新设备，必须了解、掌握其安全技术特性，采取有效的安全防护措施，并对从业人员进行专门的安全生产教育和培训。

要点

积极采用新技术、新工艺和新设备，开展专项安全培训，不断改善安全生产条件，提高安全管理水平。

评价方法

查资料。

（1）查企业新技术、新设备使用培训教育制度。

（2）查企业新技术、新设备使用培训教育计划和记录档案。

建设要求

企业积极采用新技术、新设备，制定使用培训计划，开展专项培训活动，保存培训记录。

评分标准

（1）未制定培训教育制度和培训计划，不得分。

（2）未按计划落实培训或培训记录不完善，每1次扣3分。

11.3.6.5　规范档案

依据

（1）《生产经营单位安全培训规定》第二十二条。

（2）《企业安全生产标准化基本规范》（GB/T 33000—2016）。

指标1　建立健全安全教育培训档案，详细、准确记录培训评估情况。（5分）

释义

本条是关于建立安全教育培训档案的要求。

《生产经营单位安全培训规定》第二十二条规定，生产经营单位应建立健全从业人员安全生产教育和培训档案，由生产经营单位的安全生产管理机构以及安全生产管理人员详细、准确记录培训的时间、内容、参加人员以及考核结果等情况。

教育培训档案的内容应包括教育培训的内容、培训时间、培训地点、授课人签名、参加培训人员的签名、考核人员签名、安全管理人员签名、培训考试情况等。档案保存期限不少于3年。

要点

建立安全教育培训档案。

评价方法

查资料。查企业安全生产教育培训台账和档案。

建设要求

企业按规定建立安全教育培训和考试的台账和记录，档案内容应完整、详细、准确、保存完好。

评分标准

（1）未建立安全教育培训档案，不得分。

（2）培训档案资料不完善、不准确，每1次扣1分。

指标2　对培训效果进行评估，改进提高培训质量。（10分）

释义

本条是关于企业开展培训效果评估的要求。

企业应及时做好安全教育培训评估工作，建立安全教育培训评估档案，实施分级管理。

要点

开展培训效果评估，改进提高培训质量。

评价方法

（1）查资料。查企业安全生产培训效果评估记录和针对评估进行改进的记录。

（2）询问。企业相关人员对安全培训教育效果的评估。

建设要求

企业应针对每次培训的效果进行评估，提出并落实改进措施，不断提高培训质量。

评分标准

（1）未对培训效果进行评估，不得分。

（2）培训效果评估改进措施落实不到位，每1次扣1分。

11.3.7　安全文化

本一级建设指标安全文化，包括2个二级建设指标，标准分值满分为35分。重点考查企业安全文化环境氛围，包括安全环境、安全行为。

11.3.7.1 安全环境

依据

《企业安全文化建设导则》（AQ/T 9004—2008）。

指标1　设立安全文化廊、安全角、黑板报、宣传栏等员工安全文化阵地，每月至少更换一次内容。（5分）

释义

本条是对企业设立安全文化阵地的要求。

企业应结合自身情况，采用多种形式进行安全文化宣传，做到直观、形象。

要点

要求企业提供开展安全文化宣传的资料档案。

评价方法

（1）查资料。查企业安全文化宣传资料档案。

(2)现场检查。安全文化阵地设置情况。

建设要求

企业设置安全文化阵地,可采取安全文化廊、安全角、黑板报、宣传栏等方式,宣传内容每月至少更换一次。

评分标准

(1)未设立企业安全文化阵地,不得分。

(2)安全文化阵地宣传资料不全,每缺1次扣1分。

指标2 公开安全生产举报电话号码、通信地址或者电子邮件信箱,对接到的安全生产举报和投诉及时予以调查和处理。(5分)

释义

本条是对企业安全生产举报电话设置及处理的要求。

企业要充分发挥工会、共青团、妇联组织的作用,依法维护和落实企业职工对安全生产的参与权与监督权,鼓励职工监督举报各类安全隐患,对举报者予以奖励。

要点

安全生产举报、投诉电话的设置及相关措施的落实情况及调查处理情况。

评价方法

(1)查资料。

①查企业安全生产举报奖励制度。

②查企业安全生产举报及投诉登记处理记录等台账。

(2)现场检查。安全生产举报或投诉渠道设置情况,及调查、处理、反馈等情况。

建设要求

(1)企业应建立安全生产举报奖励制度,明确责任并公开电话号码、通信地址、电子邮箱等举报、投诉方式。

(2)企业应受理安全生产举报和投诉,及时进行调查和处理,并进行反馈,相关记录应完整、齐全。

评分标准

(1)未制定制度或未公开投诉渠道,不得分。

(2)未受理反馈内容,或未及时调查、处理、反馈,每1次扣1分。

11.3.7.2 安全行为

依据

《企业安全文化建设导则》(AQ/T 9004—2008)第五条。

指标1 开展安全承诺活动。(★★★5分)

释义

本条是对企业开展安全生产承诺的要求。

本条所称的"安全承诺"是指由企业公开做出的、代表了全体员工在关注安全和追求安全绩效方面所具有的稳定意愿及实践行动的明确表示。作为企业应该保证安全生产投入、持续具备安全生产条件,与安全生产各岗位签订安全生产承诺书,向企业员工及社会作出公开承诺，自觉接受监督。同时，员工就履行岗位安全责任向企业作出承诺。

要点

企业开展安全承诺活动的资料。

评价方法

（1）查资料。

（1）查企业安全承诺活动资料。

（2）查企业安全承诺活动书。

（2）询问。企业从业人员是否了解承诺活动内容及履职情况。

建设要求

企业应开展安全承诺活动，企业内部层层签订安全承诺书，相关人员熟悉承诺书的内容。

评分标准

申请三级以上安全生产标准化建设的企业必须开展安全承诺活动，并签订安全承诺书，否则不能通过建设评价。

指标2 编制《企业安全知识手册》，并发放给职工。（5分）

释义

本条是对企业编制安全知识手册的要求。

安全知识手册是宣传安全文化的一个重要载体，编制安全知识手册也是企业规范员工安全行为的一项重要措施。企业应该按照有关规定编制《企业安全知识手册》，并发放给每位员工。

要点

要求企业提供《企业安全知识手册》，核查从业人员对安全知识手册熟悉和了解情况。

评价方法

（1）查资料。查《企业安全知识手册》内容及其发放记录。

（2）询问。企业从业人员是否了解安全知识手册的相关内容。

建设要求

（1）企业应编制《企业安全知识手册》，并发放给职工，手册应包括安全生产管理制度、操作规程、职业健康和劳动保护等内容。

（2）企业应组织《企业安全知识手册》的学习，使相关人员熟悉有关职责和知识。

评分标准

（1）未编制《企业安全知识手册》的，不得分。

（2）未将《企业安全知识手册》下发给职工，扣2分。

（3）职工不了解手册相关内容，每1人扣1分。

指标3 组织开展安全生产月活动、安全生产竞赛活动，有方案、有总结。（5分）

释义

本条是对企业安全宣传活动开展情况的要求。

开展安全文化宣传活动有利于促进企业员工更好地认知企业安全文化，增强安全意识，企业根据自身条件和特点，结合生产实际，开展形式多样的安全宣传和安全生产竞赛活动。

要点

企业采取多种形式开展安全文化活动的文件资料。

评价方法

查资料。查企业开展安全生产月、安全生产竞赛等活动的方案、总结等记录。

建设要求

(1)企业应制定安全生产月、安全生产竞赛等活动方案,方案应内容完善,企业对方案进行印发。

(2)企业按方案组织实施各项活动,并保存实施记录和工作总结。

评分标准

(1)未开展安全生产月、安全生产竞赛等活动,不得分。

(2)活动方案不完善,记录和总结不齐全,每1项次扣1分。

指标4 对在安全工作中做出显著成绩的集体、个人给予表彰、奖励,同时与其经济利益挂钩。(5分)

释义

本条是对企业安全绩效考核的要求。

对安全生产工作进行绩效考核是促进企业安全管理能力提高的一种重要措施和手段,企业应依照考核要求,对在安全工作中做出显著成绩的集体、个人给予表彰、奖励;对因玩忽职守、违反规章制度和管理规定而造成事故的应根据事故性质、责任大小,给予处罚。

要点

企业表彰、奖惩的文件及相关资料。

评价方法

查企业对安全工作进行表彰和奖励的文件和相关资料。

建设要求

企业应对在安全工作中做出显著成绩的集体、个人给予表彰、奖励,同时与其经济利益挂钩,保存相关文件和资料。

评分标准

(1)未进行表彰和奖励,不得分。

(2)记录资料不全,扣2分。

指标5 对安全生产进行检查、评价、总结和交流经验,推广安全生产先进管理方法。(5分)

释义

本条是对企业安全经验交流的要求。

及时对安全工作中的经验进行总结、评比、推广,有利于提高企业安全管理能力。

要点

企业开展安全检查、评价、总结和交流工作经验,推广先进管理方法的文件。

评价方法

查资料。

(1)查企业开展安全生产检查、评价、总结和交流经验的相关制度。

（2）查企业组织开展安全生产检查、评价、总结和交流经验，以及推广安全生产先进管理办法的相关记录和资料。

建设要求

（1）企业应制定定期开展安全生产检查、评价、总结和交流经验的相关制度。

（2）企业应至少每年组织一次安全生产检查、评价、总结和交流经验，以及推广安全生产先进管理办法的活动，并保存活动记录和资料。

评分标准

（1）未制定相关制度，或未开展活动，不得分。

（2）活动记录和资料不完善，扣 2 分。

11.3.8　职业健康

本一级建设指标职业健康包括 4 个二级建设指标，标准分值满分为 25 分。涉及健康管理、工伤保险、危害告知和环境与条件四项内容。

11.3.8.1　健康管理

依据

《企业安全生产标准化基本规范》（GB/T 33000—2016）第 5.4.3 条。

《中华人民共和国职业病防治法》。

指标 1　设置或指定职业健康管理机构，配备专（兼）职管理人员。（5 分）

释义

本条是对企业职业健康管理机构及管理人员的考核要求。

高危行业的企业应根据经营规模和业务范围依法设置专门的职业健康管理机构，配备专（兼）职管理人员。

要点

企业职业健康管理人员名册及相关证件。

评价方法

查资料。

（1）查企业职业健康管理机构设置、人员配置文件。

（2）查企业职业健康管理人员名册及相关证件。

建设要求

企业应以文件形式设置或指定职业健康管理机构，配备专（兼）职管理人员，明确相关人员的职责。

评分标准

（1）未按要求设置机构和配置人员，不得分。

（2）人员配置及资质不符合要求，每 1 人扣 2 分。

指标 2　按规定对员工进行职业健康检查。(5 分)

释义

本条是对企业职业健康检查的要求。

《中华人民共和国职业病防治法》要求对员工上岗前、在岗期间和离岗时进行职业健康检查,企业应定期组织从业人员进行健康检查和事故预防、急救知识的培训。

要点

企业建立职业健康检查档案。

评价方法

查资料。

(1)查企业职业健康检查制度或方案。

(2)查企业员工职业健康档案。

建设要求

企业制定职业健康检查制度或方案,定期组织员工进行健康体检,组织建立员工职业健康档案。

评分标准

(1)未制定职业健康检查制度或方案,扣 2 分。

(2)未组织体检或未建立档案,每缺 1 人次扣 1 分。

11.3.8.2　工伤保险

依据

(1)《中华人民共和国安全生产法》第五十一条。

(2)《中华人民共和国职业病防治法》第七条。

指标　为从业人员(含驾驶员)参加工伤保险。(5 分)

释义

本条是对企业为从业人员参加工伤保险的要求。

本条所称"工伤保险",是指劳动者在工作中或在规定的特殊情况下,遭受意外伤害或患职业病导致暂时或永久丧失劳动能力以及死亡时,劳动者或其遗属从国家和社会获得物质帮助的一种社会保险制度。《中华人民共和国安全生产法》《中华人民共和国职业病防治法》都要求用人单位必须为从业人员参加工伤保险。铁路运输活动中存在交通事故、自然灾害、燃烧爆炸、中毒等诸多意外风险,企业加强对从业人员意外伤害控制是必要的。

要点

企业从业人员名册和办理工伤保险证明材料。

评价方法

查资料。查企业从业人员(含驾驶员)名册及工伤保险档案。

建设要求

企业应为从业人员(含驾驶员)办理工伤保险,建立保险台账和档案。

评分标准

未办理工伤保险,每缺 1 次扣 1 分。

11.3.8.3 危害告知

依据

(1)《企业安全生产标准化基本规范》(GB/T 33000—2016)第 5.4.3.2 条。

(2)《中华人民共和国职业病防治法》第三十四条。

指标 对从业人员进行职业健康宣传培训,使其了解其作业场所和工作岗位存在的危险因素、职业危害、防范措施和应急处理措施,降低或消除危害后果的事项。(5 分)

释义

本条是对企业职业健康宣传的要求。

开展职业健康宣传培训是提高企业从业人员自我安全保护意识、安全防护意识,规范安全操作行为的重要手段。《中华人民共和国职业病防治法》要求用人单位的主要负责人和职业健康管理人员应当接受职业卫生培训,遵守职业病防治法律、法规,依法组织本单位的职业病防治工作。用人单位应当对劳动者进行上岗前的职业卫生培训和在岗期间的定期职业卫生培训,普及职业卫生知识,督促劳动者遵守职业病防治法律、法规、规章和操作规程,指导劳动者正确使用职业病防护设备和个人使用的职业病防护用品。劳动者应当学习和掌握相关的职业卫生知识,增强职业病防范意识,遵守职业病防治法律、法规、规章和操作规程,正确使用、维护职业病防护设备和个人使用的职业病防护用品,发现职业病危害事故隐患应当及时报告。

要点

企业开展职业健康宣传培训的记录、档案。

评价方法

查资料。

(1)查企业职业健康宣传培训记录。

(2)查企业员工劳动合同或聘用协议中对于危害告知的内容。

建设要求

(1)企业应将作业场所和工作岗位存在的危险因素、职业危害、防范措施和应急处理措施作为培训内容,制定培训计划并落实,保存相关记录。

(2)在企业员工劳动合同或聘用协议中将危险因素、防范措施和应急措施等进行书面告知。

评分标准

(1)未组织开展培训,不得分。

(2)培训记录不全,每缺 1 次扣 1 分。

(3)未进行书面告知,每缺 1 次扣 1 分。

11.3.8.4 环境与条件

依据

(1)《中华人民共和国职业病防治法》第十五、二十二和二十四条。

(2)《企业安全生产标准化基本规范》(GB/T 33000—2016)第 5.4.3.1 条。

指标　为从业人员提供符合职业健康要求的工作环境和条件，配备与职业健康保护相适应的设施、工具。（5分）

释义

本条是对从业人员职业健康环境与保护的要求。

从源头上控制和消除职业病危害，改善和提高从业人员工作环境对促进职业健康至关重要。《中华人民共和国职业病防治法》要求，产生职业病危害的用人单位的设立除应当符合法律、行政法规规定的设立条件外，其工作场所还应当符合职业卫生要求，采用有效的职业病防护设施，并为劳动者提供个人使用的职业病防护用品。企业要为从业人员提供符合防治职业病要求的职业病防护用品。产生职业病危害的用人单位，应当在醒目位置设置公告栏，公布有关职业病防治的规章制度、操作规程、职业病危害事故应急救援措施和工作场所职业病危害因素检测结果。对产生严重职业病危害的作业岗位，应当在其醒目位置，设置警示标识和中文警示说明。警示说明应当载明产生职业病危害的种类、后果、预防以及应急救治措施等内容。

要点

企业提供职业病防护管理档案，配备与职业健康保护相适应的设施、工具。

评价方法

（1）查资料。查企业劳动保护用品发放台账等记录文档。

（2）现场检查。

①工作现场防护设施、工具等的配备情况，警示标志和说明等的设置情况。

②从业人员劳动防护用品的使用佩戴情况。

建设要求

（1）企业应为从业人员提供符合职业健康要求的工作环境和条件，配备与职业健康保护相适应的设施、工具，建立并保存相关记录台账。

（2）现场工作环境和条件得到有效的维护和保持，从业人员合理有效佩戴及使用劳动防护用品。

评分标准

（1）未按要求提供工作环境和条件，或未配备相适应的设施、工具，每缺少1项扣1分。

（2）未建立台账和记录，扣2分。

（3）现场检查，配备或使用情况不符合要求，每1项扣1分。

11.3.9　设备设施

本一级建设指标设备设施包括9个二级建设指标，标准分值满分为125分。涉及铁路运输企业对机车车辆、线路、桥隧涵、车站、道口、通信信号、安全设施、供电设备、特种设备的安全管理要求。

11.3.9.1　机车车辆

依据

(1)《铁路技术管理规程》第163条。

(2)《铁路机车验收工作规定》。

(3)《铁路机车运用管理规则》。

(4)《铁路安全管理条例》。

(5)《机车操作规程》。

(6)《铁路交通事故应急救援规则》。

指标1　制定技、运、安、操、救等规章制度及节能考核制度，有机车竣工验收记录，机车履历簿填写齐全。(★★★5分)

释义

原铁道部《铁路技术管理规程》(普速铁路部分)为铁路技术管理的统一技术规范。规范规定了铁路在基本建设、产品制造、验收交接、使用管理和保养维修方面的基本要求和标准；规定了铁路各部门、各单位、各工种在从事运输生产时，必须遵循的基本原则、责任范围、工作方法、作业程序和相互关系；规定了信号的显示方式和执行要求；明确了铁路工作人员的主要职责和必须具备的基本条件。

原铁道部《铁路机车运用管理规则》规定了机车运用管理要采用先进、成熟、经济、可靠的技术，建立健全准确无误、反应迅速的信息采集、数据处理系统，实行网络管理，实现技术设备标准化、系列化与信息化，确保有序可控。

国务院《铁路安全管理条例》对铁路建设质量安全、铁路专用设备质量安全、铁路线路安全、铁路运营安全、监督检查、法律责任等方面进行了规定。

原铁道部《机车操作规程》，规定了机车的安全操作规程，使机车的操作规范化、标准化。

原铁道部《铁路交通事故应急救援规则》规定了应急预案建立，应急救援的人员培训、装备配置、物资储备、预案演练，救援响应、现场救援、善后处理等的具体内容。

铁路运输企业必须遵守以上规范，结合企业实际制定与之相适应的规章制度。

铁路运输企业要做好机车履历簿和检修台账的填写及其他技术资料的积累，并妥善保管。对有关数据要定期进行数理统计分析，为提高机车检修质量提供依据。

要点

核查机车履历簿与验收记录是否齐全有效。

评价方法

查资料。

(1)查企业铁路技术管理、机车运用管理、安全管理、机车操作规程、应急救援管理、节能考核制度等相关规章制度及其发放记录。

(2)查企业机车竣工验收记录。

(3)查企业机车履历簿的填写情况。

建设要求

（1）企业根据《铁路技术管理规程》《铁路机车运用管理规则》《铁路安全管理条例》《机车操作规程》《铁路交通事故应急救援规则》制定与之相适应的规章制度。

（2）按要求对机车进行检测和检修，保存机车竣工验收记录。

（3）及时填写机车履历簿，确保记录齐全完善。

评分标准

申请三级以上安全生产标准化建设的企业必须制定并发放各类规章制度，填写并保存机车竣工验收记录和机车履历簿，否则不能通过建设评价。

指标2　有整备设备、场地，有检修场所、机具，有备品、备料储备，且管理规范。（5分）

释义

《铁路技术管理规程》（普速铁路部分）第163条规定，机务段应有机车运转整备及机车检查、检测、修理设备和污水处理设备。

企业应设立专门的整备场地、检修场所，并拥有相应的整备设备、维修设备，各种配件应有一定的储备，企业应建立规范的制度对其进行管理。

要点

核查整备设备、场地，检修场所、机具，备品、备料储备。

评价方法

（1）查资料。

①查企业整备场地、检修场所等的管理制度。

②查企业整备场地、检修场所、机具、备品备料等的台账和档案。

③查企业场地划分图。

（2）现场检查。查企业整备场地、检修场所、机具、备品备料等的配备和使用情况。

建设要求

（1）企业制定整备场地、检修场所等管理制度。

（2）企业应设立专门的整备场地、检修场所，并拥有相应的设备、机具和储备。

评分标准

（1）未制定相应管理制度，不得分。

（2）整备场地、检修场所、机具、设备、储备等不全，每缺少1项扣1分。

11.3.9.2　线路

指标1　线路工程质量符合《工务规则》《河北省铁路运营线路维修标准》《河北省铁路运营道岔维修标准》，轨道几何尺寸、钢轨、轨枕、联接零件、防爬设备、道床、路基、标志等齐全、良好。（★★★5分）

释义

本条是对线路工程质量的要求，必须符合相应的规范。

要点

核查线路工程质量是否符合相应标准。

评价方法

（1）查资料。查线路工程验收合格证明材料。

（2）现场检查。查线路工程质量是否符合相应标准，标志是否齐全。

建设要求

（1）铁路线路工程质量必须符合《工务规则》《河北省铁路运营线路维修标准》《河北省铁路运营道岔维修标准》等标准要求。

（2）轨道几何尺寸、钢轨、轨枕、联结零件、防爬设备、道床、路基、标志等必须齐全、良好。

评分标准

申请三级以上安全生产标准化建设的企业必须保证线路工程质量符合相应标准，否则不能通过建设评价。

指标 2　制定线路维修、管理、使用制度，工务维修台账、技术履历、施工要点登记制度齐全、有效。（5 分）

释义

企业应制定线路维修、管理、使用制度，掌握线路实际状态，据以制定各项计划，进行养护维修、验收评定，经常保持线路完整和质量均衡，并尽量延长线路使用寿命，使列车能安全、平稳和不间断地运行。建立工务维修台账、技术履历、施工要点登记制度。

要点

核查线路维修、管理、使用制度。建立工务维修台账、技术履历、施工要点登记制度。

评价方法

查资料。

（1）查企业线路维修、管理、使用制度。

（2）查企业工务维修台账、技术履历、施工要点登记等记录。

建设要求

（1）企业应制定线路维修、管理、使用制度，掌握线路实际状态，保持线路完整和质量均衡。

（2）企业建立工务维修台账、技术履历、施工要点登记等制度，完善各类记录。

评分标准

（1）未制定线路维修、管理、使用制度，不得分；制度内容不完善，每 1 项扣 1 分。

（2）工务维修台账、技术履历、施工要点登记等记录欠缺，每缺少 1 项扣 1 分。

11.3.9.3　桥隧涵

依据

（1）《铁路技术管理规程》（普速铁路部分）第三十八、第三十九条。

（2）《铁路安全管理条例》第五十条。

（3）《铁路桥隧建筑物修理规则》第 3.7.1、第 3.7.3、第 3.8.7 条。

指标 1　建立统计台账、维修、管理、使用制度，技术履历齐全；桥梁有防震措施，桥涵有维修办法及防洪措施，桥隧两端设置警示标志。（★★★ 5 分）

释义

铁路运输企业应按要求建立桥梁统计台账、维护、管理使用制度，按规定对桥梁桥涵日常检查和维护保养。桥梁应该有防震措施，桥涵状态评定和桥涵保养质量评定符合《铁路桥隧建筑物维修规则》相关规定。《铁路技术管理规程》（普速铁路部分）第三十九条规定，桥梁、涵洞孔径及净空，应满足国家防洪设防标准，能保证设计的最大洪水正常通过，并保证流冰、泥石流、漂浮物和通航船只等必要高度。《铁路安全管理条例》第五十条规定，铁路运输企业应当按照国家标准、行业标准在铁路桥梁、隧道的两端设置易于识别的警示、保护标志。

要点

核查桥隧涵统计台账、维修、管理、使用制度，以及桥涵防洪措施。

评价方法

（1）查资料。

①查企业桥隧涵统计台账、维修、管理、使用制度。

②查企业桥隧涵日常检查和维护保养记录。

（2）现场检查。查桥梁防震措施、桥涵维修办法和防洪措施、桥隧两端警示标志是否齐全有效。

建设要求

（1）企业应建立桥隧涵统计台账、维修、管理、使用制度，按规定对桥梁、桥涵进行日常检查和维护保养。

（2）桥梁应具有防震措施，桥涵状态符合《铁路桥隧建筑物大修维修规则》相关规定；桥梁涵洞应满足国家防洪标准，保证最大洪水正常通过，保证流冰、泥石流、漂浮物和通航船只的必要高度；桥梁、隧道两侧警示、保护标志符合《铁路安全管理条例》第五十条规定。

评分标准

申请三级以上安全生产标准化建设的企业必须建立桥隧涵统计台账、维修、管理、使用制度，落实日常检查和维护，保证桥梁、桥涵和隧道安全措施和标志齐全有效，否则不能通过建设评价。

指标 2　桥梁、墩台支座完好，建筑物良好，支座清洁完好、平整密贴，梁跨自由伸缩，桥面护栏、人行通道良好。（5 分）

释义

《铁路技术管理规程》（普速铁路部分）第 38 条规定，铁路桥梁、涵洞及隧道，均应修建为永久性结构，具有良好的耐久性，符合工程结构抗震和相应的技术规范要求，桥上和隧道内有砟轨道应满足大型养路机械清筛作业的要求，其限界应根据规划考虑发展的需要。桥涵的承载能力和动力性能要符合有关规定的技术要求，并根据承载能力及技术状态，制定运用条件。桥涵建（构）筑物应确保通过的线路具有良好的稳定性和平顺性，结构构造应便于检查和养护，并设置检查设施。桥上通过超重货物列车、重型铁路救援起重机前，应进行承载性能检算。隧道断面面积应满足旅客舒适性要求，衬砌、洞门结构、洞口仰坡、轨下基础应安全稳定，并具备良好的防排水系统。全长 500 m 以上的钢桥、全长 3 000 m 以上的隧道设置通信设备，必要时设置固定照明、安全警报装置；非全封闭运营时，应进行巡守，必要时进行监视。

要点

现场核查。

评价方法

现场检查。查桥梁、墩台建筑物是否保持状态完好；中桥及以下按照总数的 10%抽查，以上全部检查。

建设要求

桥梁建筑物的标准应符合《铁路技术管理规程》（普速铁路部分）第三十八条的规定。

评分标准

现场检查，存在欠缺的 1 项内容扣 1 分。

指标 3　隧道衬砌状态完好，无风化、坠落、漏水。（5 分）

释义

《铁路桥隧建筑物修理规则》规定，运营隧道内应有衬砌。衬砌可为模筑整体式、砌体拼装式、复合式或喷锚式。既有隧道无衬砌地段，应有计划地补做衬砌或加固。

《铁路桥隧建筑物修理规则》规定，隧道、明洞应保持状态完好。如发现下列病害，应查明原因，及时处理。

（1）衬砌开裂、变形、损坏。衬砌裂纹长度>5 m、宽度>5 mm；衬砌变形速率>10 mm/a；拱部衬砌压溃范围>1 m^2、掉块深度>10 mm。衬砌多条裂缝贯通有掉块可能时应立即安排加固。

（2）衬砌严重风化、腐蚀造成衬砌崩塌、剥落；衬砌腐蚀疏松深度大于衬砌厚度的 1/6、面积在 0.3 m^2 以上。

（3）严重漏水、涌砂、涌水。电力牵引区段隧道拱部漏水，影响接触网正常使用；非电力牵引区段隧道拱部漏水成线；边墙淌水，造成严重翻浆冒泥，道床下沉；严寒地区漏水造成结冰侵限；涌水、涌砂浸泡道床。

（4）仰拱或整体道床变形损坏，导致基床下沉、道床翻浆，影响轨道稳定。

（5）洞门仰坡坍塌、落石，危及行车安全。

（6）洞内外排水设施损坏、失效，影响排水功能。

要点

现场核查。

评价方法

现场检查。查隧道、明洞建筑物是否保持状态完好；隧道、明洞全部检查。

建设要求

隧道、明洞建筑物应保持状态完好，发现《铁路桥隧建筑物修理规则》规定的病害，应及时修复。

评分标准

现场检查，存在 1 处病害扣 1 分。

指标 4　涵洞明渠无裂缝、变形、脱节等病害。（5 分）

释义

《铁路桥隧建筑物修理规则》规定，涵洞必须保持状态完好，如发现下列状态之一时，应及时处理。

（1）钢筋混凝土结构裂缝宽度≥0.3 mm；混凝土拱形结构裂缝宽度≥20 mm。

（2）涵身破损变形、错位、拉开造成漏土或排水不畅；冻害引起线路变形。

（3）涵身、端、翼墙基础冲坏、基底全部或局部冲空。

（4）涵洞基底冒水潜流，洞内渗漏水，影响路基稳定。

（5）涵洞严重腐蚀风化、脱落深度≥20 mm，面积≥0.5 m^2。

（6）涵洞淤积严重，影响排洪。

（7）涵洞进出口护锥及防护设施被冲毁。

要点

现场核查。

评价方法

现场检查。查涵洞建筑物是否保持状态完好；涵洞按照总数的5%~10%抽查。

建设要求

涵洞建筑物应保持状态完好，发现《铁路桥隧建筑物修理规则》规定的病害，应及时修复。

评分标准

现场检查，存在1处病害扣1分。

11.3.9.4 车站

依据

（1）《铁路车站及枢纽设计规范》。

（2）《防止机车车辆溜逸管理办法》第七条。

（3）《铁路运输调度规则》。

指标1 车站设施符合相关规范要求，车站标准化建设合格，货运组织机构和管理制度健全，编制《站细》并执行。（★★★ 10分）

释义

车站设施应符合《铁路车站及枢纽设计规范》以及相关标准的规定。企业应健全货运组织机构和管理制度。《站细》由车站站长组织有关单位，依据《行车组织规则》、《铁路运输调度规则》、《铁路技术管理规程》（普速铁路部分）、列车编组计划、列车运行图，以及其他有关规章要求，结合车站运输条件及设备情况编制，凡在车站作业的车务、机务、车辆、工务、电务、供电、信息等部门人员必须遵照执行。

要点

（1）核查车站设施应符合《铁路车站及枢纽设计规范》，以及国家现行的有关强制性标准。

（2）核查《站细》的编制、学习与执行情况。

评价方法

(1)查资料。

①查企业(车站)货运组织机构和管理制度是否健全。

②查企业(车站)《站细》的编制、发放和培训、执行的记录。

(2)现场检查。查车站设施符合《铁路车站及枢纽设计规范》国家现行的有关强制性标准的要求;车站全部检查。

建设要求

(1)企业应建立货运组织机构和管理制度。

(2)企业负责人(车站站长)组织有关单位编写《站细》并发放。

(3)企业(车站)工作人员应参加《站细》的培训,并在工作中遵照执行。

(4)车站设施符合《铁路车站及枢纽设计规范》及其标准的规定。

评分标准

申请三级以上安全生产标准化建设的企业必须建立货运组织机构和管理制度,编制并执行《站细》,车站设施符合《铁路车站及枢纽设计规范》及其标准的规定,否则不能通过建设评价。

指标 2　股道、道岔编号,标识、标记清晰。(5 分)

释义

为了便于使用、维修和管理,对站内股道应有规定的编号。道岔前后钢轨连续编号,注明道岔编号、类型、全长。

要点

股道、道岔编号的标识和标记应清晰。

评价方法

(1)查资料。查企业股道、钢轨台账。

(2)现场检查。查股道、道岔编号是否标识、标记齐全清晰。

建设要求

企业(车站)对站内股道、道岔统一编号规则,道岔编号应连续,钢轨台账应注明道岔编号、类型、全长等信息。

评分标准

(1)企业钢轨台账未注明道岔资料,不得分。

(2)股道、道岔编号标识、标记不齐全清晰,每 1 处扣 1 分。

指标 3　设置防溜指示牌、铁鞋编号存放整齐,车站防溜措施良好、有效。(★★★5 分)

释义

车站应设置防溜指示牌,防溜铁鞋应编号并整齐存放,防溜铁鞋应有相应的合格证书。人力制动机、人力制动机紧固器、防溜铁鞋、防溜枕木、防溜脱轨器、止轮器等防溜设备、器具必须符合技术标准。

要点

防溜设备及器具必须符合技术标准。

评价方法

(1)查资料。

①查企业(车站)防溜设备和器具台账和检查维护档案。

②查企业(车站)铁鞋等设备合格证明材料。

(2)现场检查。企业(车站)防溜设备和器具是否齐全有效,是否设置防溜指示牌。

建设要求

(1)企业应配备人力制动机、紧固器、防溜铁鞋、枕木等设备,各类器具符合技术标准。

(2)各类器具存放整齐,性能良好有效、防溜指示牌齐全有效。

评分标准

申请三级以上安全生产标准化建设的企业必须设置防溜指示牌,保证各类防溜设备齐全有效,否则不能通过建设评价。

指标4　行车调度员行车指挥规范;运行图、表及各站线路示意图配备齐全,填写铺画准确;货运工作规范。(5分)

释义

铁路运输调度担负着组织客货运输、保证运输安全的重要责任,对完成铁路运输经营起着重要作用。凡与运输有关各部门、各工种都必须在运输调度的统一组织指挥下,进行日常生产活动。各级运输调度和运输有关人员对《铁路运输调度规则》必须认真学习,严格执行。列车运行图及各站线路示意图应配备齐全并铺画准确。

要点

列车调度员严格执行《铁路运输调度规则》;列车运行图及各站线路示意图应配备齐全并铺画准确。

评价方法

(1)查资料。列车运行图及各站线路示意图是否齐全并铺画准确。

(2)询问。列车调度员熟悉《铁路运输调度规则》。

建设要求

(1)企业(车站)各级运输调度和有关人员必须认真学习《铁路运输调度规则》,并严格执行。

(2)列车运行图及各站线路示意图配备齐全并铺画准确。

评分标准

(1)未编制列车运行图及各站线路示意图,不得分。

(2)列车调度员不熟悉《铁路运输调度规则》,每1人扣1分。

指标5　站容、站貌、绿化、美化良好。(5分)

释义

车站应该保持良好的站容站貌,建立环境清洁制度,做好车站绿化、美化工作。

评价方法

现场检查。企业(车站)站容站貌情况。

建设要求

企业应按照《河北省铁路车站管理标准》,保持良好的站容站貌。

评分标准

站容站貌不符合要求,每1处扣1分。

11.3.9.5　道口

依据

(1)《铁路安全管理条例》。

(2)《设置或者拓宽铁路道口人行过道审批办法》。

(3)《河北省地方铁路条例》第三十五条。

指标　铁路道口以及设备、备品按规定设置,功能良好,警示标志齐全且清晰有效。(★★★ 15分)

释义

《铁路安全管理条例》第四十七条规定,铁路与道路交叉的无人看守道口应当按照国家标准设置警示标志;有人看守道口应当设置移动栏杆、列车接近报警装置、警示灯、警示标志、铁路道口路段标线等安全防护设施。道口移动栏杆、列车接近报警装置、警示灯等安全防护设施由铁路运输企业设置、维护;警示标志、铁路道口路段标线由铁路道口所在地的道路管理部门设置、维护。

《河北省地方铁路条例》第三十五条规定,各地方铁路道口和人行过道应当按照国家和本省有关规定设置或者拓宽。有人看守的地方铁路平交道口,应当设置警示灯、警示标志、地方铁路平交道口路段标线或者安全防护设施。无人看守的地方铁路道口,应当按照国家规定标准设置警示标志。警示灯、安全防护设施由地方铁路运输企业设置、维护;警示标志、地方铁路道口路段标线由道口所在地的道路管理部门负责设置、维护。地方铁路运输企业应当加强地方铁路道口安全管理,防止地方铁路道口交通事故的发生。

铁路道口设置条件须符合国家有关铁路、道路设计规范及标准。

要点

(1)铁路道口设置符合相应的技术标准及有关规定。

(2)抽查铁路道口设备设置是否齐全,功能是否良好,警示标志是否齐全。

评价方法

(1)查资料。

①查企业铁路道口安全防护措施台账和检查维护档案。

②查企业铁路道口设备、安全警示标志台账和检查维护档案。

(2)现场检查。

①铁路道口设置是否符合国家有关技术标准和有关规定;有人道口按照总数的10%抽查;监护及无人道口按总数的5%抽查。

②铁路道口设备设置是否齐全,功能是否良好。

③铁路道口警示标志是否齐全有效。

建设要求

(1)企业铁路道口以及设备、备品按照《铁路安全管理条例》第四十七条、《河北省地方铁路条例》第三十五条等管理规定设置和维护。

(2)铁路道口安全防护措施档案和维护等记录齐全、有效。

(3)铁路道口应按规定设立安全警示标志。

评分标准

(1)申请三级以上安全生产标准化建设的企业必须按要求设置铁路道路及其安全防护设施,否则不能通过建设评价。

(2)铁路道口设备和安全警示标志不齐全,每1处扣1分。

11.3.9.6 通信信号

依据

(1)《铁路安全管理条例》第五十条。

(2)《铁路技术管理规程》(普速铁路部分)第120条。

指标1 通信设备性能良好,满足运输组织、调度指挥、业务联络。(5分)

释义

《铁路技术管理规程》(普速铁路部分)第120条中规定,铁路通信应符合国家、铁道行业的有关技术标准和质量要求,确保全程全网安全、可靠、迅捷、畅通。

铁路信号设备是铁路信号、联锁设备、闭塞设备的总称。企业应该配备良好性能的通信设备以满足运营要求。

要点

通信设备性能良好。

评价方法

(1)查资料。查企业通信设备台账。

(2)现场检查。企业通信设备性能是否良好。

建设要求

企业铁路通信设备符合国家、原铁道部相关技术标准,设备数量和性能满足运营要求。

评分标准

企业通信设备缺少或不能正常使用,每1处扣1分。

指标2 信号设备性能良好,联锁、闭塞满足列车运行和调车作业,光(电)缆埋设地点设置保护标志。(5分)

释义

《铁路技术管理规程》(普速铁路部分)要求铁路信号设备须性能良好,联锁、闭塞满足列车运行和调车作业。《铁路安全管理条例》第五十条规定,铁路运输企业应当按照国家标准、行业标准在通信光(电)缆的埋设、铺设地点设置易于识别的警示、保护标志。

要点

信号设备性能良好,光(电)缆埋设地点设置保护标志。

评价方法

(1)查资料。查企业通信设备台账。

(2)现场检查。企业信号设备性能是否良好,现场警示、保护标志是否齐全、完好。

建设要求

(1)企业铁路信号设备符合国家、原铁道部相关技术标准，设备数量和性能满足运营要求。

(2)现场光电缆埋设地点设置警示和保护标志。

评分标准

(1)企业信号设备缺少或不能正常使用的，1处扣1分。

(2)缺少现场警示和保护标志，每缺少1处，扣1分。

11.3.9.7　安全设施

指标1　车辆、车站按照国家相关法律法规规定配备安全锤、警示牌等安全设备，按相关规定配足有效的消防设施及器材，且放置合理。(★★5分)

释义

安全锤即救生锤，是一种封闭舱室里的辅助逃生工具。它一般安装于火车车厢等封闭舱室内容易取到的地方，在车内出现火灾或车辆落入水中等紧急情况下，可以方便取出并砸碎门窗玻璃以顺利逃生。

企业应为车站与车辆配备与其相适应的安全锤、警示牌等安全设备。安全防护警示装置、灭火装置，安装应牢靠、便于取用。所称“有效”，特指这些设备及器材处于良好状态，能够在出现突发事态时发挥出处置危害或危险的作用。

要点

核查车站与车辆警示装置、消防设施，及器材实际配置情况。

评价方法

(1)查资料。

①查企业安全设备、消防设施管理制度。

②查企业安全设备、消防设施台账。

③查企业安全设备、消防设施定期维护计划和记录。

(2)现场检查。企业安全设备、消防设施是否齐全有效。

建设要求

(1)企业应制定安全设备、消防设施管理制度，并贯彻执行。

(2)企业应配备安全锤、警示牌等安全设备和消防设施，建立登记台账。按照维护制度定期进行设备和设施维护。

(3)企业应确保安全设备和消防设施齐全完好。

评分标准

(1)申请二级以上安全生产标准化建设的企业必须按要求足额配备安全设备和消防设施，并保证设备有效，否则不能通过建设评价。

(2)未建立安全设备、消防设施管理制度，不得分。

(3)未定期对设备设施进行维护，每缺1次扣1分。

(4)设备设施不符合使用要求，每缺1次扣1分。

指标2　公司有专人负责安全设施及器材的管理，且管理规范。（5分）

释义

企业应安排专职部门或专人负责车站与车辆安全设备设施及灭火器的采购、维护、更新，并建立相关的管理制度进行规范化管理。

要点

（1）检查企业岗位职责，是否明确相关部门或专人负责该项工作。

（2）检查企业管理制度，是否有相关的制度保障。

（3）检查企业安全生产经费使用台账或其他相关台账，是否有相关记录。

评价方法

查资料。

（1）查企业安全设备、消防设施管理制度。

（2）查企业设置专人负责安全设施管理的文件及其职责。

建设要求

企业应设置专人负责安全设备、消防设施等器材的管理，建立相应的管理制度，明确其安全职责。

评分标准

（1）未设置专人负责，不得分。

（2）管理制度和安全职责内容不符合要求，扣2分。

指标3　设有覆盖安全重点部位的视频监控设备，并保持实时监控，安装机车电子添乘装置、道口综合预警装置。（5分）

释义

企业应为车站、机车、道口等重点部位安装监控设备，并保持实时监控的状态。

要点

现场检查机车、车站、道口等重点部位的视频监控情况，并查看监控的效果。

评价方法

（1）查资料。

①查企业视频监控管理制度。

②查企业视频监控设备台账和设备定期检查维护记录。

③查企业视频监控记录和交接班记录。

（2）现场检查。

①企业安全部位实时监控落实情况。

②企业视频监控设备设施是否齐全有效。

③企业机车电子添乘装置、道口综合预警装置是否齐全有效。

建设要求

（1）企业应建立安全重点部位视频监控管理制度，落实重点部位实时监控。

（2）企业建立安全部位视频监控台账，监控记录至少保存1年。

（3）企业定期检查维护视频监控设备，确保设备齐全完好。

评分标准

(1)视频监控未能覆盖全部安全重点部位,不得分。

(2)未制定视频监控管理制度,扣2分。

(3)监控记录不全,扣2分。

(4)未进行监控设备定期检查维护,扣2分。

(5)监控设备不能正常工作,每1处扣1分。

11.3.9.8 供电设备

依据

《铁路安全管理条例》第七十五条。

指标 主变电站设备、牵引变电站设备、降压变电站设备、接触网、电缆,应在使用年限内,变电站周围建筑应设置避雷设施,并每年进行检测。(5分)

释义

电气化铁路的主变电站设备、牵引变电站设备、降压变电站设备、接触网、电缆是确保铁路供电和动力照明等用电负荷的主要设备。因此它们必须在使用年限内,变电站周围建筑应设置避雷设施,并每年进行检测,以保证避雷设施的安全可靠。

要点

(1)现场检查及查阅主变电站设备、牵引变电站设备、降压变电站设备、接触网、电缆等设计文件及检测报告。

(2)避雷设备现场检查及查阅技术文件和检测报告。

评价方法

(1)查资料。

①查企业安全用电管理制度。

②查企业用电设备设计文件和检测报告。

③查企业避雷设备设计文件和检测报告。

④用电设备登记台账。

⑤电工操作人员资格证件。

(2)现场检查。企业用电和避雷设备使用情况。

建设要求

(1)企业应建立安全用电管理制度,落实各岗位职责,从业电工持证上岗。

(2)企业主变电站设备、牵引变电站设备、降压变电站设备、接触网、电缆等设备和避雷设备应符合设计要求,定期进行检测。

(3)工作现场电气设备和临时用电设备符合安全用电标准。

评分标准

(1)未制定用电管理规定,不得分。

(2)用电设备和避雷设备无设计文件和定期检测报告,不得分。

(3)现场有违规操作用电行为,每1人次扣2分。

11.3.9.9　特种设备

依据

《特种设备安全监察条例》第二十六、第二十七、第三十三、第三十八条。

指标 1　应按照《特种设备安全监察条例》《特种设备安全法》及其特种设备相关的检验规程等，对特种设备进行检验和维护，设备状态良好。（5 分）

释义

本条是关于企业对特种设备进行检验和维护的要求。

铁路运输企业使用符合安全技术规范要求的特种设备，是保障铁路运输安全的需要。《特种设备安全监察条例》规定，特种设备使用单位应当对在用特种设备进行经常性维护与保养，并定期自行检查。铁路运输经营企业应加强特种设备管理，规范特种设备使用管理档案，确保特种设备合法有效使用。

要点

要求企业提供特种设备维护、使用管理台账；核查档案建立情况；现场核查特种设备是否有报废但仍在使用的现象。

评价方法

（1）查资料。

①查企业特种设备管理制度。

②查企业制定专人负责特种设备管理的文件及其职责。

③查企业特种设备台账和档案。

④查企业特种设备定期维护计划和维护记录。

⑤查企业特种设备报废档案。

（2）现场检查。是否存在特种设备已报废但仍在使用的情况。

建设要求

（1）企业应建立特种设备管理制度，指定专人负责特种设备管理。

（2）企业按照《特种设备安全监察条例》《特种设备安全法》等，制定维护计划并落实特种设备的定期检验和维护。

（3）企业建立特种设备报废制度，特种设备报废档案至少保存 2 年。

评分标准

（1）未提供特种设备管理制度，不得分。

（2）未指定专人负责，或责任不明确，扣 2 分。

（3）未建立特种设备档案的，不得分；档案不全，每缺 1 项扣 1 分。

（4）未建立特种设备报废档案，扣 2 分。

（5）有特种设备已报废但仍在使用情况的，不得分。

指标 2　按要求规范建立特种设备台账。（5 分）

释义

本条是关于企业特种设备档案管理的要求。

铁路运输企业应按要求建立特种设备维护、使用管理台账，以便对在用特种设备进行自行检查和日常维护保养时,发现异常情况及时处理,并进行及时跟踪管理。特种设备使用单位对在用特种设备应当至少每月进行一次自行检查,并作出记录。对在用特种设备进行自行检查和日常维护保养时发现异常情况的,应当及时处理。按要求建立特种设备维护、使用管理台账,是考查铁路运输企业跟踪管理特种设备的重要凭据。

要点

要求企业提供特种设备维护、使用管理台账和定期检验报告。

评价方法

查资料。

(1)查企业特种设备台账和档案。

(2)查企业特种设备定期检测合格报告。

建设要求

(1)企业应建立特种设备维护、使用管理台账。

(2)企业应至少每月进行一次特种设备的自查,并作出记录。

(3)企业发现特种设备异常情况应及时处理,并作出记录。

评分标准

(1)未建立特种设备台账,不得分。

(2)特种设备自查记录不全,每缺 1 个月扣 1 分。

11.3.10　作业管理

本一级建设指标作业管理包括 6 个二级建设指标,标准分值满分为 145 分。涉及货运企业进行作业现场管理的各项具体要求,主要包括现场作业管理、安全值班、相关方管理、从业人员管理、铁路沿线安全管理、警示标志的相关内容。

11.3.10.1　现场作业管理

依据

(1)《中华人民共和国安全生产法》第二十八条。

(2)《国务院关于进一步加强企业安全生产工作的通知》第三条。

(3)《铁路交通事故应急救援规则》第五条。

(4)《铁路机车运用管理规则》。

指标 1　严格执行操作规程和安全生产作业规定,严禁违章指挥、违章操作、违反劳动纪律。(10 分)

释义

本条是关于铁路运输企业的安全生产作业管理的要求。

操作规程是生产经营单位针对某一具体工艺、工种、岗位所制定的具体规章制度,铁路运输企业主要是指驾驶员行车、机车日常检查、机车动态监控等主要工作环节或岗位的操作规范。铁路运输企业应加强生产现场的岗位监督与检查,严格查处违章指挥、违规作业、违反劳动纪律的“三违”行为。

要点

要求企业提供各岗位安全生产操作(规程)手册及发放记录,现场核查各岗位严格执行安全生产操作规程的情况。

评价方法

(1)查资料。

①查企业各岗位安全生产操作规程和作业要求及其发放记录。

②查企业“三违”检查和处理记录。

(2)现场检查。企业从业人员是否存在“三违”行为。

建设要求

(1)企业应制定各生产岗位安全生产操作规程和安全生产作业规定,并发放给各岗位从业人员。

(2)从业人员应熟练掌握本岗位操作规程,并在实际操作中严格执行。

(3)企业组织开展反“三违”行为的活动,定期进行现场检查,严格规范“三违”行为的处理。

评分标准

(1)未制定安全生产操作规程和作业规定,或未发放给岗位操作人员,不得分。

(2)“三违”检查记录不齐全,或未对“三违”行为进行处理,每 1 次扣 1 分。

(3)现场发现“三违”行为,每 1 人次扣 5 分。

指标 2　严格按计划发车,遇突发事件迅速启动应急调度预案。(10 分)

释义

在调度规则的指导下,严格按计划发车,实现对系统的管理和控制。因铁路运输行业的特殊性,要求具备严格的突发事件应急救援体系,遇突发事件迅速启动应急调度预案。

要点

查阅调度规章文件和应急调度预案。

评价方法

查资料。

(1)查企业机车运行计划和记录。

(2)突发事件应急调度预案。

(3)启动突发事件应急调度预案的记录。

建设要求

(1)企业制定机车运行计划,根据调度规则,严格按计划发车。

(2)企业制定突发事件应急调度预案,并保存启动预案的记录。

评分标准

(1)企业未制定机车运行计划,不得分。

(2)机车运行与计划不符或记录不全,扣 5 分。

(3)未制定突发事件应急调度预案,扣 5 分。

指标 3　制定并落实机车技术管理制度,落实专人负责车辆技术管理,按国家规定的技术规范对车辆进行定期维护与保养。(★★ 10 分)

释义

《铁路机车运用管理规则》规定机车运用管理工作必须贯彻统一指挥、分级管理的原则,充分发挥各级运用组织的职能作用。

企业应制定并落实机车技术管理制度,规定检修种类、修程、检修周期、检修时间、各修程的检修范围、维修人员配备、维修设备等内容。

要点

查阅机车技术管理制度文件、各级检修规程技术及机车故障信息管理文件。

评价方法

(1)查资料。

①查企业机车技术管理制度。

②查企业指定专人负责机车技术管理的文件及其安全职责。

③查企业机车定期维护计划和维护保养记录。

(2)询问。机车技术管理人员是否熟悉和了解其岗位职责。

建设要求

(1)企业制定机车技术管理制度,并明确负责技术管理的部门和人员。

(2)企业制定机车定期维护计划,按照国家规定的技术规范落实维护记录。

(3)企业机车技术管理人员熟悉和了解其岗位职责。

评分标准

(1)申请二级以上安全生产标准化建设的企业必须制定并落实机车技术管理制度;明确专人负责技术管理,落实机车定期维护制度,否则不能通过建设评价。

(2)未制定机车技术管理制度或无专人管理,不得分。

(3)未落实机车定期维护或维护记录不全,每车扣1分。

指标4 运行图铺画正确,接发列车作业标准、规范。(10分)

释义

铁路运输企业应该按照接发列车作业标准规范,通过考虑影响运输生产的各种因素,铺画正确的列车运行图。确保机车、车流的动态掌握和紧密衔接,从而使当日日班计划顺利实现以及次日日班计划完整、准确地制定。

要点

铺画正确的列车运行图。

评价方法

查资料。

(1)查企业列车作业标准规范。

(2)查企业列车运行图。

建设要求

企业应制定列车作业标准规范,并结合运输生产的各种因素,铺画正确的列车运行图。

评分标准

(1)企业未铺画列车运行图,不得分。

(2)列车运行图铺画不正确或不完善,扣2分。

指标 5 制定并落实行车安全管理制度,无违反规定超限行驶现象。(5 分)

释义

企业应制定并落实行车安全管理制度,规定从业人员在出车前、行驶中的相关安全操作规程,充分发挥基础生产单位的作用,强化现场作业管理,无“三违”行为。

要点

制定并落实安全管理制度,无“三违”行为。

评价方法

(1)查资料。

①查企业行车安全管理制度。

②查企业安全操作规程。

③查企业现场“三违”检查处理记录。

(2)现场检查。企业从业人员是否存在“三违”行为。

建设要求

(1)企业应制定并落实行车安全管理制度,制定从业人员在出车前、行驶中的安全操作规程。

(2)企业定期组织作业现场反“三违”检查活动。

评分标准

(1)未制定行车安全管理制度和操作规程,不得分。

(2)发现或存在“三违”行为和记录,每 1 次扣 1 分。

11.3.10.2 安全值班

依据

《国务院关于进一步加强企业安全生产工作的通知》中要求:强化生产过程管理的领导责任,企业主要负责人和领导班子成员要轮流现场带班。

指标 制定并落实安全生产值班计划和值班制度,重要时期实行领导到岗带班制度,并要有值班记录。(★★★ 10 分)

释义

企业应制定主要负责人和领导班子成员安全生产值班计划和值班制度,并在岗位职责里明确值班职责,下发到各个部门或分支机构;值班记录表如实填写。

要点

(1)检查企业规章制度,是否制定了安全生产值班计划和值班制度或者相关规定。

(2)检查企业岗位职责,是否明确值班人职责;按一定比例抽查关键岗位值班记录。

评价方法

查资料。

(1)查企业值班制度。

(2)查企业安全生产值班计划。

(3)查企业安全生产值班记录。

建设要求

(1)企业应制定安全生产值班制度和值班计划。

(2)按照制度和计划落实值班,重要时期、重大节日、重要活动、极端恶劣气候期间,领导应到岗带班。

(3)值班记录应完整、清晰。

评分标准

申请三级以上安全生产标准化建设的企业必须制定并落实安全生产值班制度,落实领导带班,否则不能通过建设评价。

11.3.10.3　相关方管理

依据

《中华人民共和国安全生产法》第四十九条。

指标1　明确外委单位的安全生产管理职责。(5分)

释义

《中华人民共和国安全生产法》第四十九条规定,生产经营单位不得将生产经营项目、场所、设备发包或者出租给不具备安全生产条件或者相应资质的单位或者个人。

生产经营项目、场所发包或者出租给其他单位的,生产经营单位应当与承包单位、承租单位签订专门的安全生产管理协议,或者在承包合同、租赁合同中约定各自的安全生产管理职责;生产经营单位对承包单位、承租单位的安全生产工作统一协调、管理,定期进行安全检查,发现安全问题的,应当及时督促整改。

用于生产、储存、装卸危险物品的建设项目的施工单位应当加强对施工项目的安全管理,不得倒卖、出租、出借、挂靠或者以其他形式非法转让施工资质,不得将其承包的全部建设工程转包给第三人或者将其承包的全部建设工程拆解以后以分包的名义分别转包给第三人,不得将工程分包给不具备相应资质条件的单位。

要点

查阅签订的安全生产管理协议。

评价方法

查资料。

(1)查企业外委单位等相关方管理制度。

(2)查企业与外委单位签订的安全生产管理协议。

建设要求

(1)企业应制定并落实外委单位等相关方管理制度。

(2)企业应与外委单位签订安全生产管理协议,明确其安全管理职责。

评分标准

(1)未制定管理制度,不得分。

(2)未签订安全生产管理协议或未明确外委单位安全管理职责,每1家扣1分。

指标2　对外发包或出租生产经营项目、场所、设备,对承包、承租方进行资质审查。(5分)

释义

依据《中华人民共和国安全生产法》第四十九条，生产经营单位不得将生产经营项目、场所、设备发包或者出租给不具备安全生产条件或者相应资质的单位或者个人。

对外发包或出租生产经营项目、场所、设备，对承包、承租方进行资质审查。

要点

查阅承包承租方资质文件。

评价方法

查资料。

(1)查承包承租方资质文件。

(2)查企业与承包承租方签订的安全生产管理协议。

建设要求

(1)企业应审查并保存承包承租方资质文件。

(2)企业应与承租承包方签订安全生产协议。

评分标准

承包承租方资质文件不全，或未签订安全生产协议，每1家扣1分。

指标3　与外来施工(作业)方签订安全协议，明确双方各自的安全责任。(10分)

释义

存在外来施工(作业)的，运营单位应与其签订安全协议，明确双方各自的安全责任。

要点

查阅安全协议文件。

评价方法

查资料。

(1)查企业与外来施工方签订的安全生产协议。

(2)查外来施工方安全生产检查记录。

建设要求

企业与外来施工方签订安全生产协议，明确双方的安全职责，定期组织检查其安全生产状况，监督落实整改措施，并保存记录。

评分标准

(1)未与外来施工方签订安全生产协议，每1家扣1分。

(2)无外来施工方现场安全检查记录，扣2分。

指标4　对短期合同工、临时用工、实习人员、外来参观人员等进入作业现场有相应的安全管理制度和措施。(10分)

释义

企业应建立短期合同工、临时用工、实习人员、外来参观人员的安全管理制度，以对其进行有效管理。

要点

查阅相关安全管理制度。

评价方法

(1)查资料。

①查企业相关管理制度和措施。

②查企业与作业现场相关活动记录。

(2)现场检查。作业区域内警示标志设置情况和活动情况。

建设要求

(1)企业应制定短期合同工、临时用工、实习人员、外来参观人员等进入作业现场的安全管理制度和措施。

(2)作业现场设有警示标志并保持作业现场秩序良好、有序。

评分标准

(1)未制定相关管理制度,扣5分。

(2)作业现场未设置警示标志或秩序混乱,每1处扣2分。

11.3.10.4　从业人员管理

依据

(1)《中华人民共和国安全生产法》第三十条。

(2)《关于特种作业人员安全技术培训考核工作的意见》。

指标1　制定并落实驾驶员、列车检修人员、线路工、电务检修人员安全管理制度。(5分)

释义

驾驶员、列车检修人员、线路工、电务检修人员同属铁路运输企业关键性岗位,必须对其素质有高标准要求。

(1)建立驾驶员培训制度,使其熟悉岗位业务、具有一定驾驶和处理故障的水平,不仅要有正常情况下的业务流程,也要对可能发生的故障、事故、灾害等有充足的应对能力。

(2)列车、线路检修人员的水平直接影响维修制度和检修规程的贯彻执行情况,直接影响列车的安全运行,因此列车、线路检修人员必须进行培训和本企业的考核,合格后方能上岗。

(3)依据《中华人民共和国安全生产法》第三十条,生产经营单位的特种作业人员必须按照国家有关规定经专门的安全作业培训,取得相应资格,方可上岗作业。

依据《关于特种作业人员安全技术培训考核工作的意见》的要求:用人单位应加强特种作业人员的管理,建立特种作业人员档案,做好申报、培训、考核、复审的组织工作和日常的检查工作。

要点

查阅相关管理制度及相关人员的资格证书。

评价方法

查资料。

(1)查企业各类从业人员安全管理制度。

(2)查企业从业人员岗前培训和考核记录。

（3）查企业特种作业人员特种作业操作资格证书。

（4）查企业特种人员档案文件。

建设要求

（1）企业从业人员安全管理制度应至少包括培训制度、考核上岗制度、特种作业人员资格和档案管理等内容。

（2）企业从业人员应经过岗前培训和考核后，方能上岗。

（3）企业特种作业人员应取得相应资质，并建立人员档案。

评分标准

（1）未制定相关管理制度，不得分。

（2）从业人员未经培训和考核上岗，每 1 人扣 1 分。

（3）特种作业人员未取得相应资质，或无人员档案，每 1 人扣 1 分。

指标 2　列车驾驶员、列车检修人员、线路检修员、电务检修人员的从业资格应符合岗位条件，并签订劳动合同。（10 分）

释义

同指标 1“释义”。

要点

（1）查阅相关人员的资格证书、工作经历及劳动合同。

（2）现场观看相关人员的操作，抽查相关人员对突发事件的处理。

评价方法

查资料。

（1）查企业相关从业人员档案资料。

（2）查企业相关从业人员劳动合同。

建设要求

（1）企业应严格审查相关从业人员的从业资格和经历，对符合生产需求条件的进行聘用，在人员档案中保存审查记录。

（2）企业与符合条件的聘用人员签订劳动合同。

评分标准

（1）未与从业人员签订劳动合同，不得分。

（2）从业人员资格不符合生产需求，每 1 人扣 1 分。

指标 3　制定并落实驾驶员行车安全档案管理制度，实行一人一档。（5 分）

释义

企业应制定驾驶员行车安全档案管理制度，明确行车安全档案的内容，并为每一位驾驶员建立行车安全档案，以纸质文档和电子文档两种形式进行归档保存。

要点

根据企业规模，按一定比例抽查驾驶员行车安全档案。

评价方法

查资料。

（1）查企业驾驶员行车安全档案管理制度。

(2)查企业驾驶员一人一档行车安全档案。

建设要求

企业应制定驾驶员行车安全档案管理制度,并落实一人一档管理。

评分标准

(1)未制定驾驶员行车安全档案管理制度,或未落实一人一档管理,不得分。

(2)驾驶员档案记录不齐全,每1份扣1分。

指标4 制定并落实列车检修人员、线路工、电务检修人员安全档案记录管理制度,实行一人一档。(5分)

释义

企业应制定列车检修人员、线路工、电务检修人员安全档案管理制度,明确安全档案的内容,并以纸质文档和电子文档两种形式进行归档保存。

要点

根据企业规模,按一定比例抽查相关人员安全档案。

评价方法

查资料。

(1)查企业从业人员安全档案记录管理制度。

(2)查企业从业人员一人一档安全档案。

建设要求

企业应制定从业人员安全档案管理制度,并落实一人一档管理。

评分标准

(1)未制定从业人员安全档案记录管理制度,或未落实一人一档管理,不得分。

(2)从业人员档案记录不齐全,每1份扣1分。

11.3.10.5 铁路沿线安全管理

该部分相关规定目前仅限于高速铁路。

依据

(1)《国务院办公厅转发交通运输部等单位关于加强铁路沿线安全环境治理工作意见的通知》。

(2)《铁路安全管理条例》第四章。

指标1 依法划定铁路线路安全保护区,改善铁路沿线安全环境。(10分)

释义

合力推动拆除铁路沿线安全保护区内违章建筑物,加强对山体边坡、跨越航道桥梁、公铁并行交叉线路等隐患点的治理,完善铁路桥梁标志标识和防撞设施,尽快改善铁路沿线安全环境。

要点

完善桥梁标志标识和防撞设施。

评价方法

(1)查资料。

①查铁路沿线安全保护区范围资料。

②查铁路沿线安全保护区内建筑物、桥隧等设施建设文件等资料。

③查企业在铁路沿线安全保护区内的标志标识及防撞设施台账。

(2)现场检查。查看标志标识及设施是否完备。

建设要求

(1)企业应对铁路沿线安全保护区内沿线地下水禁采区、限采区的情况进行记录,形成台账。

(2)企业应对铁路沿线安全区内建筑桥隧等设施文件进行留存,对标志标识、设施设备进行记录。

评分标准

(1)无台账或安全区划定有误,不得分。

(2)标志标识、设施设备以及相关资料不全,缺少1处扣1分。

指标2　完善“双段长”工作机制。(15分)

释义

铁路运输企业主管领导和地方人民政府分管负责同志牵头负责的“双段长”工作机制要落实巡查制度,妥善处置影响铁路安全的问题隐患,难以处置的按要求主动报告,确保早发现、早治理、早消除。

要点

(1)落实巡查制度。

(2)主动报告铁路安全隐患。

评价方法

查资料。

(1)查企业“双段长”工作机制相关文件。

(2)查企业安全隐患台账和上报记录。

建设要求

(1)企业应与地方政府合作,制定详细、可执行的“双段长”工作制度,将落实情况进行记录,形成台账。

(2)企业应对铁路安全相关隐患进行记录,并将上报情况进行登记。

评分标准

(1)未形成“双段长”工作制度,无落实情况记录,或无安全隐患台账,不得分。

(2)安全隐患台账记录不全,每缺1项扣1分。

11.3.10.6　警示标志

依据

(1)《中华人民共和国安全生产法》第三十五条。

(2)《铁路安全管理条例》。

指标　在存在一定危险因素的作业场所和设备设施上,设置明显的安全警示标志,相关场所按交通法律要求设置交通安全标志。(10分)

释义

《中华人民共和国安全生产法》第三十五条规定，生产经营单位应当在有较大危险因素的生产经营场所和有关设施、设备上，设置明显的安全警示标志。

《铁路安全管理条例》规定，铁路与道路交叉的无人看守道口应当按照国家标准设置警示标志；有人看守道口应当设置移动栏杆、列车接近报警装置、警示灯、警示标志、铁路道口路段标线等安全防护设施。道口移动栏杆、列车接近报警装置、警示灯等安全防护设施由铁路运输企业设置、维护；警示标志、铁路道口路段标线由铁路道口所在地的道路管理部门设置、维护。

要点

在存在一定危险因素的作业场所和设备设施上，按要求设置明显的安全警示标志。

评价方法

（1）查资料。查企业安全警示标志台账。

（2）现场检查。作业场所和设备设施是否设置了明显的安全警示和交通安全标志。

建设要求

（1）企业根据《铁路安全管理条例》规定，设置列车接近报警装置、警示灯、道口移动栏杆、路段标线等警示标志。

（2）建立警示标志台账并保证其齐全完好。

评分标准

（1）未建立安全警示标志台账，不得分。

（2）安全警示标志缺少或损坏，每缺损 1 项扣 1 分。

11.3.11 危险源辨识与风险控制

本一级建设指标危险源辨识与风险控制包括 2 个二级建设指标，标准分值满分为 45 分。对企业危险源辨识与风险控制作出了考核规定。

11.3.11.1 危险源辨识

依据

《中华人民共和国安全生产法》第四十条。

指标 1 开展本单位危险设施或场所危险源的辨识和确定工作。（10 分）

释义

本条是对企业危险源辨识和确定的要求。

危险源是可能导致死亡、伤害、职业病、财产损失、工作环境破坏或这些情况组合的根源或状态，由潜在危险性、存在条件和触发因素构成。设施设备、作业场所是企业危险源存在的主要源头，企业可以对照《生产过程危险和有害因素分类与代码》（GB/T 13861—2022）中危险和有害因素的类别，组织专人采取直观经验分析、系统安全分析相结合的方式，定期对本企业的设施设备、作业场所可能存在的危险和有害因素进行全面、有序的辨识，防止出现漏项，最终确定危险源，为企业风险控制奠定基础。

铁路运输企业要把握重点，对作业活动场所、设备设施、列车运行流程等方面进行危险、有害因素识别。

要点

企业危险源的辨识和确定工作应包括危险源的辨识范围、确定方法和结果等。

评价方法

查资料。

（1）查企业危险源辨识管理制度。

（2）查企业危险源辨识记录。

（3）查企业危险源清单。

建设要求

（1）企业应制定危险源辨识管理制度，包括明确职责、方法、流程、控制、持续改进等内容。

（2）企业应从人、车、物、环境等方面存在的危险源进行识别。

（3）通过识别，确定危险源，并建立清单，保存工作记录。

评分标准

（1）未制定危险源辨识管理制度，或未开展危险源辨识工作，不得分。

（2）危险源辨识不全面或不正确，每1项扣1分。

指标2　辨识重大危险源，采取有效防护措施，按规定报有关部门备案。（★★ 15分）

释义

本条是对企业辨识重大危险源的要求。

企业依据《危险化学品重大危险源辨识》（GB 18218—2018）对危险物品的数量及临界量进行辨识。

企业对辨识的重大危险源应当登记建档，进行定期检测、评估、监控，并制定应急预案，告知从业人员和相关人员在紧急情况下应当采取的应急措施。企业应当按照国家有关规定将本单位重大危险源及有关安全措施、应急措施报当地人民政府负责安全生产监督管理的部门和其他有关部门备案。

要点

把握重大危险源的辨识方法，对重大危险源采取有效防护措施，将重大危险源向有关部门备案。

评价方法

查资料。

（1）查企业危险源清单和辨识工作记录。

（2）查企业重大危险源处置方案及防护措施。

（3）查企业重大危险源备案情况。

建设要求

（1）企业应根据标准和要求，落实重大危险源辨识工作，并制定危险源处置方案和防护措施。

（2）企业应通过辨识是否存在确定的重大危险源，如存在，应向当地主管部门备案。

评分标准

(1)申请二级以上安全生产标准化建设的企业必须辨识重大危险源,制定处置方案和防护措施,并按规定报送主管部门,否则不能通过建设评价。

(2)未辨识重大危险源,或未制定防护措施,不得分。

(3)未按要求报送,扣5分。

11.3.11.2　风险控制

依据

《中华人民共和国安全生产法》第四十一、第四十四条。

指标1　及时对作业活动和设备设施进行危险、有害因素识别。(10分)

释义

本条是对企业危险、有害因素识别周期的要求。

企业应定期或不定期对作业活动和设备设施进行危险、有害因素识别。企业应建立作业活动和设备设施危险、有害因素识别计划、活动记录等资料。

要点

企业危险、有害因素识别工作应当定期或不定期地开展。

评价方法

查资料。

(1)查企业风险评估管理办法或程序文件。

(2)查企业组织开展风险评估的有关文件和记录。

(3)查企业风险评估报告等。

建设要求

(1)企业制定风险评估办法或程序,明确职责,完善内容。

(2)企业应按规定对作业活动和设备设施进行危险、有害因素识别和风险评估,并制定有效的控制措施。

评分标准

(1)未制定风险评估办法或程序,扣5分。

(2)未开展评估活动,不得分。

(3)评估记录不全,或未制定控制措施,扣5分。

指标2　向从业人员如实告知作业场所和工作岗位存在的危险因素、防范措施以及事故应急措施。(5分)

释义

本条是对企业向从业人员告知危险因素义务的要求。

企业向从业人员如实告知作业场所和工作岗位存在的危险因素、防范措施以及事故应急措施,是企业的一项基本义务。风险控制的关键和落实在于一线从业人员,只有一线人员了解了作业场所和工作岗位存在的危险因素、防范措施以及事故应急措施,才能更好地进行风险防控。告知工作有三方面的要求,一是告知内容要全面,包括危险因素、防范措施以及事故应急措施;二是告知对象要全面,相关的从业人员都要进行告知;三是告知内容要真实,不得隐瞒真相。

要点

作业场所和工作岗位存在的危险因素、防范措施以及事故应急措施由企业向从业人员进行告知,从业人员对相关内容真正知晓了解。

评价方法

(1)查资料。查企业风险管理培训计划和记录。

(2)询问。从业人员是否了解本岗位和作业场所的危险因素及防范应急措施。

建设要求

(1)企业应通过培训、告知等措施使从业人员了解并掌握本岗位及工作场所的危险因素、防范措施和应急措施等内容。

(2)培训、告知记录应保存。

评分标准

(1)未开展培训和告知活动,不得分。

(2)相关记录不齐全,扣 2 分。

(3)从业人员不了解相关内容,每 1 人扣 1 分。

指标 3　对危险源进行建档,重大危险源单独建档管理。(5 分)

释义

本条是关于企业危险源建档的要求。

企业对确认的危险源都应按照规定登记建档。其中,重大危险源必须单独建档,做到一源一档,其他危险源可以汇总建档。

要点

企业应按规定建立危险源档案,将监控情况记录在案。

评价方法

查资料。查企业危险源及重大危险源档案。

建设要求

企业应按要求对本单位的危险源进行分类建档管理,重大危险源单独建档。

评分标准

未建立危险源档案,不得分;档案资料不全,每 1 处扣 1 分。

11.3.12　隐患排查与治理

本一级建设指标隐患排查与治理包括 2 个二级建设指标,标准分值满分为 70 分。对企业隐患排查与隐患治理作出了考核规定。

11.3.12.1　隐患排查

依据

《安全生产事故隐患排查治理暂行规定》。

指标 1　制定隐患排查工作方案，明确排查的目的、范围，选择合适的排查方法。（10 分）

释义

本条是关于企业隐患排查工作方案的要求。

企业在组织安全生产隐患排查前应制定排查方案，明确排查的目的、范围，选择合适的排查方法。排查目的主要是排查企业安全生产的薄弱环节；排查范围应包括所有与生产经营相关的场所、环境、人员、设备设施和活动；排查方法应根据安全生产的需要和特点，采用综合检查、专业检查、季节性检查、节假日检查、日常检查等方式进行隐患排查。

要点

企业安全隐患排查工作方案应包括目的、依据、范围、方法等基本内容。

评价方法

查资料。

（1）查企业安全生产隐患排查制度或工作方案。

（2）查企业安全生产隐患台账和档案。

建设要求

（1）企业应制定安全生产隐患排查制度和工作方案，明确责任、方法、范围等内容。

（2）排查的范围应包括与生产相关的场所、环境、人员、设备设施和活动等，采取综合检查、专业检查、季节性检查、节假日检查、日常检查等方法进行。

评分标准

（1）未制定隐患排查制度或工作方案，不得分。

（2）排查方案内容不全，或缺少各类方式检查，每缺 1 次扣 1 分。

（3）检查表内容针对性不强，每 1 项扣 1 分；检查表无人签字，每 1 次扣 1 分。

指标 2　每月至少开展一次安全自查自纠工作，及时发现安全管理缺陷和漏洞，消除安全隐患。检查及处理情况应当记录在案。（★★★ 15 分）

释义

本条是关于企业安全自查自纠的要求。

企业安全自查自纠是安全隐患排查治理的一种简单易行的形式。本条从三个方面对企业开展安全自查自纠工作进行了要求：一是安全自查自纠的周期要求，每月不少于一次；二是安全自查自纠的目标要求，在于及时发现安全管理缺陷和漏洞，消除安全隐患；三是安全自查自纠的基础工作要求，企业需将检查及处理情况记录在案。

要点

企业应定期开展安全自查自纠，做好检查及处理记录。

评价方法

查资料。

（1）查企业安全生产自查自纠记录。

（2）查企业对安全隐患进行处理和整改的记录。

建设要求

（1）企业应按规定每月组织一次安全自查自纠活动。

（2）企业对排查出的隐患进行处理和整改，保存相关记录。

评分标准

申请三级以上安全生产标准化建设的企业必须定期组织开展隐患排查活动，并进行处理和整改，否则不能通过建设评价。

指标3　对各种安全检查所查出的隐患进行原因分析，制定针对性控制对策。（10分）

释义

本条是对企业安全隐患制定控制对策的要求。

安全隐患的存在或产生都有其相应的原因，企业对各种安全检查所查出的安全隐患进行原因分析是追根溯源的举措，以求从根本上解决问题。企业可结合《生产过程危险和有害因素分类与代码》（GB/T 13861—2022）对安全隐患的原因进行分析。

控制对策是企业对安全隐患所采取的消除或减弱危险、有害因素的技术措施和管理措施。安全技术措施优先采用的原则依次是消除、预防、减弱、隔离、联锁和警告。安全管理措施主要包括建立健全各项安全管理制度、机构，设置相关人员，加强安全培训、教育和考核，加强安全生产的过程控制和管理，加强安全生产监督与检查，加大安全生产投入，加强设施设备安全管理等。

要点

企业应根据安全隐患原因制定安全隐患的相应控制措施。

评价方法

查资料。查企业安全隐患调查、原因分析、控制对策和建议等档案资料。

建设要求

企业应对检查出的安全隐患进行调查和原因分析，制定有针对性的控制对策，并保存台账和记录。

评分标准

（1）未进行调查和分析，提出控制对策，不得分。

（2）控制对策缺乏针对性，扣5分。

11.3.12.2　隐患治理

依据

《安全生产事故隐患排查治理暂行规定》。

指标1　制定隐患治理方案，包括目标和任务、方法和措施、经费和物资、机构和人员、时限和要求。（5分）

释义

本条是对企业隐患治理方案的要求。

根据《安全生产事故隐患排查治理暂行规定》，事故隐患分为一般事故隐患和重大事故隐患。对于一般事故隐患，企业负责人或者有关人员应立即组织整改。对于重大事故隐患，由企业主要负责人组织制定并实施事故隐患治理方案，依据方案及时进行整改。

重大事故隐患治理方案应当包括以下内容。

（1）治理的目标和任务。

（2）采取的方法和措施。

（3）经费和物资的落实。

（4）负责治理的机构和人员。

（5）治理的时限和要求。

（6）安全措施和应急预案。

要点

对于重大事故隐患，由企业主要负责人组织制定并实施事故隐患治理方案。

评价方法

查资料。

（1）查企业隐患治理方案。

（2）查企业隐患整改记录。

建设要求

企业应根据隐患性质，制定安全隐患治理方案。方案应包括目标和任务、方法和措施、经费和物资、机构和人员、时限和要求等内容；保存整改隐患的记录。

评分标准

（1）需制定但未制定治理方案，不得分。

（2）治理方案内容不全，或缺少整改记录，每缺1项扣1分。

指标2 对上级检查指出或自我检查发现的一般安全隐患，严格落实防范和整改措施，并组织整改到位。（5分）

释义

本条是对企业一般安全隐患治理的要求。

企业安全隐患排查的途径包括上级检查和自我检查。企业作为安全生产责任的主体，有责任有义务及时消除生产安全事故隐患。对上级检查指出或自我检查发现的一般安全隐患，应迅速制定或按照既定的防范和整改措施组织整改，并确保及时整改到位。

要点

企业应落实一般安全隐患防范和整改措施，及时整改到位。

评价方法

查资料。

（1）查企业隐患治理方案。

（2）查企业隐患整改记录。

建设要求

企业对于发现的安全隐患，落实防范和整改措施，组织整改到位，保存隐患整改记录。

评分标准

隐患未按要求及时整改，经整改隐患未完全消除，或整改记录不齐全，每1项扣1分。

指标3 重大安全隐患报相关部门备案，做到整改措施、责任、资金、时限和预案“五到位”。（★★10分）

释义

本条是对企业重大安全隐患备案和治理的要求。

这里的相关部门是指当地安全监督部门和行业主管部门。重大事故隐患备案内容应当包括:隐患的现状及其产生原因;隐患的危害程度和整改难易程度分析;隐患的治理方案。

“五到位”是企业重大安全隐患治理的原则、方法和要求。企业应严格落实“五到位”,增强对重大安全隐患的防控能力,使重大安全隐患得到有效治理。

要点

企业对重大安全隐患的治理应把握“五到位”的原则、方法和要求。

评价方法

查资料。

(1)查企业重大隐患报备制度。

(2)查企业重大隐患治理方案和整改记录。

(3)查企业重大隐患报备资料。

建设要求

(1)企业应制定重大隐患报备制度,将发现的重大隐患按时报送行业主管部门,并保存相应的备案资料。

(2)企业制定并落实重大隐患治理方案,做到整改措施、责任、资金、时限和预案“五到位”,并保存整改记录。

评分标准

(1)申请二级以上安全生产标准化建设的企业必须制定并落实重大隐患治理方案,并将隐患向行业主管部门报备,否则不能通过建设评价。

(2)隐患治理方案内容不全,每缺少1项扣1分。

指标4 建立隐患治理台账和档案,有相关记录。(5分)

释义

本条是关于企业安全隐患治理台账和档案的要求。

档案是组织或个人在以往的社会实践中直接形成的清晰的、确定的、具有完整记录作用的固化信息,是实现历史真实面貌的原始文献。企业对排查治理的事故隐患,应当按照等级进行登记,建立事故隐患治理台账和档案。

隐患治理档案应包括以下内容:隐患排查治理日期,隐患排查的具体部位或场所,发现事故隐患的数量、类别和具体情况,事故隐患治理意见,参加隐患排查治理的人员及其签字,事故隐患治理情况、复查情况、复查时间、复查人员及其签字。

要点

企业应建立并保存安全隐患排查治理台账和档案、相关记录。

评价方法

查资料。查企业安全隐患治理台账和档案。

建设要求

企业应建立安全隐患治理台账和档案,要求记录完整、内容齐全并规范。

评分标准

(1)未建立安全隐患治理台账和档案,不得分。

(2)安全隐患台账和档案内容不齐全,每1项扣1分。

指标5　按规定对隐患排查和治理情况进行统计分析。(10分)

释义

本条是关于隐患排查和治理情况统计分析的要求。

企业在一定时限内进行安全生产事故统计和分析,一方面可以对安全生产工作做出全面、准确的评价,找出事故发生的规律;另一方面可以发现生产过程中的薄弱环节,便于作出正确决策并采取有效的改进措施。

企业统计分析报告应遵守《安全生产事故隐患排查治理暂行规定》第十四条的规定,生产经营单位应当每季、每年对本单位事故隐患排查治理情况进行统计分析。统计分析表应当由生产经营单位主要负责人签字。

要点

企业应定期对隐患排查和治理情况进行统计分析。

评价方法

查资料。

(1)查企业安全隐患排查和治理统计分析制度。

(2)查企业安全隐患统计分析表。

(3)查企业安全隐患治理情况。

建设要求

企业应制定安全隐患排查和治理统计分析制度,按月度、季度、年度对安全隐患及治理情况进行统计和分析。

评分标准

(1)未建立安全隐患统计分析制度,扣5分。

(2)安全隐患统计分析记录不全,每缺1次扣1分。

11.3.13　应急救援

本一级建设指标应急救援包括5个二级建设指标,标准分值满分为85分。主要涉及现场应急预案制定、预案实施、应急队伍、应急装备、应急演练五部分内容。

11.3.13.1　预案制定

依据

(1)《生产安全事故应急预案管理办法》。

(2)《生产经营单位安全生产事故应急预案编制导则》(AQ/T 9002—2006)。

(3)《企业安全生产标准化基本规范》(GB/T 33000—2016)。

(4)《国务院关于进一步加强企业安全生产工作的通知》。

(5)《河北省地方铁路条例》第三十二条。

(6)《铁路交通事故应急救援规则》第五条。

指标 1　制定相应的突发事件应急预案，有相应的应急保障措施。（★★★ 10 分）

释义

本条是关于制定应急预案的要求。

本条的"突发事件应急预案"是指突然发生，造成或者可能造成严重社会危害，需要采取应急处置措施予以应对的自然灾害、事故灾难、公共卫生事件和社会安全事件的应急管理、指挥、救援计划等。

安全生产事故应急救援预案，是指生产经营单位根据本单位的实际情况，针对可能发生的事故的类别、性质、特点和范围等情况制定的事故发生时的组织、技术措施和其他应急措施。

《铁路安全管理条例》规定，铁路监管部门、铁路运输企业等单位应当按照国家有关规定制定突发事件应急预案，并组织应急演练。《河北省地方铁路条例》第三十二条规定，铁路建设单位、施工单位和地方铁路运输企业应当依照国家和本省有关规定，制定生产安全事故处理应急预案。发生生产安全事故后，应当立即启动事故处理应急预案，并及时报告有关情况。

要点

企业制定的突发事件应急预案。

评价方法

（1）查资料。查企业突发事件应急预案。

（2）询问。相关人员是否熟悉应急预案的内容。

建设要求

（1）企业应制定突发事件应急预案，预案内容应完备，并具有可操作性。

（2）相关人员应了解应急预案的内容。

评分标准

申请三级以上安全生产标准化建设的企业必须制定突发事件应急预案，否则不能通过建设评价。

指标 2　结合实际将应急预案分为综合应急预案、专项应急预案和现场处置方案。（★★ 5 分）

释义

本条是关于应急预案的要求。

生产经营单位的应急预案按照针对情况的不同，分为综合应急预案、专项应急预案和现场处置方案。

综合应急预案是从总体上阐述事故的应急方针、政策，应急组织结构及相关应急职责，应急行动、措施和保障等基本要求和程序，是应对各类事故的综合性文件。

专项应急预案是针对具体的事故类别、危险源和应急保障而制定的计划或方案，是综合应急预案的组成部分，应按照应急预案的程序和要求组织制定，并作为综合应急预案的附件。专项应急预案应制定明确的救援程序和具体的应急救援措施。

现场处置方案是针对具体的装置、场所或设施、岗位所制定的应急处置措施。现场处置方案应具体、简单、针对性强。现场处置方案应根据风险评估及危险性控制措施逐一编制，做到事故相关人员应知应会，熟练掌握，并通过应急演练，做到迅速反应、正确处置。

要点

企业制定的综合应急预案、专项应急预案和现场处置方案的文件资料。

评价方法

查企业综合应急预案、专项应急预案和现场处置方案。

建设要求

企业应制定综合应急预案、专项应急预案和现场处置方案，明确事前、事发、事中、事后各个过程中相关部门和人员的职责。预案应切合实际、内容完备、具有可操作性。

评分标准

（1）申请二级以上安全生产标准化建设的企业必须制定综合应急预案、专项应急预案和现场处置方案，否则不能通过建设评价。

（2）未制定相关预案，不得分；预案内容不完善，每缺1项扣1分。

指标3　应急预案与当地政府预案保持衔接，报当地有关部门备案，通报有关协作单位。（5分）

释义

本条是对企业应急预案与当地政府预案衔接性的要求。

根据《企业安全生产标准化基本规范》和《国务院关于进一步加强企业安全生产工作的通知》，企业应急预案应报当地主管部门备案，与当地政府保持衔接，并定期进行演练。

要点

企业应急预案是否与当地政府预案保持衔接，是否报有关部门备案，是否通报有关协作单位。

评价方法

查资料。

（1）查企业应急预案与当地政府预案衔接和报备情况的记录。

（2）查企业应急预案通报有关协作单位情况。

建设要求

（1）企业应急预案应与当地政府预案保持衔接，并将预案报当地安全生产监督部门或行业主管部门备案。

（2）企业应急预案按规定通报有关应急协作部门。

评分标准

（1）应急预案未与政府预案保持衔接，或未报备案，扣3分。

（2）应急预案未通报协助单位，扣2分。

指标4　定期评审应急预案，并根据评审结果或实际情况的变化进行修订和完善。（10分）

释义

本条是关于对应急预案进行定期评审、修订的要求。

根据《企业安全生产标准化基本规范》和《生产安全事故应急预案管理办法》，应急预案应定期评审，并根据评审结果或实际情况的变化进行修订和完善，至少每3年修订一次。

要点

企业定期评审应急预案的相关文件资料。

评价方法

查资料。

(1)查企业应急预案定期评审修订制度。

(2)查企业应急预案定期评审和修订的记录资料。

建设要求

(1)企业应制定应急预案定期评审和修订制度。

(2)企业至少每3年组织一次应急预案的评审和修订,当企业组织机构、生产环境等因素发生重大变化时,应及时组织评审和修订活动。

评分标准

(1)未制定预案评审修订制度,或未开展预案评审,不得分。

(2)未及时修订预案,或预案修订不完善,扣5分。

11.3.13.2 预案实施

依据

(1)《生产安全事故应急预案管理办法》第三十、第三十一条、第三十九条。

(2)《铁路交通事故应急救援规则》第九条。

指标1 开展应急预案的宣传教育,普及生产安全事故预防、避险、自救和互救知识。(5分)

释义

本条是关于应急预案宣传教育的要求。

为提高应对突发事件的能力,最大限度地减少突发事件及降低其造成的危害,保障员工生命财产安全,《生产安全事故应急预案管理办法》第三十条规定,各级人民政府应急管理部门、各类生产经营单位应当采取多种形式开展应急预案的宣传教育,普及生产安全事故避险、自救和互救知识,提高从业人员和社会公众的安全意识与应急处置技能。

要点

企业开展应急预案的宣传教育等活动资料。

评价方法

查资料。查企业组织开展应急预案宣传教育、普及安全生产事故培训等活动的记录。

建设要求

企业按规定利用宣传栏、讲座、发放资料等方式组织开展应急预案的宣传教育,普及生产安全事故预防、避险、自救和互救等知识。

评分标准

(1)未开展相关活动,不得分。

(2)相关活动记录不齐全,扣2分。

指标2 开展应急预案培训活动,使有关人员了解应急预案内容,熟悉应急职责、应急程序和应急处置方案。(★★★5分)

释义

本条是关于应急预案培训活动的目的的要求。

《生产安全事故应急预案管理办法》第三十一条规定，生产经营单位应当组织开展本单位的应急预案、应急知识、自救互救和避险逃生技能的培训活动，使有关人员了解应急预案内容，熟悉应急职责、应急处置程序和措施。应急培训的时间、地点、内容、师资、参加人员和考核结果等情况应当如实记入本单位的安全生产教育和培训档案。

要点

查阅企业开展应急预案培训活动资料，抽查、询问从业人员是否了解应急预案内容，熟悉应急职责、应急程序和应急处置方案等。

评价方法

（1）查资料。查企业开展应急预案培训活动的记录。

（2）询问。相关人员是否熟悉应急预案的内容。

建设要求

（1）企业定期组织企业相关人员开展应急预案培训活动，并保存教育活动的档案文件。

（2）询问从业人员是否了解应急预案内容、职责、程序和处置方案等内容。

评分标准

申请三级以上安全生产标准化建设的企业必须组织应急预案培训活动，使相关人员了解预案的内容，否则不能通过建设评价。

指标3　发生事故后，及时启动应急预案，组织有关力量进行救援，并按照规定将事故信息及应急预案启动情况报告有关部门。（10分）

释义

本条是关于启动应急预案的要求。

《生产安全事故应急预案管理办法》第三十九规定，生产经营单位发生事故时，应当第一时间启动应急响应，组织有关力量进行救援，并按照规定将事故信息及应急响应启动情况报告事故发生地县级以上人民政府应急管理部门和其他负有安全生产监督管理职责的部门。《铁路交通事故应急救援规则》规定，事故发生后，现场铁路工作人员或者其他有关人员应当立即向邻近铁路车站、列车调度员、公安机关或者相关单位负责人报告。接到报告的单位、部门应当根据需要立即通知救援队和救援列车。遇有人员伤亡或者发生火灾、爆炸、危险货物泄漏等事故时，接到报告的单位应当立即通知当地急救、医疗卫生部门或者公安消防、环境保护等部门。

要点

事故档案和应急预案启动、实施情况的相关资料。

评价方法

查资料。

（1）查企业事故和调查报告，启动应急预案及预案运行情况的记录。

（2）查企业按照规定将事故信息及应急预案启动情况报告有关部门的记录。

建设要求

（1）事故发生后，企业应能及时启动应急预案，并保证预案运行正常，达到减少人员伤亡和损失等预期效果。

（2）企业应按照规定将事故信息及应急预案启动情况报告有关部门。

评分标准

（1）事故发生后，未能启动应急预案，或预案未能起到预期效果，不得分。

（2）企业未能将事故信息及应急预案启动情况报告有关部门，不得分。

11.3.13.3 应急队伍

依据

（1）《中华人民共和国安全生产法》第八十二条。

（2）《企业安全生产标准化基本规范》（GB/T 33000—2016）。

（3）《铁路交通事故应急救援规则》第五条。

指标 1 建立与本单位安全生产特点相适应的专兼职应急救援队伍，或指定专兼职应急救援人员。（5 分）

释义

《企业安全生产标准化基本规范》规定，企业应按照有关规定建立应急管理组织机构或指定专人负责应急管理工作，建立与本企业安全生产特点相适应的专（兼）职应急救援队伍。按照有关规定可以不单独建立应急救援队伍的，应指定兼职救援人员，并与邻近专业应急救援队伍签订应急救援服务协议。

要点

建立应急救援队伍或指定应急救援人员。

评价方法

（1）查资料。查企业应急救援机构和应急救援队伍组成。

（2）询问。应急指挥人员、应急管理人员、应急专业技术人员、应急施救人员是否了解应急救援指挥系统、应急救援队伍组成及各自的职责。

建设要求

（1）企业应根据企业规模建立专业的应急救援队伍，足额配备应急指挥人员、应急管理人员、应急专业技术人员、应急施救人员并明确其职责。

（2）应急指挥人员、应急管理人员、应急专业技术人员、应急施救人员熟悉各自的职责。

评分标准

（1）未建立应急救援队伍，或未足额配备人员，不得分。

（2）相关人员不了解各自职责，每 1 人扣 1 分。

指标 2 组织应急救援人员日常训练。（5 分）

释义

为了保证事故状态下，应急救援工作的顺利开展，及时控制事态的发展，企业应加强应急队伍的日常训练，使其具备过硬的应急能力。

要点

（1）查阅应急救援队伍名册、服务协议等资料。

（2）检查企业组织开展应急救援人员日常训练的活动记录。

(3)抽查询问应急救援人员是否熟悉和了解所从事的工作。

评价方法

查资料。查企业应急救援人员培训和演练记录。

建设要求

企业组织应急救援人员开展日常训练,保存应急训练档案记录,包括计划、签到、档案、影像记录等。

评分标准

(1)未组织开展日常训练活动,不得分。

(2)应急训练档案不完善,每缺1次扣1分。

11.3.13.4　应急装备

依据

(1)《企业安全生产标准化基本规范》(GB/T 33000—2016)。

(2)《生产安全事故应急预案管理办法》第三十八条。

指标1　按照应急预案的要求配备相应的应急物资及装备。(5分)

释义

本条是关于应急物资、装备配备的要求。

应急物资是指为应对严重自然灾害、突发性公共卫生事件、公共安全事件等突发公共事件应急处置过程中所必需的保障性物资。

应急装备是指用于应急管理与应急救援的工具、器材、服装、技术力量等,如消防车辆、救援机车、脱轨起复器等各种各样的物资装备与技术设备。

《企业安全生产标准化基本规范》规定,企业应根据可能发生的事故种类特点,按照有关规定设置应急设施,配备应急装备,储备应急物资,建立管理台账,安排专人管理,并定期检查、维护、保养,确保其完好、可靠。

要点

应急物资及装备登记台账、日常检查、维护记录,现场检查应急物资及装备。

评价方法

查资料。查企业应急物资、装备台账。

建设要求

企业按照应急预案的要求配备应急物资、装备,并建立相应的登记和使用台账。

评分标准

(1)配备的应急救援物资和装备,不符合品种和数量要求,每1项扣1分。

(2)台账建立不完善,扣2分。

指标2　建立应急装备使用状况档案,定期进行检测和维护,使其处于良好状态。(5分)

释义

本条是关于应急装备管理的要求。

《生产安全事故应急预案管理办法》第三十八条规定,生产经营单位应当按照应急预案的规定，落实应急指挥体系、应急救援队伍、应急物资及装备，建立应急物资、装备配备及其使用档案，并对应急物资、装备进行定期检测和维护，使其处于适用状态。

要点

查阅应急装备使用状况档案，核查应急装备定期检查和维护记录。

评价方法

（1）查资料。

①查企业应急物资、装备台账。

②查企业应急物资、装备定期检查维护记录。

（2）现场检查。应急物资和装备合理存放和储备，数量充足、性能良好。

建设要求

（1）企业应建立应急物资、设备台账；并定期对物资和设备进行检测和维护，使其处于良好状态。

（2）应急物资和设备应合理储备和存放，性能完好。

评分标准

（1）未对应急物资、装备定期检测和维护，不得分。

（2）应急物资、装备维护检测记录不全，每缺1次扣1分。

（3）现场检查物资装备情况，不符合要求，每缺1项扣1分。

11.3.13.5 应急演练

依据

（1）《生产安全事故应急预案管理办法》第三十三条、第三十四条。

（2）《铁路交通事故应急救援规则》第五条。

指标1 按照有关规定制定应急预案演练计划，并按计划组织开展应急预案演练。（★★★ 10分）

释义

本条是关于应急预案演练实施的要求。

应急预案演练是指针对可能发生的事故、按照应急预案规定的程序和要求所进行的程序化模拟训练演练。

《生产安全事故应急预案管理办法》第三十三条规定，生产经营单位应当制定本单位的应急预案演练计划，根据本单位的事故风险特点，每年至少组织一次综合应急预案演练或者专项应急预案演练，每半年至少组织一次现场处置方案演练。

要点

企业制定的应急预案演练计划及开展应急预案演练活动的资料。

评价方法

查资料。

（1）查企业应急演练计划。

（2）查企业应急预案演练的活动资料。

建设要求

（1）企业应制定应急预案演练计划，包括预期目标、参与人员、组织指挥、协助单位、演练程序等内容。

（2）企业每年至少组织一次应急演练，演练内容应包括各类专项应急预案和现场处置方案，保存演练记录和资料。

评分标准

申请三级以上安全生产标准化建设的企业必须制定应急演练计划，定期组织应急预案的演练，否则不能通过建设评价。

指标 2　应急预案演练结束后，对应急预案演练效果进行评估，撰写应急预案演练评估报告，分析存在的问题，并对应急预案提出修订意见。（★★5 分）

释义

本条是关于对应急预案演练后期工作的要求。

《生产安全事故应急预案管理办法》第三十四条规定，应急预案演练结束后，应急预案演练组织单位应当对应急预案演练效果进行评估，撰写应急预案演练评估报告，分析存在的问题，并对应急预案提出修订意见。

企业通过应急演练的评估来跟踪演练的全过程，查找演练暴露的错误、不足和缺失之处，肯定演练成功之处；对应急演练和实战提出改进建议和意见。

要点

应急预案演练评估报告。

评价方法

查资料。

（1）查企业应急预案演练效果评估记录和评估报告。

（2）查企业应急预案整改和修订的记录。

建设要求

（1）企业应在应急演练结束后，对演练效果进行评估，并制定评估报告。报告内容至少包括对应急装备、应急指挥、指挥联动和现场处置等方面的综合评估，并提出后续改进的意见。

（2）企业应对评审提出的问题进行分析和整改，必要时对预案进行修订。

评分标准

（1）申请二级以上安全生产标准化建设的企业必须对应急演练效果进行评价，落实问题整改和预案修订，否则不能通过建设评估。

（2）未进行应急演练评审，制定评估报告，不得分。

（3）未分析整改问题，或未修订预案，扣 3 分。

11.3.14　事故报告和调查处理

本一级建设指标事故报告和调查处理包括 2 个二级建设指标，标准分值满分为 50 分。涉及企业生产安全事故报告和事故处理。

11.3.14.1 事故报告

依据

《铁路交通事故应急救援和调查处理条例》第十四条。

指标 1 发生事故及时进行事故现场处置，按相关规定及时、准确、如实向有关部门报告，没有瞒报、谎报、迟报情况。(★★★ 10 分)

释义

本条是对企业安全事故处置的要求。

《铁路交通事故应急救援和调查处理条例》第十四条规定，事故发生后，事故现场的铁路运输企业工作人员或者其他人员应当立即报告邻近铁路车站、列车调度员或者公安机关。有关单位和人员接到报告后，应当立即将事故情况报告事故发生地铁路管理机构。

企业必须及时按照规定上报事故情况，不得瞒报、谎报、迟报。

要点

查阅事故统计报表与政府有关部门事故责任认定书，企业及时如实上报事故。

评价方法

(1)查资料。

①查企业事故管理制度。

②查企业事故调查报告等资料。

(2)询问。企业相关人员是否了解事故报告的程序、时限、联系方式等以及本岗位职责和应急措施等内容。

建设要求

(1)企业应制定事故管理制度，明确事故报告的程序、时限以及责任部门、责任人等。

(2)发生事故后，应及时、准确、如实向有关部门报告，不得瞒报、谎报、迟报。报告的内容至少包括时间、地点、类别、伤亡人数、经济损失等。

(3)企业保留事故报告、现场处置、自救措施等记录、报告。

评分标准

申请三级以上安全生产标准化建设的企业必须制定事故管理制度，企业负责人和其他工作人员必须了解事故上报的职责、程序和时限，事故发生后必须及时、准确、如实向有关部门报告事故情况，否则不能通过建设评价。

指标 2 跟踪事故发展情况，及时续报事故信息，建立事故档案和事故管理台账。(5 分)

释义

本条是对企业安全事故档案的要求。

及时妥善应对处置事故，及时上报事故动态并为事故建立档案台账是企业法定责任和义务。企业应按要求建立事故档案和事故台账。

要点

企业事故统计报表、事故档案和事故管理台账。

评价方法

查资料。查企业事故台账、事故档案、事故报告等资料。

建设要求

企业应及时建立事故档案和事故管理台账及事故报告处理记录等，对事故的持续发展进行跟踪，并续报事故信息。

评分标准

事故报告后出现新情况，未落实跟踪和续报，不得分。

11.3.14.2　事故处理

依据

（1）《铁路交通事故应急救援和调查处理条例》第二十、第三十、第三十六条。

（2）《铁路交通事故调查处理规则》第三十六条。

（3）《中华人民共和国安全生产法》。

指标 1　接到事故报告后，迅速采取有效措施，组织抢救，防止事故扩大，减少人员伤亡和财产损失。（10 分）

释义

本条是对企业安全事故处置的要求。

及时施救，防止事故扩大，减少人员伤亡和财产损失是企业应对安全事故的基本责任要求。《铁路交通事故应急救援和调查处理条例》第二十条规定，事故发生后，国务院铁路主管部门、铁路管理机构、事故发生地县级以上地方人民政府或者铁路运输企业应当根据事故等级启动相应的应急预案；必要时，成立现场应急救援机构。

要点

要求企业提供事故档案，核查事故应急预案启动及实施情况。

评价方法

（1）查资料。查企业事故台账、事故档案、事故调查报告等资料。

（2）询问。

①企业负责人、相关人员是否了解事故发生时各自的职责。

②事故发生时，企业负责人、相关人员应急救援和现场处置情况如何。

建设要求

事故发生后，企业应组织主要负责人和相关救援人员第一时间赶赴现场，对事故现场迅速采取有效处置措施，防止事故扩大，减少人员伤亡和财产损失。

评分标准

（1）事故发生时，主要负责人和有关人员未能赶赴现场组织指挥救援，采取有效措施，导致事故扩大化，不得分。

（2）相关人员不了解各自职责，每 1 人扣 2 分。

指标 2　发生事故后，按规定成立事故调查组，积极配合各级人民政府组织的事故调查，随时接受事故调查组的询问，如实提供有关情况。（5 分）

释义

本条是企业对安全事故调查询问的要求。

发生事故后，配合上级部门的事故调查是企业法定的责任和义务。《铁路交通事故调查处理规则》第三十六条规定，事故调查组到达后，发生事故的有关单位必须主动汇报事故现场真实情况，并为事故调查提供便利条件。事故发生单位的负责人和有关人员在事故调查期间应当随时接受事故调查组的询问，如实提供有关资料和物证。事故调查组有权向有关单位和个人了解与事故有关的情况，并要求其提供相关文件、资料，有关单位和个人不得拒绝。

要点

要求企业提供事故档案，核查企业是否积极配合有关部门进行事故调查。

评价方法

（1）查资料。查企业成立事故调查组和配合进行事故调查的资料。

（2）询问。企业负责人、相关人员如何配合进行事故调查。

建设要求

（1）事故发生后，企业应成立事故调查组。

（2）企业有关人员积极配合各级人民政府（或上级主管）组织的事故调查，随时接受事故调查组的询问，如实提供有关情况。

评分标准

（1）未成立事故调查组，或未积极配合调查，不得分。

（2）相关人员不了解配合调查事故程序，每1人扣1分。

指标3　按时提交事故调查报告，分析事故原因，落实整改措施。（5分）

释义

本条是企业对安全事故进行分析整改的要求。

发生事故后，企业有义务按照“四不放过”原则对事故发生的原因进行分析，分析事故的直接、间接原因和事故责任，提出整改措施和处理建议，编制事故调查报告。

要点

查阅事故档案和事故调查报告，企业按照“四不放过”原则进行整改情况。

评价方法

（1）查资料。查企业事故调查报告。

（2）询问。企业相关人员是否了解事故调查的程序、要求和本岗位的职责。

【建设要求】

（1）事故发生后，企业应按时提交事故报告，报告至少包括成立调查组、配合事故调查、现场处置情况、事故损失、事故责任倒查、原因分析等内容。

（2）按照“四不放过”的原则对事故进行分析，提出并落实整改措施。

评分标准

（1）未制定提交事故调查报告的，不得分；调查报告内容不完善，每缺1项扣1分。

（2）未按照“四不放过”的原则分析事故，未落实整改或整改不到位，扣3分。

指标 4 发生事故后，及时召开安全生产分析通报会，对事故当事人的聘用、培训、评价、上岗以及安全管理等情况进行责任倒查。（5 分）

释义

本条是对企业安全事故进行通报、责任倒查的要求。

发生事故后，企业有义务召开安全生产分析通报会，对事故当事人的聘用、培训、评价、上岗以及安全管理等情况进行责任倒查，并对事故责任者提出处理意见。

要点

查阅事故档案、事故调查报告、专题会议记录、事故分析通报、事故处理等文件资料，对相关责任人员进行责任倒查。

评价方法

（1）查资料。查企业事故调查报告、事故分析会记录、事故档案等。

（2）询问。企业相关人员是否了解事故调查和处理的程序。

建设要求

（1）事故发生后，企业应及时召开安全生产分析通报会，对事故相关责任人进行各环节、全过程的责任倒查，明确事故责任。

（2）保存会议记录，并将事故调查和处理结果进行通报。

评分标准

（1）未召开安全生产分析通报会，不得分。

（2）未落实责任倒查，或未进行事故通报，扣 3 分。

指标 5 按“四不放过”原则严肃查处事故，严格追究责任领导和相关责任人；处理结果报有关部门备案。（★★ 10 分）

释义

本条是关于按“四不放过”原则事故查处的要求。“四不放过”即“事故原因未查清不放过、责任人员未处理不放过、整改措施未落实不放过、有关人员未受到教育不放过”。

《中华人民共和国安全生产法》第十六条规定，国家实行生产安全事故责任追究制度，依照本法和有关法律、法规的规定，追究生产安全事故责任单位和责任人员的法律责任。

在生产安全事故中负有责任的人必须对事故的发生和后果承担责任。在保障安全生产的各项事务中，对发生事故的，必须强调责任的追究。

《铁路交通事故应急救援和调查处理条例》规定铁路运输企业及其职工违反法律、行政法规的规定，造成事故的，由国务院铁路主管部门或者铁路管理机构依法追究行政责任。

要点

（1）严格按“四不放过”原则查处事故。

（2）严格追究相关责任人责任。

（3）处理结果报有关部门。

评价方法

（1）查资料。查企业成立事故调查组和配合进行事故调查的资料。

（2）询问。企业相关人员是否了解“四不放过”的事故调查处理原则。

建设要求

（1）企业应按照“四不放过”原则追究事故责任领导和事故相关责任人的责任。

（2）企业应将事故处理结果进行通报并向有关部门备案。

评分标准

（1）申请二级以上安全生产标准化建设的企业必须按照“四不放过”的原则追究事故责任领导和事故相关责任人的责任，否则不能通过建设评价。

（2）未按照“四不放过”原则对事故责任进行调查处理，每1起事故扣3分。

（3）未将事故处理结果进行通报，或未向有关部门备案，扣5分。

（4）相关人员不了解“四不放过”的事故调查处理原则，每1人扣2分。

11.3.15 科技创新与信息化

本一级建设指标科技创新与信息化包括2个二级建设指标，标准分值满分为65分。包括科技创新及应用和科技信息化的相关内容。

11.3.15.1 科技创新及应用

依据

《国务院关于进一步加强企业安全生产工作的通知》。

指标1 使用先进的、安全性能可靠的新技术、新工艺、新设备和新材料，优先选购安全、高效、节能的先进设备。（5分）

释义

本条是对铁路运输新技术、新工艺、新设备和新材料应用的要求。

加快推进安全、高效、节能的先进设备的使用，对于提升安全管理能力和促进铁路运输安全发展具有十分重要的意义。铁路运输企业应按照有关要求，积极推广应用安全性能可靠、先进适用的新技术、新工艺、新设备和新材料，加快国家规定的各项安全系统和装备建设，提高安全生产防护水平。

本条中的“新技艺、新工艺、新设备和新材料”，是指被国家有关部门认定、并列入鼓励发展的新技术、新工艺、新设备和新材料。

要点

铁路运输各生产环节在新技术、新工艺、新设备和新材料方面有实际的应用。

评价方法

（1）查资料。查企业适用的新技术、新工艺、新设备、新材料的档案资料。

（2）现场检查。现场使用新技术、新工艺、新设备、新材料的情况。

建设要求

使用的新技术、新工艺、新设备、新材料是指被国家有关部门认定、并列入鼓励发展的项目。

评分标准

未投入新技术、新工艺、新设备、新材料适用的，不得分。

指标 2　组织开展安全生产科技攻关或课题研究。(5 分)

释义

本条是关于企业开展安全生产科技创新的要求。

科技创新是原创性科学研究和技术创新的总称,是指创造和应用新知识、新技术和新工艺,采用新的生产方式和经营管理模式,开发新产品,提高产品质量,提供新服务的过程。科技创新可以被分成三种类型:知识创新、技术创新和现代科技引领的管理创新。

生产安全事故虽然有意外性、偶然性和突发性,但它又有一定的规律。要预防和减少安全事故,就必须去发现、研究这种规律,采取相应的有效措施加以防范,并加强安全生产的科学技术研究工作。《中华人民共和国安全生产法》第十八条规定,国家鼓励和支持安全生产科学技术研究和安全生产先进技术的推广应用,提高安全生产水平。《国务院关于进一步加强企业安全生产工作的通知》要求,企业在年度财务预算中必须确定必要的安全投入。国家鼓励企业开展安全科技研发,加快安全生产关键技术装备的换代升级。

企业要针对行业特点,加强对安全高效的设备、工具、工艺方法和有效的安全防护用品的研究开发,加强对安全生产先进管理方法的研究,大力推广应用保障安全生产的新工艺、新设备、新材料等,依靠科学技术保障安全生产,使科学技术转化为现实的生产力。

要点

企业开展安全生产科技攻关或课题研究,推广先进技术和先进管理方法。

评价方法

查资料。查企业组织开展安全生产科技攻关和课题研究的档案资料。

建设要求

企业开展科技攻关和课题研究要与企业工程结合;编制项目报告,并在生产实践中运用。

评分标准

(1)未开展活动,不得分。

(2)已开展研究,未编制报告或投入使用,扣 2 分。

指标 3　建立安全生产管理信息系统或平台。(10 分)

释义

本条是对铁路运输企业安全生产管理信息系统应用的要求。

安全生产管理信息系统是为安全生产管理部门开展安全生产检查、落实、监督等工作提供服务的计算机管理信息系统,可实现基本情况登记、安全检查落实、设备年审等数据的本地录入、远程传送、统计分析、综合评估、报表打印等功能,为安全管理机构、相关主管部门提供安全生产管理工作的基本信息。

铁路运输企业应按要求推广和使用安全生产管理信息系统,提高铁路运输企业安全管理效率与水平。

要点

铁路运输企业须实际设有并应用安全生产管理信息系统。

评价方法

(1)查资料。查企业安全生产管理系统或平台技术档案和运行记录。

（2）现场检查。安全生产管理系统或平台现场运行情况。

建设要求

企业应设立并推广安全生产管理系统或平台，保持系统或平台运行正常。

评分标准

（1）未设置安全生产管理系统或平台，不得分。

（2）系统或平台未处于完好运行，扣 5 分。

11.3.15.2 科技信息化

指标 1 建立科学的运行组织与调度系统，系统运行稳定可靠。（★★ 10 分）

释义

为提高企业运营调度效率，提高服务质量，企业应结合自身特点，建立科学的运营组织及调度系统，并加强系统的运行维护，保证系统稳定可靠运行。

要点

（1）检查企业是否建立了运营组织与调度系统。

（2）测试系统的主要功能是否运行正常。

（3）检查系统维护记录。

评价方法

（1）查资料。

①查企业运营组织与调度系统管理制度。

②查企业运营组织与调度系统运行记录。

③查企业运营组织与调度系统定期检查维护记录。

（2）现场检查。查企业运营组织与调度系统是否正常运行。

建设要求

企业应制定并执行运营组织与调度系统管理制度，建立系统台账，定期检查和维护，确保系统运行稳定可靠。

评分标准

（1）申请二级以上安全生产标准化建设的企业必须建立运营组织与调度系统，并保证运行稳定，否则不能通过建设评价。

（2）未制定管理制度，不得分；系统运营记录和检查维护记录不全，每缺 1 项扣 1 分。

（3）现场检查系统运行不正常，每 1 次扣 2 分。

指标 2 建立监控值班制度，指定专人负责实时实施监控管理，对机车进行实时动态监控，实行行驶安全驾驶监控、机车行驶位置监控、到站监控。（★★ 10 分）

释义

企业应对机车、车辆进行实时动态监控，并进行规范化管理，建立监控值班制度，安排专人负责相关工作，实现对驾驶员安全驾驶监控、机车行驶位置监控、到站监控，以保证列车的安全运行。

要点

（1）建立监控值班制度，对运营机车进行实时动态监控。

（2）检查企业岗位职责，是否明确专人负责实时监控管理。

（3）检查企业的监控系统，是否能够实现列车实时动态监控。

评价方法

（1）查资料。

①查企业机车实时动态监控管理和值班制度。

②查企业指定专人负责监控管理的文件及其职责。

③查企业实时动态监控记录。

（2）现场检查。查企业机车动态监控系统是否正常运行。

建设要求

（1）企业应落实机车实时动态监控管理，制定监控管理和值班制度。

（2）企业指定专人负责监控管理，明确管理职责。

（3）实时动态监控记录应保存1年以上。

评分标准

（1）申请二级以上安全生产标准化建设的企业必须建立动态监控管理制度，落实机车实时动态监控，否则不能通过建设评价。

（2）未制定管理和值班制度，不得分。

（3）未指定专人负责动态监控，不得分。

（4）动态监控记录不全，每缺1次扣2分。

指标3 实现重要站场、道口、桥梁、隧道等地的视频监控。（5分）

释义

企业应对重要站场、道口、桥梁、隧道等地进行实时动态视频监控。安排专人负责相关工作，以保证重要场所的运行安全。

要点

实现重要站场、道口、桥梁、隧道等地实时动态视频监控，并有监控记录。

评价方法

（1）查资料。

①查企业动态监控设备台账。

②查企业指定专人负责监控管理的文件及其职责。

③查企业实时动态监控记录。

（2）现场检查。查重要站场、道口、桥梁、隧道等地的动态监控系统是否运行正常。

建设要求

企业应对重要站场、道口、桥梁、隧道等地落实实时动态监控，指定专人管理，保存监控记录。

评分标准

（1）未指定专人负责动态监控，不得分。

（2）未进行监控记录，不得分；动态监控记录不全，每缺1次扣1分。

指标 4　机车和驾驶员的基础资料、机车技术档案信息录入准确、完整。(5 分)

释义

企业应保证机车和驾驶员以及机车行驶情况等相关信息准确无误,并能够及时更新相关信息,充分发挥信息系统的作用,提高运营管理水平。

本条是关于录入机车和驾驶员等基础资料与信息的要求。

要点

(1)根据企业规模,按照一定的比例,现场抽查驾驶员和机车的信息,与系统内的录入信息比对,是否一致。

(2)检查系统内录入信息更新的相关记录。

评价方法

(1)查资料。查企业机车运用和人员登记台账。

(2)现场检查。查企业信息系统中录入的机车和驾驶员的资料和信息。

建设要求

(1)系统中录入的机车和驾驶员的信息应与实际一致。

(2)系统中录入的信息应及时完善和更新。

评分标准

系统中录入的机车和驾驶员信息不全,每缺少 1 项扣 1 分。

指标 5　配备专职人员负责监控车辆行驶和驾驶员的动态情况,分析处理动态信息。(★★ 10 分)

释义

本条是关于专职人员的配备及其职责的要求。

为及时发现机车车辆本体的缺陷以及驾驶员的不安全行为,企业应配备专职人员负责对运营中的机车及驾驶员的动态情况进行实时监控,并对采集到的不安全因素及时进行统计分析,预测可能导致的不安全状态,以便对不安全因素进行处理,从而消除隐患保证安全。

要点

(1)检查企业岗位职责,是否明确专人负责监控车辆行驶和驾驶员的动态情况,分析处理动态信息。

(2)检查企业以往相关记录,判断其发现的安全隐患是否得到了及时的整改。

评价方法

查资料。

(1)查企业动态监控台账。

(2)查企业指定专人负责监控管理的文件及其职责。

建设要求

企业配置专人负责监控机车和驾驶员的动态,及时分析动态信息,以便处理不安全因素,消除隐患。

评分标准

申请二级以上安全生产标准化建设的企业必须指定专人负责监控工作,及时分析动态信息,否则不能通过建设评价。

指标 6　建立动态监控工作台账。(5 分)

释义

本条是关于铁路运输企业动态监控档案的要求。

为便于相关信息的统计分析,指导企业的安全生产管理工作,企业应建立动态监控工作台账,并归档保存。

要点

核查企业动态监控工作台账,判断其记录的信息是否齐全。

评价方法

查资料。查企业动态监控台账。

建设要求

企业应建立动态监控工作台账,并归档保存。

评分标准

(1)未建立动态监控工作台账,不得分。

(2)动态监控工作台账记录不全,每缺 1 项扣 1 分。

11.3.16　绩效考核与持续改进

本一级建设指标绩效考核与持续改进包括 3 个二级建设指标,标准分值满分为 35 分。是关于对企业安全生产绩效考核、持续改进和安全管理体系建设的评价规定,目的是使企业的安全生产管理持续不断进步。

11.3.16.1　绩效考核

依据

《企业安全生产标准化基本规范》(GB/T 33000—2016)第 5.8.1 条。

指标　每年至少一次对本单位安全生产标准化的实施情况进行评定,对安全生产工作目标、指标的完成情况进行综合评价。(10 分)

释义

本条是对企业安全生产绩效考核的要求。

企业采用内审和外审或者外聘专家的方式,定期对本单位安全生产标准化的实施情况进行评定,验证各项安全生产制度措施的适宜性、充分性和有效性,检查安全生产工作目标、指标的完成情况。评定工作应形成正式文件,将结果向所有部门、所属单位和从业人员通报,并作为年度评价的重要依据。

要点

检查企业开展安全生产标准化实施情况评定的相关记录。

评价方法

查资料。

(1)查企业安全生产标准化自评管理制度。

(2)查企业安全生产标准化自评报告。

建设要求

企业至少每年进行一次安全生产标准化实施情况自评，并形成自评报告。自评的内容至少包括安全目标、管理机构和人员、安全责任体系、法规和安全管理制度、安全投入、设备设施、科技创新与信息化、教育培训、作业管理、危险源辨识与风险控制、隐患排查与治理、职业健康、安全文化、应急救援、事故报告调查处理等内容。

评分标准

（1）未制定自评管理制度，或未开展自评，不得分。

（2）自评报告内容不完善或不符合要求，扣5分。

11.3.16.2 持续改进

依据

《企业安全生产标准化基本规范》（GB/T 33000—2016）第5.8.2条。

指标　提出进一步完善安全标准化的计划和措施，对安全生产目标、指标、管理制度、操作规程等进行修改完善。（10分）

释义

企业通过定期内审和外审，对于发现的问题及时整改，并提出进一步完善的计划和措施，对安全生产目标、指标、规章制度、操作规程等进行进一步完善，不断提高安全绩效。

要点

要求企业提供制定改进安全标准化工作相关计划和措施的文件资料。

评价方法

查资料。查企业进一步完善安全生产标准化建设工作的计划和措施。

建设要求

企业应制定进一步完善安全生产标准化建设工作的计划和措施，不断对安全生产目标、安全生产责任体系、安全生产管理制度、操作规程等进行充实和完善，落实动态管理，达到持续改进的目的。

评分标准

（1）未制定完善安全生产标准化建设工作计划和措施，不得分。

（2）未对安全生产目标、指标、管理制度、操作规程等进行动态管理并不断修改完善，扣5分。

11.3.16.3 安全管理体系建设

依据

《企业安全生产标准化基本规范》（GB/T 33000—2016）第5.8条。

根据企业生产经营实际，建立相应的安全管理体系，规范安全生产管理，形成长效机制。（★★15分）

释义

本条是对企业安全管理体系建设的要求。企业应在总结自己安全管理经验的基础上，努力形成安全管理长效管理机制，逐步构建具有自身特色的安全管理体系。

要点

检查企业安全生产管理体系是否完善。

评价方法

查资料。查企业建立安全生产体系及其运行情况的记录。

建设要求

企业应通过 ISO45000 安全管理体系或 HSE（Health、Safety、Environment，即健康、安全、环境）体系认证；或者上述 15 项每项得分不低于该项总分的 70%；或者根据生产经营实际，建立相应的具有自身特点的安全管理体系，并形成长效机制。

评分标准

（1）申请二级以上安全生产标准化建设的企业必须通过 ISO45000 安全管理体系或 HSE 体系认证；或者上述 15 项每项得分不低于该项总分的 70%；或者建立具有自身特点的安全生产管理体系，否则不能通过建设评价。

（2）未到达上述要求，不得分。

参考文献

[1] 中国安全生产科学研究院. 安全生产管理[M]. 北京:应急管理出版社,2022.

[2] 金龙哲,汪澍. 安全学原理[M]. 2 版. 北京:冶金工业出版社,2018.

[3] 鲁放. 铁路运输安全要素[M]. 北京:北京交通大学出版社,2021.

[4] 赵小红,胡斌,周阳. 铁路运输安全管理[M]. 成都:西南交通大学出版社,2020.

[5] 张开冉,张南. 铁路运输安全管理[M]. 2 版. 成都:西南交通大学出版社,2022.

[6] 中国安全生产科学研究院. 安全生产法律法规[M]. 北京:应急管理出版社,2019.

[7] 孙有才,李俊合,祖炳洁,等. 地方铁路企业安全生产标准化考评指南[M]. 石家庄:河北科学技术出版社,2014.

[8] 刘连珂. 铁路运输安全风险管理[M]. 北京:煤炭工业出版社,2019.

[9] 杨松尧,于伯良,李海荣. 铁路运输安全管理[M]. 2 版. 北京:人民交通出版社,2022.

[10] 西安铁路局. 铁路消防安全培训教材[M]. 北京:中国铁道出版社,2015.

[11] 齐凤,薛贵明. 铁路运输法规[M]. 北京:北京交通大学出版社,2018.

[12] 韩买良. 铁路行车安全管理[M]. 北京:中国铁道出版社,2014.